AF821783

Internationaler Steuerwettbewerb mit Kapitalsteuern

Wirtschaftswissenschaftliche Beiträge

Informationen über die Bände 1–51 sendet Ihnen auf Anfrage gerne der Verlag.

Band 52: K. Sandmann, Arbitrage und die Bewertung von Zinssatzoptionen, 1991, ISBN 3-7908-0551-3

Band 53: P. Engelke, Integration von Forschung und Entwicklung in die unternehmerische Planung und Steuerung, 1991, ISBN 3-7908-0556-4

Band 54: F. Blumberg, Wissensbasierte Systeme in Produktionsplanung und -steuerung, 1991, ISBN 3-7908-0557-2

Band 55: P.-U. Paulsen, Sichtweisen der Wechselkursbestimmung, 1991, ISBN 3-7908-0561-0

Band 56: B. Sporn, Universitätskultur, 1992, ISBN 3-7908-0563-7

Band 57: A. Vilks, Neoklassik, Gleichgewicht und Realität, 1991, ISBN 3-7908-0569-6

Band 58: M. Erlei, Unvollkommene Märkte in der keynesianischen Theorie, 1991, ISBN 3-7908-0571-8

Band 59: D. Ostrusska, Systemdynamik nichtlinearer Marktreaktionsmodelle, 1992, ISBN 3-7908-0582-3

Band 60: G. Bol, G. Nakhaeizadeh, K.-H. Vollmer (Hrsg.), Ökonometrie und Monetärer Sektor, 1992, ISBN 3-7908-0588-2

Band 61: S. Feuerstein, Studien zur Wechselkursunion, 1992, ISBN 3-7908-0590-4

Band 62: H. Fratzl, Ein- und mehrstufige Lagerhaltung, 1992, ISBN 3-7908-0602-1

Band 64: G. Untiedt, Das Erwerbsverhalten verheirateter Frauen in der Bundesrepublik Deutschland, 1992, ISBN 3-7908-0609-9

Band 65: R. Herden, Technologieorientierte Außenbeziehungen im betrieblichen Innovationsmanagement, 1992, ISBN 3-7908-0610-2

Band 66: P.B. Spahn et al., Mikrosimulation in der Steuerpolitik, 1992, ISBN 3-7908-0611-0

Band 67: M. Kessler, Internationaler Technologiewettbewerb, 1992, ISBN 3-7908-0615-3

Band 69: H. Grupp, U. Schmoch, Wissenschaftsbindung der Technik, 1992, ISBN 3-7908-0620-X

Band 71: R. Schmidt, Modelle der Informationsvermittlung, 1992, ISBN 3-7908-0633-1

Band 72: M. Kaiser, Konsumorientierte Reform der Unternehmensbesteuerung, 1992, ISBN 3-7908-0636-6

Band 73: K. Meier, Modellbildung bei Mehrfachzielen, 1992, ISBN 3-7908-0645-5

Band 74: J. Thiele, Kombination von Prognosen, 1993, ISBN 3-7908-0657-9

Band 75: W. Sesselmeier, Gewerkschaften und Lohnfindung, 1993, ISBN 3-7908-0659-5

Band 76: R. Frensch, Produktdifferenzierung und Arbeitsteilung, 1993, ISBN 3-7908-0663-3

Band 77: K. Kraft, Arbeitsmarktflexibilität, 1993, ISBN 3-7908-0666-8

Band 78: R.P. Hellbrück, Synergetik und Marktprozesse, 1993, ISBN 3-7908-0668-4

Band 79: L. Linnemann, Multinationale Unternehmungen und internationale Wirtschaftspolitik, 1993, ISBN 3-7908-0670-6

Band 80: K. Cuhls, Qualitätszirkel in japanischen und deutschen Unternehmen, 1993, ISBN 3-7908-0672-2

Band 81: B. Erke, Arbeitslosigkeit und Konjunktur auf segmentierten Arbeitsmärkten, 1993, ISBN 3-7908-0695-1

Band 82: M. Hillmer, Kausalanalyse makroökonomischer Zusammenhänge mit latenten Variablen, 1993, ISBN 3-7908-0703-6

Band 83: M. Heinisch, W. Lanthaler, Im Brennpunkt Universität, 1993, ISBN 3-7908-0713-3

Band 84: M. Göcke, Starke Hysteresis im Außenhandel, 1993, ISBN 3-7908-0722-2

Band 87: M. Raab, Steuerarbitrage, Kapitalmarktgleichgewicht und Unternehmensfinanzierung, 1993, ISBN 3-7908-0734-6

Band 88: K.-J. Duschek, Ein sequentielles empirisches allgemeines Gleichgewichtsmodell zur Beurteilung von Steuerreformprogrammen, 1993, ISBN 3-7908-0736-2

Band 89: R. Schwager, Geld, überlappende Nachfragestruktur und bilaterale Transaktionen, 1994, ISBN 3-7908-0739-7

Band 90: M. Sander, Die Bestimmung und Steuerung des Wertes von Marken, 1994, ISBN 3-7908-0742-7

Band 91: T. Ursprung, Propaganda, Interessengruppen und direkte Demokratie, 1994, ISBN 3-7908-0743-5

Band 94: F. Kugler, Preisbildung auf spekulativen Märkten, 1994, ISBN 3-7908-0750-8

Band 95: J. Schmoranz, Die Energienachfrage privater Haushalte, 1994, ISBN 3-7908-0761-3

Band 96: M. Carlberg, Makroökonomische Szenarien für das vereinigte Deutschland, 1994, ISBN 3-7908-0763-X

Fortsetzung auf Seite 307

Andreas Wagener

Internationaler Steuerwettbewerb mit Kapitalsteuern

Physica-Verlag

Ein Unternehmen
des Springer-Verlags

Reihenherausgeber
Werner A. Müller

Autor
Dr. Andreas Wagener
Volkswirtschaftslehre IV (Finanzwissenschaft)
Fachbereich Wirtschaftswissenschaften
Universität-Gesamthochschule Siegen
Hölderlinstraße 3
D-57068 Siegen

ISBN 3-7908-0993-4 Physica-Verlag Heidelberg

Die Deutsche Bibliothek - CIP-Einheitsaufnahme

Wagener, Andreas:
Internationaler Steuerwettbewerb mit Kapitalsteuern / Andreas Wagener. - Heidelberg : Physica-Verl., 1997
(Wirtschaftswissenschaftliche Beiträge ; Bd. 137)
Zugl.: Siegen, Univ., Diss., 1996
ISBN 3-7908-0993-4
NE: GT

Dieses Werk ist urheberrechtlich geschützt. Die dadurch begründeten Rechte, insbesondere die der Übersetzung, des Nachdrucks, des Vortrags, der Entnahme von Abbildungen und Tabellen, der Funksendung, der Mikroverfilmung oder der Vervielfältigung auf anderen Wegen und der Speicherung in Datenverarbeitungsanlagen, bleiben, auch bei nur auszugsweiser Verwertung, vorbehalten. Eine Vervielfältigung dieses Werkes oder von Teilen dieses Werkes ist auch im Einzelfall nur in den Grenzen der gesetzlichen Bestimmungen des Urheberrechtsgesetzes der Bundesrepublik Deutschland vom 9. September 1965 in der jeweils geltenden Fassung zulässig. Sie ist grundsätzlich vergütungspflichtig. Zuwiderhandlungen unterliegen den Strafbestimmungen des Urheberrechtsgesetzes.

© Physica-Verlag Heidelberg 1997

Die Wiedergabe von Gebrauchsnamen, Handelsnamen, Warenbezeichnungen usw. in diesem Werk berechtigt auch ohne besondere Kennzeichnung nicht zu der Annahme, daß solche Namen im Sinne der Warenzeichen- und Markenschutz-Gesetzgebung als frei zu betrachten wären und daher von jedermann benutzt werden dürften.

Umschlaggestaltung: Erich Kirchner, Heidelberg

SPIN 10565280 88/2202-5 4 3 2 1 0 – Gedruckt auf säurefreiem Papier

Für Minh

Vorwort

Diese Arbeit wurde im Frühjahr 1996 vom Fachbereich Wirtschaftswissenschaften der Universität-Gesamthochschule Siegen als Dissertation angenommen. Sie entstand während meiner Tätigkeit als wissenschaftlicher Mitarbeiter von Herrn Prof. Dr. Andreas Pfingsten am Lehrstuhl VWL I in diesem Fachbereich und am Institut für Kreditwesen der Westfälischen Wilhelms-Universität Münster.

Herrn Prof. Dr. Pfingsten gilt mein besonderer Dank. Er hat die Entstehung der Arbeit mit großem Interesse und Engagement begleitet und war mir bei Fragen und Problemen jederzeit ein kritischer Ansprechpartner und wohlmeinender Ratgeber. Das überaus anregende Wissenschaftsklima und die hervorragende Arbeitsatmosphäre an seinen Lehrstühlen empfinde ich als wesentlich dafür, daß ich dieses Buch in der vorliegenden Form schreiben konnte.

Für die Übernahme des Zweitgutachtens und für seine kritischen Anmerkungen danke ich Herrn Prof. Dr. Rüdiger Pethig. Außerdem danke ich Herrn Prof. Dr. Walter Buhr und Frau Privatdozentin Dr. Dr. Marlies Klemisch-Ahlert für ihre freundliche Bereitschaft zur Mitwirkung in meiner Promotionskommission.

Zu dieser Arbeit wäre es ohne die andauernde Förderung und liebevolle Unterstützung durch meine Eltern nie gekommen. Ihnen gebührt daher mein ganz herzlicher Dank.

Viele Freunde und Kollegen haben mit ihrem Interesse, ihren Ratschlägen und Ermunterungen wichtige Impulse für dieses Buch gegeben. Hervorheben möchte ich die Diplom-Kaufleute Frank Altrock, Stefan Gaida, Susanne Homölle und Juliane Wolf vom Institut für Kreditwesen in Münster, deren klaglose Duldung meiner "Eskapaden" zudem erst den nötigen Freiraum für die Anfertigung dieser Arbeit schuf. Allen sei hiermit aufrichtig gedankt.

Dieses Buch ist meinem lieben Freund Dang Minh Tien gewidmet, der mir durch seine Anteilnahme an allen Höhen und Tiefen während der Entstehungszeit ein unschätzbarer Rückhalt war.

Kreuztal, im September 1996 Andreas Wagener

Inhaltsverzeichnis

Einleitende Bemerkungen

Motivation

In einer Welt zunehmender ökonomischer Integration können die Regierungen souveräner Nationalstaaten nicht mehr davon ausgehen, daß die Wirkung ihrer wirtschaftspolitischen Maßnahmen nur auf den nationalen Bereich beschränkt bleibt. Vielmehr ist als Folge vieler Politikmaßnahmen mit einer Umlenkung internationaler Güter- oder Faktorströme und mit Verhaltensänderungen bei ausländischen privaten Wirtschaftssubjekten (Haushalte und Unternehmen) ebenso zu rechnen wie mit Einflüssen auf die Politikergebnisse ausländischer Regierungen. Die Wohlfahrt eines Landes (wie auch immer man sie mißt) hängt damit nicht nur von den eigenen Politikmaßnahmen dieses Landes ab, sondern wird vom wirtschaftspolitischen Verhalten anderer Staaten maßgeblich beeinflußt. Daß Politikmaßnahmen grenzüberschreitende Effekte haben, kann von den Regierungen strategisch ausgenutzt werden: Durch geeignete Politikmaßnahmen können begehrte ökonomische Ressourcen ins eigene Land gelockt und dadurch Wohlfahrtssteigerungen erzielt werden. Bei knappen Ressourcen geht dies zumindest partiell zu Lasten mindestens eines anderen Landes. Hierdurch entsteht zwischen den Ländern eine Wettbewerbssituation, in der die nationalen Regierungen untereinander um knappe, international mobile Güter und Faktoren konkurrieren.

Das Gebiet der Kapitalbesteuerung ist für dieses Phänomen ein prominentes Beispiel: Die Erhebung, Erhöhung oder Senkung einer Kapitalsteuer (Einkommensteuer auf Zinsen und Dividenden, Körperschaftsteuer, Gewerbekapitalsteuer etc.) in einem Land hat zunächst Auswirkungen auf die Kapitalallokation und das Regierungsbudget dieses Landes selbst. Hierdurch sind die nationale Einkommensentstehung, -verwendung und -verteilung betroffen. Sodann gibt es bei nicht vollständig abgeschotteten Kapitalmärkten internationale Effekte. Unterstellt man vorerst einen international fixen Gesamtkapitalstock, so führen Veränderungen in Kapitaleinsatz und -struktur des steuerändernden Landes unmittelbar auch zu Umschichtungen in mindestens einem der anderen Länder. Handelt es sich bei dem steuerändernden Land um ein ökonomisch bedeutendes Land in dem Sinne, daß es einen Einfluß auf die Preisbildung und Renditestruktur auf internationalen Kapitalmärkten ausübt, so lösen diese Preiseffekte Änderungen von Investitions- und Portfolioentscheidungen bei privaten Wirtschaftssubjekten im In- und Ausland aus. Hierdurch kann es zu Veränderungen im globalen Gesamtvolumen von

Investitionen und Ersparnis kommen. Geänderte Investitions-, Finanzierungs- und Sparverhalten der privaten Wirtschaftssubjekte beeinflussen aber auch Zielgrößen ausländischer Regierungen. Dies betrifft die Höhe und Zusammensetzung staatlicher Budgets ebenso wie die Bewertung der wirtschaftlichen und sozialen Situation des Landes durch die Regierung, etwa anhand einer sozialen Wohlfahrtsfunktion. Geht man - nicht unplausibel - davon aus, daß die Wohlfahrt eines Landes positiv von der Größe des in diesem Land produktiv eingesetzten Kapitalstocks abhängt, so wird jede wohlfahrtsmaximierende Nationalregierung durch eine entsprechende Steuerpolitik versuchen, möglichst viel Kapital im eigenen Land anzusiedeln. Bei nicht beliebig vermehrbarem Angebot an Kapitalgütern konkurriert sie dabei mit den Regierungen anderer Staaten, die das gleiche Kalkül verfolgen. So entwickelt sich zwischen den Regierungen ein internationales fiskalisches Spiel, bei dem die Steuerpolitiken die Strategievariablen sind. Dieses Spiel bezeichnen wir im folgenden als *internationalen Kapitalsteuerwettbewerb*.

Die vorliegende Arbeit ist der Versuch einer systematischen theoretischen Analyse des internationalen Kapitalsteuerwettbewerbs. Für ein solches Unterfangen sprechen mehrere Gründe:

- Steuerwettbewerb ist ein Phänomen, dessen tatsächliches oder potentielles Auftreten zu erheblichen Besorgnissen und Irritationen Anlaß gibt. Dies trifft insbesondere auf den Bereich der Kapitalsteuern zu, wofür drei Gründe verantwortlich sein dürften: Erstens kommt der Höhe und der Struktur des in einem Land investierten Kapitalstocks für dessen wirtschaftliche Situation eine Schlüsselrolle zu, so daß steuer(wettbewerb)induzierte Veränderungen der internationalen Kapitalallokation gravierende Konsequenzen haben können.[1] Zweitens ist angesichts der im Vergleich zu anderen Gütern und Faktoren hohen internationalen Mobilität von Kapital (insbesondere von Finanzkapital) mit einer hohen Sensitivität der Kapitalallokation im Hinblick auf die fiskalische Behandlung von Kapital und seinen Erträgen zu rechnen. Es ist von daher sehr wahrscheinlich, daß ein real stattfindender Kapitalsteuerwettbewerb zu spürbaren Veränderungen in der Kapitalallokation führt. Drittens bilden Steuern auf Kapitaleinkommen in allen modernen Industrienationen eine bedeutende staatliche Einnahmequelle, so daß durch einen Steuerwettbewerb auf diesem Gebiet die Politikmöglichkeiten der Regierungen auch auf

---

1 Dies gilt insbesondere angesichts stetig zunehmender Kapitalintensität (d.h. beständig abnehmender rentierlicher Beschäftigungsmöglichkeiten, die ohne Sachkapitaleinsatz auskommen).

anderen Gebieten betroffen sein dürften. Die strategische Interaktion mit Steuern auf Kapitaleinkommen ist damit für die Regierungen ein heikles Spiel, für dessen Beherrschung eine theoretische Analyse durchaus nützlich sein kann.

- Die Frage, ob angesichts einer immer engeren ökonomischen Integration und immer weitergehend liberalisierter internationaler Güter- und Kapitalmärkte die Steuerpolitik dem Optimierungskalkül der nationalen Regierungen überlassen bleiben oder ob nicht doch besser eine internationale Abstimmung der Steuerpolitiken angestrebt werden sollte, ist von aktueller politischer Relevanz. Dies trifft nicht nur für die Europäische Union zu, wo man diese Frage auf dem Gebiet der Kapitalbesteuerung seit nunmehr 30 Jahren nahezu ergebnislos diskutiert,[2] sondern auch für andere Wirtschaftsräume mit dem (angestrebten) Charakter eines gemeinsamen Marktes oder einer Freihandelszone (wie etwa NAFTA oder Mercosur). Grundsätzlich stellt sich diese Frage aber nicht nur Mitgliedern von Wirtschaftsblöcken, sondern jedem Land, das seinen Kapitalverkehr nicht vollständig staatlich reglementiert. In einer jüngsten Veröffentlichung macht die OECD (1995) dies insbesondere für die Reformstaaten Mittel- und Osteuropas deutlich.[3] Ein unverzichtbarer Baustein zur Beantwortung der Frage "Steuerwettbewerb versus Steuerkoordination" ist die fundierte Kenntnis der Effekte des Steuerwettbewerbs.

- Die in der theoretischen und wirtschaftspolitischen Literatur bisher erfolgten Bewertungen des Kapitalsteuerwettbewerbs sind an Spannbreite schwerlich zu überbieten: In Razin/Sadka (1991) bringt Kapitalsteuerwettbewerb effiziente Allokationsergebnisse hervor, die keinerlei Korrekturen durch Politikkoordinierung oder -harmonisierung mehr bedürfen. Schulze/Koch (1994) hingegen entwerfen das Bild eines ruinösen Steuersenkungswettlaufs, bei dem sich die Regierungen ihre Kapitalsteueraufkommen vollständig wegkonkurrieren. Es sind insbesondere derartige Szenarien fortgesetzter Steuersenkungen, die im politischen Bereich Bedenken gegen eine unkoordinierte Optimierung nationaler Steuerpolitiken und Rufe nach einer internationalen

---

2 Vgl. Moussis (1995, S. 226 ff.) für einen kurzen allgemeinen Überblick. Zu Fragen der Zinsbesteuerung in der EU vgl. Frank (1991), zu den EU-Überlegungen zur Körperschaftsteuer vgl. Sass (1993).

3 Im Unterschied zum internationalen Waren- und Dienstleistungsverkehr, für den die WTO (früher das GATT) eine - wenn auch lückenhafte - internationale steuerliche Übereinkunft kodifiziert, fehlt etwas Vergleichbares auf dem Gebiet des internationalen Kapitalverkehrs. Hier sind bilaterale Vereinbarungen etwa auf der Basis des OECD-Musterabkommens zur Vermeidung der Doppelbesteuerung nach wie vor das einzige Koordinierungsinstrument.

Politikabstimmung entstehen lassen.[4] Es besteht also ein dringlicher Klärungsbedarf über die genauen Auswirkungen des Kapitalsteuerwettbewerbs, wobei die Ergebnisse des Steuerwettbewerbs naturgemäß von den Bedingungen abhängen, unter denen er stattfindet. Dies verlangt nach einem hinreichend allgemeinen Modell, das eine Vielzahl verschiedener Szenarien generieren kann. Ein solch vereinheitlichender Ansatz liegt bisher m.W. nicht vor.

Zur Wahl des Ansatzes

Als formale Basis dient der vorliegenden Analyse ein intertemporales und internationales Kapitalmarktmodell neoklassischer Prägung mit Steuern auf den Kapitalstock und seine Erträge. Diese Steuern diskriminieren Kapitalerträge nach ihrer Herkunft, ihrer Finanzierungsart und ihrer Verwendung. Die Gleichgewichtsbedingungen des Kapitalmarktmodells legen die internationale Kapitalallokation in Abhängigkeit der Steuersätze fest. Aus Sicht der Kapitalanleger und Investoren sind diese Steuersätze exogen. Tatsächlich werden sie jedoch modellendogen von den nationalen Regierungen entsprechend ihrer Zielvorstellungen gesetzt. Bei diesem Optimierungskalkül berücksichtigen die Regierungen ihren Einfluß auf die gleichgewichtige Kapitalallokation (d.h. die komparativ-statischen Effekte von Steuersatzänderungen).

Wesentliche Elemente des hier vorgestellten Analyseansatzes wurden gewählt, weil ihr Nichtvorhandensein in den bisher zum Thema Kapitalsteuerwettbewerb existierenden theoretischen Arbeiten aus Sicht des Verfassers einen behebbaren und zu behebenden Mangel darstellt. Zu nennen wären insbesondere drei Aspekte:

- Die weitaus meisten Ansätze modellieren eine einfache Welt mit nur einer Steuer auf das Kapitaleinkommen oder den Kapitalstock.[5] In der Wirklichkeit sind die Systeme der Kapitaleinkommensbesteuerung hochkomplexe Gebilde aus einem ganzen Bündel unterschiedlicher Steuerarten, die nach der Herkunft des Kapitals und der Verwendung des damit erwirtschafteten Einkommens diskriminieren. Da kaum erwartet werden kann, daß die einfachen Mo-

---

4 Vgl. z.B. EG-Kommission (1992) oder OECD (1995).

5 Ohne Anspruch auf Vollständigkeit vgl. etwa Bond/Samuelson (1990), Burbidge/Myers (1992), DePater/Myers (1992), Janeba (1995), Janeba/Peters (1995), Killinger (1994), Krelove (1992), Mintz/Tulkens (1996), Razin/Sadka (1991), Schulze/Koch (1994) oder Wildasin (1988, 1989, 1991b).

delle des Kapitalsteuerwettbewerbs ein realistisches Bild der fiskalischen Wettbewerbsergebnisse zeichnen, verlangt dies nach einem Modell des Steuerwettbewerbs, das zumindest ansatzweise unterschiedliche Steuersysteme umfaßt. Dies betrifft sowohl die Ausgestaltung der nationalen Kapitaleinkommensbesteuerung als auch die der Besteuerung grenzüberschreitender Einkünfte.

- Viele der Arbeiten zum Kapitalsteuerwettbewerb modellieren keinen reinen Steuerwettbewerb, sondern überlagern diesen mit zusätzlichen Effekten wie der Bereitstellung von öffentlichen Gütern (Wildasin (1988) oder Zodrow/Mieszkowski (1986)), Arbeitsmobilität (Burbidge/Myers (1992)), Umweltaspekten (Oates/Schwab (1988)) oder internationalem Handel (Wilson (1987)). Natürlich findet Kapitalsteuerwettbewerb in der Realität in einem Umfeld statt, auf das alle diese und noch zahlreiche weitere Aspekte Einfluß nehmen. Um jedoch die *originären* Effekte des Steuerwettbewerbs herausarbeiten zu können, erscheint es sinnvoll, sich in einer theoretischen Abhandlung von "Nebenschauplätzen" fernzuhalten und sich ausschließlich auf die fiskalische Interaktion mit Kapitalsteuern zu beschränken.

- Neben den durch die nationalen und internationalen Besteuerungsverfahren gegebenen institutionellen Rahmenbedingungen hängen die Ergebnisse der fiskalischen Konkurrenz maßgeblich von den Zielfunktionen der involvierten Regierungen ab. Alle bisherigen Ansätze des (Kapital-)Steuerwettbewerbs beschränken sich hierbei auf die Analyse nur jeweils *eines* mehr oder weniger plausiblen Zielsystems. Ein Vergleich unterschiedlicher nationaler Politikvorstellungen, wie sie in unterschiedlichen Zielvorstellungen der Regierungen zum Ausdruck kommt, im Hinblick auf das Verhalten im Steuerwettbewerb unterbleibt daher naturgemäß. Ein solcher systematischer Vergleich könnte vielleicht einige der scheinbaren Unvereinbarkeiten in den bisherigen Analysen des Steuerwettbewerbs auflösen.

Die vorliegende Arbeit versucht, diesen Kritikpunkten Rechnung zu tragen: Sie wählt zum ersten einen Ansatz, der eine ganze Palette unterschiedlicher nationaler und internationaler Besteuerungsverfahren umfaßt. Sie beschränkt sich zum zweiten auf die reine Analyse des Steuer(satz)wettbewerbs mit Kapitalsteuern und klammert alle anderen Gesichtspunkte bewußt aus. Zum dritten diskutiert sie jede Wettbewerbssituation in zwei verschiedenen Varianten: als steueraufkommensmaximierenden und als sozialproduktsmaximierenden Wettbewerb.

Grundsätzlich sind bei einer Analyse des internationalen Kapitalsteuerwettbewerbs alle steuerlichen Instrumente und Regelungen zu berücksichtigen, die in irgendeiner Weise Einfluß auf die Anreize zu sparen und zu investieren ausüben. Dies ist aber schon aus Gründen der Handhabbarkeit des Modells nicht möglich. Die vorliegende Analyse beschränkt sich daher im wesentlichen auf Steuerarten[6], die direkt am Kapitaleinkommen anknüpfen. Sie umfaßt die Einkommensteuer (auf Zinserträge und Dividenden), die Körperschaftsteuer und die Gewerbeertragsteuer. Zudem berücksichtigt sie in Form einer Kapitalstocksteuer (Gewerbekapitalsteuer) auch eine Steuer auf den Kapitalbestand. Ausgeklammert werden in der Analyse alle Regelungen, die sich lediglich auf den Kapitalverkehr beziehen (wie etwa eine Börsenumsatzsteuer), die die Spar- und Investitionspläne nur mittelbar betreffen (wie etwa die Erbschaftsteuer) oder die sich nur als Kostensteuern im Produktionsprozeß niederschlagen (wie z.B. spezielle Verbrauchsteuern).

Plan der Analyse

Die vorliegende Schrift ist in acht Kapitel unterteilt.

Kapitel 1 dient der Vorbereitung und Einführung. Es stellt in knapper Form die beiden Themenkreise vor, die sich in dieser Arbeit überschneiden, nämlich "Steuern und Kapitalallokation" sowie "Strategische Interaktionen staatlicher Entscheidungsträger". Kapitel 1 steckt den theoretischen Standort der vorliegenden Analyse aus unterschiedlichen Blickwinkeln ab.

Kapitel 2 stellt die der Analyse des Steuerwettbewerbs zugrundeliegende Modellwelt aus Sicht des privaten Sektors vor. Es enthält ein einfaches, intertemporales und internationales Kapitalmarktmodell mit Personen- und Unternehmenssteuern, welche nach Herkunft, Art und Verwendung des eingesetzten Kapitals diskriminieren. Die im Steuerwettbewerb aktiven Regierungen berechnen die von ihnen erwarteten Reaktionen der privaten Wirtschaftssubjekte auf Steueränderungen anhand der komparativ-statischen Effekte dieser Änderungen auf die gleichgewichtige internationale Kapitalallokation und -struktur.

---

6 Der Begriff der "Steuer" wird in dieser Arbeit als ein die privaten Wirtschaftssubjekte *belastender* fiskalischer Eingriff verstanden. Daher bleiben die zahlreichen Varianten staatlicher Spar- und Investitionsförderung aus der Betrachtung ausgeschlossen.

Kapitel 3 ist eine ausgedehnte normative Analyse der steuerbeeinflußten, gleichgewichtigen Kapitalallokation im Hinblick auf ihre Struktur- und Effizienzeigenschaften. Es bündelt einige Aussagen, die aus der bloßen Existenz einer Besteuerung abgeleitet werden können, gleichgültig, wie die Steuersätze und das Steuersystem im einzelnen zustandegekommen sind. Diese Aussagen gelten somit unabhängig vom etwaigen Auftreten eines Steuerwettbewerbs. Kapitel 3 klärt, ob und inwiefern bestimmte Allokationsverzerrungen und Kapitalstrukturen überhaupt durch eine fiskalische Konkurrenzsituation verursacht sein können. In der überwiegenden Zahl der Szenarien kann der Steuersatzwettbewerb entlastet werden, da die Kapitalallokation durch das Steuersystem, nicht aber durch die Steuersatzhöhe determiniert wird.

Kapitel 4 beginnt die eigentliche Analyse des Kapitalsteuerwettbewerbs mit einer allgemeinen Beschreibung. Es setzt die wesentlichen Elemente einer realen fiskalischen Konkurrenzsituation in ein spieltheoretisches Modell um, präzisiert Zielfunktionen und definiert Lösungskonzepte und Referenzsituationen.

Die Kapitel 5 bis 8 diskutieren alternative Szenarien des Steuerwettbewerbs jeweils in zwei Varianten: für Regierungen, die ihr Steueraufkommen maximieren, und für solche, die die nationale Wohlfahrt, gemessen am Sozialprodukt ihres Landes, maximieren.

Kapitel 5 präsentiert den in unserer Modellwelt einfachsten Fall des Steuerwettbewerbs, bei dem die Regierungen als Strategievariablen lediglich eine Steuer auf den in ihrem Land investierten Gesamtkapitalstock einsetzen können. Stellvertretend auch für spätere Szenarien wird ausführlich auf einige technische Komplikationen der Analyse eingegangen. Ebenso wird der Fall des Steuerwettbewerbs mit einer Reingewinnsteuer diskutiert, da er einige Parallelen zum Fall des Steuerwettbewerbs mit der Kapitalstocksteuer aufweist.

Kapitel 6 untersucht, wie sich unterschiedliche internationale Besteuerungsverfahren auf die Ergebnisse des Steuerwettbewerbs auswirken, wenn dieser innerhalb national nicht diskriminierender Steuersysteme stattfindet. Hier treten deutliche Ähnlichkeiten der internationalen Verfahren zutage, die sich bei wohlfahrtsmaximierendem Steuerwettbewerb sogar als Äquivalenztheorem formulieren lassen.

Kapitel 7 betrachtet den Steuerwettbewerb in einem Szenario, bei dem das Finanzierungsverhalten der Unternehmen von der Steuersatzhöhe abhängt. Hierdurch sind unter dem Wohnsitzlandverfahren ganze Steuerblöcke zwischen den Regierungen umstritten. Die Resultate sind in einem solchen Fall nicht mehr eindeutig, es kommt jedoch zu einigen der Intuition zuwiderlaufenden Effekten.

Kapitel 8 schließlich analysiert Steuerwettbewerb, wenn die nationalen Steuersysteme auf der Anlegerseite zwischen unterschiedlichen Anlagealternativen und auf der Unternehmensebene zwischen unterschiedlichen Finanzierungsarten diskriminieren. Hierbei stellt sich heraus, daß Steuerwettbewerb in einer Vielzahl von Fällen zur Implementierung eines Cash-Flow-Steuersystems führt.

Eine kurze Schlußbetrachtung beendet diese Arbeit, indem sie die Ergebnisse zusammenfaßt und mögliche Modellerweiterungen diskutiert.

Kapitel 1: Grundlagen

Die Analyse des internationalen Steuerwettbewerb mit Kapitalsteuern verknüpft zwei Themengebiete miteinander: "Besteuerung und Kapitalallokation" und "Strategische Interaktionen staatlicher Entscheidungsträger". Hierbei bildet die Existenz eines Einflusses der Besteuerung auf die Kapitalallokation die natürliche Voraussetzung dafür, daß eine fiskalische Konkurrenzsituation überhaupt auftreten kann; bliebe die Kapitalallokation von Änderungen in der steuerlichen Behandlung des Kapitals und seinen Erträgen unbeeinflußt, könnte auf diesem Gebiet auch keine strategische Interdependenz der Steuergesetzgeber entstehen.

Dieses Grundlagenkapitel stellt in knapper Form beide Themengebiete vor. Hierbei geht es nicht so sehr um einen vollständigen Überblick, als vielmehr um eine Positionierung der vorliegenden Arbeit im Hinblick auf ihren theoretischen Standort und ihre empirische Relevanz.

1.1 Steuern und Kapitalallokation

Der Komplex "Steuern und Kapitalallokation" hat positive und normative Aspekte. Die positive Analyse untersucht, ob und wie das Verhalten privater Wirtschaftssubjekte durch steuerliche Regelungen beeinflußt wird. Hierauf baut die normative Betrachtung auf, die die sich bei verschiedenen steuerlichen Konstellationen einstellenden Kapitalallokationen anhand eines Kriterienkatalogs bewertet.

1.1.1 Positive Analyse

Daß die Besteuerung Einfluß auf den privaten Kapitalbildungs- und -verwendungsprozeß hat, ist unumstritten. Kontrovers diskutiert wird allerdings das Ausmaß dieses Einflusses. Hier füllen die theoretischen wie auch die empirischen Untersuchungen das gesamte Kontinuum von "gering" bis "entscheidend". Der genaue Grad des Einflusses dürfte nicht zu ermitteln sein und differiert wohl auch erheblich zwischen den steuerlichen Regelungsbereichen. Betroffen von fiskalischen Tatbeständen sind alle Teilbereiche der Kapitalallokation: Ersparnis (Kapitalbildung), Anlegerverhalten, unternehmerische Standortwahl, Rechtsformwahl, Investitionsvolumen, Kapitalstruktur und Gewinnverwendung. Die folgenden Abschnitte diskutieren jeweils einen dieser Aspekte, wohl wissend, daß sie nicht strikt voneinander separiert werden können.

a) Steuern und Ersparnis

Der Höhe der privaten Ersparnis kommt für jede Volkswirtschaft eine große Bedeutung zu. Kurz- und mittelfristig ist die Ersparnis eine wichtige Einflußgröße für Beschäftigung, Investitionen, Inflation und Einkommensverteilung, langfristig determiniert sie Kapitalintensität und Wachstumsrate einer Volkswirtschaft. Im allgemeinen wirkt eine Erhöhung der steuerlichen Belastung der Ersparnis, gleichgültig ob sie am Sparvolumen oder an den Zinserträgen des Sparens anknüpft, wie eine Zinssenkung. Die Richtung dieses Preiseffekts ist sowohl theoretisch als auch empirisch nicht eindeutig.[7] In der vorliegenden Arbeit bestimmt die Ersparnis der privaten Haushalte die Höhe des produktiv einsetzbaren Kapitalstocks. Hierbei wird von einer direkten Besteuerung des Sparens abgesehen. Allerdings ist die auf die Ersparnis erzielbare Rendite als gleichgewichtige Kapitalmarktrendite abhängig von Höhe und Struktur der Kapitalbesteuerung in anderen Bereichen, wobei die Anhebung eines Steuersatzes nie renditesteigernd wirkt. Um dem Problem nicht-eindeutiger Zinseffekte aus dem Weg zu gehen, wird in unserem Modell *angenommen*, daß eine Zinssenkung zu einer Verminderung der Kapitalbildung führt.

b) Steuern und Kapitalanlage

Durch die Liberalisierung des Kapitalverkehrs steht den privaten Wirtschaftssubjekten eine stetig wachsende Zahl von Anlagealternativen zur Verfügung. Dies trägt unmittelbar bei zu einem zunehmend steuerbewußten Anlageverhalten. Als Indizien für diese These betrachte man etwa die zahllosen "Steuerspartips", mit denen Wirtschaftsillustrierte ihren Lesern bei der Geldanlage zur Seite stehen,[8] oder die massiven Ausweichreaktionen deutscher Kapitalanleger im Zusammenhang mit der Einführung der sog. "Quellensteuer" auf Zinserträge in den Jahren

---

7 Vgl. hierzu z.B. Atkinson/Stiglitz (1980, Lecture 3) oder Sandmo (1985, S. 266 f.).

8 Stellvertretend für viele andere und als Beleg für eine wachsende internationale Kapitalmobilität sei hier der Artikel "GeldOasen" genannt, den die Zeitschrift Capital als einen Reiseführer durch die europäischen Steuerparadiese im August 1994 veröffentlichte (Busch et al. (1994)). In diesem Artikel findet sich nebenbei auch eine gute journalistische Darstellung des Phänomens des Kapitalsteuerwettbewerbs in der EU.

1989 bzw. 1993.[9] Aus Sicht der ökonomischen Theorie ist der Einfluß der Besteuerung auf das Anlegerverhalten insbesondere bei Unsicherheit ein nichttriviales Problem, das zumeist in portfoliotheoretischen Ansätzen unter dem Gesichtspunkt des steuerlichen Einflusses auf die Bereitschaft privater Wirtschaftssubjekte zur Übernahme von Risiko diskutiert wird.[10] Bei Sicherheit hingegen fragen nutzenmaximierende Wirtschaftssubjekte nur jene Anlagemöglichkeiten in echt positiver Menge nach, die ihnen die höchste Nach-Steuer-Rendite einbringen. Alle niedriger rentierlichen Papiere werden nicht ins Portfolio aufgenommen. In einem Kapitalmarktgleichgewicht unter diesen Prämissen erwirtschaften alle gehandelten Anlageformen die gleiche Nettorendite.[11] Bei den in dieser Arbeit unterstellten sicheren Erwartungen für alle Akteure ist dieses sog. Portfoliogleichgewicht eine geeignete Modellierung des Kapitalmarktgeschehens. Als Anlagealternativen stehen den Kapitalanlegern in unserer Analyse Aktien und Schuldverschreibungen in- und ausländischer Unternehmen zur Verfügung, die auf einem internationalen Kapitalmarkt gehandelt werden.

c) Steuern und unternehmerische Standortentscheidungen

Die Praxis und die öffentliche Diskussion der Bewertung von Unternehmensstandorten mißt der Steuerbelastung der Unternehmensgewinne eine entscheidende Bedeutung bei.[12] Dies betrifft sowohl internationale als auch interregionale Standortvergleiche. Ob Unterschiede in der Steuerbelastung aber tatsächlich zu Standortverlagerungen führen oder ausschlaggebendes Kriterium bei unternehmerischen Standortentscheidungen sind, ist kontrovers. Jacobs/Spengler (1995,

---

9 Vgl. hierzu Deutsche Bundesbank (1994). Interessant ist hierbei die Beobachtung, daß das erste Quellensteuer-Experiment im Jahre 1989 zu definitiven Mittelabflüssen vom deutschen Kapitalmarkt führte, während die in den letzten Jahren als Konsequenz der aktuellen Kapitalertragsteuer ins Ausland transferierten deutschen Spargelder zumeist als "ausländische" Geldanlagen wieder ins deutsche Finanzsystem zurückkehrten. Die Ursache hierfür ist, daß ausländische Investoren von der neuen Kapitalertragsteuer freigestellt sind. Die aktuelle "Quellensteuer" ist demnach *de facto* eine Steuer nach dem Wohnsitzlandprinzip.

10 Vgl. hierzu etwa Atkinson/Stiglitz (1980, Lecture 4) oder Sandmo (1985, S. 293 ff.).

11 Vgl. für diese sog. Miller-Gleichgewichte z.B. Martin (1988, S. 333 ff.) oder mit Anwendungen auf internationale Kapitalmärkte Hodder/Senbet (1990).

12 Vgl. hierzu Devereux (1992, S. 106 ff.), Henzler (1993, S. 10 ff.), Koop (1993, S. 25 ff.) oder Jacobs/Spengel (1995, S. 432). Hierbei richtet sich das Hauptaugenmerk jedoch auf die Besteuerung *einbehaltener* Gewinne von Kapitalgesellschaften. Im Bereich der deutschen Politikberatung gibt der "Sachverständigenrat zur Begutachtung der gesamtwirtschaftlichen Lage" in seinen Gutachten seit Jahren die Empfehlung, die (Unternehmens-)Steuern zu senken, um den Standort Deutschland im internationalen Wettbewerb attraktiver zu machen. Vgl. für eine Chronik Holzheu (1995).

S. 448) bezweifeln eine tatsächliche Entscheidungsrelevanz, während Koop (1993, S. 25 ff.), der eine ganze Reihe von empirischen Untersuchungen zu dieser Frage referiert, zu einem differenzierteren Ergebnis kommt. Die OECD (1995, S. 59) kommt in einer Analyse zu dem Schluß, daß steuerliche Aspekte die Entscheidung für oder gegen einen Unternehmensstandort dann ausschlaggebend beeinflussen, wenn es sich um die Errichtung von sog. *footloose manufacturing plants* handelt, deren Ausbringung vornehmlich für den Export gedacht ist.

Die vorliegende Arbeit klammert die Thematik der Standortentscheidung aus, indem sie bereits getroffene Standortentscheidungen voraussetzt, so daß lediglich das Volumen und die Struktur einer Investition festzulegen sind, nicht aber über deren prinzipielle Durchführung zu befinden ist.

d) Steuern und Rechtsformwahl

Die Entscheidung, ob eine Unternehmung als Personen- oder als Kapitalgesellschaft organisiert werden soll,[13] ist von ähnlich grundsätzlicher Bedeutung wie die über den Unternehmensstandort. Auch hier bilden steuerliche Gesichtspunkte zwar wichtige, wohl kaum aber die alleinigen Entscheidungskriterien.[14] Die Unterschiede in der einkommensteuerlichen Behandlung von Personen- und Kapitalgesellschaften sind im wesentlichen die subjektive Steuerpflicht der Körperschaft in Form der Körperschaftsteuer und die Mitunternehmer-Eigenschaft von Gesellschaftern einer Personengesellschaft.[15]

Anlässe für Überlegungen über die optimale Rechtsform einer Unternehmung können die Gründung des Unternehmens oder die gravierende Änderung betrieblicher Rahmenbedingungen sein. Beide Anlässe treten in der vorliegenden Arbeit nicht auf, so daß wir den Aspekt der Rechtsformentscheidung ausblenden können. Wir betrachten eine Modellwelt mit ausschließlich körperschaftlich organisierten Unternehmen. Unternehmen mit dieser Rechtsform dürften wohl jene

13 Neben den Reinformen der Personen- und Kapitalgesellschaft haben sich Mischfomen entwickelt (in Deutschland z.B. die GmbH & Co KG), die auf eine möglichst vorteilhafte Kombination steuer- und gesellschaftsrechtlicher Regelungen hin angelegt sind. Vgl. hierzu z.B. Wagner/Dirrigl (1980, S. 203 ff.).

14 Wesentliche nicht-steuerliche Kriterien sind z.B. Haftungsbeschränkungen der Kapitalgeber, Möglichkeiten zur Aufbringung oder Veränderung des Eigenkapitals oder Geschäftsführungsregelungen.

15 Für weitere Details vgl. z.B. Wagner/Dirrigl (1980, S. 187 ff.).

sein, für die internationale Steuerregelungen aufgrund ihrer Geschäftstätigkeit und ihrer Eignerstruktur am ehesten relevant sind und deren internationale Besteuerung daher das aus Sicht der Fisci drängendste Problem darstellt.[16]

e) Steuern, Investitionsvolumen und Kapitalstruktur

In allen empirischen Studien herrscht Einigkeit darüber, daß zwischen dem Investitionsvolumen in einer Volkswirtschaft und der Höhe der effektiven Steuerbelastung des Kapitals ein negativer Zusammenhang besteht. Diese Relation gilt insbesondere für die Höhe ausländischer Direktinvestitionen in einem Land.[17] Trotz dieser empirischen Einigkeit gehört das Thema "Steuern und Investitionen" zu den meistdiskutierten in der ökonomischen Theorie des letzten Jahrzehnts. Hierbei wird binnenwirtschaftlichen und internationalen Aspekten ungefähr die gleiche Aufmerksamkeit zuteil.[18] Allen neueren Ansätzen zur Theorie der Unternehmensbesteuerung, die auf dem neoklassischen Grundmodell[19] aufbauen, ist gemeinsam, daß sie die Finanzierungsentscheidungen der Unternehmen endogenisiert haben und damit die unternehmerischen Entscheidungen über Investitionsvolumen und Kapitalstruktur simultan getroffen werden. Grob gesprochen, kennt die neuere Literatur zwei methodische Ansätze, um finanzpolitische Parameter zu integrieren: einen kontrolltheoretischen und einen arbitragetheoretischen. Ersterer wählt ein Modell der Marktwertmaximierung der besteuerten Unternehmung, der zugleich eine Maximierung des *shareholders' wealth* impliziert, und leitet nach dem Maximum-Prinzip einen optimalen Zeitpfad für Kapi-

---

16 So richtet sich auch die Diskussion um die Ausgestaltung direkter Steuern in der EU nahezu ausschließlich auf die Körperschaftsteuer.

17 Vgl. wiederum Koop (1993, S. 25 ff.) für eine gute Literaturübersicht. Die Bereiche "Steuern und unternehmerische Standortentscheidungen" und "Steuern und Investitionen" sind theoretisch und empirisch nur schwer zu trennen: Wenn ein negativer Einfluß der Besteuerung auf die Höhe des Kapitalstocks festgestellt wird, so kann dies zum einen daran liegen, daß geplante Investitionsprojekte in geringerem Umfang durchgeführt werden, zum anderen aber auch daran, daß Unternehmen ihre Investitionsvorhaben an anderen Standorten realisiert haben.

18 Ein vielbeachteter und gelungener Versuch, zahlreiche Aspekte in einem einheitlichen Modellrahmen zu untersuchen, ist die Arbeit von H.-W. Sinn (1987). Pionierarbeit leisteten ferner Auerbach (zusammengestellt in Auerbach (1983)) und auf internationalem Gebiet King/Fullerton (1984) und Alworth (1988).

19 Das neoklassische Grundmodell erzielt für eine Welt ohne Steuern drei zentrale Resultate: Grenzproduktivitätsentlohnung der Faktoren, Fisher-Separation und Modigliani-Miller-Theorem (vgl. z.B. H.-W. Sinn (1987, Kapitel 2)). Alternative Ansätze der Investitionstheorie sind z.B. die Keynessche Grenzleistungsfähigkeitstheorie oder die Tobinsche q-Theorie. Die mikroökonomisch fundierte Theorie verwendet heute vorrangig das neoklassische Paradigma. Für einen Überblick vgl. Takayama (1993).

taleinsatz und -struktur ab.[20] Letzterer bestimmt die optimale Investitionsstruktur als jene, bei der der Sachkapitalnutzungspreis (die *User-Cost of Capital*), der von steuerlichen Regelungen maßgeblich mitbestimmt wird, dem Wertgrenzprodukt des Faktors Kapitals (d.h. dem Zusatzerlös aus der letzten eingesetzten Kapitaleinheit) entspricht.[21] Ein Vergleich beider Ansätze zeigt, daß sie zu weitgehend äquivalenten Ergebnissen kommen;[22] dies trifft insbesondere für die in dieser Arbeit relevanten Szenarien zu.

Die vorliegende Arbeit leitet das optimale Investitions- und Finanzierungsverhalten der Unternehmung unter der Zielsetzung ab, daß den Aktionären eine möglichst hohe Netto-Dividende auf das eingesetzte (Eigen-)Kapital gezahlt werden kann. Da wir nur ein Zwei-Zeitpunkt-Modell verwenden, kann diese Zielsetzung auch als Maximierung des *shareholders' wealth* interpretiert werden. Im Optimum errechnen sich die Kapitalkosten als ein gewichteter Durchschnitt aus den steuerinklusiven Kosten der von der Unternehmung eingesetzten Finanzierungsquellen. Dies stimmt überein mit den Schlußfolgerungen sowohl der *User-Cost*-Theorie als auch des dynamischen Optimierungsansatzes.[23]

f) Steuern und Gewinnverwendung

Für Kapitalgesellschaften stellt die zielgerichtete Verwendung ausschüttungsfähiger Beträge ein Entscheidungsproblem dar, welches durch die steuerlichen Folgen von Thesaurierung und Ausschüttung maßgeblich mitbestimmt wird.[24] Bei einer Entscheidung zugunsten einer internen Anlage muß zudem noch geklärt werden, ob eine unmittelbare Thesaurierung erfolgen soll oder eine Ausschüttung

---

20 Vgl. z.B. Auerbach (1983) und H.-W. Sinn (1987).

21 Ansatz und Begriff der *User Cost of Capital* gehen auf Jorgenson (1967) zurück. Er liegt auch den wichtigsten Arbeiten über internationale Aspekte der Unternehmensbesteuerung zugrunde, wie etwa King/Fullerton (1984), Alworth (1988) oder Jorgenson/Landau (1993). Binnenwirtschaftlich orientierte Studien, die den User-Cost-Ansatz verwenden, sind z.B. Sievert et al. (1989) oder Jochum (1991).

22 So kann die zentrale Optimumbedingung in H.-W. Sinn (1987, S. 106) auch durch Arbitrage-überlegungen in einem statischen Modell abgeleitet werden. Vgl. hierzu Buchholz/Wiegard (1991) oder Sørensen (1994a, Fußnote 1). Eine einfache Umformung der Sinnschen Bedingung führt umgekehrt unmittelbar zu einer User-Cost-Darstellung (Vgl. hierzu H.-W. Sinn (1987, S. 106) selbst). Allgemein vgl. auch Jochum (1991, S. 43 ff. und S. 484 ff.).

23 Vgl. hierzu und zu einer (ausgeräumten) Kontroverse um die Formulierung der Kapitalkosten als einem gewichteten Durchschnitt aus Einzelkosten H.-W. Sinn (1993).

24 Weitere wichtige Entscheidungskriterien sind die Anlagemöglichkeiten der Überschüsse inner- und außerhalb der Unternehmung oder die Ansprüche und Erwartungen der Kapitalgeber.

mit sofortiger Wiedereinlage (Schütt-Aus-Hol-Zurück-Verfahren). Die letztere Methode ist dann vorzuziehen, wenn die effektive Einkommensteuerbelastung von Gewinnausschüttungen beim Gesellschafter niedriger ist als die Körperschaftsteuerbelastung thesaurierter Gewinne.

Die Frage der optimalen Gewinnverwendung kann als ein Teilaspekt der Finanzierungsentscheidung gesehen werden,[25] in der betriebswirtschaftlichen Literatur wird sie aber meist gesondert behandelt.[26] Im Rahmen des in dieser Arbeit verwendeten Zwei-Zeitpunkt-Modells ist das Problem nicht relevant, denn die Selbstfinanzierung durch einbehaltene Gewinne kommt als Finanzierungsalternative für eine nach zwei Perioden liquidierte Unternehmung nicht in Betracht.

Die Ergebnisse der positiven Analyse der Kapitalbesteuerung hängen, wie das folgende Beispiel belegen mag, mitunter stark vom gewählten Modellrahmen ab: Kapitalerträge aus dem körperschaftlichen Sektor werden in allen OECD-Staaten an zwei Stellen besteuert: bei der Unternehmung (Körperschaftsteuer) und beim Aktionär (Einkommensteuer).[27] Diese Doppelbelastung ist in jüngster Zeit Gegenstand einer Kontroverse um ihre Entscheidungsrelevanz geworden:[28] Die Vertreter der "traditionellen" Sichtweise folgern aus der Existenz einer Doppelbelastung körperschaftlicher Gewinnausschüttungen, daß die Kapitalkosten einer Körperschaft tendentiell höher sind als die eines Personenunternehmens, so daß Realinvestitionen aus dem körperschaftlichen Sektor verdrängt werden. Die Vertreter der "neuen" Sichtweise hingegen behaupten, daß die Doppelbelastung irrelevant sei, weil sie die Kapitalkosten eines Unternehmens nicht tangiere. Ursächlich für diese Meinungsverschiedenheit in der steuertheoretischen Diskussion sind unterschiedliche Annahmen über die Preisbildung auf den Kapitalmärkten in den entsprechenden Modellansätzen:[29] Die "traditionelle" Sichtweise unterstellt, daß bei höherem Verschuldungsgrad höhere Risikoprämien die Kredit-

---

25 So verfahren z.B. H.-W. Sinn (1987) oder Jochum (1991).

26 Vgl. z.B. Wagner/Dirrigl (1980, S. 114 ff.).

27 Bei ausländischen Kapitaleinkünften kommt zu dieser Doppelbelastung oft noch eine Belastung durch zwei unterschiedliche nationale Fisci hinzu.

28 Vgl. hierzu ausführlich und mit Literaturbelegen Sørensen (1994a).

29 Sørensen (1994a, S. 435) meint, daß Unterschiede im Finanzierungsverhalten der Unternehmungen ursächlich für die Ergebnisdiskrepanzen seien. Dies ist bestenfalls halbrichtig, denn erstens unterstellt Sørensen für beide Szenarien identisches Finanzierungsverhalten (nämlich Maximierung des *shareholders' wealth*), und zum anderen macht er klar (S. 434), daß es Unterschiede in der Reaktion der Kapitalmärkte auf höhere Ausschüttungen (S. 429, Gleichung (3)) und Verschuldungsgrade (ebda., Gleichung (4)) der Unternehmen sind, die die Ergebnisunterschiede herbeiführen.

kosten für die Unternehmung erhöhen und daß die Aktionäre eine erfolgte Gewinnausschüttung höher bewerten als einen noch nicht realisierten Kapitalgewinn ("Spatz-in-der-Hand"-Argument); diese beiden Annahmen werden in der "neuen" Sichtweise nicht unterstellt.

Dieses Beispiel deutet darauf hin, daß die Resultate von Kapitalsteuerwirkungsanalysen sensibel auf Modellierungsunterschiede im Preisbildungsprozeß auf den Kapitalmärkten reagieren. Da die ökonomische Theorie aber bis dato keine allgemein anerkanntes Kapitalmarktmodell bereitstellt, ist jede steuertheoretische Analyse mit dem Makel potentiell mangelnder Robustheit belastet. Dies gilt natürlich auch für die vorliegende Analyse, worauf wir in Abschnitt 3.1.3 in anderem Zusammenhang noch einmal zurückkommen werden. Umso wichtiger ist es, die verwendeten Annahmen offenzulegen, weshalb die Grundstruktur des hier zugrundegelegten Kapitalmarktmodells noch einmal zusammengefaßt sei.

Wir verwenden ein Modell eines internationalen Kapitalmarktes mit zwei Zeitpunkten und bei sicheren Erwartungen, bei dem jedes der immobilen Unternehmen den Anlegern Finanzierungstitel in Form von Aktien und Schuldverschreibungen anbietet. Die Unternehmen handeln dabei im Interesse ihrer Eigner. Ein Walrasianischer Auktionator (in Form einer Investmentgesellschaft) legt dann die Wertpapierrenditen derart fest, daß seitens der Kapitalanleger nach Steuern keine Arbitrage mehr möglich ist (sog. Portfoliogleichgewicht). Die Kapitalanleger sind intertemporale Nutzenmaximierer, die durch Portfolioanpassungen eine möglichst hohe Rendite für ihre Ersparnis erzielen wollen. Die Höhe der Ersparnis selbst steigt mit der erzielbaren Gesamtrendite.

1.1.2 Normative Analyse

Die Mehrzahl der Studien zum steuerlichen Einfluß auf die Kapitalallokation beschränken sich nicht auf eine reine Steuerwirkungsanalyse, sondern beurteilen die sich als Folge der Besteuerung ergebende Kapitalallokation anhand bestimmter normativer Kriterien. Als Bewertungsmaßstab fungieren hierbei Effizienz-, Neutralitäts- und Optimalitätsanforderungen, die aus bestimmten Idealszenarien abgeleitet werden. Wir werden diese drei Klassen normativer Kriterien im folgenden abgrenzen und ihre Relevanz für die vorliegende Arbeit darlegen.

a) Allokative Effizienzkriterien

Referenzmaßstab der allokativen Effizienzanalyse sind Allokationen, in denen, ausgehend von bestimmten Produktionsbedingungen, Präferenzen und Anfangsausstattungen mit ökonomischen Ressourcen, keine Veränderung in der Ressourcenverwendung mehr denkbar ist, die zu einer Situationsverbesserung für mindestens eines der Wirtschaftssubjekte führen würde, ohne nicht zugleich mindestens ein anderes Wirtschaftssubjekt schlechter zu stellen (sog. Pareto-Optimum). Als allokatives Effizienzkriterium wird demzufolge in dieser Arbeit eine für ein derartiges Pareto-Optimum notwendige Bedingung bezeichnet. Im wesentlichen handelt es sich hierbei um die Kriterien der intertemporalen, intersektoralen, interpersonellen und internationalen Effizienz. Sie lassen sich mathematisch als Marginalbedingungen schreiben und schließen aus, daß durch eine Verlagerung ökonomischer Ressourcen über die Zeit, zwischen Branchen, zwischen Personen bzw. zwischen Ländern eine Pareto-Verbesserung erzielt werden kann. Eine genauere Beschreibung und formale Definition dieser Kriterien erfolgt, soweit für die Zwecke dieser Arbeit erforderlich, in Abschnitt 3.1.3.

Die allokative Effizienzanalyse der Kapitaleinkommensbesteuerung untersucht Kapitalallokationen, die sich unter bestimmten Steuerkonstellationen einstellen, im Hinblick auf die Erfüllung oder Verletzung paretianischer Effizienzkriterien. Aus den beiden Hauptsätzen der Wohlfahrtsökonomik ist bekannt, daß (unter bestimmten, hier nicht näher zu erläuternden Voraussetzungen) eine Laissez-Faire-Ökonomie, in der atomistische Wirtschaftssubjekte ohne staatliche Einwirkung und unabgestimmt ihre individuellen Zielfunktionen maximieren, eine pareto-effiziente Situation herbeiführt, und daß unter den gleichen Voraussetzungen jede pareto-effiziente Situation alleine durch eine geeignete Umverteilung der Anfangsausstattungen als Konkurrenzgleichgewicht erreichbar ist.[30] Damit kann die allokative Effizienzanalyse der Besteuerung als Vergleichsmaßstab eine Welt heranziehen, in der bestenfalls Pauschalsteuern zugelassen sind.

Allokationsuntersuchungen, die in der Theorie der Kapitaleinkommensbesteuerung eindeutig im Vordergrund stehen, richten ihr Augenmerk im wesentlichen auf die Keile (*tax wedges*), mit denen die Besteuerung Größen, die in einer Laissez-Faire-Ökonomie gleich sind, auseinandertreibt.[31] Die Ergebnisse der einzelnen Untersuchungen divergieren nicht unerheblich, so daß eine kurze Zusammenfassung zentraler Resultate mangels Durchführbarkeit unterbleiben muß.

---

30 Vgl. Mas-Colell/Whinston/Green (1995, S. 549 ff.).

31 Vgl. u.a. King/Fullerton (1984), H.-W. Sinn (1987) und Jochum (1991).

Wir werden für das von uns benutzte Modell in Abschnitt 3.3 ausgiebige Allokationsanalysen vornehmen und dabei auf Übereinstimmungen und Abweichungen mit den in der Literatur anzutreffenden Aussagen hinweisen.

b) Neutralitätsanforderungen

Eine First-Best-Allokation ist unter anderem dadurch gekennzeichnet, daß die letzte eingesetzte Kapitaleinheit für jeden Kapitalanleger, für jeden Verwendungszweck, an jedem Ort, für jeden Investor und in jeder Finanzierunsgform den gleichen Wert (gemessen an der gleichgewichtigen Rendite) hat.[32] Aus dieser Beobachtung hat die Theorie der Kapitaleinkommensbesteuerung eine Reihe von Neutralitätsanforderungen entwickelt, die in irgendeiner Form die Indifferenz der Kapitalanleger zwischen den Anlagealternativen bzw. die Indifferenz der Investoren bezüglich der Herkunft des Kapitals verlangen. Zu nennen sind hier Kapitalimport-, Kapitalexport-, Finanzierungs- und internationale Investitionsneutralität.[33] Wie wir in Abschnitt 3.1.2 noch genauer darlegen werden, ist die Anwendung dieser Kriterien in Kapitalsteuermodellen, die zwischen persönlichen und Unternehmenssteuern unterscheiden, aus zwei Gründen problematisch:

- Die Kriterien wurden aus der Perspektive von Robinson-Crusoe-Welten entwickelt, in denen eine Identität zwischen Kapitalanleger und Investor besteht.[34] In Modellen, in denen diese Rollen nicht mehr zusammenfallen, sind die Kriterien entweder nicht mehr sauber definierbar oder aber in Modellen mit nicht-integrierter Besteuerung unbrauchbar, da die Erfüllung eines Kriteriums zwangsläufig zur Verletzung eines anderen führt.

- Ob eine Neutralitätsanforderung erfüllt ist, hängt nicht nur von der Höhe und der Struktur der Besteuerung ab, sondern auch von der Modellierung des Preisbildungsprozesses auf dem Kapitalmarkt (Problem der Arbitragewahl). So kann es passieren, daß das gleiche Steuerszenario bei unterschiedlichen Arbitragebedingungen auf dem Kapitalmarkt einmal ein bestimmtes Neutralitätserfordernis erfüllt, ein anderes Mal aber dieses verletzt. Damit ist die Ver-

---

32 Dies folgt unmittelbar aus den Marginalbedingungen für ein Pareto-Optimum. Die Irrelevanz der Finanzierungsform ist Ausdruck des Modigliani/Miller-Theorems.

33 Vgl. Sato/Bird (1975) und für formale Definitionen Abschnitt 3.1.2 dieser Arbeit.

34 Die analytische Trennung beider Sphären ist nach dem Fisher-Separations-Theorem in einer Welt ohne Steuern zulässig. Bei nicht-integrierten Personen- und Unternehmenssteuern ist hingegen keine Separierbarkeit mehr gegeben.

antwortung für eine festgestellte Neutralitätsverletzung nicht mehr allein der Besteuerung, sondern auch dem Modellbauer zuzurechnen.

Beide Gründe veranlassen uns, Neutralitätskriterien für unsere Analyse nicht als Beurteilungsmaßstab an eine Kapitalallokation anzulegen.[35]

c) Optimalitätsanforderungen

Aus dem zweiten Fundamentaltheorem der Wohlfahrtsökonomik folgt, daß die bestmögliche Art der Besteuerung die Pauschalbesteuerung ist. Sie beeinflußt die zu einer effizienten Allokation der ökonomischen Ressourcen führende Lenkungsfunktion des Preissystems nicht, da sie die relativen Preisverhältnisse unverzerrt läßt. Pauschalsteuern sind aber unrealistisch: Sie können zwar theoretisch personendifferenziert erhoben werden, allerdings stellt sich hier die Frage nach den Unterscheidungskriterien, die ökonomisches Verhalten *in keiner Weise* beeinflussen dürfen und daher wohl kaum auszumachen und zudem nicht anreizkompatibel ausgestaltbar sind. Nicht-personenspezifische Pauschalsteuern (Kopfsteuern) werden aber aus Gerechtigkeitsgründen allgemein abgelehnt. Ohne Pauschalsteuern bleibt die First-Best-Allokation aber in einer Welt mit Steuern unerreichbar.

Die Frage, was in welchem Ausmaß besteuert werden soll, ist der Ausgangspunkt der sog. Theorie der optimalen Besteuerung.[36] Diese untersucht, wie bestimmte Wohlfahrtsziele am besten durch den Einsatz fiskalischer Aktionsvariable erreicht werden können. Entscheidend ist hierbei, daß der Lösungsraum (mindestens) dahingehend beschränkt ist, daß Pauschalsteuern unzulässig sind. Damit löst das Steuersystem auf jeden Fall belastende Verzerrungen aus (sog. *Excess Burden*). Die abgeleiteten notwendigen Bedingungen an ein Steuersystem, das in einer solchen Second-Best-Welt die Mehrbelastung minimiert, werden wir im folgenden Optimalitätsanforderungen nennen. Sie differieren naturgemäß mit dem jeweils untersuchten Szenario. Den größten Raum nehmen in der Theorie der optimalen Besteuerung die Untersuchungen zur optimalen Ver-

---

35 Dies stimmt übrigens mit der Praxis jener Studien überein, die Kapitalsteuersysteme mit nicht-integrierten Personen- und Unternehmenssteuern betrachten. In den Arbeiten von King/Fullerton (1984), H.-W. Sinn (1987), Alworth (1988), Jochum (1991) oder Jorgenson/Landau (1993) werden Neutralitätskonzepte nicht als Beurteilungsmaßstab herangezogen oder sogar explizit abgelehnt.

36 Vgl. hierzu Atkinson/Stiglitz (1980, S. 356 ff.).

brauchsbesteuerung ein,[37] doch auch zur optimalen Besteuerung des Arbeitseinkommens und der Ersparnis liegen zahlreiche Analysen vor.[38] Nur wenige Arbeiten beschäftigen sich hingegen mit dem optimalen Besteuerungsproblem bei Kapitaleinkommensteuern,[39] im internationalen[40] oder im föderalen[41] Kontext. Bei aller Heterogenität der Ansätze lassen sich vielleicht dennoch zwei relativ allgemeine Grundaussagen herausschälen:

- *Produktionseffizienz-Theorem*: Notwendig für ein optimales Steuersystem ist, daß die Ökonomie auf ihrer Produktionsmöglichkeiten-Grenze arbeitet.[42]

- *Inverse-Elastizitäten-Regel*: In einem Optimum sind die Steuersätze auf ein Gut umso höher, je geringer die (absolute) Steuerelastizität der gleichgewichtigen Menge dieses Gutes ist.[43]

Die Perspektive der vorliegenden Arbeit ist nicht die der optimalen Besteuerung, sondern die der fiskalischen Interaktion. Es geht nicht darum, ob und in welchem Ausmaß unterschiedliche Varianten der Kapitalbesteuerung verzerrend wirken, sondern darum, welche Auswirkungen nicht-koordinierte Steuerpolitiken für die

---

37 Vgl. für einen guten Überblick Hatta (1993).

38 Vgl. hierzu Atkinson/Stiglitz (1980, Lecture 13 und S. 442 ff.).

39 Die Literatur zur Kapitaleinkommensbesteuerung widmet sich vor allem Effizienzüberlegungen. Wohlfahrtsgesichtspunkte kommen bestenfalls im Zusammenhang von Inzidenzuntersuchungen vor. Vgl. zu diesem Aspekt H.-W. Sinn (1987, Chapter 10).

40 Vgl. für das Gebiet der Güterbesteuerung etwa M. Rose (1987), für das Gebiet der Kapitalbesteuerung Feldstein/Hartman (1979), Dixit (1985), Feldstein (1985) oder Findlay (1986).

41 Vgl. hierzu Gordon (1983).

42 Dieses Theorem wurde von Diamond/Mirrlees (1971, Theorem 4) abgeleitet, von Dasgupta/Stiglitz (1971) verallgemeinert und von Dixit (1985), Razin/Sadka (1991, 1995) und Frenkel/Razin/Sadka (1991) auf internationale Zusammenhänge übertragen.

43 Diese Regel ist ein Korrolar der sog. Ramsey-Regel für eine optimale Güterbesteuerung: Die Steuersätze sind so zu bemessen, daß eine kleine und prozentual gleiche Änderung aller Steuersätze zu einer entgegengesetzten, prozentual gleichen Veränderung in der gleichgewichtigen Menge aller besteuerten Güter führt. Die Inverse-Elastizitäten-Regel gilt strenggenommen nur für Steuersätze nahe Null *oder* für kompensierte Nachfrageänderungen (vgl. Hatta (1993, Propositions 3, 7 und Rule IV)). Ihre intuitiv eingängige Formulierung "Um die Gesamtverzerrung zu minimieren, besteuere man jene Güter stärker, bei denen geringere Ausweichreaktionen erfolgen." macht klar, daß sie nicht nur für die optimale Güterbesteuerung gilt, sondern allgemeiner Natur ist. Feldstein (1985) leitet die Inverse-Elastizitäten-Regel für die Kapitalbesteuerung in geschlossenen Volkswirtschaften ab, Slemrod (1983) und Mintz/Tulkens (1996) für den Bereich internationaler Kapitalbesteuerung.

beteiligten Regierungen haben.[44] Aus diesem Grunde werden Optimalitätsanforderungen an ein internationales Kapitalsteuersystem im folgenden keine Rolle spielen. Dennoch lassen sich zwischen der *Optimal-Taxation*-Literatur und der vorliegenden Arbeit Verbindungen ausmachen:[45] Steuerwettbewerb bedeutet für jede der beteiligten Regierungen die Suche eines optimalen Steuersystems in einer Second-Best-Welt, in der zusätzlich noch strategische Interaktionsmöglichkeiten zwischen den Fisci bestehen. Die binnenorientierten Optimalitätsüberlegungen werden damit durch strategisches Kalkül überlagert. Diese Überlagerung manifestiert sich im folgenden derart, daß die besten Antworten der nationalen Regierungen auf gegebenes Fiskalverhalten anderer Regierungen in der Regel Ramsey-Charakter haben und die optimale Steuerreaktion sich invers zum Mobilitätsgrad der Bemessungsgrundlage verhält.[46]

1.2 Strategische Interaktionen staatlicher Entscheidungsträger

1.2.1 Von der Autarkie zur internationalen Steuerkonkurrenz

Die Wirtschaftsgeschichte der letzten beiden Jahrhunderte kann - trotz aller Rückschläge - als ein Prozeß zunehmender internationaler Verflechtung gekennzeichnet werden. Belege hierfür sind sowohl die stetige Zunahme der Welthandelsaktivitäten bei Gütern und Diensten als auch der wachsende Umfang internationaler Faktorbewegungen.[47] Hiervon ist insbesondere der Faktor Kapital betroffen, worauf die seit den 70er Jahren stark gestiegenen internationalen Brutto- und Nettokapitalströme sowie die dauerhaften Leistungsbilanzungleichgewichte[48] mit den korrespondierenden nationalen Spar- und Investitionslücken hinweisen.[49]

---

44 Findlay (1986) kombiniert beide Perspektiven: Er unterstellt einen fiskalischen Wettbewerb zwischen Regierungen, die eine Minimierung der *Excess Burden*, die durch die Erhebung von Steuern entstehen, anstreben.

45 Das Produktionseffizienz-Theorem stellt die Notwendigkeit intersektoraler und internationaler Allokationseffizienz für Wohlfahrtsoptimalität in einer Second-Best-Welt fest. Da wir allokativen Überlegungen in dieser Arbeit relativ breiten Raum einräumen, mag man dies als indirekte Berücksichtigung von Anforderungen der Optimalsteuertheorie deuten.

46 Vgl. für diese Beobachtung auch Mintz/Tulkens (1996, S. 394f.).

47 Vgl. für einen kurzen Überblick Siebert (1995, S. 5 ff.).

48 Eine tabellarische Übersicht für die OECD-Staaten findet sich in S. Sinn (1993, S. 71).

49 Für einige Verwirrung hat in diesem Zusammenhang die Untersuchung von Feldstein/Horioka (1980) gesorgt. In einer Regressionsanalyse für 16 OECD-Staaten konnten die Autoren für den Zeitraum von 1960 bis 1974 eine statistisch hoch signifikante positive Korrelation zwischen den nationalen Spar- und Investitionsquoten nachweisen. Bei

Die zunehmende Integration der Weltmärkte hat für die Wirtschaftspolitik gravierende Konsequenzen. Sie trifft auf immer sensiblere Reaktionen privater Wirtschaftssubjekte, denen bei ihren Entscheidungen (welche Güter zu konsumieren, wo und wieviel zu arbeiten und zu investieren) eine stetig größere Alternativenmenge mit den entsprechenden Ausweichmöglichkeiten zur Verfügung steht. Die immer reichhaltigeren *exit options* privater Wirtschaftssubjekte zwingen die Regierungen zu der Einsicht, daß sie nur noch einer von vielen Anbietern staatlicher Dienstleistungen sind und daß ihre Zeit als Steuermonopolist abgelaufen ist. Dies verlangt von den staatlichen Entscheidungsträgern zum einen eine genauere Dosierung ihrer Politikmaßnahmen, die die Ausweichreaktionen privater Wirtschaftssubjekte antizipiert. Zum anderen ist in der enstehenden politischen Konkurrenzsituation zwischen den Regierungen, die ihren jeweiligen Hoheitsbereich (verstanden als ein Bündel unterschiedlichster Faktoren) im Wettbewerb der Standorte möglichst vorteilhaft erscheinen lassen wollen, mit Reaktionen anderer Regierungen zu rechnen.

Insgesamt lassen sich idealtypisch drei Perspektiven nationaler Wirtschaftspolitik ausmachen: die geschlossene Volkswirtschaft, die offene Volkswirtschaft *ohne* Reaktion ausländischer Regierungen und die offene Volkswirtschaft *mit* derartigen Reaktionen. Ein einfaches Beispiel aus dem Bereich der Besteuerung von Kapitaleinkommen zeigt auf, zu welchen unterschiedlichen Politikmaßnahmen die Unterschiede in diesen Perspektiven führen können:[50]

In einer geschlossenen Volkswirtschaft ohne internationale Kapitalbewegungen ist es unter Allokations- und Aufkommensaspekten prinzipiell unerheblich, ob

---

stark integrierten Kapitalmärkten in offenen Volkswirtschaften gibt es keinen Grund für einen derart engen Zusammenhang. Hieraus wurde auf eine bestenfalls unvollkommene internationale Kapitalmobilität geschlossen (sog. *Feldstein-Horioka-Paradoxon*). Dieses rätselhafte Phänomen gilt heute als weitgehend aufgelöst: Zwar besteht empirisch weiterhin eine enge Korrelation zwischen nationaler Ersparnis und Investition (vgl. S. Sinn (1992b, S. 1163)), allerdings kann man diese Regelmäßigkeit selbst unter der Annahme perfekter internationaler Kapitalmobilität erklären, z.B. durch demographische Gründe oder polit-ökonomische Ansätze. Sie kann aber *nicht* auf das Verhalten von privaten Anlegern und Investoren zurückgeführt werden (vgl. Bayoumi (1990)). Es ist daher von einer sehr hohen internationalen Kapitalmobilität auszugehen (vgl. hierzu Argimon/Roldan (1994)).

50 Ein anderes Beispiel wäre etwa die Zollpolitik: In einer Autarkiesituation ist sie überflüssig. Für eine offene Volkswirtschaft läßt sich unter der Prämisse, daß das Ausland nicht reagiert, für jedes Land eine optimale Zollpolitik ableiten. Diese schädigt das Ausland im Vergleich zur Freihandelssituation. Gibt das Ausland seine Passivität auf, so kann es durch die Erhebung eines Retorsionszolls Teile dieses Verlustes wieder wettmachen. Im Ergebnis kommt es zu einem Zollkrieg. Vgl. für eine Diskussion Siebert (1994, S. 176 ff.).

die Kapitalbesteuerung in Form einer voll-integrierten Körperschaftsteuer bei der Investitionstätigkeit oder als Einkommensteuer auf den Ausschüttungsbetrag an der Ersparnisbildung anknüpft.[51] Die Höhe des Steuersatzes bestimmt bei fixem Kapitalstock das Ausmaß der Umverteilung zwischen Privaten und dem Fiskus.

In einer offenen Volkswirtschaft mit internationalen Kapitalbewegungen ist die Unterscheidung von Investitions- und Ersparnissteuer hingegen erheblich, da national gesehen Investitionsvolumen und Sparhöhe nicht mehr übereinstimmen müssen. Betrachten wir hierzu einen Zwei-Länder-Fall, bei dem ein Land Kapital in das andere exportiert.[52] Für das kapitalexportierende Land ist es in einer solchen Situation tendentiell vorteilhaft, mit der Besteuerung bei der Ersparnis anzuknüpfen, um so die Auslandsgewinne inländischer Anleger zu erfassen (sog. *Wohnsitzlandprinzip*), aus Sicht des kapitalimportierenden Landes hingegen ist eine Besteuerung der Investitionen überlegen (sog. *Quellenlandprinzip*), da ansonsten kein Steueraufkommen erwirtschaftet würde.[53] Für das kapitalimportierende Land bestimmt die Höhe des Steuersatzes das Ausmaß der internationalen Umverteilung. Die Koexistenz von Wohnsitzland- und Quellenlandprinzip ist das Resultat, wenn jede Regierung ohne zu überlegen, wie die andere Regierung sich verhält, eine nationale Steuerpolitik festlegt. Es kommt damit zu einer Doppelbesteuerung der im Kapitalimportland erwirtschafteten Gewinne.

Aus Sicht des Kapitalexportlandes ist eine solche Situation aber suboptimal. Sein Sozialprodukt wird dann maximal, wenn die ihm zufließenden Erträge einer marginalen Investition im In- und Ausland gleich sind, die Grenzproduktivität des Inlandskapitals also gleich der um die Quellensteuer verminderten des Auslandskapitals ist. Dies kann nur erreicht werden, wenn die Besteuerung zwischen in- und ausländischen Einkünften diskriminiert und zwar derart, daß das sog. *Abzugsverfahren* angewandt wird, bei dem die Anleger im Ausland bereits bezahlte Steuern von der heimischen Bemessungsgrundlage abziehen dürfen.[54] Die ursprüngliche Entscheidung für das reine Wohnsitzlandverfahren ist *ex post* damit aber für ein kapitalexportierendes Land keine beste Antwort auf ein an der

---

51 Vgl. Giovannini (1990a, S. 5ff.).

52 In der Autarkiesituation wäre damit die Grenzproduktivität des Kapitals im Kapitalexportland niedriger als die im Kapitalimportland.

53 Diese Aussagen wurden zuerst von Kemp (1962a und 1962b) hergeleitet. Sie gelten strenggenommen nur dann, wenn (i) Kapitalströme zwischen zwei Ländern nur in einer Richtung fließen, (ii) der Weltkapitalstock fix ist, (iii) die Regierungen jeweils die Maximierung des nationalen Sozialproduktes anstreben und (iv) alle privaten Wirtschaftssubjekte steuerehrlich sind.

54 Dieses Resultat stammt von Feldstein/Hartmann (1979). Für eine formale Darstellung in dieser Arbeit vgl. Abschnitt 2.8.2.

Quelle besteuerndes Kapitalimportland. Unter Berücksichtigung des ausländischen Verhaltens kommt es damit zu einer anderen fiskalischen Entscheidung als ohne diese Berücksichtigung.

Was soeben am Beispiel des internationalen Kapitalsteuer*systems* erläutert wurde, gilt natürlich auch für die Festsetzung der Steuersätze:[55] Optimale Steuersätze werden (unabhängig von der Zielsetzung, gemäß der optimiert wird) mit dem Ausmaß, in dem internationale Rückwirkungen privater und staatlicher Entscheidungsträger im Optimierungskalkül berücksichtigt werden, variieren.

Bestimmen Regierungen offener Volkswirtschaften die gemäß ihrer Zielsetzung optimale Steuerpolitik unter Antizipation möglicher Reaktionen anderer Regierungen, so bezeichnet man dies als *internationalen Steuerwettbewerb*:

- Der Begriff "offene Volkswirtschaft" schließt dabei natürlich ein, daß die Regierungen gleichfalls die Reaktionen privater Wirtschaftssubjekte auf die nationalen Steuerpolitiken mit in ihr Kalkül einbeziehen. Diese privaten Reaktionen bestimmen die Allokation knapper und international mobiler ökonomischer Ressourcen. Die Allokation ihrerseits determiniert den Zielerreichungsgrad der Regierungen.

- Die Antizipation von Gegenreaktionen heißt *nicht*, daß jede Regierung sich altruistisch um die Zielerreichung anderer Regierungen sorgt. Vielmehr operiert jede Regierung egoistisch und erfaßt das Verhalten anderer Regierungen nur insofern, als es das eigene Wohlergehen tangiert.

- Entgegen dem eigentlichen Wortsinne verweist der Begriff der "Reaktion" nicht notwendig auf eine zeitliche Abfolge von Entscheidungen. Vielmehr werden wir Steuerwettbewerb meist als Spiel mit simultanen Zügen modellieren. Die "Berücksichtigung von Reaktionen" ist in einem solchen Kontext zu verstehen als die Kenntnisnahme der internationalen Interdependenzen und die Überlegung, welche Politikkombinationen sich einstellen wird, wenn jede Regierung sich optimal verhält und von jeder anderen Regierung das gleiche annimmt.[56]

---

55 Die optimalen Steuer*satz*entscheidungen im soeben geschilderten Szenario werden in Abschnitt 6.3 dieser Arbeit abgeleitet.

56 Vgl. hierzu die Diskussion des Nash-Gleichgewicht-Konzepts in Abschnitt4.3.1.

Als *internationalen Kapitalsteuerwettbewerb* bezeichnen wir den internationalen Steuerwettbewerb mit Steuern, die die Kapitalallokation beeinflussen.

1.2.2 Fiskalischer Wettbewerb in der ökomischen Theorie

Fiskalischer Wettbewerb (auch: *Wettbewerb zwischen Gebietskörperschaften*) ist eine Situation, in der eine Anzahl staatlicher oder teilstaatlicher Einheiten (Nationalstaaten, Bundesländer, Kantone, Kommunen) einerseits eingebunden ist in ein übergeordnetes wirtschaftliches und/oder politisches System (ökonomische Integration, Föderation, Region), in der andererseits aber jede Einheit auf bestimmten Gebieten über autonome Entscheidungsfreiheiten verfügt, die sie zur Verfolgung eigener Ziele einsetzt. Aufgrund der Interdependenzen innerhalb des Systems sowie ihrer Berücksichtigung durch die Entscheidungsträger in den Gebietskörperschaften entsteht eine strategische Situation mit Interessenkonflikten und Koordinationsproblemen.

Internationaler Kapitalsteuerwettbewerb ist jener Spezialfall des fiskalischen Wettbewerbs, bei dem die Akteure Regierungen von Nationalstaaten sind, die autonomen Entscheidungsfreiheiten die Besteuerung von Kapital und seinen Erträgen umfassen und das übergeordnete System ein Wirtschaftsraum ist, innerhalb dessen Finanz- und Realkapital mobil ist.

Fiskalischer Wettbewerb bedeutet aus Sicht der ökonomischen Theorie die naheliegende Übertragung des Marktmechanismus' in den öffentlichen Bereich. Gebietskörperschaften können durch ein Bündel von Standortfaktoren genauso charakterisiert werden wie Konsumartikel durch einen Vektor von Gütereigenschaften. Analog zum Marketing von Konsumgütern kann jeder einzelne Standortfaktor als Wettbewerbsinstrument eingesetzt werden, um potentielle Nutzer (Bewohner, Investoren) anzulocken. Regierungen gestalten als Manager ihren Hoheitsbereich wie ein Verkaufsprodukt und bieten ihn dann auf dem Markt der Standorte an.

Die Idee unternehmerischer Regierungen bildet den Ausgangspunkt für die Theorie des Standortwettbewerbs. In einem berühmten Artikel entwirft Tiebout (1956) das Bild eines von mobilen Haushalten bevölkerten regionalen Systems, in dem jede lokale Regierung durch das Angebot eines Pakets aus Steuern und lokalen öffentlichen Gütern im Wettbewerb mit den anderen Kommunen um die Gunst der Haushalte wirbt. Diese wählen unter den Kommunen die von ihnen am meisten präferierte als Wohnort aus und legen somit ihre Präferenzen für öffentliche Güter und Steuersystem offen (*voting by feet*). Tiebout (1956) setzt damit dem Verdikt Samuelsons (1954), dezentrale Allokationsmechanismen versagten bei der effizienten Bereitstellung Allokation öffentlicher Güter, die Verheißung eines funktionierenden Marktes im staatlichen Bereich entgegen.

Diese Verheißung bleibt allerdings unerfüllt. Eine Formalisierung des bei Tiebout rein intuitiv begründeten Resultats legt offen, daß das System der Gebietskörperschaften alle Kennzeichen einer Arrow-Debreu-Welt aufweisen muß, um eine effiziente Allokation öffentlicher Güter im Sinne der Samuelson-Bedingung hervorzubringen.[57] Notwendig sind hierbei insbesondere zwei Merkmale:

(i) Die Zahl der Gebietskörperschaften ist "sehr groß". Im Extremfall existieren so viele Gebietskörperschaften wie es Haushaltstypen gibt.

(ii) Die Regierungen maximieren ihren Budgetüberschuß.[58]

Als Konsequenz des ersten Punktes verlieren die staatlich angebotenen Güter die Eigenschaft des öffentlichen Gutes (sprich: der gemeinsamen Konsumierbarkeit). Sie werden *de facto* zu privaten Gütern. Kombiniert man dies mit dem zweiten Merkmal, so werden die Regierungen zu gewöhnlichen gewinnmaximierenden Unternehmern im traditionellen Sinne. Insgesamt läßt eine derartige Tiebout-Welt alle Kennzeichen realer staatlicher Systeme vermissen: die kleine Zahl von Gebietskörperschaften, die Bereitstellung öffentlicher Güter und die Verfolgung von Wohlfahrtszielen. Wie Bewley (1981) an ausgewählten Beispielen zeigt, ist jedes einzelne dieser drei Kennzeichen ausreichend, um eine effiziente Bereitstellung öffentlicher Güter zu verhindern.

Obwohl seine eigentliche Intention (nämlich das Präferenzaufdeckungsproblem bei öffentlichen Gütern zu lösen) als gescheitert angesehen werden muß, ging vom Tiebout-Ansatz mit seiner Idee des Standortwettbewerbs erhebliche Faszination aus. Insbesondere für die USA mit ihrer weitgehend dezentralen fiskalischen Struktur bei hoher Güter- und Faktormobilität scheint die Modellierung lokaler Regierungen als unternehmerisch denkenden Entscheidungsträgern durchaus realistisch (wenn auch nicht unbedingt unter der Zielsetzung der Ge-

---

57 Vgl. hierzu z.B. die *Tiebout-Theoreme* in Bewley (1981) oder Wooders (1989).

58 Tiebout (1956) unterstellt als Zielsetzung Minimierung der Durchschnittskosten der Bereitstellung der (implizit als übernutzbar angenommenen) lokalen öffentlichen Güter.

winnmaximierung). So entstand eine Theorie des fiskalischen Föderalismus,[59] deren zentrale Fragestellung etwa wie folgt lautet: Angenommen, innerhalb eines Systems mehrerer gleichgeordneter Gebietskörperschaften befinden sich bestimmte Politikbereiche in der Politikhoheit dieser Gebietskörperschaften. Wird die unabgestimmte Verfolgung der jeweils eigenen Politikziele durch die Gebietskörperschaften eine Allokation herbeiführen, die eine diesen Gebietskörperschaften übergeordnete zentrale Politikinstanz nicht mehr verbessern könnte? Anders formuliert: Führt Wettbewerb zwischen Gebietskörperschaften zu einer (im Hinblick auf die Zielsetzungen der Gebietskörperschaften) pareto-effizienten Situation?

Lautet für einen bestimmten Politikbereich die Antwort auf diese Frage "nein", so liefert dies ein Argument zumindest dafür, daß eine zentrale Instanz korrigierend in das unkoordinierte Politikspiel eingreift,[60] wenn nicht sogar dafür, den Bereich vollständig aus der Souveränität der Einheiten der niedrigeren Ebene herauszunehmen und zentral auf einer höheren Ebene anzusiedeln. Insgesamt kann so aus ökonomischer Sicht eine föderative Staatsstruktur gerechtfertigt werden.

Oftmals lautet die Antwort auf die oben gestellte Frage "nein". Exemplarisch kann man sich dies am Modell von Zodrow/Mieszkowski (1986) klarmachen, wobei das grundsätzliche Erklärungsmuster für viele der Modelle zum Wettbewerb der Gebietskörperschaften gilt: In einer Region mit mehreren Kommunen gibt es einen interregional mobilen Faktor (Kapital) mit fixer Gesamtmenge. Jede Kommune finanziert sich ausschließlich aus einer Quellensteuer auf die Erträge des in ihr investierten Kapitals. Eine Erhöhung des Kapitalsteuersatzes hat dabei eine Reduktion des heimischen Kapitalstocks zur Folge, was zwangsläufig in mindestens einer anderen Kommune der Region zu einem Kapitalzufluß führt. Für diese Kommune(n) verändert sich damit das Kapitalsteueraufkommen. Die steuerändernde Kommune löst somit eine Externalität aus, die im Wettbewerb der Gebietskörperschaften nicht internalisiert wird. Im Ergebnis führt dies zu

---

59 Maßgeblichen Einfluß auf diesem Gebiet übte Oates (1972) aus. Für einen guten Überblick vgl. auch Oates (1990). Bisweilen wird die Theorie des *fiscal federalism* auch als Theorie der *intergovernmental fiscal relations* (z.B. Wildasin (1986, Kapitel 6)) bezeichnet. Im Deutschen wird hierfür auch der Begriff des Finanzausgleichs verwendet. Vgl. Zimmermann/Henke (1994, S. 97 ff.).

60 Eine Beispiel für eine derartige Korrekturmaßnahme ist die in jüngster Zeit viel diskutierte Implementierung eines Finanzausgleichs zwischen den Gebietskörperschaften. In den Modellen von Wildasin (1991a), Richter/Wellisch (1993) oder Lucke (1993) gelingt es, die bei unkoordiniertem fiskalischen Wettbewerb in diesen Ansätzen auftretenden Ineffizienzen mit Hilfe eines interregionalen Transfersystems zu beseitigen.

einer Festsetzung der Steuersätze auf ineffizientem Niveau. Interne Effizienz (d.h. alle Kommunen befinden sich in ihren lokalen Optima) und globale Effizienz (die Gesamtallokation kann nicht mehr verbessert werden) fallen auseinander.

Daß externe Effekte effiziente Lösungen verhindern, indem sie individuelle und kollektive Rationalität auseinandertreiben, ist ein Standardresultat der Theorie des Marktversagens. Es läßt sich unmittelbar auf den Wettbewerb zwischen Gebietskörperschaften übertragen. Schon Oates (1972, S. 33ff.) weist in seinem sog. *Decentralization Theorem* (unformal) nach, daß die Abwesenheit von nicht-internalisierten *Spillover*-Effekten zwischen den Gebietskörperschaften eine notwendige Bedingung dafür ist, daß eine zentrale Erfüllung einer Politikaufgabe einer Dezentralisierung (sprich dem fiskalischen Wettbewerb) nicht überlegen ist. Dementsprechend lassen sich aus Ansätzen, in denen entweder sehr viele oder im Vergleich zum Rest der Welt kleine und einflußlose Gebietskörperschaften am Wettbewerb beteiligt sind und in denen daher die Annahme "preisnehmenden" Verhaltens Externalitäten nicht auftreten läßt, Effizienzaussagen für den fiskalischen Wettbewerb ableiten.[61]

In ihren Anfängen hatte die Theorie des fiskalischen Föderalismus meist lokale und regionale Bezüge.[62] Es ging z.B. um die Bereitstellung lokaler öffentlicher Güter (z.B. Infrastruktur), um kommunale Steuern und Transfers,[63] um optimale Gemeindegrößen oder um das Verhältnis von Zentrum und Peripherie in sog. *metropolitan areas*. In föderativen Systemen mit großen Politikkompetenzen auf zentralstaatlicher Ebene (wie z.B. Deutschland oder Österreich) richtete sich die Aufmerksamkeit eher auf Fragen des Finanzausgleichs. Mit zunehmender weltweiter ökonomischer Integration und der Entwicklung supranationaler Institutionen und Organisationen (EG/EU, Nafta, aber auch GATT/WTO) dehnte sich das Anwendungsgebiet der Theorie des Wettbewerbs zwischen Gebietskörperschaften rasch auf internationale Beziehungen aus. Es umfaßt heute nahezu alle Politikbereiche, in denen in irgendeiner Form grenzüberschreitende Effekte auftreten:

---

61 Vgl. z.B. Oates/Schwab (1988) oder Razin/Sadka (1991). Man beachte hier die Analogie zur mikroökonomischen Markttheorie: Während preisnehmendes Verhalten atomistischer Wirtschaftssubjekte im Polypolfall ein effizientes Marktergebnis entstehen läßt, führen oligopolistische Marktstrukturen mit Preisbildungsmacht einzelner Marktteilnehmer typischerweise zu ineffizienten Resultaten.

62 Vgl. für einen guten Überblick Wildasin (1986), der fiskalischen Föderalismus und Wettbewerb zwischen Gebietskörperschaften aus kommunaler Perspektive analysiert.

63 Hierzu zählen in den USA insbesondere Grund-, Gewerbekapital- und Vermögensteuer bzw. Wohngeld und Teile der Sozialhilfe.

Umsatzsteuern[64], spezielle Verbrauchsteuern,[65] Umweltpolitik,[66] Verteilungspolitik,[67] Verschuldung,[68] Asylpolitik,[69] Infrastruktur,[70] Regulierungen und Standards[71] oder eben wie in der vorliegenden Arbeit Kapitaleinkommensteuern. Von großer politischer Bedeutung ist die Theorie insbesondere für den Integrationsprozeß in der Europäischen Union, wo sie Entscheidungshilfen für Fragen der Kompetenzzuweisung oder der Harmonisierung bereitstellen kann.[72]

1.2.3 Zur Bewertung des Steuerwettbewerbs

Die Frage, ob Wettbewerb zwischen Gebietskörperschaften ein wünschenswerter Zustand oder ein zu beseitigendes Übel ist, ist unter Ökonomen umstritten. Dieser Abschnitt faßt die in der Debatte geäußerten Standpunkte und Argumente zusammen, wobei er der klaren Abgrenzung wegen bewußt eine Polarisierung vornimmt, die in dieser Schärfe in der wissenschaftlichen Debatte nicht besteht.

Die *Gegner* des Steuerwettbewerbs argumentieren, Steuerwettbewerb bringe ineffiziente Ergebnisse hervor und/oder laufe auf eine ruinöse Steuerkonkurrenz hinaus. Das Ineffizienz-Argument belegen sie mit dem Verweis auf die in vielen Modellen des fiskalischen Wettbewerbs nachgewiesene Möglichkeit, gegenüber den Wettbewerbsergebnissen eine Pareto-Verbesserung zu erreichen.[73] Insbesondere wird vorgebracht, daß der fiskalische Wettbewerbsdruck zu ineffizient niedrigen Steuersätzen führe und damit die Regierungen in ihren Politikmöglichkeiten einschränke.[74] Im Extremfall sei die Steuerkonkurrenz ruinös, so daß das öffentliche Finanzwesen zusammenbreche.[75]

---

64 Vgl. Mintz/Tulkens (1986), Keen (1989), Lockwood (1993) oder Kanbur/Keen (1993).

65 Vgl. Kolstad/Wolak (1989) oder Amacher/Brazee (1995).

66 Vgl. Oates/Schwab (1988), Wellisch (1992) oder Barrett (1994).

67 Vgl. Boadway/Flatters (1982), Wildasin (1991a, 1994) oder Gabszewicz/van Ypersele (1996).

68 Vgl. Jensen/Toma (1991).

69 Vgl. Wellisch/Wildasin (1994, 1996).

70 Vgl. Seitz (1994) oder Conrad/Seitz (1994).

71 Vgl. Sun/Pelkmans (1995).

72 Vgl. zu dieser Einschätzung auch Bureau/Champsaur (1992).

73 Siehe stellvertretend für viele andere Ansätze das oben bereits zitierte Modell von Zodrow/Mieszkowski (1986).

74 Dieses Ergebnis ergibt sich ebenfalls im Modell von Zodrow/Mieszkowski (1986), wenn man das Steueraufkommen zur Finanzierung lokaler öffentlicher Güter verwendet.

75 Dieses Argument wurde von H.-W. Sinn (1990) im Zusammenhang mit dezentraler Sozialpolitik gebracht, wo es im Modell von Gabszewicz/van Ypersele (1996) auch bestä-

Die *Befürworter* des Steuerwettbewerbs argumentieren, Steuerwettbewerb führe zu einer effizienten Allokation privater und öffentlicher Ressourcen und übe desweiteren auf Bürokratie und Politik einen heilsamen Druck in Richtung eines verantwortungsbewußten Steuer- und Ausgabengebarens aus. Das erste dieser Argumente entspringt der oben dargestellten Tiebout-Tradition, während das zweite Argument auf der Leviathan-These des Staates basiert, derzufolge der Staat und seine Bediensteten die ihnen anvertrauten Hoheitsrechte zum Schaden der Bürger selbstsüchtig ausbeuten.[76] Im fiskalischen Wettbewerb erwächst den Bürgern eine *exit option*, die die monopolistische Position jeden Staates breche.[77] Beide Pro-Argumente basieren im Kern auf dem neoklassischen Wettbewerbsparadigma.

Gegner und Befürworter des fiskalischen Wettbewerbs kommen natürlich zu unterschiedlichen Politikempfehlungen im Hinblick auf den fiskalischen Wettbewerb: Um die destruktiven Effekte unabgestimmten Verhaltens auszuschalten, sprechen sich die Gegner für eine Koordinierung der Politiken aus.[78] Dies setzt mindestens die Möglichkeit bindender Absprachen zwischen den Regierungen und damit die Existenz einer übergeordneten Instanz voraus, wenn es nicht gar auf eine Übertragung der Politikkompetenz an eine solche zentrale Instanz hinausläuft. In einem solchen Vorschlag sehen die Befürworter des Steuerwettbewerbs den Versuch der Regierungen, ein Steuerkartell zu bilden.[79] Sie fordern ihrerseits, alles zu tun, um den fiskalischen Wettbewerbsdruck zu erhöhen. Konkret bedeutet das den Abbau von Mobilitätsschranken für Personen, Faktoren, Güter und Dienste.

Jede der Seiten in dieser Debatte kann ihre Position durch entsprechende theoretische Modelle stützen. Dies deutet darauf hin, daß die Entscheidung um die Förderung oder Eindämmung des fiskalischen Wettbewerbs nur einzelfallbezogen, nicht aber pauschal getroffen werden kann. Insbesondere bedarf es eines Modells, welches den realen Gegebenheiten zumindest in zentralen Punkten Rechnung trägt. Die vorliegende Arbeit versucht, ein solches für den Bereich des Kapitalsteuerwettbewerbs bereitzustellen.

---

tigt wird. Auf dem Gebiet des Kapitalsteuerwettbewerbs tritt ein derartiger Effekt im Modell von Schulze/Koch (1994) auf.

76 Vgl. hierzu ausführlich Brennan/Buchanan (1980).

77 Vgl. ebda., S. 185 f. Modelle des Steuerwettbewerbs mit dieser Perspektive sind S.Sinn (1992b) und Edwards/Keen (1996).

78 In steuerlichen Zusammenhängen wird oft die Empfehlung der Steuerharmonisierung ausgesprochen.

79 Vgl. Cnossen (1990, S. 224f.).

1.2.4 Staatliche Zielfunktionen in Modellen des Steuerwettbewerbs

Das soeben angemahnte realistische Modell des Steuerwettbewerbs muß als zentralen Bestandteil eine Hypothese darüber beinhalten, nach welchen Kriterien die im Wettbewerb engagierten Regierungen ihre Entscheidungen treffen, denn das staatliche Zielsystem ist eine der Hauptdeterminanten der fiskalischen Wettbewerbsergebnisse. Die ökonomische Theorie und insbesondere die Theorie des fiskalischen Föderalismus modelliert zielgerichtetes staatliches Entscheiden häufig als die Optimierung einer staatlichen Zielfunktion unter bestimmten Restriktionen. Wohl wissend, daß dies alles andere als eine realistische Abbildung politischer Entscheidungsprozesse ist, folgt die vorliegende Arbeit dieser Vorgehensweise.[80]

Angesichts der Vielfalt der in der Theorie des fiskalischen Föderalismus diskutierten Politikbereiche und der prinzipiellen Schwierigkeiten bei der Formulierung kollektiver Entscheidungsregeln ist es nicht überraschend, daß Steuerwettbewerb in der Literatur unter den verschiedensten staatlichen Zielfunktionen diskutiert wird. Hierbei treten die folgenden fünf Varianten am häufigsten auf.

a) Wohlfahrtsmaximierung

Daß Regierungen die Wohlfahrt ihrer Bevölkerungen maximieren sollen, ist als Anforderung an staatliches Handeln unumstritten. Die Unmöglichkeit, die individuellen Präferenzordnungen der Gesellschaftsmitglieder zu einer konsistenten sozialen Zielvorstellung zu aggregieren, lassen den Begriff der gesellschaftlichen Wohlfahrt jedoch relativ beliebig erscheinen. Durch eine entsprechende Sicht der (Modell-)Welt kann jede staatliche Zielfunktion (insbesondere auch die im folgenden unter b) bis e) diskutierten) als Wohlfahrtsvorstellung plausibel gerechtfertigt werden. In der ökonomischen Theorie ist die Bergson-Samuelson-Vorstellung von sozialer Wohlfahrt als einer nicht-fallenden Funktion individueller Nutzenniveaus weit verbreitet.[81] Dieses Verständnis geben auch die meisten Ansätze zum fiskalischen Wettbewerb zu haben vor, wenn sie von Wohlfahrtsmaximierung sprechen. In der Regel gehen die Modelle jedoch davon aus, daß die Bevölkerung jeder Gebietskörperschaft aus identischen Individuen besteht und/oder durch ein einziges Individuum repräsentiert werden kann, so daß sozia-

---

80 Einen guten Überblick über Versuche, Ansätze der politischen Ökonomie in Modelle des fiskalischen Föderalismus zu integrieren, siehe Rose-Ackerman (1983).

81 Vgl. allgemein Boadway/Bruce (1984, S. 139 f.).

le Wohlfahrtsmaximierung sich auf die Maximierung der indirekten Nutzenfunktion dieses repräsentativen Haushalts reduziert.[82]

b) Eigentumsmaximierung

Die Annahme, daß Regierungen den Wert des in ihrem Hoheitsbereich befindlichen privaten und öffentlichen Immobilienbestandes maximieren, kann auf zweifache Weise motiviert werden: Erstens kann man unterstellen, die Gebietskörperschaft werde im Interesse von Haus- und Grundbesitzern oder Maklern regiert. Zweitens und etwas realistischer kann man im Wert des Immobilienbestandes ein Indiz für die Attraktivität der Gebietskörperschaft als Wohnsitz oder Unternehmensstandort sehen. Für die Hypothese, daß sich Steuer- und Ausgabenpolitiken in Grundwerten kapitalisieren, gibt es starke empirische Unterstützung.[83] Dennoch ist die Zielvorstellung der Eigentumsmaximierung wohl bestenfalls für lokale Gebietskörperschaften plausibel.[84]

c) Gewinnmaximierung

Auch für die Annahme, daß Regierungen ihre Budgetüberschüsse maximieren, können in der Literatur zum Steuerwettbewerb zwei Motivationsstränge ausgemacht werden:

- Der erste entspringt der oben bereits skizzierten Tiebout-Tradition. Die Tiebout-These, daß fiskalischer Wettbewerb das Präferenzaufdeckungsproblem bei öffentlichen Gütern löse, kann formal nur bestätigt werden, wenn eine große Anzahl gewinnmaximierender Gebietskörperschaften unterstellt wird. Hierdurch werden Tiebout-Modelle zu Walrasianischen Gleichgewichtsmodellen, in denen staatliche Unternehmer öffentliche Güter von privater Natur bereitstellen und/oder Lindahl-Preise erheben können. Gewinnmaximierung ist hier eine primär technische Annahme.[85]

---

82 Vgl. z.B. Mintz/Tulkens (1986, 1996), Wildasin (1989, 1991b) oder Oates/Schwab (1988). Eine Ausnahme ist das Modell von Gordon (1983), in dem jede Gebietskörperschaft von vielen Haushalten bevölkert wird und die Regierungen utilitaristische Wohlfahrtsfunktionen maximieren.

83 Vgl. Wildasin (1986, S. 64 ff.) für eine extensive Diskussion.

84 Steuerwettbewerbsmodelle unter dieser Zielvorstellung sind z.B. Wildasin (1979), Brueckner (1983) oder Brueckner/Joo (1991).

85 Siehe die bereits erwähnten Arbeiten von Bewley (1981) oder Wooders (1989).

- Der zweite Motivationsstrang entstammt der Leviathan-These von Brennan/Buchanan (1980), die in Regierungen und Bürokraten egoistische und ausbeuterische Steuermonopolisten sieht, denen das eigene Budget wichtiger ist als das Wohlergehen der Bevölkerung.[86]

d) Steueraufkommensmaximierung

Aufkommensmaximierung findet sich als staatliche Zielhypothese wohl deshalb relativ oft, weil sie auf diverse Arten plausibel gemacht werden kann: Bei fixen Staatsausgaben ist die Maximierung des Steueraufkommens äquivalent zur Maximierung des Budgetüberschusses.[87] Werden die Steuern zur Finanzierung öffentlicher Güter verwendet, denen die Bevölkerung einen hohen (Grenz-)Nutzen beimißt, so kann Aufkommensmaximierung auch unter Wohlfahrtsgesichtspunkten gerechtfertigt werden. Werden die Steueraufkommen an die Bevölkerung umverteilt, so kann Aufkommensmaximierung als Maximierung des verfügbaren Einkommens einer Ökonomie aufgefaßt werden.[88] Besteht die Gefahr der (legalen oder illegalen) Steuervermeidung, so ist Aufkommensmaximierung gleichbedeutend mit einer Minimierung der Steuerflucht.[89]

e) Maximierung des Sozialprodukts

Die Maximierung des Sozialprodukts ist ein gängiges gesamtwirtschaftliches Politikziel. Es findet sich auch im Bereich der makroökonomischen Außenwirtschaftstheorie.[90] In Modellen des Steuerwettbewerbs wird es insbesondere dann unterstellt, wenn die beteiligten Parteien Nationalstaaten sind, es nur ein Konsumgut gibt und die Haushaltsseite nur sehr rudimentär modelliert ist.[91] Hierbei ist mit Sozialprodukt in der Regel das Volkseinkommen (Nettosozialprodukt zu Faktorkosten) gemeint, obwohl diese Unterscheidung oft unerheblich ist.

Die Akteure des in der vorliegenden Arbeit untersuchten internationalen Steuerwettbewerbs mit Kapitalsteuern sind die Regierungen von Nationalstaaten. In der

---

86 Steuerwettbewerb unter dieser Zielfunktion analysieren S. Sinn (1992b, 1993) und Edwards/Keen (1996).

87 Vgl. Schulze/Koch (1994) oder Janeba/Peters (1995).

88 Vgl. für die letzten beiden Argumente Kanbur/Keen (1993).

89 Vgl. Bond/Samuelson (1986).

90 Vgl. für eine Lehrbuchdarstellung Siebert (1994, Kapitel 15-18).

91 Vgl. z.B. Bond/Samuelson (1989), Keen (1989) oder Janeba (1995).

verwendeten Ein-Gut-Modellwelt sind alle Haushalte zu einem repräsentativen Individuum aggregiert, welches durchaus seinen Wohnsitz in einem nicht am Steuerwettbewerb beteiligten Land haben kann. Das Ausgabengebaren der Regierungen wird nicht diskutiert. Diese Modellcharakteristika lassen nach der obigen Diskussion vor allem die Maximierung von Steueraufkommen oder Volkseinkommen als plausible Ziele staatlicher Politik erscheinen. Einkommensmaximierung kann dabei als das Ziel eines wohlwollenden sozialen Planers verstanden werden, Aufkommensmaximierung als das einer Leviathan-Regierung. Wir werden in jedem Steuerwettbewerbsszenario *beide* Zielvarianten diskutieren. Hierbei bezeichnen wir im folgenden die Maximierung des Sozialprodukts als "Wohlfahrtsmaximierung", wofür zwei Argumente sprechen: Zum einen werden Sozialproduktsgrößen häufig als gesamtwirtschaftliche Wohlstandsindikatoren interpretiert[92] und zum anderen wird sich später herausstellen, daß in unserer Modellwelt die Maximierung des Nutzens des repräsentativen Haushalts (also die Wohlfahrtsmaximierung in einer Ein-Konsumenten-Ökonomie) und die koordinierte Sozialproduktsmaximierung äquivalent sind.[93]

1.2.5 Steuerwettbewerb: Theoretische Fiktion oder reales Phänomen?

Eine Arbeit zum Steuerwettbewerb muß sich die Frage stellen lassen, welche empirische Relevanz ihre Themenstellung hat. In den Medien oder im politischen Diskurs ist ein Sachverhalt namens Steuerwettbewerb bisher kaum in Erscheinung getreten und die Vorstellung, daß Regierungen in einer fiskalischen Konkurrenz gegeneinander antreten und mittels der Steuergesetzgebung um begehrte Ressourcen streiten, mutet zunächst befremdlich an. Staatliches Handeln wird im allgemeinen eher mit politischem Ränkespiel, bürokratischer Trägheit oder endlosen Verhandlungen assoziiert als mit strategischem Kalkül, unternehmerischem Denken und sportivem Wetteifern.

Ganz abgesehen davon, daß es nicht schaden kann, selbst für eher utopisch anmutende Szenarien einen Theorienvorrat anzulegen, sprechen auch einige empirische Beobachtungen dafür, sich in einer theoretischen Analyse mit dem Phänomen des Steuerwettbewerbs zu befassen. Hierbei handelt es sich zumeist le-

---

92 Diese Vorgehensweise ist umstritten. Wen die extensive Debatte um dieses Thema interessiert, sei auf Wicke (1989, Kapitel V) verwiesen.

93 Vgl. Folgerung 4.4 in Abschnitt 4.3.3.2.

diglich um Indizien; ein Beweis oder eine explizite politische Bestätigung für die Existenz von Steuerwettbewerb kann oft nicht beigebracht werden.[94]

a) Daß die eigene Gebietskörperschaft mit anderen Gebietskörperschaften im Standortwettbewerb steht, ist heute den politisch Verantwortlichen auf allen Ebenen einer föderalen Hierarchie durchaus bewußt und setzt sich auch für jeden erkennbar in konkrete Maßnahmen um: In Deutschland beispielsweise hat heutzutage jede Kleinstadt ein Wirtschaftsförderungsamt, werben Regionen in den Massenmedien mit ihren Standortqualitäten und bieten rührige Ministerpräsidenten Industriekonzernen üppige Ansiedlungsprämien. Intention all dieser und zahlreicher anderer Marketing-Maßnahmen ist die Erhöhung der eigenen Attraktivität relativ zu der anderer Gebietskörperschaften. Hier tritt auch offen unternehmerisches Kalkül zutage. Dies gilt auch im internationalen Kontext. Der Erhalt bzw. die (Wieder-)Erlangung einer guten Position im internationalen Standortwettbewerb ist erklärtes Politikziel nahezu jeder Nationalregierung. In Deutschland wird die Standortsicherung auch vom Sachverständigenrat zur Beurteilung der gesamtwirtschaftlichen Entwicklung in seinem aktuellen Gutachten als vorrangig angesehen, wobei als einer der Wege, über die dieses erreicht werden könnte, die Herstellung eines Anreizsystems für die funktionsfähige Marktsteuerung und für wirtschaftliche Dynamik vorgeschlagen wird. Konkret bedeutet dies für das Gebiet der Finanzpolitik Steuervereinfachung und Senkung der Abgabenbelastung, insbesondere auf der Unternehmensebene.[95] Im letzten Punkt kann man eine versteckte Ermunterung an die Wirtschaftspolitik sehen, Steuern (und insbesondere Kapitalsteuern) als Strategievariable im Standortwettbewerb einzusetzen. Diese Ermunterung ist nicht neu, sondern wird immer wieder geäußert. Die deutsche Bundesregierung hat sie 1994 mit dem sog. Standortsicherungsgesetz befolgt, das mit der Zielsetzung, die Attraktivität des Investitionsstandortes Deutschlands zu erhöhen, relativ großzügige Steuererleichterungen für Unternehmen vorsieht.[96]

---

94 Für den Bereich der internationalen Kapitalbesteuerung führen Roloff et al. (1994) die Schwierigkeiten für einen gesicherten Nachweis von Steuerwettbewerb (dessen reale Existenz sie nicht in Zweifel ziehen) insbesondere auf das Fehlen verläßlichen Datenmaterials für Direktinvestitionen und auf theoretische bzw. statistische Unzulänglichkeiten bei der Berechnung der effektiven Steuerbelastung zurück.

95 Vgl. Sachverständigenrat zur Begutachtung der gesamtwirtschaftlichen Entwicklung (1994, Ziff. 285 ff.).

96 Für Details siehe Funke/Willenbockel (1993).

b) Die Europäische Union versucht seit mehr als drei Jahrzehnten, die Kapitaleinkommensbesteuerung in der Gemeinschaft einvernehmlich zu regeln. Dieses Unterfangen muß bisher als erfolglos bezeichnet werden.[97,98] Einer der Gründe mag sein, daß die Regelung der Kapitalbesteuerung nicht ausdrücklich zu den Aufgaben der EU-Kommission zählt[99] und daher für sie auch kein vordringliches Anliegen darstellt.[100] Dies ist angesichts der Vielzahl der Anläufe, Entwürfe, Vorschläge und eingesetzten Expertengruppen der EG-Kommission allerdings nicht allzu plausibel. In der Tat ist es nämlich der *Rat der EU* (d.h. das Gremium der Regierungen der Mitgliedsstaaten), der bisher jede Einigung blockierte. Hier treten die unterschiedlichen nationalen Interessen auf den Plan, wie am aktuellen Beispiel der Besteuerung von Zinseinkommen deutlich wird:[101] Die EU-Kommission hat einen Vorschlag vorgelegt, der eine EU-einheitliche Quellenbesteuerung mit einem Satz von 15% vorsieht, wobei der Abzug auch bei EU-Ausländern erfolgen soll. Dieser Vorschlag findet beim deutschen Finanzminister große Zustimmung, da er glaubt, die Kapitalflucht deutscher Anleger ins steuergünstige Ausland aufhalten und die dann fälligen Zinsertragsteuern in den heimischen Haushalt einstellen zu können. Gegen den Kommissionsvorschlag ist Luxemburg, das bis dato keine Quellensteuer auf Einkommen ausländischer Anleger kennt und bei der Einführung einer harmonisierten Quellensteuer das Ausbleiben ausländischer Anleger und die Verlagerung bereits bestehender Kapital-

---

97 Im Jahre 1990 wurden mit der Mutter-/Tochterrichtlinie und der Fusionsrichtlinie immerhin zwei Kommissionsvorschläge vom Rat der EG zur Umsetzung in nationales Recht verabschiedet, allerdings eher auf Randgebieten des Kapitalsteuerrechts. Vgl. hierzu Koop (1993, S. 36 f.).

98 Die Kapitaleinkommensbesteuerung in der EU ist bis dato durch die Koexistenz unterschiedlichster Steuersysteme und -tarife gekennzeichnet (vgl. Genser/Schaden/Steinhart (1993) für einen Überblick). Diese Vielfalt wird bisweilen schon als Steuerwettbewerb bezeichnet oder zumindest als hinreichender Nachweis für einen solchen angesehen (vgl. z.B. Giovannini/Hines (1991) oder Vanistendael (1992)). Dieser Sichtweise schließt sich diese Arbeit im Einklang mit der vorherrschenden Meinung nicht an. Steuerwettbewerb bedeutet strategisches Steuersetzungsverhalten. Dies kann sowohl innerhalb eines harmonisierten Systems als auch bei unterschiedlichen Steuersystemen in den beteiligten Ländern auftreten.

99 Im Vertragswerk der Europäischen Gemeinschaften finden sich nur zwei für den Bereich der Kapitaleinkommensbesteuerung einschlägige Regelungen: Art. 220 EWG-Vertrag verpflichtet die Mitgliedsstaaten, Maßnahmen zur Vermeidung der internationalen Doppelbesteuerung von Faktoreinkommen zu ergreifen, und Art. 100 EWG-Vertrag verpflichtet die EG zum Erlaß aller Regeln, die für die Errichtung und das Funktionieren eines gemeinsamen Marktes erforderlich sind. Dies wird mitunter als eine Aufforderung zur Steuerharmonisierung (miß-)verstanden. Vgl. Genser/Schaden/Steinhart (1993, S. 1 f.).

100 So argumentiert Koop (1993, S. 36).

101 Vgl. hierzu o.V. (1994).

anlagen in steuerfreie Offshore-Gebiete wie die britischen Kanalinseln befürchtet.[102]

Der Versuch, möglichst viel Kapital im eigenen Land zu halten oder dorthin anzulocken, führt eine Konkurrenzsituation der Regierungen herbei, die eine Harmonisierung der Zinsertragsteuer (die einstimmig beschlossen werden müßte) verhindert. Die nationalen Steuerpolitiken sind nicht unabhängig voneinander, denn die Kapitalallokation wird durch die Steuersätze aller Länder (insbesondere auch der Nicht-EU-Staaten) bestimmt. In einer solchen Situation ist es wahrscheinlich, daß nationale Steuerrechtsänderungen nicht ohne Reaktion anderer Fisci bleiben, sondern daß ein Steuerwettbewerb einsetzt. Würde man das Zinssteuer-Beispiel unter der Annahme, daß die Privaten ihre Ersparnis friktionslos am Ort der höchsten Nettorendite anlegen, als aufkommensmaximierenden Steuerwettbewerb modellieren, so trüge dieser typische Züge eines Bertrand-Wettbewerbs. Im Gleichgewicht sind Steuerbelastungen von Null zu erwarten.[103] So weit ist es zwar noch nicht, aber immerhin ist der Spitzensteuersatz auf Zinseinkünfte im OECD-Durchschnitt der letzten 15 Jahre um 13% gesunken.[104] Vor diesem Hintergrund kann der Harmonisierungsvorschlag der Kommission als der Versuch interpretiert werden, ein Steuerkartell der Regierungen zu Lasten der Kapitalanleger schmieden. Wie gezeigt, ist dieses Kartell aber dadurch gefährdet, daß es vorteilhafte Außenseiter-Positionen gibt.

c) Tabelle 1.1 (siehe nächste Seite) beschreibt die internationale Entwicklung der Körperschaftsteuer in den letzten Jahren. Sie trägt für die wichtigsten Industriestaaten und den Zeitraum zwischen 1984 und 1991 die tariflichen Spitzensteuersätze der Körperschaftsteuer auf einbehaltene Gewinne ab.

---

102 Das letztgenannte Argument, nämlich die Kapitalflucht aus dem Unionsgebiet heraus, ist es auch, das Großbritannien zur Ablehnung des Kommissionsentwurfs treibt.

103 Ein derartiges Szenario veranlaßt Razin/Sadka (1995) und Bjerksund/Schjelderup (1995), die (Wieder-)Einführung von Kapitalverkehrsrestriktionen ernsthaft ins Auge zu fassen.

104 Dies ist ein relativer Rückgang von 25%. Vgl. Edwards/Keen (1996, S. 114).

Tabelle 1.1: Tarifliche Spitzensteuersätze (in %) der Körperschaftsteuer auf einbehaltene Gewinne in ausgewählten OECD-Staaten und der EG 1984-1991[a]

Land / Jahr	USA	UK	D	J	F	CH	LUX	NL	B	Ø EG[b]
1984	51.4	45	56	52.3	50	34.9	40	48	45	47.9
1985	51.4	40	56	52.3	50	34.7	40	43	45	46.9
1986	51.4	35	56	52.3	45	33.6	40	42	45	45.1
1987	46	35	56	52.3	45	33.6	36	42	43	44.6
1988	39.9	35	56	50.7	42	30.2	36	42	43	44.2
1989	39.9	35	56	48.3	39	30.2	34	35	43	42.2
1990	39.9	35	50	45.3	39	30.5	34	35	41	41.0
1991	39.9	33	50	43.9	34	30.5	33	35	39	39.2

a) Mit Ausnahme von Japan und der Schweiz ohne Gewinnsteuern nachgeordneter Gebietskörperschaften. In der Schweiz inklusive Kantonalsteuer, in Japan inklusive Präfektursteuer.

b) ungewichteter Durchschnitt der EG12-Staaten von 1986 (d.h. über den gesamten Zeitraum einschließlich Griechenlands, Spaniens und Portugals)

Quelle: Ausgewählte Daten aus Koop (1993, S. 126 f.). Für originale Quellennachweise siehe dort.

Vier Sachverhalte fallen in Tabelle 1.1 auf:[105]

- Alle Länder senkten durchgängig ihre (Spitzen-)Steuersätze.[106]

- Mit Ausnahme Deutschlands führte jedes Land binnen acht Jahren mindestens zwei Steuerreformen durch; Japan, Frankreich und die Schweiz änderten ihre Tarife jeweils viermal.

- Die Tarifänderungen erfolgten simultan.

- Die Spannweite der Spitzensteuersätze hat im Zeitablauf abgenommen.

Alle vier Phänomene waren vor 1984 *nicht* zu beobachten.[107] Auch gab es während des Betrachtungszeitraums weder Harmonisierungsversuche (in der EG oder der OECD) noch sonstige internationale Steuerabsprachen. Die Steuersenkungen wurden individuell entschieden und erfolgten unkoordiniert. Die Harmonisierungstendenz war ungeplant.

Dies spricht alles dafür, daß es sich bei dem beobachteten Phänomen um einen Steuerwettbewerb zwischen den OECD-Ländern handelt.[108] Auslöser könnte die in diesen Jahren stetig wachsende internationale Kapitalmobilität gewesen sein (Liberalisierung des internationalen Kapitalverkehrs z.B. im Rahmen des EG-Binnenmarktprogramms, Computerisierung des Handels mit Finanzkapital, etc.), die bei sonst recht ähnlichen makroökonomischen Bedingungen eine Angleichung der steuerlichen Belastung der Kapitalerträge erforderlich machte. Ten-

---

105 Ein ähnliches Phänomen beobachtet man auch bei den Durchschnittssteuersätzen. Lagen diese im EG-Durchschnitt von 1975 noch bei 43%, so lagen sie 1990 nur noch bei 40%. Die Standardabweichung reduzierte sich von 8% auf 6%. Vgl. Giovannini/Hines (1991, S. 179).

106 Im (ungewichteten) Durchschnitt der EG-Mitgliedsstaaten sank der Spitzensteuersatz der Körperschaftsteuer von 46,7% im Jahre 1984 auf 39,2% im Jahre 1991. Dies entspricht einer relativen Steueränderung von etwas mehr als 16%.

107 Im Zeitraum von 1965 bis1975 kam es zu einem weltweiten Anstieg der Steuersätze, allerdings ohne erkennbares Muster. Zwischen 1975 und 1984 sind die Steuersätze im wesentlichen konstant geblieben. Die EG-Länder wendeten im Schnitt höhere Steuersätze an als die Nicht-EG-Mitglieder. Die Varianz der Steuersätze war im Zeitablauf ziemlich stabil. Vgl. Koop (1993, S. 38 f.).

108 Zu dieser Einschätzung gelangt auch das von der EG-Kommission zur Analyse des aktuellen und zur Ausarbeitung von Empfehlungen für ein neues System der Körperschaftsbesteuerung in den EG-Mitgliedsstaaten eingesetzte Ruding-Komitee (vgl. EG-Kommission (1992, Kapitel 5)). Allerdings ist die Einschätzung des Ruding-Komitees inkonsistent. An anderer Stelle wird behauptet, es gebe keine Indizien für einen unkoordinierten Steuerwettbewerb in der EG (vgl. ebda., S. 200).

dentiell ist es dabei für jede Regierung vorteilhaft, auf eine Steuersenkung einer anderen Regierung ihrerseits mit einer Steuersenkung zu antworten, um so den Verlust der Wettbewerbsfähigkeit relativ zur fiskalischen Konkurrentin wieder wettzumachen.

d) Interessant ist auch ein Blick in die skandinavischen Länder:[109] Im Jahre 1991 führte Schweden eine proportionale Steuer auf Kapitalerträge mit einem Steuersatz von 30% ein. Dies war im Vergleich zum vorher herrschenden progressiven Tarif mit Grenzsteuersätzen zwischen 36% und 72% eine drastische Steuersenkung. Im Jahre 1992 führte Norwegen eine ähnliche Steuerreform durch, allerdings mit einem Steuersatz von 28%. Finnland zog 1993 nach - mit einem Steuersatz von 25%. Die schwedische Regierung plant derzeit, den Steuersatz ebenfalls auf dieses Niveau zu senken. Die räumliche und zeitliche Nähe dieser Steuerreformen macht es ziemlich unwahrscheinlich, daß es sich hierbei nicht um einen Steuerwettbewerb zwischen den nordischen Regierungen handelt.

e) Kapitalsteuerwettbewerb ist kein auf die hochentwickelten Industriestaaten beschränktes Phänomen. Goode (1984, S. 119 ff.) weist dieses Phänomen für Entwicklungsländer in Afrika und Lateinamerika nach, und die OECD mahnt die ehemaligen Ostblock-Staaten vor dem Hintergrund der negativen Erfahrungen, die südostasiatische Staaten im Steuerwettbewerb gemacht haben, zur Koordinierung ihrer Steuerpolitiken.[110] Das spezifische Problem der Entwicklungs- und Schwellenländer besteht darin, daß sie von ausländischen Unternehmen oft lediglich als billiger Produktionsstandort, nicht aber als Absatzmarkt angesehen werden, oder aber, daß ausländische Unternehmen nur einen Produktionsstandort zur Versorgung einer gesamten Weltregion errichten wollen (sog. *footloose manufacturing plants*). Wenn sich in geographischer Nähe andere Staaten mit ähnlichen Standortqualitäten (bzw. -defiziten) befinden, ist die Steuerpolitik oft das einzige Profilierungsmerkmal für Entwicklungs- und Schwellenländer.

---

109 Vgl. zum folgenden Sørensen (1994b, S. 59f.).

110 Vgl. OECD (1995, S. 59 f.).

f) Steuerwettbewerb findet nicht nur mit Kapitalsteuern statt:[111]

- Für die US-Bundesstaaten Wyoming und Montana weisen Kolstad/Wolak (1983) einen Stackelberg-Wettbewerb mit Produktionssteuern auf die in diesen Staaten geförderte Kohle nach, der (unter Aufkommensgesichtspunkten) zu einer ineffizient niedrigen Besteuerung führt.

- In Australien haben sich die Bundesstaaten im Wettbewerb um vermögende Senioren die (dort in die Rechtshoheit der Bundesstaaten fallende) Erbschaftsteuer systematisch herunterkonkurriert. Heute wird in Australien keine Erbschaftsteuer mehr erhoben.[112]

- In einer empirischen Untersuchung weist Seitz (1994) nach, daß zwischen den deutschen Kommunen ein Infrastrukturwettbewerb herrscht, in dem jede Kommune ihren Investoren mindestens das Versorgungsniveau vergleichbarer Städte anzubieten versucht.[113]

Als Fazit aus diesen empirischen Bruchstücken ist festzuhalten, daß es fiskalischen Wettbewerb in vielen Bereichen *realiter* gibt und daß in anderen Bereichen zumindest sein potentielles Auftreten nicht ausgeschlossen werden kann. Aufgrund der hohen Mobilität der Bemessungsgrundlage ist Kapitalsteuerwettbewerb dabei die häufigste und am ehesten zu erwartende Ausprägung.

---

111 Steuerwettbewerb ist beileibe kein Phänomen der 80er und 90er Jahre. Die Schweizer Stadt Campione am Luganer See schaffte in den späten 60er Jahren sämtliche kommunale Steuern mit Ausnahme eines Wassergeldes in Höhe von umgerechnet 9 DM je Wasserhahn ab, um im Wettbewerb um die Ansiedlung vermögender deutscher Industrieller eine möglichst hohe Attraktivität zu erreichen. In der Stadt mit einer "Urbevölkerung" von 2400 Personen siedelten sich daraufhin 1600 Neubürger an. Paradoxerweise zahlte sich die Steuerabschaffung auch fiskalisch aus: Ihre Ausgaben finanzierte die Stadt aus den Erträgen des örtlichen Spielcasinos, das im Jahre 1970 die höchsten Roulette- und Baccarat-Umsätze in Europa einspielte. Vgl. o.V. (1971, S. 40 f.).

112 Ich danke Herrn Rüdiger Pethig für diesen Hinweis.

113 Seitz (1994) kann keinen Wettbewerb der Städte mit der Gewerbesteuerpolitik nachweisen. Dies steht allerdings im Unterschied zur Auffassung von Lucke (1993).

Kapitel 2: Ein internationales Investitions- und Finanzierungsmodell mit Steuern

Dieses Kapitel formuliert ein neoklassisches Zwei-Zeitpunkt-Zwei-Länder-Modell eines Kapitalmarktes mit differenzierten und nicht-integrierten Personen- und Unternehmenssteuern. Die am Steuerwettbewerb beteiligten Regierungen, die in diesem Kapitel noch nicht aktiv auf den Plan treten, legen ihrem fiskalischen Kalkül diese Modellwelt zugrunde, wenn sie die Reaktionen der privaten Wirtschaftssubjekte auf Steueränderungen prognostizieren. Alle in diesem Kapitel enthaltenen Annahmen beziehen sich, sofern sie nicht explizit aufgehoben oder verändert werden, auf den gesamten Rest dieser Arbeit.

2.1 Die Grundstruktur des Modells

Die Grundstruktur unseres Zwei-Zeitpunkt-Modells hat folgendes Aussehen:

Der eigentliche Steuerwettbewerb findet zum Zeitpunkt 1 statt. An ihm beteiligen sich die Regierungen zweier Länder, die zu diesem Zeitpunkt ihre Entscheidungen über die Höhe der Steuersätze treffen. Sie verfolgen dabei eigennützige Ziele und antizipieren, wie ihr Handeln das Verhalten der privaten Wirtschaftssubjekte beeinflussen wird; sie nehmen also gegenüber den Privaten die Position eines Stackelberg-Führers ein.

In Kenntnis der Steuerentscheidungen legen die Haushalte im Zeitpunkt 1 ihr Kapitalangebot und die Firmen die Höhe und Struktur ihrer Kapitalnachfrage fest. Als Finanzierungsvarianten stehen Eigen- und Fremdfinanzierung zur Wahl, die sich für die Haushalte in den Anlagealternativen Aktien bzw. Bonds niederschlagen. Da in jedem Land ein Unternehmen ansässig ist, gibt es insgesamt vier Anlagealternativen. Wir unterstellen, daß alle Haushalte derart aggregiert werden können, daß das Aggregat dieselben Charakteristika aufweist wie ein typischer einzelner Haushalt. Die Rolle des Finanzmarktes übernimmt eine Investmentgesellschaft, die als Walrasianischer Auktionator für jede Anlage- bzw. Finanzierungsvariante Renditen und Kapitalkosten derart austariert, daß für den Ausgleich von Angebot und Nachfrage gesorgt ist.

Zum Zeitpunkt 2 findet die Produktion statt. Die Unternehmen zahlen die von ihnen zu tragenden Steuern, verzinsen und tilgen aufgenommenes Fremdkapital, schütten den Restgewinn als Dividenden auf das Eigenkapital aus und werden zugunsten ihrer Eigenkapitalgeber liquidiert. Die Kapitalerträge und -rückflüsse gehen an die Haushalte, für die sie abzüglich der von ihnen noch zu entrichtenden Steuern in der zweiten Periode die einzige Einkommensquelle darstellen. Die Regierungen vereinnahmen die Steuereinnahmen.[114]

Wir bezeichnen die Länder unseres Modells mit den Buchstaben *A*, *B* und *C*. Hierbei sind die Länder *A* und *B* diejenigen Länder, in denen die Unternehmen unseres Modells angesiedelt sind und deren Regierungen sich im Steuerwettbewerb engagieren. Land *C* bezeichnet ein fiskalisch passives Drittland.

Hinsichtlich des Wohnsitzes der (zu einem repräsentativen Agenten aggregierten) Haushalte diskutieren wir zwei Varianten:

a) Die Haushalte wohnen an einem Unternehmensstandort: Ohne Beschränkung der Allgemeinheit wählen wir hierfür Land *A*. Dieses Land ist ein Kapitalexportland, denn die Haushalte investieren sowohl im In- wie auch im Ausland *B*. Das "bevölkerungslose" Land *B* ist ein Kapitalimportland, das sein Kapital nur aus dem Ausland bezieht. Diese (sicherlich extrem modellierte) Variante des Steuerwettbewerbs zwischen einem Kapitalexporteur und einem Kapitalimporteur ist gut geeignet, den Einfluß internationaler Besteuerungsverfahren auf den Steuerwettbewerb zu analysieren.[115]

b) Die Haushalte wohnen in einem fiskalisch passiven Drittland *C*: Unter dieser Annahme findet Steuerwettbewerb zwischen zwei Kapitalimportländern *A* und *B* statt. Die fiskalische Passivität des Landes *C* bedeutet nicht, daß dieses auf

---

114 Die Mehrzahl der Modelle des Steuerwettbewerbs mit Kapitaleinkommensteuern geht von einem konstanten und exogenen Kapitalangebot aus und kann daher auf eine explizit intertemporale Struktur verzichten; vgl. z.B. Zodrow/Mieszkowski (1983), Wildasin (1988, 1989, 1991b), DePater/Myers (1992) oder Killinger (1994). Die Analyse des Steuerwettbewerbs im Rahmen von Zwei-Perioden-Zwei-Länder-Modellen mit endogenem Kapitalangebot findet sich u.a. bei Gordon (1986, 1992), Giovannini (1990a), Bucovetsky/Wilson (1991), S. Sinn (1993), Koop (1993) oder Mintz/Tul- kens (1996). Das Neue am vorliegenden Modell ist die explizite Berücksichtigung unterschiedlicher Finanzierungsvarianten und ihrer Besteuerung.

115 In der Literatur zum internationalen Steuerwettbewerb mit unterschiedlichen Besteuerungsverfahren wählt man oft den Ansatz, für jedes Land einen gegebenen Anfangskapitalbestand anzunehmen, der dann durch Kapitalim- oder -exporte verändert wird. Dieses sog. MacDougall-Kemp-Modell verwenden z.B. Bond/Samuelson (1989), Janeba (1995) oder Oakland/Xu (1995).

eine Besteuerung gänzlich verzichtet - dies könnten wir auch unter obiger Variante a) derart erfassen, daß wir eine Besteuerung nur am Ort der Einkommensentstehung (sog. Quellenlandprinzip) zulassen -, sondern nur, daß seine Steuersätze konstant bleiben.

Für den überwiegenden Teil der Literatur zum Steuerwettbewerb mit immobilen Haushalten ist die Wohnsitzfrage der Haushalte irrelevant, da er Besteuerung ausschließlich nach dem Quellenlandprinzip modelliert. Da unser Modell unterschiedliche Verfahren der Besteuerung grenzüberschreitender Einkünfte zuläßt, kommt dem Wohnsitz der Haushalte große Bedeutung zu.

2.2 Das Kapitalangebot der Haushalte

Die Haushalte handeln als intertemporale Nutzenmaximierer. Sie erfahren Bedürfnisbefriedigung aus dem Konsum von Gütern in den beiden Modellperioden 1 und 2. Unterstellen wir, daß alle realen Güterpreise wertmäßig festliegen und unverändert bleiben, so sind die Konsumausgaben C_1 und C_2 ein geeignetes Aggregat für die in der jeweiligen Periode konsumierten Güter.[116] Die Präferenzen der Haushalte seien durch eine intertemporale Nutzenfunktion

$$u\colon \Re_+^2 \to \Re;\ (C_1,C_2) \mapsto U(C_1,C_2)$$

repräsentierbar, wobei die Funktion U streng quasi-konkav und in jedem Argument zweimal stetig differenzierbar mit positiven ersten Ableitungen sei. Es gilt also:

$$U_\nu(C_1,C_2) := \frac{\partial U(C_1,C_2)}{\partial C_\nu} > 0 \quad (\nu = 1,2).$$

Wir unterstellen ferner, daß jeder Periodenkonsum unverzichtbar ist, d.h.:

$$U(0,C_2) = U(C_1,0) = -\infty \quad \forall C_1, C_2 \geq 0.$$

Ferner gelte:

116 Vgl. Henderson/Quandt (1983), S. 48 f.

$$\lim_{C_\nu \downarrow 0} U_\nu(C_1, C_2) = +\infty \quad (\nu = 1,2)$$

Für die Periode 1 verfügen die Haushalte über ein exogen gegebenes Einkommen in Höhe von $M > 0$, das sie in dieser Periode für Konsumzwecke verausgaben oder sparen können. Ersparnisse werden zu einer Ertragsrate von $\rho \geq 0$ angelegt und stehen derart verzinst in Periode 2 für Konsumzwecke zur Verfügung. Bezeichnen wir die Ersparnis mit S, so können wir damit das Optimierungsproblem der Hauhalte formulieren als:

$$\max_{S \in \Re} U(M - S, (1+\rho) \cdot S).$$

Mit

$$S(\rho) := \arg \max_{S \in \Re} U(M - S, (1+\rho) \cdot S)$$

bezeichnen wir die aufgrund der strikten Quasi-Konkavität von U eindeutige Optimallösung des Nutzenmaximierungsproblems. Aufgrund unserer Annahme, daß $U(C_1, 0) - \infty$, gilt für alle $\rho \geq 0$:

$$S(\rho) > 0.$$

Hinsichtlich der Reaktion der Ersparnis auf Änderungen der Ertragsrate ρ sind keine eindeutigen Aussagen möglich.[117] Wir behelfen uns mit der Annahme, daß die Ersparnis S eine monoton wachsende, differenzierbare Funktion von ρ ist:

$$S'(\rho) := \frac{d\,S(\rho)}{d\,\rho} \geq 0 \quad \forall \rho > 0.$$[118]

---

117 Aus der Optimumbedingung für ein Nutzenmaximum $\frac{U_1}{U_2} = 1 + \rho$ erhält man durch implizite Differentiation: $\frac{d\,S}{d\,\rho} = \left[-U_{11} + \rho U_{21} + (1+\rho) U_{22}\right]^{-1}$, was im Vorzeichen unbestimmt ist. Die Uneindeutigkeit der Sparreaktion auf Änderungen der Nettoertragsrate macht Analysen des Einflusses der Besteuerung auf die Ersparnis schwierig. Vgl. z.B. Sandmo (1985).

118 Als geläufiges Beispiel für intertemporale Nutzenfunktionen, die diese Annahme erfüllen, betrachte man etwa solche der Form $U(C_1, C_2) = C_1 + C_2^\alpha$ mit $0 < \alpha < 1$. Hier gilt $S(\rho) = \alpha^{\frac{1}{1-\alpha}} \cdot (1+\rho)^{\frac{\alpha}{1-\alpha}}$ und damit $S'(\rho) > 0$. Ein Beispiel für eine Nutzenfunktion, die $S' \equiv 0$ hervorbringt, ist $U(C_1, C_2) = C_1 \cdot C_2^\alpha$ mit $0 < \alpha < 1$. Hier gilt: $S = \frac{\alpha}{1+\alpha} \cdot M$.

Die Ersparnis der Haushalte fungiert in unserem Modell als Kapitalangebot; ρ ist die sich auf den internationalen Geld- und Kapitalmärkten im Arbitragegleichgewicht ergebende Netto-Ertragsrate. Ihr Zustandekommen wird später erläutert.

2.3 Die Produktions- und Kapitalstruktur der Modellökonomie

In jedem der beiden betrachteten Länder A und B gibt es nur ein Unternehmen bzw. läßt sich der Unternehmenssektor zu einem großen Einproduktunternehmen aggregieren, das wir mit dem Buchstaben des Landes indizieren. Der Output der Unternehmen dient als Numéraire, Wechselkurse werden als konstant und auf eins normiert unterstellt.[119] Der Output wird aus dem einzigen Input Kapital mittels einer Technologie erstellt, die sich in einer Produktionsfunktion der Form $F^i\colon \Re_+ \to \Re_+;\ K^i \mapsto F^i(K^i)$ abbilden läßt. Hierbei bezeichnet $K^i \geq 0$ das von Firma i eingesetzte Kapital. Die Funktionen F^i haben folgende Eigenschaften $(i = A, B)$:

- $F^i(0) = 0$;
- $F^i(K^i)$ ist in K^i dreimal stetig differenzierbar;
- $F^i_K := \dfrac{\partial F^i(K^i)}{\partial K^i} > 0 \ \forall K^i > 0;$
- $F^i_{KK} := \dfrac{\partial^2 F^i(K^i)}{\partial (K^i)^2} < 0 \ \forall K^i > 0;$
- $\lim\limits_{K^i \downarrow 0} \dfrac{\partial F^i(K^i)}{\partial K^i} = +\infty .$

Ein positiver Faktoreinsatz ist also für eine Outputerstellung unerläßlich. Die Grenzproduktivität des Kapitals ist stets positiv, aber abnehmend.

119 Ein Modell der Besteuerung von internationalen Kapitaleinkommen, das Wechselkurs- und Terms-of-Trade-Effekte analysiert, findet man in Bovenberg (1989).

Ohne große Modifikationen könnten wir den Faktor Arbeit in die Analyse einführen. Dies unterbleibt aber, da dieser Faktor in unserem Modell des Kapitalsteuerwettbewerbs von nachrangigem Interesse ist. Wir nehmen an, daß in den Funktionen F^i der Einfluß aller anderen, als fix angenommenen Faktoren schon enthalten ist.[120]

Das von einem Unternehmen produktiv genutzte Kapital setzt sich, so wollen wir annehmen, additiv aus den monetären Größen Eigenkapital (E^i, "equity") und Fremdkapital (B^i, "bonds") zusammen:

$$K^i = E^i + B^i.$$

In produktionstechnischer Hinsicht machen beide Finanzierungsformen keinen Unterschied. Sie unterscheiden sich allerdings in ihren Funktionen und Kosten:

- Fremdkapital wird zu einem festen Satz $r^i \geq 0$ verzinst. Fremdkapitalgeber erhalten im Zeitpunkt 2 ihr eingelegtes Geld plus Zinsen, insgesamt also $(1+r^i)\cdot B^i$, zurück, haben aber keinen Einfluß auf die Geschäftspolitik der Unternehmung.

- Eigenkapitalgeber (Aktionäre) erhalten am Ende der Geschäftstätigkeit des Unternehmens ihr eingebrachtes Kapital zurück. Außerdem wird an sie nach Maßgabe ihrer Gesellschaftsanteile der Unternehmensgewinn in Form einer Dividende ausgeschüttet. Diese Dividende kann, je nach Verlauf der Geschäftstätigkeit, prinzipiell durchaus negativ sein, was aber in unserem Modell nicht vorkommen wird. Bezeichnen wir mit $d^i \in \Re$ die Dividende je Einheit eingebrachten Eigenkapitals, so erhalten die Eigenkapitalgeber in Zeitpunkt 2 insgesamt einen Betrag von $(1+d^i)\cdot E^i$. Die Aktionäre bestimmen in dem Sinne die Geschäftspolitik der Unternehmung, als diese als Zielsetzung die Maximierung der Dividende d^i verfolgt.[121]

Die optimale Geschäftspolitik der Unternehmung wird maßgeblich durch die Besteuerung beeinflußt, weshalb ihre Charakterisierung die Kenntnis der in unserem Modell enthaltenen Steuern voraussetzt.

---

120 Dies korrespondiert gut mit der Exogenität der Haushaltseinkommen M.

121 Die Unternehmung oder ihr Management verfolgt also keine eigenständigen Zielsetzungen. Prinzipal-Agent-Probleme bleiben aus der Analyse ausgeklammert. Eine Standardreferenz für die Modellierung von Prinzipal-Agent-Problemen im Finanzierungs- und Investitionsbereich ist Jensen/Meckling (1976).

2.4 Unternehmenssteuern und persönliche Steuern

Wir legen unserer Analyse ein "duales"[122], zweistufiges Verfahren zugrunde, das durch eine formale Trennung von Unternehmens- und Kapitalgeberebene gekennzeichnet ist. Die von uns diskutierten Steuern lassen sich somit in Unternehmenssteuern und persönliche Steuern unterteilen.

Alle Steuertarife unseres Modells weisen konstante Durchschnittssätze auf. Die Steueraufkommen sind damit lineare Funktionen ihrer Bemessungsgrundlagen. Es gibt keine Freibeträge oder Freigrenzen, Progressions- oder Degressionseffekte treten nicht auf. Die Grenzsteuersätze entsprechen jeweils den Durchschnittssteuersätzen und sind ebenfalls konstant. Diese Annahme reduziert auf Kosten der Realitätsnähe die Komplexität tatsächlich existierender Steuertarife auf ein handhabbares Maß.

Auf der Haushalts- (oder Kapitalgeber-)Seite können sich aufgrund des Auseinanderfallens von Entstehungs- und Verwendungsland der Einkünfte und aufgrund von verschiedenen Verfahren der internationalen Besteuerung die relevanten ("effektiven") Steuersätze auf unterschiedliche Art und Weise aus den von den Regierungen gesetzten Steuersätzen zusammensetzen. Wir vereinbaren deshalb die folgende allgemeine Notationsregel:

t_x^i bezeichnet den von der Regierung des Landes i auf die Bemessungsgrundlage x erhobenen Steuersatz. Es gelte $t_x^i \in [0,\bar{t}] \quad \forall i \forall x$, wobei $\bar{t} < 1$ eine international einheitliche Obergrenze der Besteuerung darstellt. Als eine inhaltliche Motivation für eine Obergrenze der Besteuerung stelle man sich in der Verfassung verankerte Eigentumsgarantien vor, die den nationalen Regierungen eine fiskalische Enteignung verbietet. Aus technischer Hinsicht ist eine Obergrenze erforderlich, um die Strategiemengen der Regierungen kompakt zu halten. An dieser Stelle ist wesentlich, daß durch die Besteuerung weder eine Subventionierung noch eine Konfiskation der Bemessungsgrundlage stattfindet.

τ_x^i bezeichnet den für die Haushalte gültigen effektiven Steuersatz für Einkünfte der Art x aus Land i. Es gilt $\tau_x^i \geq 0 \quad \forall i \forall x$.[123]

---

122 Jochum (1991), S. 43.

123 Wir schließen den Fall, daß auf der Haushaltsseite der Effektivsteuersatz größer oder gleich eins ist, an dieser Stelle bewußt nicht aus. Die Einkommensteuerbelastung der Haushalte setzt sich bei ausländischen Einkünften in einer noch näher zu spezifizieren-

Die folgende Tabelle faßt alle in unserem Modell enthaltenen *Steuerarten* in der Form, wie sie von den nationalen Regierungen erhoben werden, zusammen:[124]

Name	Steuersatz	Bemessungsgrundlage
Kapital(stock)steuer	t_K^i	eingesetztes Kapital K^i
Reingewinnsteuer	t_G^i	Gewerbeertrag $F^i - t_K^i K^i - r^i B^i$
Körperschaftsteuer	t_U^i	Ausschüttungsbetrag
(Zins-)Einkommensteuer	t_r^i	Zinseinkünfte der Haushalte
Steuer auf Dividenden	t_d^i	Dividendeneinkünfte der Haushalte

Tabelle 2.1: Die Steuerarten des Modells

Einige Erläuterungen:

Steuersubjekt (Steuerschuldner) der ersten drei Steuern ist die Unternehmung. Es handelt sich um reine *Quellensteuern* in dem Sinne, daß ihre Bemessungsgrundlage nur der Regierung des Landes zur Besteuerung zur Verfügung steht, in dem die Unternehmung ihren Sitz hat und unternehmerisch tätig ist:

- Die Kapitalsteuer hat als Bemessungsgrundlage das Gesamtkapital der Unternehmung. Sie entspricht der Idee der deutschen Gewerbekapitalsteuer, das gesamte im Betrieb eingesetzte Kapital zu erfassen, unterscheidet sich aber von der Gewerbekapitalsteuer, als diese dem Einheitswert der Unternehmung (in unserem Sinne: dem Eigenkapital) nur die Hälfte der Dauerschulden (bei uns

---

den Form aus heimischen und ausländischen Steuersätzen zusammen, die in ihrem Aggregat den Wert eins durchaus übersteigen können.

124 Auf die Modellierung einer Pauschalsteuer wird verzichtet, da es sich im Bereich der Unternehmens- und Kapitaleinkommensbesteuerung um ein reichlich artifizielles Konstrukt handelt. Es ist aus dem 2. Hauptsatz der Wohlfahrtsökonomik (vgl. Boadway/Bruce (1984, S. 64)) bekannt, daß jede pareto-effiziente Situation durch ein geeignet gewähltes System von Pauschalsteuern unterstützt werden kann. Pauschalsteuern führen nicht zu Verzerrungen in den ein (wie auch immer geartetes) Optimum charakterisierenden Marginalbedingungen. Von daher ist eine Pauschalbesteuerung jeder anderen Art der Besteuerung aus Effizienzgesichtspunkten überlegen. Ein effizienzorientierter sozialer Planer, dem Pauschalbesteuerung unbegrenzt zur Verfügung steht, wird auf jede andere Art der Besteuerung verzichten (im internationalen Bereich vgl. für dieses Aussage z.B. Dixit (1985)). In Modellen des Steuerwettbewerbs mit partiell mobilen Bemessungsgrundlagen kommt dies darin zum Ausdruck, daß man auf eine Besteuerung mobiler Tatbestände verzichtet und den fixen Faktoren die gesamte Steuerlast aufbürdet (bekannt als sog. *Henry-George-Theorem* (vgl. Hoyt (1991)). Im Bereich des Steuerwettbewerbs mit internationaler Kapitaleinkommensbesteuerung kommt dies in einer Freistellung ausländischer Quelleneinkünfte zum Ausdruck (vgl. Mintz/Tulkens (1996)).

hingegen: das *gesamte* Fremdkapital) zuschlägt.[125] Lokale Gewerbekapitalsteuern gibt es außer in Deutschland noch in Luxemburg, Frankreich ("taxe professionnelle") und in der Schweiz. Die Schweiz erhebt zusätzlich noch eine zentrale Kapitalsteuer, wie dies auch in Norwegen und Schweden (dort nur für Unternehmen in ausländischem Besitz) geschieht.[126]

- Die Reingewinnsteuer hat als Bemessungsgrundlage die Differenz zwischen Verkaufserlösen und Kosten. Da wir keine Abschreibungen berücksichtigen, setzen sich letztere in unserem einfachen Modell mit nur einem zu entlohnenden Faktor aus der zu entrichtenden Kapitalsteuer und den fälligen Schuldzinsen zusammen. Da die Schuldzinsen voll abzugsfähig sind, entspricht der Reingewinn dem Buchgewinn. Er ist gleichzeitig der reale Cash-Flow, da alle Kosten zahlungswirksam sind. Der Reingewinnsteuer kommt im deutschen Steuersystem die Gewerbeertragsteuer am nächsten, die allerdings von ihrer eigenen Bemessungsgrundlage absetzbar[127] und bei der nur die Hälfte der Schuldzinsen abzugsfähig ist.[128] Eine ähnliche Steuer findet sich in Österreich, Finnland, Italien, Japan, Luxemburg, Norwegen, Portugal, Spanien, der Schweiz und den USA, wo sie jeweils von den Kommunen erhoben wird und i.d.R. von der zentralen Körperschaftsteuer abzugsfähig ist.[129]

- Die Körperschaftsteuer wird bei der Unternehmung auf die Ausschüttungen erhoben, die sie an ihre Aktionäre tätigt. Die Ausschüttungen entsprechen dem um andere Unternehmenssteuern und um rückzuzahlendes Kapital verminderten Rein- oder Buchgewinn der Unternehmung.[130] Um den Aktionären eine

---

125 Vgl. G. Rose (1993, S. 138f.).

126 Zusammengestellt aus den Länderübersichten in OECD (1991, S. 287-453).

127 Die Absetzbarkeit von der eigenen Bemessungsgrundlage kann in unserem Ansatz dadurch erfaßt sein, daß man den Satz t_G^l als effektiven Steuersatz interpretiert: Bezeichnet $\bar{t}_G^l$ den formalen Satz, so gilt der Zusammenhang: $t_G^l = \frac{\bar{t}_G^l}{1+\bar{t}_G^l}$; denn bei einer Bemessungsgrundlage in Höhe von G berechnet sich die Steuerschuld T_G als: $T_G = \bar{t}_G^l \cdot (G - T_G) = \frac{\bar{t}_G^l}{1+\bar{t}_G^l} \cdot G \equiv t_G^l \cdot G$.

128 Vgl. G. Rose (1994), S. 195ff.

129 Zusammengestellt aus den Länderübersichten in OECD (1991, S. 287-453).

130 In unserem Modell stimmt der ausgeschüttete Gewinn mit dem Gewinn überein, der auch der Dividendensteuer unterliegt. Dies ist auch in der Mehrzahl der OECD-Länder der Fall (sog. *uniform reporting*). Unter einem Verfahren des *separate reporting* hingegen, wie es z.B. in Großbritannien oder Dänemark angewendet wird, können sich ausgeschütteter Gewinn und mit der Dividendensteuer zu versteuernder Gewinn unterscheiden. Diese verschiedenen Buchführungsvorschriften können zu gravierenden Unterschieden im Einfluß der Besteuerung auf Finanzierungs- und Investitionsverhalten der Unterneh-

Dividende in Höhe von d^i zukommen zu lassen, muß die Unternehmung folglich einen Betrag in Höhe von $\frac{d^i}{1-t_u^i} > d^i$ aufbringen.[131]

Steuersubjekt (Steuerschuldner) der letzten beiden Steuern in obiger Tabelle sind die Haushalte, es handelt sich also um persönliche Steuern:

- Steuern auf Zinseinkünfte werden in jedem OECD-Land erhoben, allerdings unterscheiden sich die nationalen Varianten zum Teil erheblich. Grob lassen sich drei Varianten unterscheiden:[132] Das erste Modell sieht eine Besteuerung von Zinseinkünften mit dem individuellen Einkommensteuersatz des Steuerpflichtigen vor, wobei dem Fiskus zur Verifizierung der deklarierten Kapitalerträge Kontrollinstrumente zur Verfügung stehen (Auskunftspflicht der Banken). Dieses Modell wenden die Niederlande, Dänemark, Spanien und Schweden an. Die zweite Variante, die in Griechenland, Luxemburg, der Schweiz und *de facto* auch in Deutschland gilt, gibt dem Fiskus keine Kontrollinstrumente an die Hand. In die dritte Gruppe gehören jene Länder, die Zinsen einer sog. Definitivbesteuerung mit fixem, einkommensunabhängigem Steuersatz unterwerfen, oder dem Steuerpflichtigen diese Option einräumen. Hierzu zählen u.a. Belgien, Frankreich, Großbritannien und Italien. Im Rahmen unseres Modells mit seinen einheitlichen und perfekt durchsetzbaren linearen Steuertarifen identifizieren wir den Steuersatz auf Zinseinkommen mit dem persönlichen Einkommensteuersatz des Kapitalanlegers, wie dies (oberhalb des Freibetrages der Kapitalertragsteuer) auch in Deutschland gesetzlich vorgesehen ist.

- Dividendeneinkommen sind in jedem OECD-Land auf der Kapitalanlegerseite zu versteuern und zwar mit dem persönlichen Einkommensteuersatz des Kapitalanlegers.[133] Allerdings unterscheiden sich die Besteuerungsverfahren in Art und Ausmaß der Integration von Unternehmens- und persönlichen Steuern auf ausgeschüttete Gewinne.[134]

---

men führen. Dieser Aspekt hat erst kürzlich in die Theorie der Unternehmensbesteuerung Eingang gefunden; vgl. Kanniainen/Södersten (1995).

131 Einige empirische Bemerkungen zu dieser Steuer sind in Abschnitt 2.8.1 über die Systeme der Kapitaleinkommensbesteuerung zusammengestellt.

132 Vgl. zum folgenden Austrup (1994, S. 140 ff.), auch mit weiteren Details.

133 Vgl. die Übersicht in OECD (1991, S. 57) oder die jeweiligen Länderkapitel.

134 Vgl. hierzu Abschnitt 2.8.1.

Die Bemessungsgrundlagen der persönlichen Steuern können zum jetzigen Zeitpunkt nicht exakt angegeben werden, da sie je nach den Zugriffsmöglichkeiten der Fisci auf im Ausland lebende Haushalte oder im Ausland erzielte Einkünfte variieren können. Die effektiv von den Haushalten zu tragende Steuerbelastung auf die unterschiedlichen Einkünfte wird durch die Steuersätze τ_x^j $(x = d, r)$ wiedergegeben, die in allgemeiner Form als Funktionen der nationalen Steuersätze modelliert werden können: $\tau_x^j = \tau_x^j(t_x^A, t_x^B)$.

Die unterschiedlichen Systeme der grenzüberschreitenden Besteuerung werden in Abschnitt 2.8.2 vorgestellt und diskutiert.

2.5 Die Investitions- und Finanzierungsentscheidungen der Unternehmen

Die Unternehmen handeln im Interesse ihrer Aktionäre und treffen ihre Finanzierungs- und Investitionsentscheidungen so, daß der den Aktionären pro Aktie ausschüttbare Betrag d^i maximal wird. Sie suchen also nach jener Kombination aus Eigen- und Fremdfinanzierung, die möglichst hohe Dividendenausschüttungen zuläßt. Der nach Rückzahlung des Fremdkapitals verbleibende ausschüttbare Gewinn der Unternehmung ergibt sich als:

$$\Pi^i := (1 - t_G^i) \cdot \left[F^i(K^i) - t_K^i \cdot K^i - r^i \cdot B^i \right] - B^i,$$

so daß sich die den Aktionären effektiv zukommende Stückdividende unter Berücksichtigung der vom Unternehmen zu zahlenden Körperschaftsteuer und des zurückzuerstattenden Eigenkapitals ergibt als:

$$d^i = (1 - t_U^i) \cdot \frac{\Pi^i - E^i}{E^i}. \tag{2.1}$$

Die Maximierung von d^i kann damit äquivalent als Maximierung der Eigenkapitalrendite $\frac{\Pi^i}{E^i}$ verstanden werden.

Bei ihrer Finanzierung unterliegt die Unternehmung einer Restriktion, die es ihr gestattet, höchstens einen Anteil von $\sigma^i \in]0,1]$ der Investitionen durch Kreditaufnahme zu finanzieren:

$$B^i \leq \sigma^i \cdot K^i = \frac{\sigma^i}{1-\sigma^i} \cdot E^i \tag{2.2}$$

Eine "echte" Restriktion mit $\sigma^i < 1$ kann auf verschiedene Weise gerechtfertigt werden:

- Gesetzliche Vorschriften können eine Mindestausstattung an Eigenkapital vorschreiben, um so eine bestimmte Haftbarkeit der Unternehmungen für eingegangene Verbindlichkeiten sicherstellen zu können. Man denke hier etwa an gesellschaftsrechtliche Vorschriften bei bestimmten Rechtsformen der Kapitalgesellschaft (GmbH, AG) oder an zum Zwecke der Gläubigersicherung einzuhaltende Kapitalstrukturerfordernisse bei Banken.

- Desweiteren können (vorgeblich) allgemein akzeptierte Finanzierungsgrundsätze wie vertikale Kapitalstrukturregel und goldene Bilanzregel sich in einer Begrenzung der Fremdkapitalquote niederschlagen.[135] Allerdings sind solche Finanzstrukturregeln unverbindlich; ökonomische Begründungen für solche Faustregeln stehen auf tönernen Füßen.[136]

- Gründe für eine Limitierung der Fremdkapitalquote können auch Schwierigkeiten der Kreditbeschaffung ohne ausreichende Eigenkapitalunterlegung sein. Dieses und andere Phänomene der Kreditrationierung führen dazu, daß bei Erreichen eines bestimmten Verschuldungsgrades die Finanzierungskosten einer weiteren Kreditaufnahme prohibitiv hoch werden.[137]

Die Finanzierungsrestriktion impliziert, daß eine tätige Unternehmung stets zumindest teilweise eigenfinanziert ist: $K^i > 0 \Rightarrow E^i > 0$. Um sicherzustellen, daß die Unternehmung tatsächlich Kapital nachfragt und produktiv tätig wird, treffen

---

135 Vertikale Kapitalstrukturregeln beziehen sich auf das Verhältnis von Eigen- und Fremdkapital einer Unternehmung. Vorgeschlagen werden Beziehungen von 1:1 oder 1:2 (bei Banken 1:20). Die "Goldene Bilanzregel" (auch: "Goldene Bankregel") und ihre Abkömmlinge zielen auf das Verhältnis von Investitionen und Finanzierungen und setzen damit Aktiv- und Passivpositionen der Unternehmensbilanz zueinander in Beziehung. Vgl. Wöhe (1993, S. 839 ff.).

136 Vgl. für eine kritische Würdigung Schneider (1992, S. 577 ff.).

137 Die Möglichkeit der Kreditrationierung unterscheidet unseren Ansatz vom Modigliani/Miller-Modell, wo solche Begrenzungen nicht auftreten. In der ökonomischen Theorie wird Kreditrationierung zunächst auf asymmetrische Information (moral hazard und adverse Selektion) zurückgeführt (vgl. Stiglitz/Weiss (1981)). Den Einfluß von Kreditsicherheiten (z.B. haftendes Eigenkapital) auf das Ausmaß der Kreditrationierung diskutieren Jaffee/Stiglitz (1990, S. 864 ff.).

wir die Annahme, daß für jede Konstellation der Steuersätze ein $K^i > 0$ existiert, so daß $\Pi^i > K^i$ gilt.[138]

Für gegebene Steuersätze und für gegebenes r^i lautet das Optimierungsproblem der Unternehmung nunmehr:

$$\max_{E^i, B^i \geq 0} d^i = \frac{1-t_U^i}{E^i}\left[(1-t_G^i)\cdot\left[F^i(K^i) - t_K^i \cdot K^i - r^i \cdot B^i\right] - K^i\right] \tag{2.3}$$

unter der Nebenbedingung:

$$B^i \leq \frac{\sigma^i}{1-\sigma^i}\cdot E^i \tag{2.2}$$

und mit $K^i = E^i + B^i$. Der zugehörige Lagrange-Ansatz mit Multiplikator $\lambda^i \geq 0$ liefert folgendes Kuhn-Tucker-System als Bedingungen erster Ordnung:[139]

$$\frac{\partial L}{\partial B^i} = \frac{1-t_U^i}{E^i}\cdot\left[(1-t_G^i)\cdot\left[F_K^i - t_K^i - r^i\right] - 1\right] - \lambda^i \leq 0 \tag{2.4a}$$

$$B^i \cdot \frac{\partial L}{\partial B^i} = 0 \tag{2.4b}$$

$$\begin{aligned}\frac{\partial L}{\partial E^i} &= \frac{1-t_U^i}{(E^i)^2}\cdot\left[E^i\cdot(1-t_G^i)\cdot\left[F_K^i - t_K^i\right] - \Pi^i\right] + \frac{\sigma^i}{1-\sigma^i}\cdot\lambda^i \\ &= \frac{1-t_U^i}{E^i}\cdot\left[(1-t_G^i)\cdot\left[F_K^i - t_K^i\right] - 1 - \frac{d^i}{1-t_U^i}\right] + \frac{\sigma^i}{1-\sigma^i}\cdot\lambda^i \leq 0\end{aligned} \tag{2.4c}$$

$$E^i \cdot \frac{\partial L}{\partial E^i} = 0 \tag{2.4d}$$

---

138 Mit dieser Annahme sind wir auf jeden Fall auf der "guten Seite". Damit die Unternehmung tätig wird, ist es hinreichend, daß für gegebene t_K^i und t_G^i ein K^i existiert, so daß $F^i(K^i) > K^i \cdot \left[t_K^i + \frac{1}{1-t_G^i}\right]$, denn dann könnte ein rein eigenfinanziertes Unternehmen eine positive Dividende zahlen. Man beachte, daß dies nicht ausschließt, daß die Rendite aus einem Engagement in Aktien kleiner ist als aus eine Geldanlage in Bonds, daß also $d^i < r^i$ gilt.

139 Vgl. Takayama (1985), S. 92 (Condition [QSP']).

$$\frac{\partial L}{\partial \lambda^i} = \frac{\sigma^i}{1-\sigma^i} \cdot E^i - B^i \geq 0 \qquad (2.4e)$$

$$\lambda^i \cdot \frac{\partial L}{\partial \lambda^i} = 0 \qquad (2.4f)$$

$$B^i \geq 0, \; E^i \geq 0, \lambda^i \geq 0. \qquad (2.4g)$$

Die optimale Investitionshöhe und Finanzierungsstruktur werden charakterisiert durch das folgende

LEMMA 2.1:

a) Sei $(1-t_G^i)r^i > \frac{d^i}{1-t_U^i}$. Dann gilt: $B^i = 0$ und $E^i = K^i$, wobei K^i die Bedingung $\frac{d^i}{1-t_U^i} = (1-t_G^i) \cdot (F_K^i - t_K^i) - 1$ erfüllt.

b) Sei $(1-t_G^i)r^i = \frac{d^i}{1-t_U^i}$. Dann erfüllt K^i die Bedingung $(1-t_G^i)r^i = (1-t_G^i) \cdot (F_K^i - t_K^i) - 1$ und das Unternehmen ist indifferent zwischen allen zulässigen Finanzierungsvarianten $B^i = K^i - E^i \leq \sigma^i \cdot K^i$.

c) Sei $(1-t_G^i)r^i < \frac{d^i}{1-t_U^i}$. Dann gilt: $B^i = \sigma^i K^i$ und $E^i = (1-\sigma^i)K^i$, wobei K^i die Bedingung $\sigma^i \cdot r^i(1-t_G^i) + (1-\sigma^i) \cdot \frac{d^i}{1-t_U^i} = (1-t_G^i) \cdot (F_K^i - t_K^i) - 1$ erfüllt.

Beweis:

Aufgrund unserer Annahme wissen wir, daß im Optimum stets $0 < E^i \leq K^i = B^i + E^i$ gelten wird.

a) Sei $(1-t_G^i)r^i > \frac{d^i}{1-t_U^i}$. Dann gilt wegen $\lambda^i \geq 0$: $\frac{\partial L}{\partial B^i} < \frac{\partial L}{\partial E^i} \leq 0$, so daß $B^i = 0$ (vgl. (2.4b) und $E^i = K^i > 0$. Damit ist aber aus (2.4f) $\lambda^i = 0$ und für K^i muß aus (2.4d) gelten:

$$(1-t_G^i) \cdot \left[F_K^i - t_K^i\right] - 1 = \frac{d^i}{1-t_U^i}.$$

b) Sei nun $(1-t_G^i)r^i = \frac{d^i}{1-t_U^i}$. Dann muß $\lambda^i = 0$ gelten, denn für $\lambda^i > 0$ ergäbe sich aus (2.4a), (2.4b) und (2.4c) wegen $\frac{\partial L}{\partial B^i} < \frac{\partial L}{\partial E^i} \leq 0$, daß $B^i = 0$ (vgl. (2.4b)), und damit wegen (2.4f) ein Widerspruch $\lambda^i = 0$. Da wegen $K^i > 0$ auch $E^i > 0$ gilt, muß für K^i aus (2.4d) i.V.m. unserer Annahme gelten:

$$(1-t_G^i)r^i = (1-t_G^i)\cdot(F_K^i - t_K^i) - 1.$$

c) Sei nun $(1-t_G^i)r^i < \frac{d^i}{1-t_U^i}$. Dann muß $\lambda^i > 0$ gelten, da für $\lambda^i = 0$ wegen $0 \geq \frac{\partial L}{\partial B^i} > \frac{\partial L}{\partial E^i}$ folgen würde, daß $E^i = 0$. Mit $\lambda^i > 0$ folgt aber, daß $B^i = \sigma^i K^i = \frac{\sigma^i}{1-\sigma^i} E^i > 0$, so daß sich die Optimumbedingung für K^i aus dem in Gleichungen verwandelten System (2.4a) und (2.4c) in der oben angegebenen Form ergibt.

•

Es mag auf den ersten Blick verwundern, daß die zu maximierende Größe d^i in den Optimumbedingungen des Lemmas 2.1 auftaucht, hängt ihr Wert selbst doch maßgeblich von der gewählten Finanzierungsstruktur ab. Die Aussagen des Lemmas sind jedoch nicht in der Form zu interpretieren, als machten sie die Finanzierungsentscheidung von einer exogen vorgegebenen Dividendenhöhe abhängig, sondern derart, daß aus der Höhe der realisierten Dividende auf die Finanzstruktur der Unternehmung zurückgeschlossen werden kann, falls diese als optimal unterstellt wird.[140]

Für den Spezialfall b) des Lemmas 2.1, in dem die Unternehmung indifferent zwischen allen zulässigen Finanzierungsvarianten ist, wollen wir im folgenden annehmen, daß die Unternehmung eine Finanzierung gemäß der Regel $B^i = \sigma^i \cdot K^i$ wählt. Die Zusammenfassung der Fälle b) und c) zu einem Fall erfolgt nur zu dem Zweck, die Zahl der zu analysierenden Fallunterscheidungen möglichst gering zu halten; genausogut hätten wir die Fälle a) und b) zusammen-

140 Ohne die Finanzierungsrestriktion σ^i hätte das Finanzierungsverhalten der Unternehmungen ausgesprochenen Bang-Bang-Charakter: Die Unternehmung wäre, abgesehen vom Grenzfall $(1-t_G^i)\cdot r^i = \frac{d^i}{1-t_U^i}$ entweder rein eigen- oder rein fremdfinanziert. Wir werden hierauf in Abschnitt 3.2.2 noch einmal zurückkommen.

fassen können. Insgesamt läßt sich damit das Finanzierungsverhalten der Unternehmung wie folgt beschreiben:

$$(1-t_G^i)\cdot r^i \begin{bmatrix} > \\ \leq \end{bmatrix} \frac{d^i}{1-t_U^i} \Leftrightarrow \begin{cases} B^i = 0,\ E^i = K^i > 0 & [\mathrm{EF}^i] \\ B^i = \sigma^i \cdot K^i = \dfrac{\sigma^i}{1-\sigma^i} \cdot E^i > 0 & [\mathrm{MF}^i] \end{cases}. \tag{2.5}$$

Hierbei stehen die Abkürzungen $[\mathrm{EF}^i]$ für "Eigenfinanzierung" und $[\mathrm{MF}^i]$ für "Mischfinanzierung" der Unternehmung i.

2.6 Das Kapitalmarktgleichgewicht

In unserem Modell bestimmen die Haushalte für eine gegebene Ertragsrate ρ die Höhe ihrer Ersparnis $S(\rho)$. Dieser Abschnitt beschreibt, nach welchen Regeln sich dieses Kapitalangebot auf die Anlagealternativen Aktien und Bonds in den beiden Ländern verteilt, und definiert den Begriff des Kapitalmarktgleichgewichts.

Den Haushalten bringen die verschiedenen Anlagealternativen unterschiedliche Nettoerträge: Pro in Land i ($i = A, B$) investierter Aktie erzielen sie eine Nach-Steuer-Rendite in Höhe von $d^i(1-\tau_d^i)$, pro Einheit einer Unternehmung in Land i zur Verfügung gestellten Fremdkapitals verbleibt ihnen nach Besteuerung ein Zinsertrag von $r^i(1-\tau_r^i)$. Bei mehreren zur Verfügung stehenden Anlagealternativen liegt es im Interesse der Haushalte, jene auszuwählen, die die höchste Nettorendite aufweist bzw. aufweisen.[141] Die für die Haushalte relevante Netto-Ertragsrate ergibt sich damit als:

$$\rho = \max\left\{d^i\cdot(1-\tau_d^i),\ r^i\cdot(1-\tau_r^i);\ i = A, B\right\}.^{142}$$

141 Sei $V(\rho) = U(M - S(\rho), (1+\rho)S(\rho))$ die indirekte Nutzenfunktion der Haushalte, so gilt:

$$V'(\rho) = S'\cdot(-U_1 + (1+\rho)U_2) + U_2 \cdot S = U_2 \cdot S > 0,$$

so daß stets eine ertragskräftigere Anlagealternative vorgezogen wird.

142 Diese Bedingung ist typisch für ein sog. Miller-Gleichgewicht (benannt nach Miller (1977)), in dem die (einzelnen) Haushalte bei unterschiedlichen anlagespezifischen Nettorenditen eine Alles-oder-Nichts-Entscheidung zwischen den Kapitalanlagen treffen, gemischte Portfolios also nicht zustandekommen (vgl. hierzu auch H.-W. Sinn (1987, S. 98 ff.)). Erst die Aggregation aller Haushalte zu einem repräsentativen Anleger kann in diesen Ansätzen erklären, warum das Marktportfolio gemischt ist. Im vorliegenden

Hiermit bestimmen sie ihr Kapitalangebot $S(\rho)$. Die Portfolioentscheidungen, d.h. die Aufteilung der Ersparnis auf die verschiedenen Anlageformen und damit die Angebotshöhe für den jeweiligen Finanztitel läßt sich dann wie folgt charakterisieren ($i = A, B$):

$$(1-\tau_r^i)\cdot r^i \begin{Bmatrix} > \\ = \\ < \end{Bmatrix} (1-\tau_d^i)\cdot d^i \quad \Leftrightarrow \quad \begin{cases} B^i \geq 0,\ E^i = 0 & [\mathrm{H1^i}] \\ B^i, E^i \geq 0 & [\mathrm{H2^i}] \\ B^i = 0, E^i \geq 0 & [\mathrm{H3^i}] \end{cases} \tag{2.6}$$

Die schwachen Ungleichungen in den Fällen $[\mathrm{H1^i}]$ und $[\mathrm{H3^i}]$ auf der rechten Seite dieser Bedingung rühren daher, daß die Anlagealternativen im jeweils anderen Land auch noch berücksichtigt werden müssen. So wäre z.B. die Ungleichung in $[\mathrm{H1^i}]$ genau dann strikt (d.h. $B^i > 0$), wenn zusätzlich noch

$$(1-\tau_r^i)\cdot r^i > \rho^j := \max\{(1-\tau_r^j)\cdot r^j, (1-\tau_d^j)\cdot d^j\} \text{ mit } j \neq i$$

gälte; analoges gilt für den Fall $[\mathrm{H3^i}]$. Im Fall $[\mathrm{H2^i}]$ sind die Haushalte indifferent zwischen einer Anlage in Aktien oder Bonds; ob eine Anlage tatsächlich erfolgt, hängt wieder von den Ertragsraten der ausländischen Titel ab.

Ein Gleichgewicht auf dem Markt für einen Finanztitel ist erreicht, wenn sich der Anlegebedarf der Haushalte in diesem Titel mit der Nachfrage der Unternehmung nach diesem Titel als Finanzierungsinstrument deckt. So ist z.B. der Markt für Eigenkapitalanteile in Land i dann im Gleichgewicht, wenn der Eigenkapitalbedarf der Unternehmung i, wie er sich aus deren optimalen Investitions- und Finanzierungskalkül heraus ergibt, mit dem optimalen Volumen von Aktien der Unternehmung i im Portfolio der Haushalte übereinstimmt. Auf jedem solchen Einzelmarkt stehen sich jeweils nur ein Nachfrager (eine Unternehmung in einem Land) und ein Anbieter (der aggregierte Haushaltssektor) gegenüber.

Modell wird diese Erklärung durch die Modellierung des Kapitalmarktgleichgewichts als Portfoliogleichgewicht geleistet (siehe unten, Abschnitt 3.1.3). Das ursprüngliche Miller-Gleichgewicht bezieht sich auf einen nationalen Kapitalmarkt. Die Übertragung auf internationale Zusammenhänge gelingt Hodder/Senbet (1990). Der vorliegende Ansatz verallgemeinert diese Analyse, indem er alle Finanzierungs- und Anlagealternativen in einem Zuge diskutiert und die eher rudimentären arbitragetheoretischen Überlegungen von Hodder/Senbet (1990) explizit aus Optimierungskalkülen ableitet.

Ein Gleichgewicht auf dem Kapitalmarkt (kurz: *Kapitalmarktgleichgewicht*) definieren wir als ein simultanes Gleichgewicht auf allen Einzelmärkten für Finanztitel. Für ein solches Gleichgewicht formulieren wir die folgende Aussage:

LEMMA 2.2:

a) Notwendig für die Existenz eines Kapitalmarktgleichgewichtes ist die Bedingung $\rho^A = \rho^B$.

b) Falls ein Kapitalmarktgleichgewicht existiert, so gilt:

(i) $$(1-t_G^i)\cdot(1-t_U^i) \leq \frac{1-\tau_r^i}{1-\tau_d^i} \Leftrightarrow \left[B^i > 0 \wedge E^i > 0\right]$$

(ii) $$(1-t_G^i)\cdot(1-t_U^i) > \frac{1-\tau_r^i}{1-\tau_d^i} \Leftrightarrow \left[B^i = 0 \wedge E^i > 0\right].$$

Beweis:

a) Da $E^i > 0$ für alle Unternehmen $i = A, B$, muß das Angebot an Aktien seitens der Haushalte in einem Kapitalmarktgleichgewicht ebenfalls positiv sein. Haushalte investieren aber bestenfalls dann in beiden Ländern gleichzeitig, wenn $\rho^A = \rho^B$.

b) Kapitalmarktgleichgewichte können nur existieren, falls für i entweder $[\mathrm{MF}^i]$ und $[\mathrm{H2}^i]$ (Fall (i)) oder $[\mathrm{EF}^i]$ und $[\mathrm{H3}^i]$ (Fall (ii)) gelten. In Fall (i) gilt:

$$\frac{1-\tau_r^i}{1-\tau_d^i}\cdot r^i \underset{(\mathrm{H2}^i)}{=} d^i \underset{(\mathrm{MF}^i)}{\geq} (1-t_G^i)\cdot(1-t_U^i)\cdot r^i \text{ oder } \frac{1-\tau_r^i}{1-\tau_d^i} \geq (1-t_G^i)\cdot(1-t_U^i).$$

In Fall (ii) gilt hingegen:

$$\frac{1-\tau_r^i}{1-\tau_d^i}\cdot r^i \underset{(\mathrm{H3}^i)}{<} d^i \underset{(\mathrm{EF}^i)}{<} (1-t_G^i)\cdot(1-t_U^i)\cdot r^i \text{ oder } \frac{1-\tau_r^i}{1-\tau_d^i} < (1-t_G^i)\cdot(1-t_U^i).$$

•

Lemma 2.2, Teil b) verdeutlicht, daß und wie Kapitalmarktgleichgewichte von der Konstellation der Steuerparameter abhängen. Wir werden darauf später noch genauer zurückkommen. Zuvor wollen wir jedoch eine andere Charakterisierung der gleichgewichtigen Finanzierungsstruktur in den beiden Ländern vornehmen:

Angenommen, die Unternehmung in Land i sei rein eigenfinanziert, d.h. es gelte Fall (ii) von Lemma 2.2, Teil b). Dann gilt aus Sicht der Haushalte $\rho = d^i \cdot (1-\tau_d^i)$. Integriert man dies in die relevante Optimumbedingung der Unternehmung gemäß Lemma 2.1, Teil a), so erhält man:

$$\rho = (1-t_U^i)\cdot(1-t_G^i)\cdot(1-\tau_d^i)\cdot\left[F_K^i - t_K^i - \frac{1}{1-t_G^i}\right] \tag{2.7}$$

Gleichung (2.7) ist die relevante Kapitalmarktgleichgewichtsbedingung für eine Konstellation der Steuerparameter, die durch $(1-t_G^i)(1-t_U^i) > \frac{1-\tau_r^i}{1-\tau_d^i}$ gekennzeichnet ist. Die linke Seite stellt den Netto-Grenzertrag dar, den die Haushalte auf den internationalen Finanzmärkten erzielen können. Dieser muß gleich dem Netto-Grenzertrag sein, den ein Aktienengagement in Land i erwirtschaftet und den die rechte Seite angibt: $\left[(1-t_G^i)\cdot(F_K^i - t_K^i) - 1\right]$ gibt den an die Aktionäre ausschüttbaren Grenzgewinn der letzten von der Unternehmung eingesetzten Kapitaleinheit an; er bemißt sich als die um die Rückgewähr des eingelegten Kapitals verminderte und versteuerte Differenz zwischen Grenzprodukt und Kapitalsteuer dieser Kapitaleinheit. Diese Ausschüttung ist sowohl von der Unternehmung als auch vom Aktionärshaushalt zu versteuern.

Unterstellen wir nun, die Unternehmung in Land i sei mischfinanziert, d.h. es gelte Fall (i) von Lemma 2.2, Teil b). Dann gilt aus Sicht der Haushalte $\rho = d^i \cdot (1-\tau_d^i) = r^i \cdot (1-\tau_r^i)$. Integriert man dies in die relevante Optimumbedingung der Unternehmung gemäß Lemma 2.1, Teil c), so erhält man die relevante Gleichgewichtsbedingung für eine Konstellation der Steuerparameter mit $(1-t_G^i)\cdot(1-t_U^i) \leq \frac{1-\tau_r^i}{1-\tau_d^i}$ die folgende Bedingung:

$$\rho = \frac{F_K^i - t_K^i - \frac{1}{1-t_G^i}}{\frac{\sigma^i}{1-\tau_r^i} + \frac{1-\sigma^i}{(1-t_U^i)\cdot(1-\tau_d^i)\cdot(1-t_G^i)}} \tag{2.8}$$

oder:

$$r^i = \frac{F_K^i - t_K^i - \frac{1}{1-t_G^i}}{\sigma^i + (1-\sigma^i)\cdot\frac{1-\tau_r^i}{(1-t_U^i)\cdot(1-\tau_d^i)\cdot(1-t_G^i)}}. \tag{2.8'}$$

Gleichung (2.8') entspricht im wesentlichen der Bedingung, die H.-W. Sinn (1987, S. 106) für das optimale Investitions- und Finanzierungsverhalten einer Unternehmung aus einem kontrolltheoretischen Ansatz der Unternehmenswert-Maximierung herleitet.[143] Die Unterschiede zwischen Bedingung (2.8') und der Sinn-Formel liegen in den unterschiedlichen Ansätzen begründet:

H.-W. Sinn (1987) wählt einen unendlichen Planungshorizont für die Unternehmung. Eine Liquidation der Firma kommt dabei nicht in Betracht. Die Notwendigkeit, für eine Rückzahlung des eingebrachten oder aufgenommenen Kapitals zu sorgen, kommt in (2.8') im Term $-\frac{1}{1-t_G^i}$ des Zählers der rechten Seite zum Ausdruck, der die marginale Netto-Rückzahlung einer weiteren verwendeten Kapitaleinheit darstellt. H.-W. Sinn (1987) modelliert keine Gewerbesteuer, dafür berücksichtigt er aber als weitere Finanzierungsalternative der Unternehmung die Selbstfinanzierung durch einbehaltene Gewinne. In unserem Zwei-Zeitpunkt-Ansatz findet diese Finanzierungsform keinen Platz, weshalb natürlich eine etwaige Besteuerung thesaurierter Gewinne auch nicht analysiert werden muß. H.-W. Sinn (1987) modelliert Kapitalverschleiß (ökonomische Abschreibungen) und unterschiedliche Varianten steuerlicher Abschreibungsmöglichkeiten. Dies unterbleibt aus Vereinfachungsgründen in unserem Modell. Wir unterstellen, daß Zinskosten bei der steuerlichen Gewinnermittlung stets voll abzugsfähig sind, wohingegen H.-W. Sinn (1987) hier unterschiedliche Abzugsmöglichkeiten diskutiert.

Schreiben wir Bedingung (2.8') um zu:

143 Die Optimumbedingung von H.-W. Sinn (1987, S.106) lautet in angepaßter Notation:

$$r' = \frac{F_K^i - \delta - t_K^i}{\sigma^i \cdot \frac{1 - t_E^i (1 - \alpha_3 + \frac{\alpha_2}{\sigma^i})}{1 - t_E^i} + (1 - \sigma^i - \alpha_1 t_E^i) \cdot \frac{1 - \tau_r^i}{\max\left[(1 - \tau_d^i)(1 - t_U^i), (1 - t_E^i)\right]}},$$

wobei δ die Rate einer geometrischen Abschreibung, t_E^i die Steuer auf einbehaltene Gewinne, α_1 den Anteil sofort abschreibungsfähiger Investitionen, α_2 den Anteil der abzugsfähigen kalkulatorischen Zinsen und α_3 den Anteil der nicht-abzugsfähigen Schuldzinsen bezeichnen. Für unser Modell gilt $\delta = \alpha_1 = \alpha_2 = \alpha_3 = 0$. Außerdem erfassen wir die Besteuerung einbehaltener Gewinne nicht, weshalb alle Terme mit t_E^i ignoriert werden können (NB: Dies ist etwas anderes, als $t_E^i = 0$ zu setzen!). Dann erhält man, abgesehen von dem die Liquidation der Unternehmung erfassenden Term $1/(1-t_G^i)$ und der Reingewinnsteuer, obige Bedingung (2.8').

$$1-\sigma^i = \frac{1}{\rho} \cdot \left[(1-\tau_d^i) \cdot (1-t_U^i) \cdot (1-t_G^i) \cdot \left[F_K^i - t_K^i - \sigma^i \cdot r^i - \frac{1}{1-t_G^i} \right] \right], \quad (2.8")$$

so legt dies folgende Interpretation nahe:[144] Die Unternehmung ist gemischt finanziert, d.h. (insbesondere) die letzte eingesetzte Kapitaleinheit wird zu einem Anteil von σ^i fremd- und zum Rest von $(1-\sigma^i)$ eigenfinanziert. Die linke Seite von (2.8") erfaßt daher den heutigen Konsumverzicht der Haushalte durch die Aktienfinanzierung der Unternehmung in *i*. Aus der zusätzlich investierten Kapitaleinheit fließt in der nächsten Periode ein Ertrag in Höhe der Outputsteigerung (F_K^i), abzüglich von Kapitalsteuer, Schuldzinsen und Rückerstattung $(t_K^i + \sigma^i r^i + \frac{1}{1-t_G^i})$. Dieser Ertrag muß bei seiner Ausschüttung von der Unternehmung (t_U^i, t_G^i) und vom Aktionärshaushalt (τ_d^i) versteuert werden. Den Gegenwartswert des verbleibenden Restes erhält man durch Abdiskontierung mit der der Zeitpräferenzrate entsprechenden Ertragsrate ρ. (2.8") fordert damit insgesamt den Ausgleich von Grenzkosten und Grenzertrag einer Aktienbeteiligung an Unternehmung *i*, wenn die Steuersätze in der Konstellation $(1-t_G^i) \cdot (1-t_U^i) \leq \frac{1-\tau_r^i}{1-\tau_d^i}$ auftreten.

Um einige der folgenden Ausführung einfacher gestalten zu können, vereinbaren wir folgende Sprechweise, die sich aus dem gleichgewichtigen Finanzierungsverhalten der Unternehmungen unmittelbar erschließt:

Definition: Das Steuersystem in Land *i* ist *vom Typ* $[\mathrm{MF}^i]$, wenn die Steuersätze die Konstellation $(1-t_G^i) \cdot (1-t_U^i) \leq \frac{1-\tau_r^i}{1-\tau_d^i}$ aufweisen. Es ist vom Typ $[\mathrm{EF}^i]$, falls $(1-t_G^i) \cdot (1-t_U^i) > \frac{1-\tau_r^i}{1-\tau_d^i}$ gilt.

Man beachte bei dieser Vereinbarung, daß wir vom Steuersystem eines Landes sprechen, obwohl die "griechischen" Steuersätze auch von den fiskalischen Variablen des jeweils anderen Landes abhängen können. Weiterhin setzen wir

144 Eine gute Interpretation der ähnlichen Sinnschen Optimalitätsbedingung findet sich in Buchholz/Wiegard (1991, S. 33 ff.).

$$\overline{\sigma}^i := \begin{cases} \sigma^i & \text{falls } [\text{MF}^i] \\ 0 & \text{falls } [\text{EF}^i] \end{cases} \tag{2.9}$$

als den effektiv nachgefragten Anteil von Fremdkapital am Gesamtkapital der Unternehmung in Land i. Damit gilt $B^i = \overline{\sigma}^i \cdot K^i$ und $E^i = (1-\overline{\sigma}^i) \cdot K^i$.

Löst man die Bedingungen (2.7) und (2.8) nach F_K^i auf, so erhält man den sog. Sachkapitalnutzungspreis (die *User Cost of Capital*) in Land i, der angibt, welches (Wert-)Grenzprodukt die letzte eingesetzte Kapitaleinheit erwirtschaften muß, um die Kosten ihrer Nutzung gerade zu kompensieren.[145] Es ergibt sich hierbei unter Verwendung der soeben eingeführten Notation:

$$F_K^i = t_K^i + \frac{1}{1-t_G^i} + \overline{\sigma}^i \cdot r^i + (1-\overline{\sigma}^i) \cdot \frac{d^i}{(1-t_G^i)\cdot(1-t_U^i)}.$$

Hieran erkennt man, daß die *User Cost of Capital* sich als gewichteter Durchschnitt der Kosten der verwendeten Finanzierungsvarianten darstellen lassen:[146] Die ersten beiden Summanden (d.h. Kapitalstock- und Gewerbeertragsteuer $t_K^i + \frac{1}{1-t_G^i}$) fallen unabhängig von der Art des Kapitals stets an. Für jede Einheit Fremdkapital muß die Unternehmung Zinsen in Höhe von r^i zahlen, jede Einheit Aktienkapital muß hingegen mit einer Nettodividende in Höhe von $\frac{d^i}{(1-t_G^i)\cdot(1-t_U^i)}$ entlohnt werden. Fremdkapital macht einen Anteil von $\overline{\sigma}^i$ am Gesamtkapital der Unternehmung aus, Eigenkapital natürlich den restlichen Anteil von $(1-\overline{\sigma}^i)$.

2.7 Die Preisbildung auf dem Kapitalmarkt

2.7.1 Allgemeine Beschreibung

Für das Zustandekommen eines Kapitalmarktgleichgewichts mit einer gleichgewichtigen Nettoertragsrate sorgt eine Investmentgesellschaft, die wie ein walrasianischer Auktionator arbeitet: Sie ruft eine Nettoertragsrate ρ aus. Die Haus-

145 Vgl. Sievert et al. (1989, Band I, S. 130).

146 Vgl. zur Kontroverse um diese gewichtete Durchschnittsformel H.-W. Sinn (1993).

halte können dann unmittelbar ihr Kapitalangebot $S(\rho)$ angeben. Die Unternehmungen wissen, daß sie ihren Kapitalgebern bei einer Markt-Ertragsrate von ρ auf Ausleihungen einen (Mindest)Zins in Höhe von $r^i = \rho/(1-\tau_r^i)$ und auf Aktien eine (Mindest-)Dividende in Höhe von $d^i = \rho/(1-\tau_d^i)$ bieten müssen, falls sie ihren Kapitalbedarf in der jeweiligen Finanzierungsform decken wollen. Je nach gültigem Steuersystem können sie bei Kenntnis von ρ über Bedingung (2.7) bzw. (2.8) ihre optimale Kapitalstruktur und die Gesamtnachfrage nach Kapital angeben. Deckt sich die Summe der Kapitalnachfragen in A und B mit dem Kapitalangebot der Haushalte, so sammelt die Investmentgesellschaft die Ersparnis der Haushalte ein und verteilt sie auf Aktien und Bonds der beiden Unternehmen. Stimmen beide Größen nicht überein, so muß die Investmentgesellschaft solange ein neues ρ ausrufen, bis Kapitalangebot und -nachfrage gleich sind.

Die Investmentgesellschaft arbeitet kostenfrei und uneigennützig. Sie handelt sowohl im Interesse der Haushalte, da sie deren Ersparnis nur in die Anlageformen mit der höchsten Ertragsrate lenkt, als auch im Interesse der Unternehmen, da sie deren optimale Finanzierungsentscheidungen unterstützt. Die Investmentgesellschaft verkörpert die Annahme des für beide "realen" Agenten *friktionslosen Kapitalmarktes*: Es entstehen keinerlei Transaktionskosten (Informationskosten, Courtagen, Bankgebühren, Provisionen etc.).[147] Auch unterliegen die von der Investmentgesellschaft an die Anleger weiterzuleitenden Zinsen und Dividenden bei der Investmentgesellschaft nicht der Besteuerung.[148]

Die Annahme einer (fiktiven) Investmentgesellschaft erfolgt in dieser Arbeit zum einen, um den Prozeß der Preisbildung auf den Kapitalmärkten anschaulich darstellen zu können, und zum anderen, um auf der Haushaltsseite die von der Steuergesetzgebung beeinflußte Portfolioentscheidung nicht modellieren zu müssen und so die Analyse insgesamt einfacher und schlanker halten zu können.

---

147 Unser Ansatz folgt damit der bisweilen "Miller-Modell" (vgl. z.B. Martin (1988), S. 334 f.) genannten allgemeinen Kapitalstrukturtheorie von Miller (1977) (nicht zu verwechseln mit dem "Miller-Gleichgewicht"). Für einen Überblick über Kapitalstrukturtheorien bei Vorhandensein von Transaktionskosten vgl. Martin (1988, S. 351 ff.).

148 Dies steht in Einklang mit der von der EU angestrebten quellensteuerlichen Behandlung von Investmenteinrichtungen: Die Steuerlast auf Dividenden und Steuern soll alleine der Anleger tragen. Vgl. hierzu Saß (1991, S. 51).

2.7.2 Formale Analyse und komparative Statik

Die Funktionsweise der Kapitalmärkte (bzw. die Arbeitsweise der Investmentgesellschaft) kann formal wie folgt beschrieben werden: Der Vektor

$$\mathbf{t} := \left(\left((t_x^i)_{x=d,r,G,U,K}, (\tau_x^i)_{x=d,r} \right)_{i=A,B} \right) \in \left\{ [0,\bar{t}]^5 \times \Re_+^2 \right\}^2$$

ist eine vollständige Beschreibung des internationalen Steuersystems. Hierbei können die einzelnen Komponenten u.U. durch funktionale Beziehungen miteinander verknüpft sein. Ein Kapitalmarktgleichgewicht ist dann gekennzeichnet durch die Bedingung:

$$S(\rho) = \tilde{K}^A(\rho, \mathbf{t}) + \tilde{K}^B(\rho, \mathbf{t}), \tag{2.10}$$

wobei sich die Kapitalnachfragefunktionen $\tilde{K}^i(\rho, \mathbf{t})$ als Lösungen der Gleichungen (2.7) bzw. (2.8) ergeben.[149] Durch implizite Differentiation von (2.7) bzw. (2.8) ermittelt man folgende Eigenschaften der Kapitalnachfragen:

a) Falls das Steuersystem in i vom Typ $\left[\mathrm{EF}^i\right]$ ist, so gilt:

$$\tilde{K}_\rho^i := \frac{\partial \tilde{K}^i}{\partial \rho} = \left[(1 - t_U^i)(1 - t_G^i)(1 - t_d^i) \cdot F_{KK}^i \right]^{-1} < 0. \tag{2.11a}$$

b) Falls das Steuersystem in i vom Typ $\left[\mathrm{MF}^i\right]$ ist, so gilt:

$$\tilde{K}_\rho^i = \left[\frac{\sigma^i}{1 - \tau_r^i} + \frac{1 - \sigma^i}{(1 - t_U^i) \cdot (1 - \tau_d^i) \cdot (1 - t_G^i)} \right] \cdot (F_{KK}^i)^{-1} < 0. \tag{2.11b}$$

Kommt es also c.p. zu einer Erhöhung der Nettoertragsrate (d.h. dem Marktpreis des Faktors Kapital), so sinkt die Kapitalnachfrage. Da das Kapitalangebot mit wachsendem ρ steigt, erfüllt der Kapitalmarkt die Bedingungen der Walras-Stabilität:[150] Eine Überschußnachfrage kann durch eine Preiserhöhung beseitigt werden, ein Überschußangebot durch eine Preissenkung. Der Auktionator in Form der Investmentgesellschaft hat so eine einfache Regel an der Hand, wie er in ungleichgewichtigen Situationen zu verfahren hat.

---

149 In (2.10) erkennt man den Vorteil der Einführung einer Investmentgesellschaft, die den Haushalten die Portfolioentscheidung abnimmt, daran, daß die linke Seite unabhängig vom Steuervektor **t** ist.

150 Vgl. Henderson/Quandt (1983, S. 165 f.).

Die Nettoertragsrate ρ ist über das Kapitalmarktgleichgewicht eine *modellendogene* Größe, deren Höhe von den Steuersätzen abhängt:

$$\rho = \rho(\mathbf{t}).$$

Sei nun x eine Komponente des Steuervektors **t**. Dann erhält man durch implizites Differenzieren der Gleichgewichtsbedingung (2.10) den komparativ-statischen Einfluß eines Steuerparameters auf den Welt-Kapitalpreis als:

$$\frac{\partial \rho}{\partial x} = \frac{1}{D} \cdot \left[\tilde{K}_x^A + \tilde{K}_x^B\right], \tag{2.12}$$

wobei $D := S' - \tilde{K}_\rho^A - \tilde{K}_\rho^B > 0$ und: $\tilde{K}_x^i := \frac{\partial \tilde{K}^i}{\partial x}$ abgekürzt wurden. Die partiellen Ableitungen $\frac{\partial \tilde{K}^i}{\partial x}$ ermittelt man aus den Bedingungen (2.7) bzw. (2.8). Eine Auflistung aller dieser Ausdrücke findet sich in Abschnitt 2.9. Mit

$$K^i(\mathbf{t}) := \tilde{K}^i(\rho(\mathbf{t}), \mathbf{t}) \tag{2.13}$$

bezeichnen wir die Höhe des Kapitalstocks in Land i im Kapitalmarktgleichgewicht bei den Steuersätzen $\mathbf{t}$. Die Funktionen $K^i(\mathbf{t})$ geben Gleichgewichtswerte an und beinhalten insbesondere alle steuerlichen Auswirkungen auf die Nettoertragsrate ρ.

Den Gesamteinfluß eines Steuerparameters auf die Kapitalallokation erhält man damit als:

$$K_x^i := \frac{d\,K^i}{d\,x} = \tilde{K}_\rho^i \cdot \frac{\partial \rho}{\partial x} + \tilde{K}_x^i = \frac{1}{D} \cdot \left[\tilde{K}_x^i \cdot (S' - \tilde{K}_\rho^j) + \tilde{K}_x^j \cdot \tilde{K}_\rho^i\right], \tag{2.14}$$

wobei $j \neq i$.[151] Die Änderung eines Steuersatzes x beeinflußt die Kapitalallokation auf dreifache Weise: Sie hat direkte Effekte auf die Höhe des Kapitalstocks in den beiden Ländern; dies kommt in den Termen $\frac{\partial \tilde{K}^A}{\partial x}$ und $\frac{\partial \tilde{K}^B}{\partial x}$ zum Ausdruck.

---

151 Wann immer im folgenden in einer Formel zwei unterschiedliche Länderindizes i und j auftauchen, so gelte $i \neq j$, es sei denn, dies ist ausdrücklich anders vermerkt.

Sodann beeinflußt sie den Weltmarktpreis ρ des Kapitals und führt damit indirekt zu Änderungen des Kapitalangebots und der Kapitalnachfrage.

Die Kapitalmarktgleichgewichtsbedingung (2.10) kann mit $\rho = \rho(\mathbf{t})$ geschrieben werden als:

$$S(\rho(\mathbf{t})) = K^A(\mathbf{t}) + K^B(\mathbf{t}). \tag{2.15}$$

Die Änderung eines Steuerparameters (in der folgenden Formel durch x symbolisiert), hat damit (unter Verwendung von (2.12)[152]) folgende Auswirkungen auf die gleichgewichtige Weltkapitalmenge:

$$K_x^A + K_x^B = \frac{S'}{D}\left[\frac{\partial \widetilde{K}^A}{\partial x} + \frac{\partial \widetilde{K}^B}{\partial x}\right]. \tag{2.16}$$

Unser Modell umfaßt zwei in der Literatur zum Steuerwettbewerb häufig diskutierte Spezialfälle:

a) Unelastisches Kapitalangebot:
Die Ersparnis der Haushalte ist vollkommen zinsunelastisch: $S'(\rho) \equiv 0$ bzw. $S(\rho) = \overline{S}$.[153] Steuerwettbewerb ist damit die Konkurrenz um einen fixen Kapitalstock, der auf die beiden Länder aufzuteilen ist. Die Ertragsrate des Kapitals ρ wird allein nachfrageseitig bestimmt. In der Literatur zum Steuerwettbewerb ist dies der "klassische" Fall. Bei einer Variation eines Steuersatzes x gilt:

$$K_x^A + K_x^B = 0.\text{[154]} \tag{2.17}$$

b) Fall der kleinen Länder:
Beide Länder haben keinen Einfluß auf den Weltmarktpreis ρ des Kapitals. Dieser ist für sie ein exogenes Datum ($\frac{\partial \rho}{\partial x} \equiv 0$ bzw. $\rho = \overline{\rho}$) und das Kapitalangebot ist aus ihrer Sicht in dem Sinne vollkommen elastisch, als zum gegebenen Weltmarktpreis jede beliebige Menge Kapitals erhältlich ist. Für alle Parameter x gilt damit aus (2.13) bzw. (2.15):

---

152 Gleiches erhält man durch Aufsummieren von (2.14) für $i=A,B$.

153 Die Schreibweise $S'(\rho) \equiv 0$ wird in dieser Arbeit im Sinne von $S'(\rho) = 0 \;\; \forall \rho$ benutzt.

154 Vgl. z.B. Bond/Samuelson (1989), Wildasin (1988, 1989, 1991b), Wilson (1987) oder Janeba (1995).

$$K_x^i \equiv \tilde{K}_x^i.^{155} \qquad (2.18)$$

Wir werden in unserer Diskussion des Steuerwettbewerbs diese beiden Extremfälle bisweilen als Referenzszenarien heranziehen.[156]

2.8 Nationale und internationale Steuersysteme

Unser Modell kann eine Vielzahl unterschiedlicher Systeme sowohl der nationalen als auch der internationalen Besteuerung von Kapitaleinkommen abbilden. Die nationalen Systeme unterscheiden sich im Ausmaß, in dem unterschiedliche Finanzierungs- und Anlagealternativen auf Investor- und Anlegerebene besteuert werden. Formal gesprochen, betreffen sie Größenordnung und Verhältnisse von t_d^i, t_r^i und t_U^i. Bei der internationalen Besteuerung geht es um die steuerliche Behandlung grenzüberschreitender Einkommensströme, d.h. um das Verhältnis der τ_x^i zu den t_x^A und t_x^B.

2.8.1 Systeme der Kapitaleinkommensbesteuerung

Die in der Realität angewandten Systeme der Kapitaleinkommensbesteuerung diskriminieren mehr oder weniger stark zwischen den unterschiedlichen Arten von Kapitaleinkommen. Für unsere Zwecke wird sich insbesondere die Frage der Gleich- oder Ungleichbehandlung von Zins- und Dividendeneinkünften auf der Haushaltsseite als relevant erweisen. Wir unterscheiden daher die folgenden beiden Systeme der Kapitaleinkommensbesteuerung:[157]

(S1) *Gleichbehandlung von Zinsen und Dividenden*: $t_d^i = t_r^i$

Bei derartigen Steuersystemen werden Zinserträge und Dividenden auf der Haushaltsseite gleich besteuert. Einkommensteuerrechtlich gilt diese Regelung in al-

155 Modelle des Steuerwettbewerbs und der internationalen Besteuerung unter dieser Annahme sind z.B. Gordon (1986), Giovannini (1991), Razin/Sadka (1991) oder Mintz/Tulkens (1996).

156 Die beiden Extremfälle schließen einander aus; es gilt: $S'(\rho) \equiv 0 \Leftrightarrow \rho \neq \bar{\rho}$.

157 Vgl. zur Klassifikation von Steuersystemen H.-W. Sinn (1984a oder 1987, S. 50 ff.). Die Nachweise für die aktuell verwendeten Steuersysteme in den einzelnen Ländern findet man in OECD (1991, S. 260 und im Detail S. 283 ff.).

len OECD-Staaten. Je nachdem, ob ausgeschüttete Gewinne auch noch bei der Unternehmung belastet werden, lassen sich zwei Varianten unterscheiden:

(S1a) *ohne Körperschaftsteuer:* $t_U^i = 0$

Eine Besteuerung von ausgeschütteten Gewinnen auf der Unternehmensseite findet nicht statt. Für unser Modell, das eine Einbehaltung von Unternehmensgewinnen nicht kennt, korrespondiert dieser Fall mit zwei idealtypischen Besteuerungssystemen:

(i) Im sog. *einfachen System* unterliegen nur natürliche Personen der Besteuerung, nicht aber Unternehmen oder juristische Personen. Für nichtkörperschaftliche Unternehmen findet dieses System in allen OECD-Staaten Anwendung, jedoch sind in keinem Industriestaat Körperschaften steuerfrei.

(ii) Im sog. *Vollanrechnungssystem* werden ausgeschüttete Gewinne zwar formell mit Steuern belastet, doch werden diese Steuern den Aktionärshaushalten wieder gutgeschrieben, so daß Dividenden letztlich nur der persönlichen Einkommensteuer unterliegen. Dieses System findet in Deutschland, Griechenland, Italien, Norwegen und Portugal Anwendung.[158]

(S1b) *mit Körperschaftsteuer:* $t_U^i > 0$

Ausschüttungen von Körperschaften unterliegen einer gesonderten Besteuerung des Unternehmensgewinns. Sie werden damit doppelt besteuert, einmal auf der Unternehmensseite und ein zweites Mal als Dividenden auf der Aktionärsseite. In der Realität tritt dieser Effekt beim sog. *klassischen System* und beim sog. *Teilanrechnungssystem* an. Beide Systeme sind dadurch gekennzeichnet, daß die marginale Gesamtsteuerbelastung ausgeschütteter Gewinne höher ist als die von Zinseinkommen. Sie unterscheiden sich dadurch, daß im klassischen System der Grenzsteuersatz für ausgeschüttete Gewinne stets höher ist als der für einbehaltene Gewinne, während dies beim Teilanrechnungsverfahren (auch: System mit gespaltener Körperschaftsteuer) nicht notwenig der Fall ist. Diese Unterschei-

---

158 In Modellen, die Selbstfinanzierung und deren Besteuerung beinhalten, unterscheiden sich einfaches und Vollanrechnungssystem in der unterschiedlichen steuerlichen Behandlung einbehaltener Gewinne. Im einfachen System werden diese wie Zins- und Dividendeneinkünfte besteuert, während sie unter dem Vollanrechnungssystem i.d.R. höher zu versteuern sind. Vgl. H.-W. Sinn (1987, S. 51ff.).

dung ist allerdings hier unwesentlich. Das klassische System wird zur Zeit in den USA, den Niederlanden, in Luxemburg, Australien und der Schweiz praktiziert. Teilanrechnungsverfahren gibt es u.a. in Großbritannien, Frankreich, Japan, Kanada, Spanien und Schweden.

(S2) *Ungleichbehandlung von Zinsen und Dividenden*: $t_d^i \neq t_r^i$

Derartige Steuersysteme diskriminieren auf der Haushaltsseite zwischen Zins- und Dividendeneinkünften. Zwar gibt es in den OECD-Staaten eine solche Diskriminierung auf dem Gebiet des Einkommensteuerrechts nicht, allerdings bedeutet dies noch lange nicht, daß Dividenden und Zinsen auch *tatsächlich* gleich zu versteuern sind. Da Kapitalerträge oftmals noch anderen Steuern unterliegen als der persönlichen Einkommensteuer, kann von hierher eine Ungleichbehandlung resultieren. Auch sind die Möglichkeiten der Steuervermeidung bei beiden Einkunftsarten unterschiedlich. Typischerweise werden Zinseinkommen eher am Fiskus vorbeigeschleust als Dividenden-einkommen, so daß sich hieraus eine ungleiche Effektivbelastung ergeben kann.

In Nicht-OECD-Staaten gibt es unterschiedliche Steuersätze für unterschiedliche Einkunftsarten (z.B. in Mittel- und Osteuropa[159]), so daß insgesamt der Fall $t_d^i \neq t_r^i$ durchaus Beachtung verdient. Empirische Untersuchungen belegen hierbei, daß Aktionäre ihre Dividenden i.d.R. höher versteuern müssen als Zinseinkünfte, daß also $t_r^i < t_d^i$ gilt.

Bei der Diskussion um die Reformen der Kapitaleinkommensbesteuerung tauchen jedoch auch Vorschläge auf, $t_r^i > t_d^i$ zu wählen. Zum Beispiel schlägt H.-W. Sinn (1985, S. 355ff.) ein Steuersystem ("Variante C") der Form $(1-t_U^i)\cdot(1-t_d^i) = 1-t_r^i$ mit $t_U^i > 0$ vor, für das er im Rahmen seines Modells intertemporale und internationale Allokationsneutralität sowie Finanzierungsneutralität nachweist. Für unser Modell soll dieser Reformvorschlag Sinns als Grenzfall dienen. Wir vereinbaren aus Gründen, die später noch klar werden, folgende

159 Vgl. hierzu ausführlich Kim (1992, S. 39ff.).

Definition: Ein System der Kapitaleinkommensbesteuerung heißt *zulässig*, falls gilt:

$$1-t_r^i \geq (1-t_U^i)\cdot(1-t_d^i)\,. \tag{2.19}$$

Zulässige Steuersysteme sind damit insbesondere alle Systeme mit $t_d^i \geq t_r^i$ und damit alle Systeme des Typs (S1). Doch auch der Fall $t_r^i > t_d^i$ ist denkbar, z.B. in Form des Sinn-Vorschlags.

2.8.2 Verfahren der grenzüberschreitenden Besteuerung

Für jeden Staat sind die Anknüpfungspunkte der Besteuerung zunächst einmal alle wirtschaftlichen Erscheinungen innerhalb seines Staatsgebietes (Territorialitätsprinzip).[160] Mangels eines anderslautenden völkerrechlichen Verbots kann sich die fiskalische Gewalt aber auch auf auslandsbezogene Steuergüter ausdehnen, sofern eine persönliche Beziehung des veranlagten Steuersubjekts zum Staatsgebiet des Fiskus besteht, z.B. durch Staatsangehörigkeit oder Wohnsitz (Universalitätsprinzip). Es sind diese, eine Steuerverhaftung des Welteinkommens statuierenden steuerlichen Normen, die ein und dieselbe ökonomische Aktivität unter die Steuerhoheit unterschiedlicher Steuerautoritäten fallen lassen und damit einer steuerlichen Mehrfachbelastung aussetzen.

Eine Doppel- oder Mehrfachbesteuerung ökonomischer Aktivitäten wird aus mehreren Gründen als nachteilig angesehen: Als finanzielle Mehrbelastung hemmt sie den internationalen Wirtschaftsverkehr und beeinträchtigt die Wettbewerbsposition der betroffenen Wirtschaftssubjekte. Als Diskriminierung der Auslandstätigkeit verletzt sie die horizontale Steuergerechtigkeit und das Leistungsfähigkeitsprinzip, die beide eine gleiche Steuerbelastung gleich hoher Einkommen gebieten. Als Eingriff in ökonomische Aktivitäten im Ausland kann sie schließlich als ein Verstoß gegen den Grundsatz internationaler Rücksichtnahme gesehen werden.

So mangelt es auch nicht an Ansätzen, Vorkehrungen zur Vermeidung der Doppelbesteuerung in steuerliche Regelungen aufzunehmen. Hier kommen einseitige, d.h. von einer Steuerautorität ohne Absprache mit anderen Regierungen ergriffe-

---

160 Vgl. hierzu ausführlich Schaumburg (1993, S. 429 ff.).

ne Maßnahmen ebenso in Betracht wie multilaterale Vereinbarungen. Einige der wichtigsten unilateralen Maßnahmen werden nachfolgend als Methoden grenzüberschreitender Besteuerung vorgestellt. Bei weitem die bedeutendste Form multilateraler Vereinbarungen zur Vermeidung der Doppelbesteuerung sind Doppelbesteuerungsabkommen. Dies sind völkerrechtliche Verträge, in denen die (zumeist zwei) Unterzeichnerstaaten die Aufteilung von Steuerobjekten oder eine gegenseitige Steueranrechnung regeln. Das Netz internationaler Doppelbesteuerungsabkommen ist sehr lückenhaft und nicht einmal innerhalb der EU vollständig.[161] Auch hat sich bislang keine international einheitliche Vertragsform durchgesetzt. Größte Bedeutung hat hier das OECD-Musterabkommen von 1977 erlangt,[162] das allerdings primär aus Sicht der kapitalexportierenden Industrieländer konzipiert ist und demzufolge die Wohnsitzlandbesteuerung weitgehend aufrechterhält bzw. die Quellenlandbesteuerung stark limitiert.[163] Doppelbesteuerungsabkommen werden im folgenden in unserer Analyse des Steuerwettbewerbs keine Rolle mehr spielen.[164]

Für die Besteuerung ausländischer Kapitaleinkünfte hat sich eine ganze Palette unterschiedlicher Verfahren durchgesetzt, von denen die wichtigsten in unser Modell integriert werden können.[165] Hierbei können die im folgenden genannten Verfahren (V1) bis (V3) auch als unilaterale Methoden zur Verringerung der Doppelbesteuerung interpretiert werden. In formaler Hinsicht lassen sich die unterschiedlichen Verfahren grenzüberschreitender Kapitaleinkommensbesteuerung als unterschiedliche funktionale Zusammenhänge zwischen den τ_x^i, d.h. der effektiv von einem Haushalt zu tragenden Steuerbelastung für in Land i entstandene Einkommen der Art x, und den von den nationalen Regierungen für diese Ein-

---

161 Vgl. hierzu die Übersicht in Genser/Schaden/Steinhart (1993, S. 86 f.).

162 Im Jahre 1992 wurde ein neues OECD-Musterabkommen herausgegeben, das aber in seiner Grundausrichtung mit dem Vorgänger von 1977 übereinstimmt. Vgl. hierzu Gassner/Lang/Lechner (1994, S. 10ff.).

163 Zentrale Bestimmungen des OECD-Musterabkommens von 1977 finden sich in G. Rose (1992). Die Vereinten Nationen haben, um die Belange der Entwicklungsländer zur Geltung zu bringen, ebenfalls ein Musterabkommen ausgearbeitet, das eine umfangreiche Quellenbesteuerung vorsieht. Vgl hierzu Schaumburg (1993, S. 556).

164 In jüngster Zeit gibt es einige Ansätze, die Doppelbesteuerungsabkommen (oder allgemeiner das internationale Besteuerungsverfahren) als Ergebnis eines (kooperativen oder nicht-kooperativen) fiskalischen Spiels betrachten. Vgl. hierzu Janeba/Peters (1995) oder Peters/Tulkens (1995). Für die Umsatzbesteuerung wird das Thema der nicht-kooperativen Entscheidung über das Steuersystem angeschnitten (aber nicht modelliert) in FitzGerald/Johnston/Williams (1995).

165 Nicht diskutieren werden wir z.B. Pauschalierungs- und Erlaßmethode. Vgl. hierzu Schaumburg (1993, S. 447).

künfte im jeweiligen nationalen Steuersystem vorgesehenen Sätzen t_x^A und t_x^B abbilden.

Wir machen bezüglich der internationalen Besteuerung folgende Annahmen:

(i) Lebt ein steuerpflichtiger Haushalt in Land i, so hat die Regierung eines anderen Landes $j \neq i$ auf Einkünfte dieses Haushalts aus i keinen steuerlichen Zugriff. Es gilt also: $\tau_x^i = t_x^i$.

(ii) Für unterschiedliche Einkunftsraten gilt bei grenzüberschreitender Besteuerung jeweils das gleiche Verfahren. D.h., die Funktion τ_x^j hat für alle x die gleiche Form (nicht jedoch notwendig für alle i).

Während die erste dieser Annahmen der Realität voll entspricht, ist dies für die zweite nicht der Fall. Die Übersichten in Alworth (1988, S. 75) oder Genser et al. (1993, S. 86 f.) machen deutlich, daß nahezu alle OECD-Staaten für unterschiedliche Einkunftsarten ausländischer Herkunft auch in unterschiedlichem Ausmaß Erleichterung von einer Doppelbesteuerung gewähren.[166]

Aufgrund unserer Annahmen können wir, ohne Mißverständnisse zu riskieren, bezüglich der Notation folgende Regelung vereinbaren: Die effektiv von in Land i ansässigen Haushalten zu tragende Steuerbelastung auf in Land j entstandene Einkünfte der Art x hängt ab vom Steuersatz t_x^i des Wohnsitzlandes und vom Steuersatz t_x^j des Quellenlandes auf diese Einkunftsart, d.h. $\tau_x^j = \tau^j(t_x^i, t_x^j)$.

Hierbei beachte man zweierlei: (i) Eine Kennzeichnung der Steuerfunktion mit dem Index des Wohnsitzlandes ist nicht erforderlich, da es nur einen Haushalt gibt. (ii) Die Verwendung des Steuersatzes t_x^i im Wohnsitzland bedeutet, daß für die Besteuerung in- und ausländischer Einkünfte in diesem Land prinzipiell der gleiche Steuertarif gilt. Die Versteuerung ausländischer Einkünfte unterscheidet sich von der inländischer daher nicht nach der anzuwendenden Steuertabelle, sondern nach der Höhe der Besteuerung im Ausland und dem Ausmaß ihrer Anrechnung im Inland.[167]

---

166 Hinzu kommt oft auch noch eine Differenzierung nach unterschiedlichen Herkunftsländern (vgl. Alworth (1988, S. 75)). Diese spielt aber in unserem Modellrahmen keine Rolle.

167 Modelle des Steuerwettbewerbs, die im Wohnsitzland unterschiedliche Tarife für Einkünfte unterschiedlicher Herkunft unterstellen, sind z.B. Bond/Samuelson (1989), Oakland/Xu (1995) oder Janeba (1995).

Wir stellen die unterschiedlichen Verfahren internationaler Besteuerung für den Fall vor, daß der steuerpflichtige Haushalt in Land *A* ansässig ist und in Land *B* investiert hat. Unser Interesse gilt damit der steuerlichen Belastung der Einkünfte aus Land *B*, d.h. den Steuersätzen $\tau_x^B = \tau^B(t_x^A, t_x^B)$. Bei einem effektiven Steuersatz von τ_x^B steht dem Fiskus in Land *B* ein Anteil von t_x^B zu, so daß für den Fiskus in *A* der Rest von $(\tau_x^B - t_x^B)$ verbleibt. Dieser Ausdruck wird in der Literatur bisweilen als fiskalische Dividende (*fiscal yield*) bezeichnet.[168]

Idealtypisch lassen sich vier Verfahren (V1) bis (V4) unterscheiden:[169,170]

<u>(V1) *Freistellungsmethoden (Tax Exemption)*</u>

Freistellungsverfahren sind dadurch gekennzeichnet, daß ein Land auf sein Besteuerungsrecht verzichtet. Sie verwirklichen jeweils in Reinform eines der beiden Grundprinzipien internationaler Besteuerung: Territorialitäts- und Welteinkommensprinzip. Man unterscheidet daher:

(V1a) *Freistellung nach dem Quellenlandprinzip*: $\tau_x^B = t_x^B$

Einkünfte sind nur im Land ihrer Entstehung zu versteuern. Land *A* besteuert Einkünfte ausländischer Herkunft nicht. Von den OECD-Staaten wird diese Form des Freistellungsverfahrens von Frankreich und den Niederlanden angewandt.[171] Das deutsche Einkommensteuerrecht sieht die Freistellungsmethode nicht vor, allerdings ist sie in zahlreichen von Deutschland abgeschlossenen Doppelbesteuerungsabkommen kodifiziert.[172]

---

168 Vgl. Koop (1993, S. 77).

169 Vgl. zum folgenden Findlay (1986, S. 209) oder ausführlich Koop (1993, S. 13 ff.).

170 Die effektive Steuerbelastung ausländischer Einkünfte für den Haushalt ist in jedem der vorgestellten Verfahren eine affin-lineare Funktion der Bemessungsgrundlage. Dies liegt daran, daß alle in- und ausländischen Steuertarife konstante Durchschnittssteuersätze haben. In der Realität wird bei der Besteuerung ausländischer Einkünfte oftmals die Progression der nationalen Steuertarife noch durch die Unterwerfung ausländischer Einkünfte unter einen Progressionsvorbehalt potenziert. Die Wirkungen einer Besteuerung mit progressiven Tarifen und Progressionsvorbehalten auf die internationale Kapitalallokation untersucht Roloff (1991).

171 In Hongkong werden ausländische Quelleneinkommen überhaupt nicht besteuert (vgl. Mintz/Tulkens (1996, S. 377)).

172 Vgl. Schaumburg (1993, S. 459 f.).

(V1b) *Freistellung nach dem Wohnsitzlandprinzip*: $\tau_x^B = t_x^A$ und $t_x^B = 0$

Einkünfte werden nur am Wohnort ihres Beziehers versteuert, Land *B* besteuert ins Ausland abfließende Einkommen nicht, in Land *A* gilt derselbe Steuertarif wie für inländische Einkünfte. Diese Variante findet international keine Anwendung.

(V2) *Abzugsmethode (Tax Deduction)*:[173] $\tau_x^B = t_x^B + t_x^A(1 - t_x^B)$

Es findet eine Doppelbesteuerung von Einkünften aus *B* statt, jedoch dürfen in Land *B* bereits gezahlte Steuern bei der Besteuerung in *A* von der Bemessungsgrundlage abgezogen werden.[174] Die Abzugsmethode ist bisher im internationalen Steuerrecht nur als Wahlrecht kodifiziert,[175] ansonsten findet sie keine Anwendung.[176] Die ökonomische Literatur diskutiert dieses Verfahren dennoch recht intensiv[177], weil es unter bestimmten Annahmen sicherstellt, daß autonomes Gewinnmaximierungsverhalten der Kapitalanleger mit der Maximierung des Sozialprodukts in deren Wohnsitzland zusammenfällt.[178]

---

173 Dieses Verfahren wird bisweilen als "f.t.a.d." bezeichnet (Full Taxation after Deduction). Vgl. z.B. Mintz/Tulkens (1996).

174 Man sieht dies wie folgt: Das zu versteuernde, im Ausland entstandene Einkommen betrage 1 Geldeinheit. Dürfen im Ausland gezahlte Steuern von der heimischen Bemessungsgrundlage abgesetzt werden, dann berechnet sich die gesamte Steuerschuld auf diesen Betrag als die Summe aus im Entstehungsland zu zahlenden Steuern t_x^B und im Wohnsitzland zu zahlenden Steuern auf die reduzierte Bemessungsgrundlage $t_x^A(1 - t_x^B)$, insgesamt also zu: $t_x^B + t_x^A(1 - t_x^B) = \tau_x^B$.

175 Im deutschen Einkommensteuerrecht geschieht dies in § 34c Abs. 2 EStG.

176 Vgl. Alworth (1988, S. 79). In den USA wurde das Anrechnungsverfahren für die Besteurung ausländischer Einkünfte in den späten 60er Jahren diskutiert, aber nicht umgesetzt (Ebda.).

177 Vgl. z.B. Musgrave (1972), Alworth (1988) oder Mintz/Tulkens (1996).

178 Dieses Resultat findet sich in Feldstein/Hartmann (1979, S. 617). Im Rahmen unseres Modells läßt es sich wie folgt herleiten: Angenommen, die Haushalte leben in Land *A*, das Kapitalangebot sei fix ($K^A + K^B = \bar{S}$), die Möglichkeit der Fremdfinanzierung stehe nicht zur Verfügung und es gebe keine Körperschaftsteuer t_U^i. Dann lautet die entsprechende Marginalbedingung für ein Kapitalmarktgleichgewicht

$$(1 - t_d^A) \cdot \left[F_K^A - t_K^A - 1\right] = (1 - \tau_d^B)\left[F_K^B - t_K^B - 1\right]. \qquad (*)$$

Definiert man das Sozialprodukt Y^A in Land *A* als die Summe aus den Nettoeinkommen der Haushalte und den Steuereinnahmen des Fiskus in *A* so erhält man:

$$\begin{aligned} Y^A = {} & K^A + K^B + (1 - t_d^A)\left[F^A - t_K^A K^A - K^A\right] + (1 - \tau_d^B)\left[F^B - t_K^B K^B - K^B\right] \\ & + t_d^A\left[F^A - t_K^A K^A - K^A\right] + t_K^A K^A + (\tau_d^B - t_d^B)\left[F^B - t_K^B K^B - K^B\right] \\ = {} & F^A + (1 - t_d^B)\left[F^B - t_K^B K^B - K^B\right] + K^B \end{aligned}$$

<u>(V3) *Anrechnungsmethode (Tax Credit)*:</u> $\tau_x^B = \max\{t_x^A, t_x^B\}$

In Land *B* bereits gezahlte Steuern werden auf die in Land *A* zu entrichtende Steuerschuld angerechnet. Die Anrechnung ist nach oben auf die Höhe der inländischen Steuerschuld beschränkt, so daß keine Rückerstattung von bereits gezahlten Steuern (und damit ein Steuertransfer ins Kapitalimportland) stattfindet. Das Anrechnungsverfahren ist das im internationalen Bereich gebräuchlichste Verfahren. Es wird von nahezu allen OECD-Staaten in der einen oder anderen Variante angewandt.[179]

<u>(V4) *Doppelbesteuerung (Double Taxation)*:</u> $\tau_x^B = t_x^A + t_x^B$

Beide Länder unterwerfen Kapitaleinkommen in voller Höhe und ohne Rücksicht auf Herkunft oder Verbleib ihrem Steuertarif. Es findet keinerlei Erleichterung oder Vergünstigung statt. Doppelbesteuerung war lange Zeit die dominante Form der Besteuerung grenzüberschreitender Einkünfte. Sie wird auch heute bisweilen noch zwischen Ländern praktiziert, die kein Doppelbesteuerungsabkommen geschlossen haben.[180]

Die Kapitalstocksteuer t_K^A ist einkommensneutral und ihr Steuersatz kann daher ohne Einbuße gleich Null gesetzt werden. Maximierung von Y^A bezüglich t_d^A erfordert unter Beachtung der Ressourcenrestriktion die Einhaltung der folgenden Optimumbedingung:

$$F_K^A - 1 = (1 - t_B^d)\left[F_K^B - t_K^B - 1\right].$$

Für $t_K^A = 0$ stimmt dies mit (*) genau dann überein, wenn die Abzugsmethode angewendet wird, wenn also $1 - \tau_d^B = (1 - t_d^A)(1 - t_d^B)$ gilt

179 In Deutschland wird dies geregelt in § 34c Abs. 1 EStG. Länder, die das Verfahren *nicht* anwenden, sind z.B. Frankreich, Island, die Niederlande und die Schweiz. Vgl. die Übersichten in OECD (1991, S. 36 f.).

180 Zwei Anmerkungen zur Verwendung des Terminus "Doppelbesteuerung" scheinen angebracht: (i) Bei der internationalen Besteuerung wird er ausschließlich für den Typ (V4) gebraucht, was dahingehend irreführend ist, als auch in allen anderen Verfahren außer dem Freistellungsverfahren sowohl der in- als auch der ausländischer Fiskus auf im Ausland erzielte Einkommen zugreifen und somit eine Doppelbesteuerung dieser Einkünfte stattfindet. Doppelbesteuerung unter (V4) meint den beiderseitig vollen Zugriff der Fisci auf die Einkommen, ohne Berücksichtigung, daß eine Besteuerung im Ausland bereits stattgefunden hat oder noch stattfinden wird. Allgemein liegt eine Doppelbesteuerung dann vor, wenn die von einem Steuersubjekt zu tragende Steuerlast jene Steuerlast übersteigt, die es zu tragen hätte, wennes nur einer Steuerhoheit unterläge. Vgl. hierzu ausführlich Schaumburg (1993, S. 423 ff.). (ii) Der Begriff "Doppelbesteuerung" wird auch im Zusammenhang nationaler Besteuerung benutzt, wenn es um die zweifache Belastung von Dividendenausschüttungen durch Körperschaft- und persönliche Einkommensteuer (etwa im klassischen System) geht (vgl. z.B. H.-W. Sinn (1987) für diese Namensgebung).

Der marginale Einfluß der jeweiligen nationalen Steuersätze t_x^i auf den effektiven Steuersatz τ_x^k wird für die fünf vorgestellten Verfahren in Form der folgenden partiellen Ableitungen zusammengefaßt. Hierbei wird unterstellt, daß der steuerpflichtige Haushalt in Land i wohnt und Einkünfte aus Land j zu versteuern hat:

$$\frac{\partial \tau_x^j}{\partial t_x^j} = \begin{cases} 0 & \text{bei: (V1b) und (V3) falls } t_x^j < t_x^i \\ 1 - t_x^i & \text{bei: (V2)} \\ 1 & \text{bei: (V1a), (V4) und (V3) falls } t_x^j > t_x^i \end{cases} \tag{2.20a}$$

und:

$$\frac{\partial \tau_x^j}{\partial t_x^i} = \begin{cases} 0 & \text{bei: (V1a) und (V3) falls } t_x^j > t_x^i \\ 1 - t_x^j & \text{bei: (V2)} \\ 1 & \text{bei: (V1b), (V4) und (V3) falls } t_x^j < t_x^i \end{cases} \tag{2.20b}$$

Der Einfluß in- und ausländischer Steuersätze auf die Steuerveranlagung im Inland entstandener Einkünfte ist bei im Inland i wohnhaften Steuersubjekten wegen $\tau_x^i = t_x^i$ natürlich $\dfrac{\partial \tau_x^i}{\partial t_x^i} \equiv 1$ und $\dfrac{\partial \tau_x^i}{\partial t_x^j} \equiv 0$.

2.9 Die Effekte von Steuersatzänderungen

Den Effekt einer Steuersatzänderung auf die gleichgewichtige Kapitalhöhe in einem Land i hatten wir oben schon als Gleichung (2.14) hergeleitet:

$$K_x^i := \frac{d\,K^i}{d\,x} = \widetilde{K}_\rho^i \cdot \frac{\partial \rho}{\partial x} + \frac{\partial \widetilde{K}^i}{\partial x} = \frac{1}{D} \cdot \left[\frac{\partial \widetilde{K}^i}{\partial x} \cdot (S' - \widetilde{K}_\rho^j) + \frac{\partial \widetilde{K}^j}{\partial x} \cdot \widetilde{K}_\rho^i \right], \tag{2.14}$$

Hierin sind die partiellen Ableitungen nach ρ durch (2.11a) und (2.11b) gegeben, so daß zur Berechnung der entsprechenden Ausdrücke in (2.14) noch die Kenntnis der Terme $\widetilde{K}_x^i = \dfrac{\partial \widetilde{K}^i}{\partial x}$ erforderlich ist. Diese fassen wir in der folgenden Aussage zusammen, die sich durch partielle Differentiation aus (2.7) und (2.8) ergibt:

LEMMA 2.3: Setze $\varphi^i := \left[F_K^i - t_K^i - \frac{1}{1-t_G^i} \right] > 0$ und

$$\Phi^i := \left[\frac{\sigma^i}{1-\tau_r^i} + \frac{1-\sigma^i}{(1-t_U^i)\cdot(1-\tau_d^i)\cdot(1-t_G^i)} \right].$$

a) Sei $i \neq j$. Dann gilt: $\frac{\partial \tilde{K}^i}{\partial t_U^j} = \frac{\partial \tilde{K}^i}{\partial t_K^j} = \frac{\partial \tilde{K}^i}{\partial t_G^j} \equiv 0.$

b) Es gelte $\left[\mathrm{EF}^i \right]$. Dann ist:

$$\frac{\partial \tilde{K}^i}{\partial t_K^i} = \frac{1}{F_{KK}^i} < 0;$$

$$\frac{\partial \tilde{K}^i}{\partial t_G^i} = \frac{1}{(1-t_G^i)\cdot F_{KK}^i} \left[F_K^i - t_K^i \right] < 0;$$

$$\frac{\partial \tilde{K}^i}{\partial t_U^i} = \frac{\varphi^i}{(1-t_U^i)\cdot F_{KK}^i} < 0\,;$$

$$\frac{\partial \tilde{K}^i}{\partial t_d^i} = \frac{\varphi^i}{(1-\tau_d^i)\cdot F_{KK}^i} \cdot \frac{\partial \tau_d^i}{\partial t_d^i} \leq 0\,;$$

$$\frac{\partial \tilde{K}^i}{\partial t_d^j} = \frac{\varphi^i}{(1-\tau_d^i)\cdot F_{KK}^i} \cdot \frac{\partial \tau_d^i}{\partial t_d^j} \leq 0\,;$$

$$\frac{\partial \tilde{K}^i}{\partial t_r^i} = \frac{\partial \tilde{K}^i}{\partial t_r^j} \equiv 0\,.$$

c) Es gelte $\left[\mathrm{MF}^i \right]$. Dann ist:

$$\frac{\partial \tilde{K}^i}{\partial t_K^i} = \frac{1}{F_{KK}^i} < 0;$$

$$\frac{\partial \tilde{K}^i}{\partial t_G^i} = \frac{1}{F_{KK}^i \cdot (1-t_G^i)^2} \cdot \left[1 + \rho \cdot \frac{1-\sigma^i}{(1-\tau_d^i)(1-t_U^i)} \right] < 0;$$

$$\frac{\partial \widetilde{K}^i}{\partial t_U^i} = \frac{1}{F_{KK}^i} \cdot \frac{\varphi^i}{\Phi^i} \cdot \frac{1-\sigma^i}{(1-\tau_d^i)(1-t_U^i)^2(1-t_G^i)} < 0;$$

$$\frac{\partial \widetilde{K}^i}{\partial t_d^i} = \frac{1}{F_{KK}^i} \cdot \frac{\partial \tau_d^i}{\partial t_d^i} \cdot \frac{\varphi^i}{\Phi^i} \cdot \frac{1-\sigma^i}{(1-\tau_d^i)^2(1-t_U^i)(1-t_G^i)} \leq 0;$$

$$\frac{\partial \widetilde{K}^i}{\partial t_d^j} = \frac{1}{F_{KK}^i} \cdot \frac{\partial \tau_d^i}{\partial t_d^j} \cdot \frac{\varphi^i}{\Phi^i} \cdot \frac{1-\sigma^i}{(1-\tau_d^i)^2(1-t_U^i)(1-t_G^i)} \leq 0;$$

$$\frac{\partial \widetilde{K}^i}{\partial t_r^i} = \frac{1}{F_{KK}^i} \cdot \frac{\partial \tau_r^i}{\partial t_r^i} \cdot \frac{\varphi^i}{\Phi^i} \cdot \frac{\sigma^i}{(1-\tau_r^i)^2} \leq 0;$$

$$\frac{\partial \widetilde{K}^i}{\partial t_r^j} = \frac{1}{F_{KK}^i} \cdot \frac{\partial \tau_r^i}{\partial t_r^j} \cdot \frac{\varphi^i}{\Phi^i} \cdot \frac{\sigma^i}{(1-\tau_r^i)^2} \leq 0.$$

Ausländische Körperschaft-, Reingewinn- und Kapitalstocksteuer haben bei unveränderter Nettoertragsrate keinen Einfluß auf die inländische Kapitalhöhe (Teil a)). Gleiches gilt für aus- und inländische Steuern auf Zinserträge im Fall der Eigenfinanzierung (letzte Gleichung von b)). Der Einfluß inländischer Körperschaft-, Reingewinn- und Kapitalstocksteuer ist durchweg negativ (vgl. die jeweils ersten drei Gleichungen in b) und c)). Der Einfluß von aus- und inländischen Zins- und Dividendensteuersätzen hängt von dem in Anwendung befindlichen internationalen Steuersystem ab; er ist aber auf keinen Fall positiv.

Eine Erhöhung eines Steuersatzes hat also c.p. nie zur Folge, daß in irgendeinem Land der Kapitaleinsatz wächst; i.d.R. wird er sinken. Ursächlich hierfür ist, daß Steuern für die Unternehmen die Ausschüttung einer bestimmten Nettorendite an die Haushalte verteuern.[181] Um dies zu kompensieren, wird der Kapitaleinsatz reduziert. Dies erhöht die Grenzproduktivität des Kapitals und damit die "Tragfähigkeit" dieses Faktors für Steuern.

Es sei noch einmal betont, daß Lemma 2.3 Effekte unter der c.p.-Klausel einer konstanten gleichgewichtigen Nettoertragsrate ρ beschreibt. Der Totaleffekt un-

---

181 Die Kapitalstocksteuer wirkt unmittelbar wie die Erhöhung eines Faktorpreises. Gleiches gilt für die Reingewinnsteuer im Fall der Mischfinanzierung. Die anderen Steuerarten erhöhen die Diskrepanz zwischen der Grenzproduktivität des Kapitals und der Nettorendite.

ter Berücksichtigung der Effekte auf ρ ist über (2.14) gegeben. Hier sind durchaus *positive* Steuereffekte möglich. Insbesondere gilt wegen (2.11) für $\frac{\partial \rho}{\partial t_x^j} \neq 0$:

$$\frac{d\,K^i}{d\,t_x^j} = \frac{1}{D} \cdot \frac{\partial \tilde{K}^j}{\partial t_x^j} \cdot \tilde{K}_\rho^i > 0 \quad \text{für } x = G, K, U.$$

Jede Erhöhung einer der Unternehmensteuern auf Reingewinn, Kapitalstock oder Ausschüttungen in einem Land führt damit im anderen Land zu einem Kapitalzufluß. Ähnliche Effekte können auch bei den persönlichen Steuern auftreten. Mithilfe von Lemma 2.3 kann man über (2.12) die Effekte von Steuersatzänderungen auf die gleichgewichtige Nettorendite ρ ermitteln. Da alle partiellen Effekte in Lemma 2.3 nicht-positiv sind, führt eine Steuersatzerhöhung nie zu einem Anstieg der Gleichgewichtsrendite, d.h. es gilt für alle möglichen Steuerparameter x:

$$\frac{\partial \rho}{\partial x} = \frac{1}{D} \cdot \left[\tilde{K}_x^A + \tilde{K}_x^B\right] \leq 0.$$

Dieser Effekt ist in den weitaus meisten Fällen sogar echt negativ:[182]

a) Angenommen, die Haushalte wohnen in Land i, i=A,B. Falls $x \in \{t_d^j, t_G^j, t_K^j, t_U^j \ (j = A, B)\}$, so gilt:

$$\frac{\partial \rho}{\partial x} < 0. \tag{2.21}$$

Für $x = t_r^j$ ist $\frac{\partial \rho}{\partial x} = 0$ z.B. dann möglich, wenn $j \neq i$ gilt und die Unternehmen in Land j rein eigenfinanziert sind.

b) Falls die Haushalte in Land C wohnen, so tritt $\frac{\partial \rho}{\partial t_d^j}$ mit j=A,B z.B. dann ein, wenn Land C das Wohnsitzlandprinzip anwendet. Für $x \in \{t_G^j, t_K^j, t_U^j \ (j = A, B)\}$ gilt aber stets $\frac{\partial \rho}{\partial x} < 0$.

---

182 Dies gilt nur, sofern ρ *nicht* exogen gegeben und konstant ist. In einem solchen Falle ist $\frac{\partial \rho}{\partial x} \equiv 0$ für alle Steuerparameter.

Lemma 2.3 i.V.m. den Gleichungen (2.20) führt die Vielzahl der möglichen Kombination von nationalen und internationalen Besteuerungssystemen in unserem Modell vor Augen. Insgesamt lassen sich bei zwei Ländern die diskutierten verschiedenen Systeme der Einkommensbesteuerung (S1a), (S1b) und (S2) mit denen der internationalen Besteuerung (V1a), (V1b), (V2)-(V4) auf $3 \cdot 3 \cdot 5 = 45$ verschiedene Arten kombinieren. In jeder dieser Varianten kommen Kapitalstock- und Reingewinnsteuer hinzu. Prinzipiell können die Regierungen der Länder A und B in jeder dieser Konstellationen miteinander in (mehr oder weniger sinnvollen) Steuerwettbewerb treten. Wir werden einige dieser Szenarien in späteren Kapiteln analysieren.

Kapitel 3: Besteuerung, Finanzierung und Allokation

Dieses Kapitel stellt eine Reihe von Aussagen über die Wirkungen von Kapitalsteuersystemen auf Kapitalallokation und Kapitalstruktur in unserem Modellrahmen zusammen. Wir werden hierzu die Kapitalallokationen, die sich bei unterschiedlichen Steuerkonstellationen einstellen, charakterisieren und anhand bestimmter, im nächsten Abschnitt definierter Effizienzkriterien bewerten. Bezüglich der Kapitalstruktur interessiert uns vorrangig, inwiefern das Finanzierungsverhalten der Unternehmen von steuerlichen Gesichtspunkten determiniert wird.

In einer Arbeit zum Steuerwettbewerb mag ein Kapitel wie dieses auf den ersten Blick deplaziert wirken. Dennoch spricht, abgesehen davon, daß im Rahmen unseres relativ allgemeinen Modells einige in der Literatur hergeleitete Effizienzaussagen zur Kapitaleinkommensbesteuerung ihre Gültigkeit verlieren oder in ein anderes Licht gerückt werden, ein wesentliches Argument für die Aufnahme dieses Kapitels: Die Literatur zum Steuerwettbewerb, insbesondere die primär wirtschaftspolitisch orientierte, lastet dem Steuerwettbewerb allerhand negative (aber auch positive) Effekte an. Dies schließt ein, daß Steuerwettbewerb als Ursache für "verzerrte" Kapitalallokationen und Finanzierungsstrukturen angesehen wird. Dieses Kapitel entlastet den Steuerwettbewerb von diesen Vorwürfen. Seine Grundbotschaft lautet, daß aus der Koexistenz von Steuerwettbewerb und bestimmten (unerwünschten) Allokationsergebnissen nicht auf einen Kausalzusammenhang geschlossen werden sollte. Für das Auftreten einer bestimmten Kapitalallokation und -struktur ist in der Regel schon die bloße Existenz der Besteuerung hinreichend; *wie* die Fisci ihre Steuersätze gesetzt haben - im fiskalischen Wettbewerb, gemäß einer Als-ob-Autarkie-Annahme oder gar durch Auswürfeln - ist dabei unerheblich. Alle Aussagen dieses Kapitels gelten unabhängig von den Ergebnissen eines etwaig stattfindenden fiskalischen Wettbewerbs und können deshalb "vor die Klammer" der anschließenden Untersuchungen gezogen werden.

Eine Vorbemerkung hinsichtlich der Struktur dieses Abschnitts scheint zweckmäßig: Nach einem Grundlagenteil, der sich vorwiegend mit allokativen Gesichtspunkten beschäftigt, folgt ein Abschnitt über "Finanzierungsstruktur und Besteuerung". Die eigentliche, "traditionelle" Effizienzanalyse schließt sich in Abschnitt 3.3 an. Dieser scheinbar chaotische Aufbau wurde deshalb gewählt, weil im Zuge der Analyse des Finanzierungsverhaltens einige beim jetzigen Kenntnisstand noch denkbare Gleichgewichtssituationen als unmöglich ausscheiden. Für diese "Ausfälle" erübrigt sich natürlich auch eine Effizienzbetrachtung.

3.1 Begriffsklärungen und Zusammenhänge

3.1.1 Internationale und intertemporale Allokationseffizienz

Das Hauptaugenmerk nahezu aller Studien, die den Einfluß der Besteuerung auf Spar-, Investitions-, Finanzierungs- und Portfolioentscheidungen untersuchen, liegt auf den allokativen Wirkungen der Besteuerung in sektoraler, intertemporaler und internationaler Hinsicht.[183] Die Bewertung von Steuersystemen und/oder fiskalischen Maßnahmen nimmt dabei als Maßstab i.d.R. der paretianischen Wohlfahrtsökonomie entnommene Effizienzkriterien.[184] Ein Steuersystem oder eine Steueränderung heißt dann neutral bezüglich dieses Kriteriums, wenn es/sie keine Effekte induziert, die zu einer Verletzung der entsprechenden Effizienzbedingung führen. Wir werden im folgenden die beiden in unserer Modellwelt relevant erscheinenden[185] Kriterien der Allokationseffizienz definieren und Bedingungen angeben, wann sie erfüllt sind.

---

183 Vgl. etwa die Monographien von Auerbach (1983), King/Fullerton (1984), H.-W. Sinn (1987), Sievert et al. (1989) oder Jochum (1991).

184 Ein guter Überblick hierzu findet sich in Boadway/Bruce (1984), S. 63 ff.

185 Als *nicht* relevant für unsere Analyse schließen wir all jene in der Literatur diskutierten Effizienzbedingungen und Optimalitätsanforderungen aus, deren zugrundeliegende Sachverhalte in unserem Modell nicht oder nicht sinnvoll abgebildet sind, wie etwa Nichtüberwälzbarkeit der Kapitaleinkommensteuern an den Faktor Arbeit (diskutiert in H.-W. Sinn (1987)), intersektorale Kapitalstrukturneutralität (vgl. ebda.), interpersoneller Ausgleich der Grenzraten der Substitution (vgl. z.B. Boadway/Bruce (1984, S. 85 f.)) oder Neutralität bezüglich der Bereitschaft zur Risikoübernahme (siehe etwa Schneider (1992, S. 665 ff.)). Für einen umfassenden Überblick möglicher Effizienzvorstellungen internationaler Besteuerung vgl. Sato/Bird (1975, S. 406 ff.).

a) Intertemporale Allokationseffizienz

Definition: Eine Allokation heißt *intertemporal effizient*, wenn das (Netto-)Grenzprodukt des Kapitals gleich der Zeitpräferenzrate der Haushalte ist:[186]

$$F_K^i(K^i) - 1 = \frac{U_1(C_1, C_2)}{U_2(C_1, C_2)} - 1\,. \tag{3.1}$$

Die Nutzenmaximierung der Haushalte erfordert den Ausgleich von Zeitpräferenzrate und Nettoertragsrate ρ der Ersparnis, so daß wir Bedingung (3.1) auch wie folgt formulieren können:

$$F_K^i(K^i) = 1 + \rho\,. \tag{3.2}$$

Man erhält diese Effizienzbedingung aus einem intertemporalen Optimierungsansatz innerhalb eines Fisher-Solow-Modells.[187] Sie ist die Grundlage für das Fisher-Separations-Theorem[188] und stellt sicher, daß durch eine zeitliche Veränderung in den Konsumplänen weder eine Nutzen- noch im Aggregat eine Outputsteigerung erzielt werden kann. In einem Wachstumsmodell ist sie notwendig für einen konsummaximalen Entwicklungspfad der Ökonomie entsprechend der Goldenen Regel der Kapitalakkumulation, so daß bei ihrer Verletzung mit Wachstumseinbußen zu rechnen ist.[189,190]

---

186 Das Nettogrenzprodukt des Kapitals ist der zusätzliche Ertrag der letzten eingesetzten Kapitaleinheit, der über die reine Kapitalreproduktion hinausgeht. Die Zeitpräferenzrate der Haushalte ist jener Prozentsatz, um den eine Erhöhung des Konsums in Periode 2 eins übersteigen muß, um einen Konsumrückgang in Periode 1 um eine Einheit gerade zu kompensieren. Sie entspricht damit der um eines verminderten Grenzrate der Substitution zwischen gegenwärtigem und zukünftigem Konsum.

187 Vgl. z.B. H.-W. Sinn (1987, S. 12 f. und S. 35 ff.).

188 Dieses Separationstheorem besagt, daß sich bei vollkommenen und vollständigen Kapitalmärkten die Probleme der intertemporalen Nutzenmaximierung und der intertemporal optimalen Produktionsentscheidung analytisch voneinander trennen lassen. Unabhängig von den Präferenzen der Investoren ist stets jene Produktionsentscheidung optimal, die den Barwert der Produktionserlöse maximiert. Vgl. Copeland/Weston (1983, S. 11) oder, mit den Implikationen für die Finanzierungs- und Investitionsentscheidungen von Unternehmen und Haushalten, Rudolph (1983).

189 Zum Nachweis dieser Aussage und zur Ableitung von Implikationen für die Kapitaleinkommensbesteuerung vgl. Chamley (1981). Intertemporale Neutralität als Optimalitätskriterium ist nicht unumstritten. Die *optimal taxation*-Literatur zeigt z.B., daß im Rahmen eines Modells überlappender Generationen intertemporale Neutralität bei linearer Steuertarifstruktur nur dann optimal ist, wenn die Nutzenfunktionen der Haushalte schwach separabel in Konsum und Freizeit und homothetisch im Konsum der einzelnen Perioden sind (vgl. King (1980)).

b) Internationale Allokationseffizienz

Definition: Eine Allokation heißt *international effizient*, wenn die Grenzproduktivität des (mobilen) Faktors Kapital in beiden Ländern gleich ist:

$$F_K^A(K^A) = F_K^B(K^B)\,. \tag{3.3}$$

Bedingung (3.3) stellt sicher, daß durch eine Reallokation des Kapitalstocks $K^A + K^B = S(\rho)$ zwischen den beiden Ländern keine Outputsteigerung mehr möglich ist.[191] Das Potential der Konsummöglichkeiten wird damit voll ausgeschöpft. Eine besondere Bedeutung im Hinblick auf den Steuerwettbewerb kann der Bedingung der internationalen Allokationseffizienz vor dem Hintergrund des *Production-Efficiency*-Theorems der optimalen Besteuerung von Diamond/Mirrlees (1971, Theorem 4) beigemessen werden. Dieses Theorem besagt, daß, falls alle Güter, Faktoren und Faktoreinkommen in beliebiger Höhe besteuert werden dürfen, überdies die Unternehmen keine Gewinne erwirtschaften und sich die sozialen Präferenzen durch eine individualistische Bergson-Samuelson-Funktion abbilden lassen, ein optimales (d.h. wohlfahrtsmaximierendes) Steuersystem stets Produktionseffizienz im Sinne des Ausgleichs der Grenzproduktivitäten sicherstellt. Die Voraussetzungen dieses Theorems können (u.a.) dahingehend gelockert werden, daß es auch gilt, wenn Gewinne zwar entstehen, aber in beliebiger Höhe (im Extremfall konfiskatorisch) besteuert werden dürfen.[192] Razin/Sadka (1991) und Dixit (1985) weisen die Gültigkeit des Theorems auch bei einer Übertragung auf internationale Zusammenhänge nach,[193] so daß die Bedingung der Produktionseffizienz auch in unserem Ansatz als geeigneter Indikator für ein optimales Steuersystem dienen kann.

---

190 Huber (1991/92) propagiert die intertemporale Neutralität des Steuersystems, da sie in der Lage ist, die Effizienzverluste einer zeitinkonsistenten Finanzpolitik abzumildern.

191 Notwendig und hinreichend dafür, daß eine Kapitalallokation $(\overline{K}^A, \overline{K}^B)$ für beliebiges $S(\rho)$ eine innere Lösung des Optimierungsproblems der Weltoutputmaximierung $\max_{K^A,K^B} \left\{F^A(K^A) + F^B(K^B) \middle| K^A + K^B = S(\rho)\right\}$ darstellt, ist: $F_K^A(\overline{K}^A) = F_K^B(\overline{K}^B)$. Vgl. hierzu im Rahmen des Steuerwettbewerbs Wildasin (1989, S. 194 f.).

192 Den Nachweis führen Stiglitz/Dasgupta (1971, Rule 1).

193 Razin/Sadka (1991) sprechen in diesem Zusammenhang die Politikempfehlung aus, bei international mobilem Kapital auf eine Besteuerung von Kapitaleinkommen an der Quelle gänzlich zu verzichten. Daß dieses Empfehlung etwas übereilt gegeben wurde, weist Gordon (1992) nach.

3.1.2 Neutralitätsanforderungen internationaler Besteuerung

Neben den soeben vorgestellten Effizienzbedingungen wird in der Literatur zur grenzüberschreitenden Kapitalbesteuerung eine Reihe von Neutralitätskriterien diskutiert. Diese sind auf den ersten Blick eng verwandt mit den im folgenden Abschnitt erläuterten Arbitrageversionen, unterscheiden sich aber von diesen in ihrer Funktion und sind daher strikt auseinanderzuhalten: Arbitrageversionen sind Gleichgewichtskonzepte für den Kapitalmarkt bei nicht-integrierten und einkommensspezifisch diskriminierenden Steuersystemen; sie sind damit eine Modellkomponente. Neutralitätsanforderungen sind hingegen normative Kriterien zur Beurteilung der Modellergebnisse aus der Sicht eines außenstehenden Beobachters; sie sind modellexterne Werturteile. Wir werden in unserer Analyse keines dieser Konzepte als Bewertungsmaßstab verwenden, da sie sämtlich mehrdeutig und umstritten[194] sind oder in unseren Modellrahmen nicht hereinpassen. Dennoch seien sie im folgenden vorgestellt, damit ihre Ablehnung kurz begründet werden kann.

a) Kapitalflußneutralität

Die beiden prominentesten Neutralitätskonzepte internationaler Besteuerung können unter dem Oberbegriff der Kapitalflußneutralität zusammengefaßt werden. Hierbei handelt es um Kapitalexport- und Kapitalimportneutralität:

a1) *Kapitalexportneutralität* liegt vor, wenn seitens des Investors Indifferenz bezüglich der Entscheidung vorliegt, in welchem Land eine Investition vorgenommen wird, da Investitionserträge unerheblich des Ortes ihrer Entstehung beim Investor gleich zu versteuern sind.[195] Die genaue Interpretation dieser Definition hängt entscheidend davon ab, welche Wirtschaftssubjekte mit dem Begriff "Investor" gemeint sind: Unternehmen oder Haushalte. Bei den in der Literatur vorherrschend diskutierten Robinson-Crusoe-Welten mit ihrer Identität von Produzenten und Konsumenten und mit integrierten Unternehmens- und Personensteuern ist diese Unterscheidung unerheblich. Sie wird erst dann bedeutsam, wenn Kapitalanbieter und -nachfrager nicht zusammenfallen und zumindest partiell unterschiedliche Optimierungskalküle haben: Für ein (multinationales) Un-

194 Horst (1980) weist nach, daß keine einfache Neutralitätsregel für sich irgendeinen Optimaliätsanspruch erheben kann, sondern daß die optimale Besteuerung internationaler Kapitaleinkommen das Erfülltsein einer komplexen Bedingung voraussetzt, die bestenfalls in extremen Randfällen mit einem der Neutralitätskriterien übereinstimmt.

195 Vgl. Koop (1993, S. 18) oder Alworth (1988, S. 31).

ternehmen liegt Kapitalexportneutralität dann vor, wenn die letzte eingesetzte Kapitaleinheit in beiden Ländern denselben Grenzertrag im Hinblick auf die Maximierung der Eigenkapitalrendite erwirtschaftet, d.h. wenn sie dieselbe Dividende (vor persönlichen Steuern der Aktionäre) abwirft.[196] Es müßte also für die maximalen Dividendensätze gelten, daß:[197]

$$d^A = d^B .$$

Für einen Haushalt hingegen ist Kapitalexportneutralität dann gegeben, wenn er indifferent zwischen einer Anlage in Land A und Land B ist, d.h. falls gilt:

$$\rho^A = \max\{(1-\tau_r^A)\cdot r^A,(1-\tau_d^A)\cdot d^A\} = \max\{(1-\tau_r^B)\cdot r^B,(1-\tau_d^B)\cdot d^B\} = \rho^B .$$

Beide Bedingungen sind offensichtlich nicht äquivalent. Das Konzept der Kapitalexportneutralität ist damit für unsere Analyse nicht brauchbar.

a2) *Kapitalimportneutralität* liegt in einem Land vor, wenn die Entscheidung, aus welchem Land das Kapital stammt, mit dem eine Grenzinvestition finanziert wird, nicht durch die Besteuerung beeinflußt wird, da die nationalen Unternehmenssteuern nicht zwischen aus- und inländischen Investoren diskriminieren.[198] Dieses Neutralitätskonzept[199] kann in unserem Modellrahmen nicht adäquat abgebildet werden, da wir eine homogene Kapitalanlegergruppe unterstellt haben. Es ist auch nicht unumstritten, da es keinerlei wohlfahrtstheoretische Rechtfertigung für dieses Konzept gibt.[200]

---

196 Gibt es nur persönliche Steuern und keine Finanzierungsrestriktionen für die Unternehmung, so impliziert dies den internationalen Ausgleich der Grenzproduktivitäten des Kapitals und damit eine effiziente Produktionsstruktur. Vgl. z.B. Koop (1993, S. 18) und Smekal/Sendlhofer (1995, S. 154 f.). Ansonsten fallen jedoch Kapitalexportneutralität und Allokationseffizienz (potentiell) auseinander.

197 Dies heißt mitnichten, daß keine Besteuerung von Dividenden erfolgt, sondern nur, daß die Steuerbelastung vor persönlichen Steuern in beiden Ländern die gleiche ist. So könnte z.B. schon eine Körperschaftsbesteuerung erfolgt sein.

198 Vgl. Sato/Bird (1975, S. 408) oder Koop (1993, S. 18).

199 Eng verknüpft mit dem Konzept der Kapitalimportneutralität ist die im Amerikanischen "levelling the playing field" genannte Vorstellung, daß keinem Unternehmen Vor- oder Nachteile aufgrund der Nationalität seiner Eigenkapitalgeber oder des Firmensitzes seiner Muttergesellschaft erwachsen sollen. Für eine Diskussion dieses Arguments vgl. Summers (1987).

200 Vgl. Alworth (1988, S. 31).

Anstelle des im Rahmen unseres Modells mehrdeutigen Konzepts der Kapitalexportneutralität bieten sich die beiden folgenden Neutralitätsversionen als Kandidaten an, bei denen zumindest der Bezugspunkt klar ist:

b) Finanzierungsneutralität

Ein Steuersystem heißt *finanzierungsneutral*, wenn alle Finanzierungsformen aus Sicht einer sich finanzierenden Unternehmungsleitung einer gleichen steuerlichen Belastung unterliegen.[201] Das Steuersystem darf also auf Seiten der Unternehmung nicht zwischen Eigen- und Fremdfinanzierung diskriminieren. Finanzierungsneutralität korrespondiert in unserem Modell mit der im nächsten Abschnitt vorgestellten Finanzierungskostenarbitrage und verlangt für jede Unternehmung, daß:

$$\frac{d^i}{1-t_U^i} = (1-t_G^i)\cdot r^i \qquad (i = A, B).$$

Diese Bedingung macht deutlich, daß ihre Erfüllung oder Verletzung nicht allein dem Steuersystem zuzuschreiben ist, sondern auch von den Bruttoertragsraten (Zinsen und Dividenden) abhängig ist. Finanzierungsneutralität läßt sich aus einem Modell unter Sicherheit nicht als normatives Kriterium ableiten. Bisweilen wird in einer steuerlichen Ungleichbehandlung der Finanzierungsarten nicht nur ein wohlfahrtstheoretisch irrelevanter Tatbestand, sondern sogar ein Vorteil gesehen, der den Investoren das Ausweichen auf wenig belastete Finanzierungsarten und dadurch die Minimierung des steuerlichen Einflusses auf die Kapitalkosten erlaube.[202] Finanzierungsneutralität wird vor dem Hintergrund, daß die real existierenden Unternehmenssteuersysteme die Eigen- und Selbstfinanzierung zugunsten der Fremdfinanzierung diskriminieren[203], oft gefordert, um so eine bessere Ausstattung der Unternehmen mit haftendem und risikotragendem Eigenkapital erreichen zu können.[204] Diese Zielsetzung und ebenso die zugrundeliegende Argumentation sind aber umstritten.[205] Die Indifferenz zwischen Fi-

---

201 Vgl. Schneider (1992, S. 204) oder H.-W. Sinn (1987, S. 333 f.).

202 Vgl. H.-W. Sinn (1987, S. 181), der der Finanzierungsentscheidung eine Pufferfunktion zuspricht, die die reale Seite der Ökonomie vor steuerinduzierten Verzerrungen abschirme.

203 Ausführlich vgl. unten, Abschnitt 3.2.2.

204 Vgl. z.B. Stützel (1983) oder H.-W. Sinn (1987, S. 333).

205 Ausführlich vgl. z.B. Schneider (1991, S. 361 f. oder 1992, S. 584 ff.).

nanzierungsformen wird im folgenden nicht als Effizienzkriterium benutzt werden.[206]

c) Internationale Investitionsneutralität

Ein Steuersystem heißt *international investitionsneutral*, wenn die Investoren bezüglich der Wahl ihres Investitionslandes indifferent sind.[207] Unterschiede in den nationalen Steuersystemen haben keinen Einfluß darauf, ob ein Kapitalanleger eine Investition in einer bestimmten Kapitalanlage in Land A oder in Land B vornimmt. Formal bedeutet dies:

$$(1-\tau_d^A)\cdot d^A = (1-\tau_d^B)\cdot d^B \quad \text{und} \quad (1-\tau_r^A)\cdot r^A = (1-\tau_r^B)\cdot r^B .$$

Die erste diese Bedingungen ist in unserer Formulierung des Kapitalmarktgleichgewichts als Portfoliogleichgewicht (s.u.) stets erfüllt, da die Finanzierungsrestriktion von beiden Unternehmen auf jeden Fall die Emission von Aktien verlangt (vgl. oben, Lemma 2.2 i.V.m. Lemma 2.1). Die zweite Bedingung ist in unserem Modell genau dann erfüllt, falls die Unternehmen in beiden Ländern mischfinanziert sind, die Steuersysteme in beiden Ländern also vom Typ $\left[\mathrm{MF}^{i}\right]$ sind. In diesem Fall sind die Anleger zwischen *allen* ihnen zur Verfügung stehenden Formen der Kapitalanlage indifferent. Der Typ eines Steuersystems legt also die Art der Investitionsneutralität in der beschriebenen Form eindeutig fest, so daß auf weitere Rückgriffe auf das Konzept der internationalen Investitionsneutralität im folgenden verzichtet werden kann.

3.1.3 Zum Problem der Arbitragewahl

Grundelement unseres Modells und im nachfolgend zu diskutierenden Steuerwettbewerb stets gültige Restriktion ist das Konzept des Kapitalmarktgleichgewichts. Die Idee dieses Gleichgewichts ist die eines sog. *Portfoliogleichgewichts*[208], bei dem alle (genutzen) Kapitalanlagealternativen beim Kapitalgeber (d.h. bei den Haushalten) den gleichen Grenzertrag nach persönlichen Steuern

206 Zudem wird sich in Abschnitt 3.2.1 herausstellen, daß vom Steuerwettbewerb kaum Verzerrungen der unternehmerischen Finanzierungsentscheidungen zu befürchten sind.

207 Dies entspricht der Definition der Kapitalexportneutralität in Alworth (1988, S. 31).

208 Vgl. Bradford/Stuart (1986, S. 308), die auch vom "individual arbitrage"-Fall sprechen.

abwerfen. Die Möglichkeit von Portfolioumschichtungen seitens der im Interesse der Haushalte tätigen Investmentgesellschaft führt dazu, daß sich im Kapitalmarktgleichgewicht die Bruttoertragsraten aller Anlageformen (d.h. die Stückdividenden d^i und die Zinssätze r^i ($i=A,B$)) so einpendeln, daß sie nach Abzug der zugehörigen Steuern die gleiche Nettorendite ρ einbringen. In diesem Sinne ist das Kapitalmarktgleichgewicht aus Sicht der Anleger *arbitragefrei*.

Dieses von uns gewählte Arbitragekonzept des Portfoliogleichgewichts ist zwar, wie Jochum (1991, S. 41) belegt, typisch für Ansätze, in denen es um die Maximierung der Nettoausschüttungen an die Anteilseigner der Unternehmungen geht, jedoch ist sie nicht die einzige Arbitrageversion, die sich in der Literatur zum Kapitalmarktgleichgewicht mit Steuern findet. Es lassen sich (mindestens) noch die folgenden Varianten unterscheiden:

a) Gleiche Vor-Steuer-Renditen aller Investitionen[209]

Alle Investitionsobjekte haben vor allen Steuern den gleichen Grenzertrag, unabhängig davon, wo sie durchgeführt und wie sie finanziert werden. In unserem Modellrahmen würde eine solche Arbitrageversion den internationalen Ausgleich der Grenzproduktivitäten des Kapitals erfordern:

$$F_K^A(K^A) = F_K^B(K^B).$$

b) Gleiche Rendite aller Investitionen vor persönlichen Steuern[210]

Jede verwendete Kapitaleinheit erwirtschaftet nach Unternehmenssteuern, aber vor persönlichen Steuern den gleichen (Grenz-)Ertrag, gleich wo und in welcher Finanzierungsalternative sie eingesetzt wird. Für unser Modell bedeutete diese Arbitrageversion die Gleichheit aller Zins- und Dividendensätze:

$$r^i = d^j \quad (i,j = A,B).$$

---

209 King/Fullerton (1984, S. 11 u. S. 304f.) nennen dies den *fixed-p case*.

210 King/Fullerton (1984, S. 12 u. S. 304f.) diskutieren diese Arbitragelogik als den *fixed-r case*.

c) Finanzierungskostenarbitrage[211]

Jede eingesetzte Kapitaleinheit kostet für jede Unternehmung das gleiche, gleichgültig wo und in welcher Form (als Eigen- oder Fremdkapital) sie nachgefragt wird. In der hier verwendeten Notation müßte also gelten:

$$\frac{d^i}{1-t_U^i} = (1-t_G^j)\cdot r^j \qquad (i,j = A,B).$$

In einer Welt uneinheitlicher und diskriminierender Steuern schließen sich die einzelnen Arbitrageformen in aller Regel gegenseitig aus. Eine simultane Erfüllung aller Arbitragebedingungen wäre nur bei vollständiger Substituierbarkeit aller Formen der Kapitalanlage und -verwendung auf allen Ebenen möglich. Keine der Arbitragearten stellt ein allgemeines und stabiles Arbitragegleichgewicht sicher, in dem die Position aller Marktteilnehmer simultan optimiert wird. Die Verwendung einer bestimmten Version unterstellt jeweils implizit eine bestimmte Sichtweise hinsichtlich derjenigen Kräfte, die das Marktgeschehen auf den Kapitalmärkten dominieren: Fall a) (Ausgleich der Grenzproduktivitäten) beschreibt eine Situation, in der steuerinduzierte Reaktionen der Marktteilnehmer nicht stattfinden oder noch nicht stattgefunden haben; sie kennzeichnet nämlich Gleichgewichtsallokationen einer Laissez-Faire-Ökonomie.[212] Der von uns verwendete Fall des Portfoliogleichgewichts geht davon aus, daß die als homogen unterstellten Anleger[213] die Steuerbelastung ihrer Einkünfte so in die Finanzierungsentscheidungen der Unternehmen einfließen lassen können, daß die Nettorendite aller (unterschiedlich besteuerten) Kapitalanlagen übereinstimmt. Unterstellt man hingegen, daß das Geschehen auf den Geld- und Kapitalmärkten von den Finanzmanagern der Unternehmen und ihrem Interesse an einer möglichst kostengünstigen Unternehmensfinanzierung bestimmt wird, so wäre Arbitragevariante c) die angemessene Modellabbildung. Der Fall b) gleicher Nettorenditen vor persönlichen Steuern wäre z.B. dann eine geeignete Arbitrageversion, wenn

---

211 Diese Arbitrageversion wird z.B. verwendet von H.-W. Sinn (1984b) oder Hornbach (1987). Bradford/Stuart (1986, S. 308) sprechen hier von "firm arbitrage".

212 Dieser Fall erfreut sich bei den Analysen zum Vergleich der effektiven Steuerbelastung als Referenzszenario einiger Beliebtheit, da man die Keile, die die Besteuerung zwischen die Renditen unterschiedlicher Investitionsprojekte treibt, sehr gut auf die Grenzproduktivität des eingesetzten Kapitals beziehen kann. Vgl. King/Fuller-ton (1984, S. 11) oder Bradford/Stuart (1986) für Beispiele und Details.

213 Sog. Klientel-Effekte, wie sie etwa von Miller (1977) beschrieben werden, gibt es in einer solchen Modellwelt nicht. Die Ursache hierfür liegt jedoch nicht nur in der Aggregation der Anlegerseite zu einem repräsentativen Haushalt, sondern auch in der Konstanz der Grenzsteuersätze in unseren Steuertarifen.

man das Kapitalmarktgeschehen als von institutionellen Spekulanten dominiert sieht, deren Kapitalerträge sämtlich der gleichen Besteuerung unterliegen.

Keine der genannten Arbitrageversionen ist vollständig implausibel, keine vermag jedoch restlos zu überzeugen.[214] Die Entscheidung für ein Portfoliogleichgewicht als relevantem Arbitragekonzept in unserem Modell ist daher relativ willkürlich. Die Steuerwirkungsanalyse und die Ergebnisse des Steuerwettbewerbs, denen das Hauptaugenmerk dieser Arbeit gilt, sind nicht unabhängig von diesem gewählten Arbitragekonzept.[215] Da bisher aber keine Arbeiten zum Steuerwettbewerb mit unterschiedlichen Finanzierungsvarianten und einem dualen Steuersystem vorliegen, sind die konkreten Auswirkungen nicht abzusehen.[216]

3.1.4 Vorläufige Bemerkungen zum Konzept der Pareto-Effizienz

Eine pareto-effiziente Situation ist allgemein dadurch definiert, daß es keine andere zulässige Allokation der Ressourcen gibt, bei der keines der Wirtschaftssubjekte im Vergleich zur ursprünglichen Allokation seine Situation verschlechtert, während mindestens ein Wirtschaftssubjekt eine echte Verbesserung seiner Situation erfährt. Dieses in der Wohlfahrtsökonomik allgegenwärtige Konzept tauchte in unserer formalen Analyse bisher nicht auf. Der Grund hierfür liegt darin, daß wir uns das Konzept der Pareto-Effizienz vorbehalten für die Beurteilung der Situation aus Sicht der im Steuerwettbewerb stehenden nationalen Regierungen: Gibt es kein Kapitalmarktgleichgewicht, das je nach Zielsystem der Regierungen einen mindestens so hohen Zielfunktionswert für beide Regierungen und für mindestens eine der Regierungen einen höheren Wert als ein ursprüngliches Kapitalmarktgleichgewicht herbeiführt, so nennen wir dieses ursprüngliche Kapitalmarktgleichgewicht eine effiziente Allokation. Diese eingeschränkte Sichtweise erscheint uns von daher gerechtfertigt, als unser Hauptaugenmerk dem Allokationsergebnis aus Sicht der Akteure des fiskalischen Wettbewerbs gilt - und das sind nun einmal die Nationalregierungen. Für die Beurtei-

---

214 Vgl. zu dieser Einschätzung auch Bradford/Stuart (1986, S. 308) oder King/Fullerton (1984, S. 10 ff.).

215 Dies wird unmittelbar schon daran klar, daß die entsprechenden Kapitalmarktgleichgewichte und -gleichgewichtsbedingungen voneinander abweichen.

216 Arbeiten, die wie Mintz/Tulkens (1996) oder Koop (1993) einen Steuerwettbewerb mit mehr als zwei verschiedenen Anlagealternativen für die Haushalte modellieren (in- und ausländische Realinvestitionen sowie Kapitalmarktanlagen), wählen als relevantes Arbitragekonzept ebenfalls das Portfoliogleichgewicht.

lung der Kapitalallokation erscheinen die Konzepte der allokativen Effizienz ausreichend, zumal ja ein Kapitalmarktgleichgewicht das individuelle Optimierungskalkül von Haushalten und Unternehmen schon beinhaltet.

Wir werden im Rahmen der allgemeinen formalen Beschreibung des Steuerwettbewerbs in Abschnitt 4.3.3 den Begriff der Pareto-Effizienz noch exakt definieren.

3.1.5 Die Laissez-faire Allokation und ihre Eigenschaften

Als *Laissez-faire Allokation*[217] definieren wir ein Kapitalmarktgleichgewicht, das sich bei einem Steuervektor $\mathbf{t} = \mathbf{0}^{14}$ einstellt, d.h. wenn beide Länder auf die Erhebung jeglicher Art von Kapitaleinkommensteuern verzichten. Unter Rückgriff auf die oben vorgenommene Analyse (vgl. insb. die Lemmata 2.1 und 2.2) erhält man unmittelbar folgende

AUSSAGE 3.1: a) In einer Laissez-faire Allokation gilt:

$$\rho = d^A = F_K^A(K^A) - 1 = F_K^B(K^B) - 1 = d^B .$$

b) Die Unternehmen sind indifferent zwischen Eigen- und Fremdfinanzierung. Ist die Unternehmung eines Landes i mischfinanziert, so gilt zusätzlich zu a) noch: $\rho = r^i$.

Das von Steuern nicht beeinflußte, autonome Handeln rationaler Wirtschaftssubjekte auf funktionierenden Kapitalmärkten führt also eine Allokation herbei, die alle oben vorgestellten Effizienz- und Neutralitätsbedingungen erfüllt. Insbesondere ist diese Allokation also international und intertemporal allokationseffizient. Zudem sind die Kapitalanleger indifferent zwischen allen Anlagealternativen[218] und die Unternehmen indifferent bezüglich aller Finanzierungsformen, so daß ein allgemeines Arbitragegleichgewicht entsteht. Aussage 3.1 wiederholt im wesentlichen die bekannte Tatsache, daß eine Laissez-faire Allokation die Effizienzei-

---

217 Der Begriff der *Laissez-faire* Situation beschreibt hier nicht unbedingt den komplett staatsfreien Fall, sondern nur die Abwesenheit von Kapitaleinkommensteuern.

218 Dies gilt aufgrund unserer Annahme des Portfoliogleichgewichts natürlich in jedem Kapitalmarktgleichgewicht.

genschaften einer First-Best-Welt herbeiführt.[219] Die in Aussage 3.1 zutagetretende Irrelevanz der Finanzierungsstruktur für reale ökonomische Entscheidungen in einer steuerfreien Welt ist als Modigliani/Miller-Theorem bekannt.[220]

Steuern im allgemeinen und die ungleichmäßige Besteuerung unterschiedlicher Kapitalerträge und -bestände im besonderen stören das First-Best-Gleichgewicht: Das Bestreben der Unternehmen, den ausschüttbaren Gewinn nach (Unternehmens-)Steuern zu maximieren, führt nicht mehr zwingend zur Maximierung des Weltoutputs (und damit der Konsummöglichkeiten). Die Anstrengungen der kapitalgebenden Haushalte, ein Portfolio zu erstellen, das unter Berücksichtigung persönlicher Steuern ein Nutzenmaximum herbeiführt, kann die Unternehmen zu einer aus ihrer Sicht suboptimalen Finanzierungsstruktur zwingen. Umgekehrt haben die unter Steuereinfluß getroffenen Finanzierungs- und Investitionsentscheidungen der Unternehmungen über den Kapitalmarkt Auswirkungen auf das Anlegerverhalten der Haushalte.

Als Grundbotschaft dieses Abschnitts bleibt festzuhalten: Die Charakterisierung der Laissez-faire Allokation als effizientes Arbitragegleichgewicht impliziert, daß sie als Meßlatte herangezogen werden kann, wenn es darum geht, steuerinduzierte Verzerrungen in der (Kapital-)Allokation zu bewerten. Dies heißt aber noch lange nicht, daß sie ein geeignetes Referenzszenario für die Beurteilung des Steuerwettbewerbs ist.

---

219 Dies ist das erste Fundamentaltheorem der Wohlfahrtstheorie (vgl. Boadway/Bruce (1984, S. 64 u. 82ff.) für eine [unformale] Darstellung). Im Zusammenhang mit Kapitaleinkommensteuern wird es z.B. von H.-W. Sinn (1984a, S. 209 f. und 1987, S. 41 f.) diskutiert. H.-W. Sinn (1987, S. 41) spricht von einer "perfekten Kongruenz" zwischen der Laissez-faire Allokation und dem sozialen Optimum einer First-Best-Welt. Diese Formulierung ist dahingehend mißverständlich, als ja keine soziale Wohlfahrtsvorstellung irgendeiner Form modelliert wurde, anhand derer sich der Optimalitätscharakter beurteilen ließe.

220 Benannt nach Modigliani/Miller (1958 u. 1963). Das Irrelevanztheorem gilt auch unter Unsicherheit, wenn vollständige Arrow-Debreu-Märkte für bedingte Ansprüche existieren. Für eine kritische Diskussion des Modigliani-Miller-Ansatzes siehe Copeland/Weston (1983, Kap. 12 u. 13).

3.2 Finanzierungsstruktur und Besteuerung

Dieser Abschnitt stellt eine Reihe von Aussagen über den Zusammenhang zwischen internationalen Kapitalsteuersystemen und gleichgewichtigen Kapitalmarktstrukturen zusammen. Als seine zentrale Botschaft kann man vorwegnehmen, daß a) das Finanzierungsverhalten der Unternehmen in der Regel steuer*system*spezifisch, nicht aber steuer*satz*spezifisch ist, und daß b) nahezu allen Steuersystemen eine latente Diskriminierung der Eigenfinanzierung zugunsten der Fremdfinanzierung der Unternehmungen innewohnt. Mit anderen Worten:

a) Innerhalb eines festgelegten steuersystematischen Rahmens spielt die konkrete Höhe der Steuersätze keine Rolle für die Kapitalstruktur der Unternehmen. Diese wird alleine durch das in Anwendung befindliche Steuersystem determiniert. In diesem Sinne sind Steuersatzvariationen *finanzierungsirrelevant*.

b) Nicht finanzierungsneutral sind hingegen die von uns diskutierten Steuersysteme. Die Unternehmen werden durch die Besteuerung von ihrer in der Laissez-faire Situation bestehenden Indifferenz zwischen Eigen- und Fremdfinanzierung abgelenkt und tendieren eher zur Finanzierung mit Fremdkapital.

3.2.1 Die Irrelevanz der Steuersatzhöhe für die Kapitalstruktur

Um zu belegen, daß von der Festsetzung der Steuersätze nur relativ geringe Auswirkungen auf das Finanzierungsverhalten der Unternehmen ausgehen, bietet sich eine Fallunterscheidung an, die die Situationen für Kapitalexport- und Kapitalimportländer als Investitionsstandorte getrennt diskutiert. Hierbei bedeutet die Bezeichnung Kapitalexportland nichts anderes, als daß die Mittel zur Unternehmensfinanzierung aus dem Inland stammen. In einem Kapitalimportland stammen sie hingegen aus dem Ausland.

3.2.1.1 Der Fall des Kapitalexportlandes

Wohnen die Haushalte unseres Modells sämtlich in Land A und ist dieses damit ein Kapitalexportland, so entsprechen die relevanten Einkommensteuerparameter der Haushalte für ein inländisches Engagement den von ihrer Regierung gesetzten Steuersätzen, d.h.:

$$\tau_x^A = t_x^A \qquad \text{für } x = r, d.$$

Damit sind alle im Sinne der Definition (2.19) zulässigen Steuersysteme des Landes A vom Typ $\left[MF^A\right]$, denn es gilt:

$$\frac{1-\tau_r^A}{1-\tau_d^A} = \frac{1-t_r^A}{1-t_d^A} \underset{(2.19)}{\geq} (1-t_U^A) \geq (1-t_U^A)\cdot(1-t_G^A).$$

Dies führt unmittelbar zu

<u>**AUSSAGE 3.2:**</u> Die Unternehmen in einem Kapitalexportland sind bei jedem zulässigen Steuersystem mischfinanziert.

Diese Aussage gilt unabhängig davon, welches konkrete System der Kapitaleinkommensbesteuerung Land A anwendet, welche Steuersätze gültig sind und in welcher Form ausländische Einkünfte bei den in A ansässigen Anlegern zu versteuern sind. Stammen die Kapitalgeber aus dem eigenen Land, so diversifizieren die Unternehmungen in ihrer Finanzstruktur.

An dieser Stelle wird die Motivation für Definition (2.19) deutlich: Zulässige Steuersysteme sind jene, deren subjektbezogene Steuerparameter[221] eine Mischfinanzierung im Kapitalexportland gewährleisten. Es sei noch einmal betont, daß die Beschränkung der Steuersysteme durch Definition (2.19) im Hinblick auf die Realitätsnähe des Modells keine allzu starke Restriktion darstellt, da nahezu alle realiter anzutreffenden Steuerkonstellationen zulässig im Sinne von (2.19) sind.

3.2.1.2 Der Fall des Kapitalimportlandes

Für den Fall ausländisch finanzierter Investitionen ist bezüglich der Kapitalstruktur anders als im Fall der heimischen Finanzierung keine einfache und pauschale Aussage möglich. Hier hängt die Kapitalstruktur sowohl von den Kapitalsteuer-

---

221 Einkommen- und Körperschaftsteuern sind *subjektbezogene* Steuern, da bei ihnen im Unterschied zur (objektbezogenen) Gewerbeertragsteuer das Steuersubjekt (die Unternehmung, der Haushalt) im Vordergrund steht und nicht der Steuergegenstand (der Gewerbebetrieb). Vgl. für diese Nomenklatur G. Rose (1994, S. 25).

systemen *beider* Länder (dem Investitionsstandort und dem Wohnsitz der Kapitalgeber) als auch vom System der Besteuerung grenzüberschreitender Einkünfte ab; u.U. kommt es auch konkret auf die Höhe der Steuersätze an. Diesen Tatbestand präzisiert die folgende

AUSSAGE 3.3: Die gleichgewichtige Kapitalstruktur der Unternehmen in einem Kapitalimportland ergibt sich je nach Konstellation der Steuersysteme und -sätze aus Tabelle 3.1 (siehe S. 100).

Beweis:
Sei Land j das Herkunftsland der Geldgeber, Land i $(i \neq j)$ das Land, in dem die Unternehmung, in die investiert wird, ihren Sitz hat (Kapitalimportland). Für den Zweck dieses Beweises setze man: $\varphi^i := \frac{1-t_r^i}{1-t_d^i}$. Unternehmen in Land i sind mischfinanziert, falls $\varphi^i \geq (1-t_U^i)\cdot(1-t_G^i)$. Wir nehmen an, daß alle Steuersysteme zulässig im Sinne von (2.19) sind und damit $\frac{1-t_r^i}{1-t_d^i} \geq (1-t_U^i) \geq (1-t_U^i)\cdot(1-t_G^i)$ gilt.

Fall a): In Land j gilt das System (S1) mit $t_r^j = t_d^j =: t^j$.

a1) Es gelte (V1a). Dann gilt: $\varphi^i = \frac{1-t_r^i}{1-t_d^i}$.

a2) Es gelte (V1b). Dann gilt: $\varphi^i = 1$.

a3) Es gelte (V2). Dann gilt: $\varphi^i = \frac{(1-t_r^i)\cdot(1-t_r^j)}{(1-t_d^i)\cdot(1-t_d^j)} = \frac{(1-t_r^i)}{(1-t_d^i)}$.

a4) Es gelte (V3). Die folgende Tabelle enthält die Werte von φ^i für alle vier relevanten Konstellationen der Steuersätze t^j, t_r^i und t_d^i:

φ^i	$t^j \le t_d^i$	$t^j > t_d^i$
$t^j \le t_r^i$	$\frac{1-t_r^i}{1-t_d^i}$	$\frac{1-t_r^i}{1-t^j} > \frac{1-t_r^i}{1-t_d^i}$
$t^j > t_r^i$	$\frac{1-t^j}{1-t_d^i} > 1$	$\frac{1-t^j}{1-t^j} = 1$

a5) Es gelte (V4). Falls Land i System (S1) anwendet, d.h. falls $t_r^i = t_d^i$ gilt, so ist $\varphi^i = 1$. Gilt hingegen in Land i das System (S2), so ist keine allgemeine Aussage über die Größenordnung von $\varphi^i = \frac{1-t^j-t_r^i}{1-t^j-t_d^i}$ möglich. Ist zusätzlich noch $t_r^i \le t_d^i$, so gilt jedoch $\varphi^i \ge 1$ und damit $\left[MF^i\right]$. Allerdings ist diese Erfordernis nicht notwendig.

Fälle a1)-a5) bestätigen die ersten beiden Zeilen der Tabelle 3.1.

<u>Fall b):</u> Land j verwendet System (S2) mit $t_r^j \ne t_d^j$.

b1) Es gelte (V1a). Dann gilt für Einkünfte aus Land i: $\tau_x^i = t_x^i$ und somit: $\varphi^i = \frac{1-t_r^i}{1-t_d^i} \ge 1-t_U^i \ge (1-t_U^i)\cdot(1-t_G^i)$.

b2) Es gelte (V1b). Dann ist $\varphi^i = \frac{1-t_r^j}{1-t_d^j}$. Wie sich dies zu $(1-t_G^i)\cdot(1-t_U^i)$ verhält, ist ohne genaue Kenntnis der einzelnen Steuersätze nicht zu beurteilen.

b3) Es gelte (V2) und damit: $\varphi^i = \frac{(1-t_r^i)(1-t_r^j)}{(1-t_d^i)(1-t_d^j)} \ge (1-t_U^i)(1-t_U^j)$. Ist nun $t_U^j \le t_G^i$, so gilt $\varphi^i \ge (1-t_U^i)\cdot(1-t_G^i)$. Die Umkehrung ist allerdings nicht richtig.

b4) Es gelte (V3). Analog zu a4) enthält die folgende Tabelle alle relevanten Konstellationen:

φ^i	$t_d^j \le t_d^i$	$t_d^j > t_d^i$
$t_r^j \le t_r^j$	$\dfrac{1-t_r^i}{1-t_d^i}$	$\dfrac{1-t_r^i}{1-t_d^j} > \dfrac{1-t_r^i}{1-t_d^i}$
$t_r^j > t_r^i$	$\dfrac{1-t_r^j}{1-t_d^i}$	$\dfrac{1-t_r^j}{1-t_d^j}$

Ist $t_r^j \le t_r^i$, so ist die Bedingung $\left[\mathrm{MF}^i\right]$ erfüllt (vgl. die erste Zeile obiger Tabelle). Anderenfalls ist keine Aussage möglich.

b5) Es gelte (V4). Dann ist $\varphi^i = \dfrac{1-t_r^j-t_r^i}{1-t_d^j-t_d^i}$. Hierüber ist keine Aussage möglich, es sei denn Land i verwendet ein Kapitalsteuersystem der Form (S1), d.h. $t_r^i = t_d^i$. Dann stellt $t_r^j \le t_d^j$ eine hinreichende Bedingung für das Erfülltsein von $\left[\mathrm{MF}^i\right]$ dar.

Die Fälle b1)-b5) belegen die unteren beiden Zeilen von Tabelle 3.1.

•

Tabelle 3.1: Finanzierungsstruktur in einem Kapitalimportland

System der Kapitaleinkommensteuern		System der internationalen Besteuerung				
am Wohnsitz des Anlegers (Land *j*)	am Standort der Unternehmung (Land *i*)	Quellenland-prinzip (V1a)	Wohnsitzland-prinzip (V1b)	Abzugs-methode (V2)	Anrechnungs-verfahren (V3)	Doppel-besteuerung (V4)
(S1): $t_d^j = t_r^j$	(S1): $t_d^i = t_r^i$	MF^i	MF^i	MF^i	MF^i	MF^i
	(S2): $t_d^i \neq t_r^i$	MF^i	MF^i	MF^i	MF^i	$t_r^i \leq t_d^i$ *)
(S2): $t_d^j \neq t_r^j$	(S1): $t_d^i = t_r^i$	MF^i	?	$t_U^j \leq t_G^i$ *)	$t_r^j \leq t_r^i$ *)	$t_r^j \leq t_d^j$ *)
	(S2): $t_d^i \neq t_r^i$	MF^i	?	$t_U^j \leq t_G^i$ *)	$t_r^j \leq t_r^i$ *)	?

Legende:
- MF^i: Unternehmen in Land *i* sind mischfinanziert;
- ?: Keine allgemeine Aussage möglich
- *): Hinreichende, aber nicht notwendige Bedingung für MF^i

Zu Beweisen und Details vgl. Haupttext.

Einige Anmerkungen zu Aussage 3.3:

a) Aussage 3.3 gilt unabhängig davon, ob das Wohnsitzland der Haushalte selbst ein Investitionsstandort (d.h. eines der beiden Länder *A* oder *B*) ist oder ein Drittland *C*.

b) Mischfinanzierung ist wie in einem Kapitalexportland auch bei ausländischen Investitionen die dominante Finanzierungsvariante. Insbesondere sind damit im Fall der Nichtdiskriminierung von Zins- und Dividendeneinkommen auf der Anlegerseite in beiden Ländern (wie er in allen OECD-Staaten zumindest *de lege* in Anwendung ist) sowohl die Unternehmen im Kapitalexport-, als auch die im Kapitalimportland mischfinanziert. Dafür, daß die Unternehmen im Kapitalimportland mischfinanziert sind, ist es in den meisten Fällen (Ausnahme: Doppelbesteuerung) hinreichend, daß im Kapitalexportland keine steuerliche Einkommensdiskriminierung stattfindet (Zeile 2 der Tabelle 3.1).

c) Im Unterschied zum Modell von H.-W. Sinn (1987, S. 205 f.) ist im vorliegenden Fall eine reine Eigenfinanzierung der Unternehmung des Landes *i* nicht *a priori* augeschlossen. Dies liegt daran, daß H.-W. Sinn (1987) lediglich internationale Besteuerung nach dem Wohnsitzlandprinzip im Falle von Kapitalsteuersystemen des Typs (S1) diskutiert, also die oberen beiden Fälle in der zweiten Spalte von Tabelle 3.1. Es gibt allerdings auch in unserem Modell keine Konstellation der Steuersätze und/oder -systeme, die grundsätzlich zu einer reinen Eigenfinanzierung der Unternehmung in Land *i* führen würde.

d) Das Quellenlandprinzip stellt, wie die erste Spalte der Tabelle 3.1 zeigt, unabhängig von den nationalen Steuersystemen und -sätzen stets sicher, daß alle Unternehmen mischfinanziert sind. Dies gilt für keines der anderen internationalen Besteuerungsverfahren in dieser allgemeinen Form.

e) In Tabelle 3.1 taucht in den nicht-eindeutig zu klassifizierenden Konstellationen als hinreichende Bedingung für $\left[\mathrm{MF}^{i}\right]$ häufig das Kriterium auf, daß Zinseinkünfte auf der Anlegerseite nicht höher zu versteuern sind als Dividendeneinkommen (i.e. $t_r^k \le t_d^k$ für $k = i, j$). Wie wir in der Diskussion der Steuersysteme vom Typ (S2) dargelegt haben, hat dieser Fall empirisch als der vorherrschende zu gelten, so daß die Dominanz der Mischfinanzierung im Kapitalimportland weiter verstärkt wird.

f) In ganz wenigen der oben vollständig diskutierten Steuerkonstellationen ist die konkrete Höhe der Steuersätze maßgeblich dafür, welche gleichgewichtige Kapitalstruktur eine Unternehmung verwendet. Zumeist läßt sich aus der Kenntnis des Steuersystems eindeutig auf das Finanzierungsverhalten sowohl bei inländischen als auch bei ausländischen Investoren zurückschließen (In einem solchen Fall liegt übrigens stets Mischfinanzierung vor!).

g) Aus der Kombination der Aussagen 3.2 und 3.3 läßt sich schließen, daß in einer rein binnenwirtschaftlichen Perspektive (d.h. bei reiner Quellenlandbetrachtung) alle Unternehmen mischfinanziert wären. Erst der Zugriff des Wohnsitzlandes auf ausländische Einkünfte kann Unternehmen dazu veranlassen, von der "nationalen" Präferenz der Mischfinanzierung abzuweichen. Dies verdeutlicht den großen Einfluß und die gravierenden Auswirkungen, die internationale Steuerregelungen mit sich bringen.

3.2.2 Steuerdiskriminierung der Eigenfinanzierung

Mischfinanzierung wurde oben als die dominante Finanzierungsvariante der Unternehmen unseres Modells gekennzeichnet. Dies scheint auf den ersten Blick darauf hinzudeuten, daß die weitaus meisten Steuersysteme Finanzierungsneutralität in dem Sinne gewährleisten, daß die Unternehmungen an der Grenze indifferent zwischen allen zur Verfügung stehenden Finanzierungsalternativen sind. Dies ist jedoch mitnichten der Fall. Mischfinanzierung in unserem Modell ist nämlich streng genommen allein auf das Vorhandensein der Finanzierungsrestriktion $B^i \leq \sigma^i \cdot K^i$ mit $\sigma^i \in]0,1[$ zurückzuführen. Ein Rückblick auf Lemma 2.1 macht dies deutlich: Unterliegt die Fremdfinanzierung keinerlei Restriktionen, gilt also $\sigma^i = 1$, so ist das optimale Finanzierungsverhalten der Unternehmen wie folgt gegeben:

$$(1-t_G^i)\cdot r^i \begin{bmatrix} > \\ = \\ > \end{bmatrix} \frac{d^i}{1-t_U^i} \Leftrightarrow \begin{cases} E^i = K^i,\ B^i = 0 & [\mathrm{EF^i}] \\ E^i + B^i = K^i & [\mathrm{MF^i}] \\ B^i = K^i,\ E^i = 0 & [\mathrm{FF^i}] \end{cases}$$

Mischfinanzierung gäbe es damit nur in einem ganz speziellen Fall, ansonsten wäre die Unternehmung rein eigen- oder rein fremdfinanziert (oben bezeichnet mit $[\mathrm{FF^i}]$). Durch die Restriktion $\sigma^i < 1$ ist aber eine reine Fremdfinanzierung der Unternehmung unterbunden, so daß die Finanzierung z.T. über Eigenkapital erfolgen muß, obwohl dies die teurere Finanzierungsvariante ist. Ohne σ-Restriktion wäre die Unternehmung im Falle $\left[MF^i\right]$ rein fremdfinanziert.

Wenn also unser Modell ergibt, daß die meisten der gängigen Steuersysteme ein Finanzierungsmix als optimal erscheinen lassen, so heißt das nichts anderes, als daß die Steuersysteme die Fremdfinanzierung gegenüber der Eigenfinanzierung begünstigen. Von Finanzierungsneutralität kann daher keine Rede sein.

Die Ursache für dieses wohlbekannte Phänomen der *thin capitalization*[222] ist die vollständige steuerliche Abzugsfähigkeit der Schuldzinsen von der Gewerbeertrag- und der Körperschaftsteuer.[223] Diese verbilligt die Fremdfinanzierung im Vergleich zur Eigenfinanzierung, deren ausschüttungsfähige Erträge zudem noch der Körperschaftsteuer unterliegen können.[224]

Unser Modellergebnis wird für die OECD-Staaten durch empirische Beobachtungen gestützt:

- Eine durchschnittliche Standardinvestition in den OECD-Staaten wurde 1991 zu 35% aus Fremdkapital, zu 10% aus Beteiligungskapital und zum Rest von 55% aus einbehaltenen Gewinnen finanziert.[225] Auch wenn ein Vergleich zu unseren Modellergebnissen aufgrund der fehlenden Finanzierungsform der

---

222 Vgl. z.B. Brealey/Myers (1988, S. 412 u. S. 418) oder Sørensen (1994, S. 427f.). H.-W. Sinn (1987, S. 78 ff.) kommt in seinem Modell der Kapitalallokation auch theoretisch zu dem Schluß, daß die Fremdfinanzierung seitens der Unternehmung bei den herrschenden Steuersystemen jeder anderen Finanzierungsvariante zumindest schwach vorgezogen wird. Man beachte, daß bei H.-W. Sinn (1987) diese Aussage stets zutrifft, während sie im vorliegenden Ansatz nur *tendentiell* richtig ist.

223 Modelliert man die Kapitalstocksteuer in jener Form, die der deutsche Steuergesetzgeber für die Gewerbekapitalsteuer vorsieht, also mit einer nur 50%-igen (statt 100%-igen) Anrechnung fremdfinanzierten Kapitals auf die Bemessungsgrundlage, so wird die Bevorzugung der Fremdfinanzierung noch verstärkt. Vgl. hierzu Gutting (1993, S. 34 f.).

224 In allen OECD-Steuersystemen findet eine Diskriminierung der Eigenfinanzierung nicht nur gegenüber der Fremd-, sondern auch gegenüber der Selbstfinanzierung aus einbehaltenen Gewinnen statt. Für den Investor entstehen aus der Selbstfinanzierung Erträge in der Form von Kurssteigerungen. Diese sind, wenn überhaupt, niedriger zu versteuern als die Erträge aus der Eigenfinanzierung in Form von erhaltenen Dividenden. Vgl. für Details und für eine modelltheoretische Diskussion Sørensen (1994).

225 Vgl. OECD (1991, S. 95). Für die einzelnen Staaten streuen die entsprechenden Werte sehr stark um die angegebenen Durchschnitte. So reicht der Anteil der Beteiligungsfinanzierung von 0% in den USA, in der Schweiz und in Island bis zu 21% in Australien und Belgien. Der Anteil der Fremdfinanzierung schwankt zwischen 13% in Island und 78% in Norwegen. Vgl. OECD (1991, S. 456).

Selbstfinanzierung problematisch ist, so kann man aus diesen Daten eine Bevorzugung der Fremd- gegenüber der Beteiligungsfinanzierung durchaus bestätigt sehen.

- Genser/Schaden/Steinhart (1993, S. 13 f.) berechnen für die EG-Staaten (ohne Österreich, Schweden und Finnland) die effektiven durchschnittlichen Grenzsteuersätze[226] für ein inländisches Investitionsprojekt mit 24,3% im Falle der Fremdfinanzierung und mit 42,6% im Falle der Beteiligungsfinanzierung, was eine deutliche steuerliche Diskriminierung der Eigenfinanzierung anzeigt.[227]

3.2.3 Implikationen für den Steuerwettbewerb

Aus den vorstehenden Ausführungen lassen sich unmittelbar folgende Implikationen für die Konsequenzen fiskalischen Wettbewerbs ziehen: Solange sich Steuerwettbewerb innerhalb eines festgelegten steuersystematischen Rahmens als Wettbewerb mit Steuersätzen gestaltet, sind von ihm kaum Auswirkungen auf die Kapitalstruktur der Unternehmungen zu erwarten. Ursache hierfür ist die Irrelevanz der Steuersatzhöhe für die grundsätzliche Optimalität der Mischfinanzierung. Befürchtungen, daß im Zuge eines fiskalischen Wettbewerbs mit Verzerrungen in der Finanzierungsstruktur der Unternehmungen zu rechnen sei[228], können als haltlos zurückgewiesen werden. Die Diagnose (verzerrte Kapitalstruktur) mag richtig sein, doch ist die ausgemachte Ursache (Steuerwettbewerb) falsch.

Eine der wenigen Situationen, bei der aus dem Steuersystem nicht auf die Finanzierungsform zurückgeschlossen werden kann, ist jene, bei der im Herkunfts-

---

226 Berechnet wird die Grenzsteuerbelastung für einen typischen Anlegerhaushalt, d.h. *nach* persönlicher Einkommensteuer. Da in allen OECD-Staaten jedoch Zins- und Dividendeneinkünfte auf der Haushaltsseite gleich zu versteuern sind und Abgeltungssteuern auf Zinsen und Dividenden nur in wenigen Staaten diskriminierend wirken, dürfte die beobachtete steuerliche Diskrepanz auch *vor* persönlichen Steuern bestehen.

227 Eine länderspezifische Betrachtung ergibt allerdings ein weniger einheitliches Bild: Zum einen streuen die Zahlen für die einzelnen EG-Staaten beträchtlich um die Mittelwerte: Der effektive Grenzsteuersatz für eine fremdfinanzierte Investition liegt zwischen -4,1% in Griechenland und 63,7% in Dänemark; für eine Beteiligungsfinanzierung lauten die Extremwerte 23,5% (Italien) und 63,3% (Niederlande). Zum anderen liegt eine Diskriminierung der Eigenfinanzierung nicht durchgängig vor: Aus den gerade angegebenen Zahlen folgt z.B. direkt, daß in Dänemark die Beteiligungsfinanzierung steuerlich begünstigt wird. Gleiches gilt für Luxemburg und Irland. In den "großen" EU-Staaten liegt aber schon eine signifikante Benachteiligung der Beteiligungsfinanzierung vor. Vgl. Genser/Schaden/Steinhart (1993, S. 14).

228 Vgl. z.B. Koop (1993, S. 5 f.).

land der Anleger eine Steuerdiskriminierung zwischen Zins- und Dividendeneinkommen stattfindet (S2) und im grenzüberschreitenden Bereich das Wohnsitzlandprinzip (V1a) gilt. Wir werden diesen Fall, dem durchaus empirische Bedeutsamkeit zukommt bzw. in Zukunft zukommen könnte, in Kapitel 7 im Hinblick auf den Steuerwettbewerb gesondert analysieren.

3.3 Kapitalallokation und Besteuerung

Dieses Kapitel stellt für unseren Modellrahmen einige Aussagen über die Zusammenhänge zwischen nationaler bzw. internationaler Besteuerung und den Eigenschaften der gleichgewichtigen Kapitalallokation zusammen. Eine erschöpfende Analyse der allokativen Effekte geht über den Rahmen dieser Arbeit weit hinaus und müßte sich angesichts der Vielfalt der in unserem Modell enthaltenen Steuerkonstellationen in zahllosen Fallunterscheidungen ergehen.

Zur Vorbereitung der folgenden Ausführungen geben wir noch einmal die Bedingungen für ein Portfoliogleichgewicht in seinen unterschiedlichen Ausprägungen an:

a) Mischfinanzierung in beiden Ländern

Dieser Fall liegt genau dann vor, wenn:

$$(1-t_G^i)(1-t_U^i) \leq \frac{1-\tau_r^i}{1-\tau_d^i} \text{ für } i = A, B$$

gilt. Die zugehörige Marginalbedingung für ein Portfoliogleichgewicht lautet:

$$\rho = \frac{F_K^i - t_K^i - \dfrac{1}{1-t_G^i}}{\dfrac{\sigma^i}{1-\tau_r^i} + \dfrac{1-\sigma^i}{(1-t_U^i)(1-\tau_d^i)(1-t_G^i)}} \quad \text{für } i = A, B. \tag{3.4}$$

Dies bildet nach den vorstehenden Ausführungen eine Art "Standardfall".

b) Mischfinanzierung in Land *j*, Eigenfinanzierung in Land *i*

Dieser Fall kann bestenfalls dann eintreten, wenn Land *i* ein Kapitalimportland ist. Notwendige und hinreichende Bedingung für eine solche Situation ist die folgende Konstellation:

$$(1-t_G^j)(1-t_U^j) \le \frac{1-\tau_r^j}{1-\tau_d^j} \text{ und } (1-t_G^i)(1-t_U^i) > \frac{1-\tau_r^j}{1-\tau_d^j}.$$

In einem Portfoliogleichgewicht gilt dann:

$$\rho = \frac{F_K^j - t_K^j - \dfrac{1}{1-t_G^j}}{\dfrac{\sigma^j}{1-\tau_r^j} + \dfrac{1-\sigma^j}{(1-t_U^j)(1-\tau_d^j)(1-t_G^j)}} = (1-t_U^i)(1-t_G^i)(1-\tau_d^i)\left[F_K^i - t_K^i - \frac{1}{1-t_G^i}\right]. \quad (3.5)$$

c) Eigenfinanzierung in beiden Ländern

Dies ist nur möglich, wenn der Haushalt in einem Drittland C wohnt und:

$$(1-t_G^i)(1-t_U^i) > \frac{1-\tau_r^i}{1-\tau_d^i} \text{ für } i = A, B.$$

ist. Im Kapitalmarktgleichgewicht gilt dann folgende Bedingung:

$$\rho = (1-t_U^i)(1-t_G^i)(1-\tau_d^i)\left[F_K^i - t_K^i - \frac{1}{1-t_G^i}\right] \qquad i = A, B. \qquad (3.6)$$

3.3.1 Zum Problem der intertemporalen Effizienz

Eine intertemporal effiziente Kapitalallokation in einem Land liegt vor, wenn die Grenzrate der Substitution zwischen heutigem und zukünftigem Konsum der Haushalte, die in deren Optimum gleich der Nettorendite $1+\rho$ ist, mit der Grenzproduktivität des Kapitals übereinstimmt:

$$1+\rho = F_K^i(K^i).$$

Ein kurzer Blick auf die Marginalbedingungen (3.4) bis (3.6) bestätigt, daß, sobald mindestens einer der Steuersätze echt positiv ist, bei Vorliegen einer echten Finanzierungsrestriktion $\sigma^i < 1$ für die Fremdfinanzierung in einem Portfoliogleichgewicht unabhängig von der Kapitalstruktur gilt:

$$\rho > F_K^i(K^i) - 1. \qquad (3.7)$$

Im Falle vollständiger finanzieller Flexibilität, d.h. für $\sigma^i = 1$, ist intertemporale Effizienz hingegen erreichbar.

AUSSAGE 3.4:

a) Für $\sigma^i \in]0,1[$ existiert kein intertemporal effizientes Steuersystem.

b) Falls $\sigma^i = 1$ gilt, so ist jedes Steuersystem mit der Eigenschaft $t_r^i = t_K^i = t_G^i = 0$ intertemporal effizient.

Einige Anmerkungen zu dieser Aussage:

a) Jedes Steuersystem verzerrt die intertemporale Allokation, sofern die Unternehmensfinanzierung in irgendeiner Form Beschränkungen unterliegt. Im Vergleich zu einer effizienten Allokation wird zu wenig Kapital eingesetzt, der Zukunftskonsum also zugunsten des Gegenwartskonsums diskriminiert. Dies folgt mit (3.7) aus der Annahme, daß die Grenzproduktivität des Kapitals mit wachsendem Kapitalstock abnimmt ($F_{KK}^i < 0 \; \forall K^i > 0$). Die Steuererhebung wirkt investitions- und damit wachstumshemmend.

b) Aussage 3.4, Teil a) gilt für jede Art der Besteuerung. Ihre Gültigkeit ist nicht auf die von uns vorgestellten und diskutierten Systeme der Kapital- und Einkommensbesteuerung beschränkt.

c) Aussage 3.4 steht in Widerspruch zu den Ergebnissen von H.-W. Sinn (1987), der für eine Reihe von Steuersystemen auch bei Finanzierungsrestriktionen intertemporale Neutralität nachweisen kann.[229] Der Grund für diese Diskrepanz liegt in den unterschiedlichen Arbitragekonzepten, die der Sinnschen Ana-

---

229 Vgl. insbesondere die tabellarische Übersicht in H.-W. Sinn (1987, S. 368).

lyse und dieser Arbeit zugrundeliegen. H.-W. Sinn (1987) verwendet als Arbitragekonzept den *fixed-r*-Ansatz der gleichen Rendite aller Investitionen vor persönlichen Steuern[230], während ein Kapitalmarktgleichgewicht hier ein Portfoliogleichgewicht ist.[231]

d) Das in Teil b) der Aussage 3.4 vorgeschlagene Steuersystem verzichtet auf eine Besteuerung des Kapitalstocks, des Gewerbeertrags und der Zinseinkünfte der Haushalte:

- Dieses Verfahren ist, sofern nicht das Wohnsitzlandprinzip angewandt wird, bei grenzüberschreitenden Einkommensströmen grundsätzlich nur bei einer Kooperation der am Zustandekommen des Steuersatzes τ_r^j beteiligten nationalen Fisci realisierbar. Diese dürfen beide keine Zinsbesteuerung vornehmen, da nur so eine Gesamtbelastung in Höhe von Null erreicht werden kann.

- Da die Steuergesetze aller OECD-Länder ein System vom Typ (S1) implementieren, das Zinsen und Dividenden einkommensteuerlich gleichstellt, impliziert das eben skizzierte Steuersystem den vollständigen Verzicht auf die Besteuerung von Kapitaleinkommen beim Kapitalgeber. Dieser Vorschlag ist nicht neu: Er entspricht den sog. Cash-Flow-Systemen, die in den späten 70er Jahren in Großbritannien zur Einführung vom sog. Meade-Committee (sog. S-Base-Tax) und in einem Gegengutachten von Kay/King (sog. R-Base-Tax oder Brown-Steuer) empfohlen wurden,[232] aufgrund ihrer Radikalität aber nie realisiert wurden. Die genannten Cash-Flow-Steuern sind im *fixed-r*-Fall stets intertemporal neutral, in unserem Modell des Portfoliogleichgewichts muß aber zudem gewährleistet sein, daß die Finanzierung keinen Restriktionen unterliegt.

---

230 Vgl. zu dieser Einschätzung auch Jochum (1991), S. 40.

231 Wählt man den *fixed-r*-case als Arbitragekonzept, so lautet die Gleichung 2.8 entsprechende Bedingung für ein Kapitalmarktgleichgewicht:

$$\rho(1-\tau_r^i) = \frac{F_K^i - t_K^i - \frac{1}{1-t_G^i}}{\frac{\sigma^i}{1-\tau_r^i} + \frac{1-\sigma^i}{(1-t_U^i)(1-\tau_d^i)(1-t_G^i)}}.$$

In einer solchen Situation sind alle Steuersysteme mit $t_K^i = t_G^i = 0$ und $1-\tau_r^i = (1-t_U^i)(1-\tau_d^i)$ intertemporal effizient. Diese Eigenschaften haben auch alle Steuersysteme, für die H.-W. Sinn (1987, S. 368) intertemporale Effizienz nachweist.

232 Vgl. Meade-Committee (1978, Kapitel 12) und Kay/King (1978, S. 200 ff.). Im Rahmen unseres Modells fallen beide Vorschläge zusammen. Sie unterscheiden sich insbesondere in der steuerlichen Behandlung thesaurierter Gewinne.

3.3.2 Internationale Allokationseffizienz

Im Hinblick auf die Erzielung eines möglichst großen Weltoutputs ist eine Kapitalallokation dann effizient, wenn bei gegebenem Gesamtkapitalbestand die Grenzproduktivitäten des Faktors Kapital in beiden Ländern angeglichen sind:

$$F_K^A(K^A) = F_K^B(K^B) \qquad (3.8)$$

Ein Blick auf die Gleichgewichtsbedingungen (3.4) bis (3.6) macht deutlich, daß im Fall der internationalen Kapitaleinkommenbesteuerung internationale Effizienz nicht der Regelfall sein kann, daß es aber sehr wohl Systeme gibt, die dieses Wohlfahrtsziel verwirklichen.

Die Bedingungen (3.4) bis (3.6) sind das Ergebnis eines komplexen Geflechts von Steuerkonstellationen und Optimierungsüberlegungen. Idealtypisch lassen sich in unserem Modell vier Bereiche staatlicher Einflußnahme separieren, die für das Erreichen oder Verfehlen von internationaler Effizienz verantwortlich sein können:

a) die nationalen Einkommensteuersysteme, d.h. die unterschiedlichen Konstellationen von (S1) und (S2);
b) das internationale Steuersystem, d.h. die Varianten (V1) bis (V4);
c) die nationalen Reingewinn- und Kapitalsteuern; und
d) die Finanzierungsrestriktionen σ^i.

Im folgenden wird versucht, jeden dieser Effekte durch geeignete Annahmen zu isolieren. Da das Hauptaugenmerk dieser Arbeit nicht auf den allokativen Wirkungen der Besteuerung liegt, werden die Ausführungen bewußt knapp gehalten. Ein vollständiger Verzicht auf Effizienzüberlegungen erscheint aber nicht angebracht, da zum einen eine systematische Zusammenstellung der allokativen Wirkungen internationaler Besteuerung in der Literatur bisher nicht vorliegt[233] und

---

233 Die Mehrzahl der Arbeiten beschränkt sich auf die Betrachtung nationaler Steuersysteme und deren Vergleich (z.B. King/Fullerton (1984), Sievert et al. (1989), Jochum (1991), Jorgenson/Landau (1993)). Studien hinsichtlich der internationalen Wirkungen der Besteuerung legen entweder nur rudimentäre Modelle des Investitions-, Spar- und Finanzierungsverhaltens und einfach strukturierte Steuersysteme zugrunde (z.B. Frenkel/Razin/Sadka (1991)) oder stellen andere als allokative Gesichtspunkte in das Zentrum der Analyse (z.B. Alworth (1988)). Dort, wo in komplexeren Modellen internationale Aspekte diskutiert werden (wie z.B. in H.-W. Sinn (1987)), geschieht dies eher knapp und unter starken Einschränkungen. H.-W. Sinn (1987) analysiert z.B. nur das Wohnsitzlandprinzip.

zum anderen die Wirkungsweise und die Ergebnisse des Steuerwettbewerbs nicht beurteilt werden können, ohne die unvermeidlich durch die bloße Existenz der Besteuerung induzierten Verzerrungen etwas genauer zu kennen.

3.3.2.1 Der Einfluß der nationalen Steuersysteme

Um isoliert zu analysieren, ob und in welcher Form die nationalen Steuersysteme der Kapitalbesteuerung zu Verzerrungen in der internationalen Kapitalallokation beitragen, blenden wir zunächst den Einfluß unterschiedlicher Finanzierungsrestriktionen aus und nehmen an, daß $\sigma^A = \sigma^B$.

Sodann unterstellen wir, daß die Steuersätze auf den Reingewinn und Kapitalstock in beiden Investitionsstandorten harmonisiert sind, daß also gilt:

$$0 \le t_G^A = t_G^B =: t_G \quad \text{und} \quad 0 \le t_K^A = t_K^B =: t_K.$$

Schließlich betrachten wir nur die "reinen" Systeme der internationalen Besteuerung, bei denen lediglich die Steuererhebung eines Staates die effektiven Steuersätze auf der Anlegerseite beeinflußt; das sind Wohnsitzland- und Quellenlandprinzip.

<u>**Fall I:**</u> Wohnsitzlandprinzip

Findet bei grenzüberschreitenden Einkünften eine Besteuerung nach dem Wohnsitzlandprinzip statt und wohnen die Haushalte in Land i, so lauten die modifizierten Kapitalmarktgleichgewichtsbedingungen (3.4) bis (3.6):

- bei Mischfinanzierung in beiden Ländern:

$$\frac{F_K^A - t_K - \dfrac{1}{1-t_G}}{\dfrac{\sigma}{1-t_r^i} + \dfrac{1-\sigma}{(1-t_U^A)(1-t_d^i)(1-t_G)}} = \frac{F_K^B - t_K - \dfrac{1}{1-t_G}}{\dfrac{\sigma}{1-t_r^i} + \dfrac{1-\sigma}{(1-t_U^B)(1-t_d^i)(1-t_G)}} \tag{3.4a}$$

- bei Mischfinanzierung in Land *j*, Eigenfinanzierung in Land *k*:[234]

$$\frac{F_K^j - t_K - \dfrac{1}{1-t_G}}{\dfrac{\sigma}{1-t_r^i} + \dfrac{1-\sigma}{(1-t_U^j)(1-t_d^i)(1-t_G)}} = (1-t_U^k)(1-t_G)(1-t_d^i)\cdot\left[F_K^k - t_K - \frac{1}{1-t_G}\right] \quad (3.5a)$$

- bei Eigenfinanzierung in beiden Ländern:[235]

$$(1-t_U^A)\left[F_K^A - t_K - \frac{1}{1-t_G}\right] = (1-t_U^B)\left[F_K^B - t_K - \frac{1}{1-t_G}\right]. \quad (3.6a)$$

Im empirisch vorherrschenden "Standardfall" (3.4a) gibt es zwei einfache Möglichkeiten, um Allokationseffizienz im Sinne von (3.8) herbeizuführen:

a) Die Herstellung voller finanzieller Flexibilität: Für $\sigma = 1$ ist die Kapitalallokation unabhängig von Art und Höhe der (Kapitaleinkommens-)Besteuerung international effizient: "The complex edifice of national and international income taxation disappears into thin air." (H.-W. Sinn (1987, S. 207))

b) Eine einheitliche Körperschaftsbesteuerung: Mit $t_U^A = t_U^B \geq 0$ erreicht man ebenfalls unabhängig von der Höhe der sonstigen Sätze die Bedingung (3.8). Dieser Vorschlag schließt den beidseitigen Verzicht auf Körperschaftsteuern natürlich mit ein.[236]

Die Harmonisierung der Körperschaftsteuer ist ebenfalls hinreichend, um im Fall zweier Kapitalimportländer mit eigenfinanzierten Unternehmen Effizienz zu erzielen (Vgl. (3.6a)). Sie ist hier aber gleichzeitig notwendig.

Weder volle finanzielle Flexibilität noch eine Harmonisierung der Körperschaftsteuer noch beides zusammen sind hinreichend, um im Falle unterschiedlicher Finanzierungsmuster (3.5a) den Gesamtoutput zu maximieren. Eine einfache Faustregel zur Erzielung von Allokationseffizienz scheint es nicht zu geben,

---

234 Der Fall *i=j* ist in dieser Situation möglich. Der Fall *k=i* ist hingegen nicht zulässig.

235 Dieser Fall ist nur möglich, wenn die Haushalte in einem Drittland *C* wohnen. Die Einkommensteuersätze dieses Landes sind aber für die Gleichgewichtsbedingung irrelevant.

236 Das entspräche dann dem Reformvorschlag B in H.-W. Sinn (1987, S. 355), für den auch Sinn unter dem Wohnsitzlandprinzip Allokationseffizienz nachweist (ebda., S. 368).

unerheblich, ob es sich beim Wohnsitzland der Haushalte um einen Unternehmensstandort handelt oder nicht.

Ein Vorschlag für ein Steuersystem, das unter dem Wohnsitzlandprinzip stets eine international effiziente Kapitalallokation herstellt, ist die sog. *Teilhabersteuer*[237], die in unserem Modell mit dem sog. *einfachen System* übereinstimmt: Im Wohnsitzland *i* werden Zinsen und Dividenden nach dem Schema (S1) besteuert, d.h. es gilt: $t_d^i = t_r^i$. Alle Länder verzichten auf eine Besteuerung der Erträge auf Unternehmensebene, d.h. es gilt $t_G = t_U^A = t_U^B = 0$. Dieses Steuersystem führt zum einen dazu, daß alle Unternehmen mischfinanziert sind[238], und stellt zum anderen für den Fall der Mischfinanzierung die Einhaltung der Effizienzbedingung sicher. Für Kapitalimportländer, deren Steuereinnahmen lediglich aus der (noch dazu harmonisierten) Kapitalstocksteuer $t_K \cdot K^j$ bestehen, ist dieser Vorschlag unter Aufkommensgesichtspunkten aber sehr uninteressant.

<u>Fall II</u>: Quellenlandprinzip

Bei einer Besteuerung nach dem Quellenlandprinzip lassen sich unter den getroffenen Annahmen die Gleichungen (3.4) bis (3.6) wie folgt schreiben:

- bei Mischfinanzierung in beiden Ländern:

$$\frac{F_K^A - t_K - \frac{1}{1-t_G}}{\frac{\sigma}{1-t_r^A} + \frac{1-\sigma}{(1-t_U^A)(1-t_d^A)(1-t_G)}} = \frac{F_K^B - t_K - \frac{1}{1-t_G}}{\frac{\sigma}{1-t_r^B} + \frac{1-\sigma}{(1-t_U^B)(1-t_d^B)(1-t_G)}} \qquad (3.4b)$$

- bei Mischfinanzierung in Land *A*, Eigenfinanzierung in Land *B*:[239]

$$\frac{F_K^A - t_K - \frac{1}{1-t_G}}{\frac{\sigma}{1-t_r^A} + \frac{1-\sigma}{(1-t_U^A)(1-t_d^A)(1-t_G)}} = (1-t_U^B)(1-t_G)(1-t_d^B)\left[F_K^B - t_K - \frac{1}{1-t_G}\right] \qquad (3.5b)$$

---

237 Vgl. H.-W. Sinn (1984a, S. 212).

238 Es gilt: $(1-t_G)(1-t_U^j) = \frac{1-\tau_r^j}{1-\tau_d^j} = \frac{1-t_r^i}{1-t_d^i} = 1$ und damit $[MF^j]$ für *j=A,B*.

239 Für den umgekehrten Fall gilt selbstverständlich entsprechendes.

- bei Eigenfinanzierung in beiden Ländern:

$$(1-t_U^A)(1-t_d^A)\left[F_K^A - t_K - \frac{1}{1-t_G}\right] = (1-t_U^B)(1-t_d^B)\left[F_K^B - t_K - \frac{1}{1-t_G}\right] \qquad (3.6b)$$

Es gibt auch hier nur wenige einfache Vorschläge, die Allokationseffizienz im Sinne von (3.8) herstellen können. Außer der Steuerharmonisierung $t_x^A = t_x^B$ für $x = G, K, U, r, d$ führt beispielsweise folgendes Steuersystem zum Ausgleich der Grenzproduktivitäten: Steuern auf Zinseinkünfte sind harmonisiert ($t_r^A = t_r^B$) und jedes Land folgt dem oben im Umfeld von Definition (2.19) vorgestellten Sinn-Vorschlag, daß $1-t_r^i = (1-t_U^i)(1-t_d^i)$. Dieser Vorschlag führt zur Mischfinanzierung in beiden Ländern, denn für jedes beliebige $t_G \in [0,1[$ gilt $(1-t_G)(1-t_U^i) \le (1-t_U^i) = \frac{1-t_r^i}{1-t_d^i} = \frac{1-t_r^i}{1-t_d^i}$ und damit Bedingung $[\mathrm{MF}^i]$. Als Spezialfall umfaßt dieser Vorschlag auch ein harmonisiertes Teilhabersystem ($t_U^i = t_U^j$ und $t_r^i = t_d^j$ für $i, j = A, B$). Er hat zudem den Vorteil, daß er den nationalen Regierungen trotz der Harmonisierung einen Freiheitsgrad überläßt, da diese in der Aufspaltung der Steuerbelastung von ausgeschütteten Unternehmensgewinnen auf Unternehmen (t_U^i) und Aktionäre (t_d^i) frei sind und so etwa ihren Verteilungspräferenzen Rechnung tragen können.[240]

Die Ergebnisse unserer Analyse heben sich deutlich ab von den in der Literatur bisweilen abgeleiteten einfachen Faustregeln, daß die Anwendung des Wohnsitzlandprinzips der des (unharmonisierten) Quellenlandprinzips vorzuziehen sei, da ersteres zu einer optimalen Kapitalallokation führe, während letzteres eine solche verhindere.[241] Unter den dieser Aussage zugrundeliegenden Annahmen trifft diese Einschätzung zu. Verzichtet man nämlich wie die genannten Ansätze auf die Modellierung von Unternehmenssteuern (d.h. $t_K^i = t_U^i = t_G^i = 0$ für $i=A,B$) und auf finanzielle Flexibilität, d.h. unterstellt man entweder rein beteiligungsfinanzierte ($\sigma^i = 0 \ \forall i$, Variante a)) oder rein fremdfinanzierte Unternehmen ($\sigma^i = 1 \ \forall i$, Variante b)), so erhält man als Bedingung für ein Portfoliogleichgewicht

- für Variante a) aus (3.6): $(1-\tau_d^A)\cdot(F_K^A - 1) = (1-\tau_d^B)\cdot(F_K^B - 1)$;

240 Diese Aussage sollte nicht zu ernst genommen werden. Im Rahmen unseres einfach strukturierten Modells werden ohnehin alle Steuern von *dem* Haushalt getragen, so daß Inzidenzüberlegungen der gemachten Form eigentlich nutzlos sind.

241 Vgl. stellvertretend für andere Hamada (1966, S. 369), Giovannini (1990, S. 481), H.-W. Sinn (1990) oder Frenkel/Razin/Sadka (1991, S. 27 ff.).

- für Variante b) aus (3.4): $(1-\tau_r^A)\cdot(F_K^A-1)=(1-\tau_r^B)\cdot(F_K^B-1)$.

Beim Wohnsitzlandprinzip gilt mit i als dem Wohnort der Haushalte $\tau_x^j = t_x^i$ $(j = A, B)$ und somit (3.8), während bei nicht harmonisierter Quellenbesteuerung $\tau_x^A = t_x^A \neq \tau_x^B = t_x^B$ und damit $F_K^A \neq F_K^B$ gilt, (3.8) also verfehlt wird.

Vor dem Hintergrund realer Steuersysteme muß dies differenzierter gesehen werden.[242] Insbesondere entbindet auch das Wohnsitzland nicht von einer Steuerkoordinierung, will man Produktionseffizienz gewährleisten.

Als Fazit zu diesem Abschnitt bleibt festzuhalten: In einer Welt mit grenzüberschreitenden Kapitalanlagen führen - selbst bei weitestgehender Ausblendung von internationalen Steuereffekten - die im Vergleich zur rein binnenwirtschaftlichen Anlegerorientierung ausgeweiteten Möglichkeiten der Portfoliodiversifikation dazu, daß kein noch so ausgeklügeltes Kapitalsteuersystem existiert, das bei unabgestimmtem Steuersetzungsverhalten der nationalen Regierungen stets eine effiziente Kapitalallokation herbeiführt. In aller Regel sind harmonisierende Eingriffe oder Absprachen der Fisci erforderlich.

3.3.2.2 Der Einfluß internationaler Besteuerungsverfahren

In der Diskussion um die internationale Besteuerung findet man bisweilen die These, eine Steuerharmonisierung sei einer bunten Steuervielfalt oder einem fiskalischen Wettbewerb vorzuziehen, da sie steuerbedingte Produktionsverzerrungen nicht entstehen lasse und eine effiziente Kapitalallokation herbeiführe.[243] Vor dem Hintergrund der Bedingungen (3.4) bis (3.6) bedarf diese Behauptung der einschränkenden Ergänzung: Selbst wenn für alle Steuerarten die Steuersätze in allen beteiligten Ländern einschließlich eines ggfs. passiven Drittlandes C gleich sind (d.h. falls $t_x^A = t_x^B = t_x^C$ für $x = K, G, U, r, d$) und eine einheitliche

---

242 Diese Ansicht stimmt überein mit H.-W. Sinn (1987, S. 200 ff.). Allerdings verfehlen auch jene Reformvorschläge, denen H.-W. Sinn (1987) Produktionseffizienz bescheinigt, in unserem Modellrahmen eben diese. Ausschlaggebend für eine Beurteilung dürfte somit auch die Frage sein, in welchem Übereinstimmungsverhältnis sich die unterschiedlichen Modellwelten zu den realen Verhältnissen befinden.

243 Die Harmonisierungsempfehlung findet sich im steuerpolitischen Bereich (vgl. z.B. Vanistendael (1993, S. 6) [Der Autor war Mitglied des Ruding-Committees]), seitens multinationaler Unternehmen (vgl. z.B. Tabaksblat (1992, S. 16 f.) [Der Verfasser ist Vorstandsmitglied bei Unilever N.V.]) und im wissenschaftlichen Schrifttum (vgl. z.B. Peffekoven (1984, S. 139 ff.) oder Giovannini (1990, S. 485)), allerdings jeweils mit dem Eingeständnis der schwierigen politischen Durchsetzbarkeit.

Finanzierungsrestriktion einzuhalten ist (d.h. $\sigma^A = \sigma^B$), wird Bedingung (3.8) nicht notwendig sichergestellt. Hinzukommen muß, daß auch die effektive Steuerbelastung für die Anlegerhaushalte die gleiche sein, daß also für $t_x^A = t_x^B = t_x^C =: t_x$ mit $x = d, r$ und für $i = A, B, C$ $\tau^A(t_x^i, t_x^A) = \tau^B(t_x^i, t_x^B)$ oder, vereinfacht:

$$\tau^A(t_x, t_x) = \tau^B(t_x, t_x) \quad \forall t_x \in [0, \bar{t}]$$

gelten muß, wobei i den Wohnsitz der Haushalte kennzeichnet. Diese Bedingung ist, falls die Haushalte in einem Drittland wohnen ($i = C$) bei allen von uns vorgestellten internationalen Steuersystemen erfüllt. Leben die Haushalte hingegen an einem der Unternehmensstandorte A oder B, so wird sie von der Abzugsmethode (V2) und der Doppelbesteuerung (V4) verletzt.[244] Steuerharmonisierung muß also um die symmetrische Behandlung in- und ausländischer Einkünfte ergänzt werden, um eine effiziente Allokation des Kapitals zu gewährleisten.

3.3.2.3 Der Einfluß der "Gewerbesteuern"

Die Reingewinnsteuer (t_G^i) und die Kapitalstocksteuer (t_K^i), die aufgrund ihrer Ähnlichkeit mit der deutschen Gewerbesteuer und ihren Bestandteilen der Gewerbeertrag- und der Gewerbekapitalsteuer kurz als "Gewerbesteuer" bezeichnet werden, verzerren als reine Quellensteuern die Kapitalallokation. Um diese Effekte zu isolieren, unterstellen wir identische Finanzierungsrestriktionen in beiden Ländern ($\sigma^A = \sigma^B$), die Harmonisierung aller Einkommensteuern ($t_x^A = t_x^B$ für $x = U, d, r$) und die Anwendung eines "symmetrischen Systems" der internationalen Besteuerung im Sinne des vorherigen Abschnitts. In dieser Konstellation sind im Rahmen zulässiger Steuersysteme entweder die Unternehmen beider Staaten mischfinanziert, so daß sich die Gleichgewichtsbedingung aus (3.4) als

$$\frac{F_K^A - t_K^A - \dfrac{1}{1-t_G^A}}{\dfrac{\sigma}{1-\tau_r} + \dfrac{1-\sigma}{(1-t_U)(1-\tau_d)(1-t_G^A)}} = \frac{F_K^B - t_K^B - \dfrac{1}{1-t_G^B}}{\dfrac{\sigma}{1-\tau_r} + \dfrac{1-\sigma}{(1-t_U)(1-\tau_d)(1-t_G^B)}} \tag{3.4c}$$

244 Wohnen die Haushalte z.B. in Land A, so gilt für $t_x^A = t_x^B =: t_x$ unter (V2): $\tau_x^A = t_x \neq t_x \cdot (2 - t_x) = \tau_x^B$ und unter (V4): $\tau_x^A = t_x \neq 2 \cdot t_x = \tau_x^B$. Kapitalanlagen in Land B werden bei diesen Verfahren steuerlich höher belastet als solche in Land A.

ergibt, oder aber beide Unternehmen sind eigenfinanziert, so daß man (3.6) zu

$$(1-t_G^A)\left[F_K^A - t_K^A\right] = (1-t_G^B)\left[F_K^B - t_K^B\right] \tag{3.6c}$$

vereinfachen kann.

Einige Anmerkungen zu diesen Bedingungen:

a) Bei einer Harmonisierung der Besteuerung des Reingewinns, welche einen Verzicht auf diese Steuer durchaus mit einschließt ($t_G^A = t_G^B \geq 0$), gilt folgende wohlbekannte[245]

AUSSAGE 3.5: Es gelte $t_x^A = t_x^B$ für $x = G, U, d, r$ und $\sigma^A = \sigma^B$. Ferner sei $\tau^A(t_x, t_x) = \tau^B(t_x, t_x) \quad \forall t_x \in [0, \bar{t}]$ für $x = r, d$.

(i) Ein System von harmonisierten Kapitalstocksteuern $t_K^A = t_K^B$ führt zu einer international effizienten Kapitalallokation.

(ii) Bei ungleichen Steuersätzen wird in dem Land mit dem höheren Kapitalsteuersatz im Vergleich zu einer effizienten Kapitalallokation zu wenig, und in dem Land mit dem niedrigeren Steuersatz zu viel Kapital eingesetzt.

Teil (ii) dieser Aussage folgt aus der Annahme, daß die Grenzproduktivitäten streng monoton fallende Funktionen im Kapitalstock sind. Nicht-harmonisierte Steuersätze erlegen der Ökonomie also einen Excess Burden im Sinne einer vermeidbaren Outputeinbuße auf.

b) Bei einer Harmonisierung der Kapitalstocksteuern gilt Aussage 3.5 vollkommen analog auch für die Reingewinnsteuer t_G^i: Das Land mit der höheren Besteuerung verliert im Vergleich zur harmonisierten Situation zugunsten des Landes mit dem niedrigeren Steuersatz an Kapitalvolumen.

c) H.-W. Sinn (1987, S. 339 f.) lehnt eine Reingewinnbesteuerung ab, weil sie bei auf Märkten vollständiger Konkurrenz mit gewinnlos oder gewinnarm

245 Vgl. z.B. Wildasin (1987, S. 1154).

operierenden Unternehmen zu aufkommensschwach sei. Für unsere Analyse, wo ein positiver Gewinn garantiert ist, ist dieses Argument nicht einschlägig.

d) Als Vorteil einer Reingewinnsteuer im internationalen Zusammenhang wird bisweilen genannt, daß diese die Kapitalallokation selbst bei standortdifferenzierten Steuersätzen nicht verzerre.[246] Vor dem Hintergrund des vorliegenden Modells ist eine solche Aussage einzuschränken. Man erkennt dies schon daran, daß die Steuersätze t_G^i in jeder der Bedingungen für ein Portfoliogleichgewicht (3.4) bis (3.6) auftauchen, sich also nicht, wie man das von allokationsneutralen Tatbeständen erwarten könnte, im Arbitrageprozeß herauskürzen.[247] Selbst unter den kühnen Vereinfachungen der Bedingungen (3.4c) und (3.6c) besteht keine Standortneutralität der Reingewinnsteuer. Sie kann nur in Modellen nachgewiesen werden, in denen gewinnmaximierende Unternehmen sich aus nur einer Quelle, die nicht zurückgezahlt werden muß und mit einer fixen Rendite zu entlohnen ist, finanzieren, Kapitalstocksteuern nicht erhoben werden und das Wohnsitzlandprinzip angewendet wird.[248] In einer komplexeren Modellwelt wie der vorliegenden gilt die Neutralität nicht mehr.[249]

3.3.2.4 Der Einfluß der Finanzierungsrestriktion

Die Finanzierungsrestriktionen $B^i \leq \sigma^i \cdot K^i$ sind für jedes Land ein Standortfaktor und bestimmen damit auch die sich im Portfoliogleichgewicht einstellende Kapitalallokation. Bei Harmonisierung aller Steuern und einem "symmetrischen

---

246 Vgl. z.B. H.-W. Sinn (1987, S. 368) oder Richter (1992, S. 577).

247 Im Rückblick auf die Analyse des steuerlichen Einflusses der nationalen Steuersysteme auf die Kapitalallokation im vorletzten Abschnitt erweist sich die Reingewinnsteuer in der Tat als ein großes Hindernis für das Erreichen produktiver Effizienz. Alle dort vorgestellten Kandidaten für allokationsneutrale Steuersysteme beinhalten den Verzicht auf die Reingewinnsteuer (vgl. Abschnitt 3.3.2.1). Daß die Gewerbesteuern nicht-neutral gegenüber Investitions- und Finanzierungsentscheidungen sind, ist der Literatur bekannt. Vgl. Nachtkamp (1986, S. 185 ff.) oder Gutting (1993, S. 27 ff.).

248 Ein solches Modell legt auch Richter (1992) seiner Behauptung der internationalen Allokationsneutralität zugrunde. Es hat, wenn man ausschließliche, im Planungszeitraum nicht zu tilgende Fremdfinanzierung unterstellt, folgende Grundstruktur: Die Unternehmen in $i = A, B$ maximieren über den steuerbefreiten Kapitaleinsatz ihren Nettogewinn

$$\Pi^i = (1 - t_U^i)(1 - t_G^i) \cdot \left[F^i(K^i) - r^i \cdot K^i \right].$$

Kombiniert man die zugehörige Optimumbedingung ($F_K^i = r^i$) mit der Bedingung des Portfoliogleichgewichts bei harmonisierter Zinseinkommensbesteuerung der Haushalte ($\rho = (1 - t_r) \cdot r^i$), so ergibt sich die Effizienzbedingung (3.8), unabhängig von der Ausgestaltung der Reingewinnbesteuerung.

249 Zur Erinnerung: Wir unterstellen Maximierung der Eigenkapitalrendite (nicht: Gewinnmaximierung) und eine Liquidation der Unternehmung am Ende des Planungshorizontes.

System" der internationalen Besteuerung läßt sich dieser Einfluß anhand der entsprechend modifizierten Bedingungen (3.4) und (3.6) isoliert verdeutlichen:[250]

$$\frac{F_K^A - t_K - \dfrac{1}{1-t_G}}{\dfrac{\sigma^A}{1-\tau_r} + \dfrac{1-\sigma^A}{(1-t_U)(1-\tau_d)(1-t_G)}} = \frac{F_K^B - t_K - \dfrac{1}{1-t_G}}{\dfrac{\sigma^B}{1-\tau_r} + \dfrac{1-\sigma^B}{(1-t_U)(1-\tau_d)(1-t_G)}} \tag{3.4d}$$

$$F_K^A = F_K^B \tag{3.6d}$$

(3.6d) stimmt mit der Effizienzbedingung (3.8) überein. Für den Fall, daß beide Unternehmen rein eigenfinanziert sind, ist die Finanzierungsrestriktion nicht bindend und übt damit keinen Einfluß auf die Kapitalallokation aus. Die Effizienz dieser Allokation ergibt sich dann aus der Harmonisierung der Steuern.

Der im Modell und auch empirisch vorherrschende Fall der Mischfinanzierung (3.4d) zeigt hingegen, daß dem Vorhandensein der Finanzierungsrestriktion allokative Bedeutung zukommt, die auch durch eine Steuerharmonisierung nicht ausgeschaltet werden kann. Es gilt folgender Zusammenhang:

<u>**AUSSAGE 3.6:**</u> Sei $t_x^A = t_x^B = t_x$ für $x = G, K, U, r, d$ und $\tau_x^A(t_x, t_x) = \tau_x^B(t_x, t_x) = \tau_x$ für $\forall t_x \in [0, \bar{t}]$ und $x = d, r$.

a) Für $\sigma^A = \sigma^B$ oder für ein Steuersystem mit der Eigenschaft $(1-\tau_r) = (1-t_U)(1-\tau_d)(1-t_G)$ ist die Kapitalallokation international effizient.

b) Sind beide Finanzierungsschranken ungleich und hat das Steuersystem nicht die unter a) genannte Eigenschaften, so ist der Kapitalstock in dem Land mit der lockereren Restriktion (d.h. mit dem größeren σ^j) im Vergleich zu einer effizienten Allokation genau dann höher, wenn gilt:

$$(1-\tau_r) > (1-t_U)(1-\tau_d)(1-t_G).$$

---

250 Ein unterschiedliches Finanzierungsmuster beider Unternehmen ist mit den getroffenen Vereinfachungen nicht vereinbar.

Beweis von Teil b):

Der Term $\frac{\sigma}{1-\tau_r}+\frac{1-\sigma}{(1-t_U)(1-\tau_d)(1-t_G)}$ fällt genau dann streng monoton in σ, falls $(1-\tau_r)>(1-t_U)(1-\tau_d)(1-t_G)$ gilt. Um (3.4d) zu erfüllen, muß ein höheres σ^i in einem solchen Fall mit einem niedrigeren F_K^i und damit mit einem höheren Kapitalstock als jenem, der die Grenzprodukte ausgleicht, einhergehen.

•

Einige Anmerkungen zu Aussage 3.6:

a) Hinter Teil b) steckt die folgende Intuition: Ein Steuersystem mit der Eigenschaft $(1-\tau_r)>(1-t_U)(1-\tau_d)(1-t_G)$ diskriminiert die Eigenfinanzierung zugunsten der Fremdfinanzierung. Da im zur Diskussion stehenden "Standardfall" alle Unternehmen mischfinanziert und somit eigentlich ohnehin lieber mehr Kredite aufnehmen würden (siehe Abschnitt 3.2.2), ist die Finanzierung in jenem Land, das die Fremdfinanzierung weniger einschränkt, insgesamt billiger. Deshalb lockt dieses Land dann auch "zu viel" Kapital an.

b) Eine Harmonisierung aller fiskalischen Tatbestände ist nicht hinreichend, um eine effiziente Kapitalallokation zu gewährleisten. Auch entscheidungsrelevante nicht-fiskalische Sachverhalte müssen in gleicher Weise in den beteiligten Staaten geregelt sein.[251] In unserer Analyse werden viele hier relevante Aspekte wie etwa Abschreibungsregeln, Bewertungsvorschriften, Effizienz und Kontrollintensität der Finanzverwaltung, Möglichkeiten der Steuervermeidung, Angebot an öffentlicher Infrastruktur etc. ausgespart. Die Finanzierungsrestriktion mag daher hier stellvertretend für diese nicht-fiskalischen Tatbestände stehen.

c) Steuerharmonisierung schließt in unserem Modell einen fiskalischen Wettbewerb nicht aus, falls die Finanzierungsrestriktionen Aktionsvariable der Regierungen sind. Diskretionäre Entscheidungsspielräume bei nicht-fiskalischen Variabeln können strategisch zum Erreichen fiskalischer Zielsetzungen eingesetzt werden, z.B. wenn es (bei harmonisierten Steuersätzen) darum geht, durch Anlocken von Kapital das eigene Steueraufkommen zu maximieren. Fiskalischer Wettbewerb muß also nicht nur mit Steuern stattfinden, sondern kann auch die Form des institutionellen Wettbewerbs mit Regulierungen annehmen.[252]

---

251 Vgl. auch Genser (1992, S. 203).

252 Vgl. Sun/Pelkmans (1995) für eine (allerdings rein narrative) Analyse des zwischenstaatlichen Wettbewerbs mit Regulierungen im europäischen Binnenmarkt. Grundsatzfragen zum institutionellen Wettbewerb diskutieren Siebert/Koop (1990).

3.3.3 Fazit und Entlastung für den Steuerwettbewerb

Die Grundbotschaft der vorstehenden Ausführungen lautet: Jede in unserem Modell diskutierte und von Null verschiedene Art der Besteuerung ist mit dem Makel der intertemporalen Verzerrung belastet (Aussage 3.4). Es gibt zudem kein Steuersystem außer der vollständigen Gleichschaltung, das Produktionseffizienz sicherstellt. Eine optimale Kapitalallokation ist also mit Steuern nicht erreichbar.

Natürlich gilt dies auch für jene Steuersätze, die sich im Steuerwettbewerb ergeben. Das liegt aber nicht an der Art ihres Zustandekommens (also am fiskalischen Wettbewerb), sondern allein an der Tatsache, daß es sich um Steuersätze handelt. Der Tatbestand der suboptimalen Kapitalallokation ist steuersatz- und -systeminvariant.[253] Dem Steuerwettbewerb alleine können Allokationsverzerrungen nicht angelastet werden; allenfalls ihr (schwer zu messendes) Ausmaß kann wettbewerblich bedingt höher oder niedriger sein. Die Effizienzbedingungen der paretianischen Wohlfahrtsökonomik können keine geeigneten Kriterien für die Beurteilung der originären Effekte des Steuerwettbewerbs sein, und das Referenzszenario, an dem sich der Steuerwettbewerb messen lassen muß, kann fairerweise auch nicht die First-Best-Lösung des Laissez-faire sein.

Dies gilt umso mehr, als die Zielsetzung der am Steuerwettbewerb beteiligten Akteure ja nicht wie bei einem sozialen Planer die Herbeiführung einer optimalen Allokation des Kapitalstocks ist, sondern die Implementierung der ihren spezifischen Steuerpräferenzen am besten entsprechenden Kapitalstruktur. Die fiskalischen Akteure handeln dabei autonom und nicht-koordiniert. Die für den Steuerwettbewerb relevante Benchmark-Situation muß daher eine solche sein, die alle individuellen Zielvorstellungen simultan in dem Sinne optimiert, daß für niemanden mehr eine individuelle Verbesserung möglich ist, ohne jemand anderem eine Einbuße aufzuerlegen. Das Referenzszenario ist daher die sog. *kooperative Lösung* und der Beurteilungsmaßstab für den Steuerwettbewerb ist das Kriterium der Pareto-Effizienz.

---

253 Insofern geht z.B. die Beurteilung des Steuerwettbewerbs, die Koop (1993, S. 85 ff.) vornimmt, am eigentlichen Punkt vorbei, da sie ausschließlich an allokativen Effizienzkonzepten ausgerichtet ist.

Kapitel 4: Internationaler Kapitalsteuerwettbewerb: Eine allgemeine Beschreibung

4.1 Allgemeine Spielstruktur

Internationaler Steuerwettbewerb wurde oben allgemein als der dezentrale, unkoordinierte Entscheidungsprozeß von Einzelstaaten definiert, die jeweils eine aus ihrer Sicht optimale Politik betreiben. Aufgrund ökonomischer Verflechtungen und Wechselbeziehungen beeinflussen, auch ohne daß dies bemerkt oder angestrebt wird, die autonom getroffenen individuellen Entscheidungen das Ausmaß der Zielerreichung in anderen Staaten.

Dieser Abschnitt formalisiert das Konzept des internationalen Steuerwettbewerbs mit Kapitalsteuern als ein Spiel im Sinne der Spieltheorie. Dieser Ansatz, den auch alle bisher in der Literatur vorliegenden Analysen des fiskalischen Wettbewerbs verfolgen, bietet sich deshalb an, weil die Spieltheorie das formale Instrumentarium zur Analyse sozialer Interaktionen in Form von Konflikt und Kooperation bereitstellt.[254] Die strategische Situation, die im fiskalischen Wettbewerb durch Interdependenzen und Externalitäten zwischen den beteiligten Regierungen entsteht, ist ein solches "soziales Interaktionsgebiet".

Ein Spiel in Normalform ist vollständig durch folgende Angaben beschrieben:[255]

1. die Spielermenge,
2. die Mengen der reinen Strategien für jeden Spieler,
3. die Auszahlungsfunktionen für jeden Spieler,
4. die Informationsstruktur.

ad 1.: In unserem Fall des fiskalischen Wettbewerbs besteht die Spielermenge aus den beiden Regierungen der Länder *A* und *B*. Wir betrachten damit die Haushalte und die Unternehmen ebensowenig als Spieler wie die Regierung eines eventuell existierenden Drittlandes *C*. Letzteres ist angesichts der Annahme, diese Regierung verhalte sich fiskalisch passiv, nicht weiter zu diskutieren. Daß wir im eigentlichen fiskalischen Wettbewerb die Haushalte und Unternehmen als

---

254 Vgl. Holler/Illing (1993, S. 1).
255 Vgl. ebda., Kapitel 2.

Spieler vernachlässigen können, ist Ausdruck der Annahme, daß die nationalen Regierungen sich diesen gegenüber als Stackelberg-Führer verhalten, und bedarf einiger ergänzender Bemerkungen:[256] Die Gesamtstruktur zum Zeitpunkt 1 unseres Modells ist eigentlich die eines sequentiellen Spiels. In der ersten Stufe setzen die nationalen Regierungen simultan die Steuersätze fest, in der zweiten Stufe treffen die Haushalte ihre Spar- und Portfolioentscheidungen und legen Unternehmungen ihre Finanzierungs- und Investitionspolitiken fest. Das gängige Lösungskonzept für sequentielle Spiele ist das der Teilspielperfektheit, das von Selten (1965) eingeführt wurde und demzufolge ein Strategien-Tupel (grob gesprochen) dann eine gleichgewichtige Lösung herbeiführt, wenn es für keinen der Spieler optimal ist, in irgendeinem der Teilspiele von seiner Strategie abzuweichen.[257]

Für jede Konstellation der Steuersätze kann das oben hergeleitete Kapitalmarktgleichgewicht als ein Nash-Gleichgewicht der zweiten Spielstufe verstanden werden. Die Deckungsgleichheit von Angebot und Nachfrage nach jedem Finanztitel konstituiert, da sie jeweils aus dem Optimierungskalkül der beteiligten Haushalte und Unternehmen hergeleitet wurden, einen Schnittpunkt von Reaktionsfunktionen. Dahinter steckt dieselbe Idee, die auch der Cournot-Fundierung walrasianischer Gleichgewichte zugrundeliegt:[258] Unternehmen und Haushalte wählen, obwohl sie dadurch Einfluß auf die Preisbildung haben, die Angebots- und Nachfragemengen, für deren Ausgleich ein nicht näher modellierter Auktionsmechanismus sorgt. In der ersten Stufe unseres Gesamtspiels setzen nun die nationalen Regierungen in Kenntnis und unter Berücksichtigung der Rückwirkungen ihrer Aktionen auf das Kapitalmarktgleichgewicht der zweiten Stufe die Steuersätze fest.[259] Ein Gleichgewicht auf dieser Stufe bezeichnen wir als ein Gleichgewicht des Steuerwettbewerbs, oder kurz als ein *fiskalisches Gleichgewicht.*[260] Da sowohl Regierungen als auch Haushalte und Unternehmen im Ge-

---

256 Die Annahme, daß der Staat gegenüber den Privaten die Rolle des Stackelberg-Führers einnimmt, ist für Modelle des Steuerwettbewerbs typisch. Es gibt (m.W.) kein Modell, das die umgekehrte Konstellation aufweist. Einige Modelle gehen allerdings davon aus, daß das Verhalten der Privaten (oder wesentliche Teile davon) nicht durch staatliche Variable beeinflußt wird, sondern konstant festliegt (Vgl. z.B. Kehoe (1989), Schulze/Koch (1994) oder Lucke (1993), die jeweils von einem exogenen Kapitalstock ausgehen). In einer solchen Situation (die auch dadurch entstehen könnte, daß die Privaten eine dominante Strategie besitzen) ist die Reihenfolge der Spielzüge unerheblich.

257 Vgl. Holler/Illing (1993, S. 114 f.).

258 Vgl. z.B. Novshek/Sonnenschein (1983) oder Green (1984).

259 Dies entspricht dem Bellmann-Prinzip der *backward induction*, mit dem Gleichgewichtslösungen in sequentiellen Modellen ermittelt werden können. Vgl. Holler/Illing (1993, S. 115).

260 Vgl. die exakteren Definitionen in Abschnitt 4.3.1.

samtablauf nur einmal handeln dürfen, ist die Kombination aus fiskalischem und Kapitalmarktgleichgewicht trivialerweise ein teilspielperfektes Gleichgewicht des Gesamtmodells. Erst diese einfache Grundstruktur erlaubt es aber letztlich, die Spielermenge beim Steuerwettbewerb auf die beteiligten Regierungen zu reduzieren.[261]

ad 2.: Jeder Regierung stehen als Handlungsvariablen die Steuersätze $\mathbf{t}^i = (t_d^i, t_r^i, t_G^i, t_U^i, t_K^i)$ zur Verfügung. Die nationalen Steuersätze haben alle zwischen Null und $\bar{t}$ zu liegen. Bezüglich der Steuersätze beschränken wir uns auf die Analyse zulässiger Systeme im Sinne der Definition (2.19). Allgemein läßt sich damit die Strategienmenge S^i der Regierung von Land i schreiben als

$$S^i = \left\{ \mathbf{t}^i \in [0, \bar{t}]^5 \middle| (1 - t_r^i) \geq (1 - t_U^i) \cdot (1 - t_d^i) \right\}.$$

Der Strategienraum des fiskalischen Wettbewerbs ist damit durch $S = S^A \times S^B$ gegeben. Wir werden im folgenden den Strategienraum oft einschränken und bestimmte Steuern der Disposition der Regierungen zu entziehen.

Man beachte, daß die Elemente des Strategienraums noch nicht die Höhe der relevanten Steuersätze festlegen. Hierzu ist die Kenntnis des in Anwendung befindlichen internationalen Besteuerungsverfahrens erforderlich. Erst über die Funktionen τ_x^i kann aus einem Paar $(\mathbf{t}^A, \mathbf{t}^B)$ auf den Steuervektor $\mathbf{t} = \left(\left((t_x^i)_{x=d,r,G,U,K}, (\tau_x^i)_{x=d,r} \right)_{i=A,B} \right)$ geschlossen werden. Wir unterstellen damit, daß das System der internationalen Besteuerung festliegt und von den nationalen Regierungen nicht nach ihrem Gutdünken abgeändert werden kann. Unser Steuerwettbewerb ist ein Steuer*satz*wettbewerb, kein Steuer*system*wettbewerb.[262]

---

261 Ein Beispiel, in dem diese Reduktion nicht ganz problemlos ist, wäre das folgende: Die von den Regierungen erhobenen Steuereinnahmen werden pauschal an die Haushalte des Modells weitergeleitet. Dann hängen die Strategienmengen der Haushalte von den gewählten Strategien der Regierungen ab (sog. Pseudo-Spiel). Es entsteht ein zirkuläres Problem, denn in der ersten Stufe hängen die Steueraufkommen der Regierungen davon ab, wie in der zweiten Stufe eben diese Steueraufkommen verwendet werden. Eine Separation beider Spielstufen ist hier ebenso wie die Suche nach *zulässigen* Lösungen des Spiels ein nicht-triviales Problem.

262 Eine partielle Rechfertigung dieses Vorgehens enthält Abschnitt 6.3. In jüngster Zeit existieren einige Ansätze, die dem Steuer*satz*wettbewerb eine weitere Spielstufe vorlagern, in denen es um die nicht-kooperative Festlegung des internationalen Steuer*systems* geht. Vgl. hierzu etwa Janeba (1995), wo sich diese Spielstufe aber als irrelevant erweist, Janeba/Peters (1995) oder Peters/Tulkens (1995).

ad 3.: Die Auszahlungsfunktionen oder Zielfunktionen P^i der Spieler $i=A,B$ ordnen jedem Element des Strategienraumes eine reelle Zahl zu, die das Ausmaß an Bedürfnisbefriedigung repräsentiert, die Spieler i bei der entsprechenden Strategienwahl erreicht:

$$P^i : S \rightarrow \Re, \ \left(\mathbf{t}^i, \mathbf{t}^j\right) \mapsto P^i(\mathbf{t}^i, \mathbf{t}^j).$$

Bezüglich der Auszahlungsfunktionen unterstellen wir, daß jeder Spieler einen höheren Wert seines Payoffs einem niedrigeren strikt vorzieht und daß sein Ziel die Maximierung des Wertes der Auszahlungsfunktion ist.

Die Literatur zum Steuerwettbewerb diskutiert eine bunte Vielfalt von Zielsystemen der am Steuerwettbewerb beteiligten fiskalischen Instanzen. Aus der Diskussion in Abschnitt 1.2.4 ergab sich, daß hiervon für unser Modell insbesondere die folgenden Zielvarianten plausibel sind:

a) Maximierung des Steueraufkommens: Die nationalen Regierungen wählen jene Steuern und Steuersätze, von denen sie sich die höchsten Einnahmen versprechen.

b) Maximierung des Sozialprodukts: Die Regierungen wählen jene Steuersätze, die die Summe aus dem (Wert des) im Land produzierten Output(s) und dem Steueraufkommen maximiert.

Wir beschränken die Analyse auf diese beiden Zielfunktionen, deren formale Darstellung der nächste Abschnitt leistet.

ad 4.: Bezüglich der Informationsstruktur des Spieles folgen wir der im Rahmen des fiskalischen Wettbewerbs nahezu ausschließlich gewählten Vorgehensweise[263] und unterstellen für jeden Spieler vollständige Information: Jedem Spieler sind alle Mitspieler, der Strategien- und der Auszahlungsraum mit Sicherheit

263 Ausnahmen stellen Levaggi/Smith (1994) und Raff/Wilson (1995) dar. In beiden Modellen ist die Information eines der Spieler des Steuerwettbewerbs unvollständig: Ersteres diskutiert die Bereitstellung lokaler öffentlicher Güter, wenn die lokalen Präferenzen nicht vollständig bekannt sind, letzteres dezentrale Verteilungspolitik, wenn über die lokalen Produktionstechnologien Unsicherheit besteht.

bekannt, jeder Spieler weiß, daß sie jedem Spieler bekannt sind usw. Damit ist die Spielstruktur *gemeinsames Wissen.*[264]

4.2 Präzisierung der Zielfunktionen

Eine Vorbemerkung zur Notation erscheint angebracht: Im vorigen Abschnitt haben wir im Einklang mit sämtlicher spieltheoretischer Literatur die Payoff-Funktionen P^i als Abbildungen des Strategienraumes in die reellen Zahlen und damit als Funktionen der $\mathbf{t}^i$ formuliert. Bezüglich der Zielfunktionen Steueraufkommen und Sozialprodukt wollen wir anders verfahren und diese als Funktionen des Steuervektors $\mathbf{t}$ formulieren. Da bei gegebenem internationalen Steuersystem die $\mathbf{t}^i$ den Steuervektor $\mathbf{t}$ eindeutig festlegen, ist diese Vorgehensweise unbedenklich.

4.2.1 Die nationalen Steueraufkommen

Wir berechnen zunächst Formeln für das Steueraufkommen in den einzelnen Ländern. Die Steuereinnahmen T^i eines Landes $i=A,B$ hängen außer von den Steuersätzen $\mathbf{t} := \left(\left((\mathrm{t}^i_x)_{x=d,r,G,U,K}, (\tau^i_x)_{x=d,r}\right)_{i=A,B}\right)$ auch noch davon ab, ob das betreffende Land ein Kapitalexporteur oder ein Kapitalimporteur ist.[265,266] Erstere haben nämlich je nach internationalem Steuersystem Zugriff auf die ihren Bewohnern im Ausland entstandenen Einkünften.

In diesem Abschnitt werden wir nur die Steuerfunktionen als solche angeben, ohne ihre Eigenschaften *en detail* zu diskutieren. Die Zusammenhänge sind zu komplex, um selbst bei aufwendigen Fallunterscheidungen halbwegs brauchbare allgemeine Aussagen über Monotonieverhalten etc. herzuleiten. Die im Steuer-

---

264 Vgl. Holler/Illing (1993, S. 45). Zu einer Formalisierung des Konzeptes des *Common Knowledge* siehe Fudenberg/Tirole (1992, Kapitel 14).

265 Für den Fall, daß die Haushalte in einem nicht-produzierenden Drittland C wohnen, hängt das Steueraufkommen streng genommen auch noch von den Einkommensteuersätzen dieses Landes ab. Da wir aber für dieses Land fiskalische Passivität und damit konstante Steuersätze unterstellen, können diese, um die ohnehin komplizierte Notation nicht weiter zu verwirren, weggelassen werden.

266 Zur Erinnerung: Kapitalimporteure haben keine Bevölkerung. Alle Einkommen fließen damit nach Abzug der Quellensteuern gebietsexternen Haushalten zu. In einem Kapitalexportland ist hingegen die gesamte Modellpopulation ansässig, so daß dort alle in unserem Modell entstehenden Nettoeinkommen anfallen und besteuerbar sind.

wettbewerb relevanten Eigenschaften der Aufkommensfunktionen werden an Ort und Stelle vorgestellt.

4.2.1.1 Das Steueraufkommen eines Kapitalimportlandes

Das Steueraufkommen eines Kapitalimportlandes setzt sich aus der Summe aller in diesem Land erhobenen Quellensteuern zusammen. Sei $i=A,B$ ein solches Kapitalimportland, so gilt:

$$T^i(\mathbf{t}) = t_K^i \cdot K^i + t_G^i \cdot \left[F^i(K^i) - t_K^i \cdot K^i - r^i \cdot B^i\right] + \frac{t_U^i}{1-t_U^i} \cdot d^i E^i + t_d^i \cdot d^i \cdot E^i + t_r^i \cdot r^i \cdot B^i. \tag{4.1}$$

Hierbei bezeichnen die Summanden der rechten Seite nacheinander die Kapitalstocksteuer, die Reingewinnsteuer mit ihrer Bemessunsgrundlage Reingewinn, die Körperschaftsteuer auf ausgeschüttete Dividenden und die persönlichen Einkommensteuern auf Dividenden und Zinseinkünfte.

Für die Nettoertragsrate auf Kapitalanlagen gilt:

$$\rho = (1-\tau_d^i) \cdot d^i = (1-\tau_r^i) \cdot r^i,$$

wobei die letzte Gleichung nur relevant ist, falls tatsächlich Fremdfinanzierung stattfindet. Mit diesen Beziehungen erhält man aus (4.1):

$$\begin{aligned} T^i(\mathbf{t}) &= t_K^i \cdot (1-t_G^i) \cdot K^i + t_G^i \cdot \left[F^i(K^i) - r^i \cdot \overline{\sigma}^i \cdot K^i\right] \\ &\quad + \left[(1-\overline{\sigma}^i) \cdot r^i \cdot \left[\frac{t_U^i(1-\tau_r^i)}{(1-\tau_d^i)(1-t_U^i)} + \frac{t_d^i(1-\tau_r^i)}{1-\tau_d^i}\right] + \overline{\sigma}^i \cdot r^i \cdot t_r^i\right] \cdot K^i \\ &= t_G^i \cdot F^i(K^i) + \left(t_K^i \cdot (1-t_G^i) + \rho \cdot \left[\frac{1-\overline{\sigma}^i}{1-\tau_d^i} \cdot \left[\frac{t_U^i}{1-t_U^i} + t_d^i\right] + \overline{\sigma}^i \cdot \frac{t_r^i - t_G^i}{1-\tau_r^i}\right]\right) \cdot K^i. \end{aligned} \tag{4.2}$$

Je nachdem, ob die Unternehmung des Landes eigen- oder mischfinanziert ist, ergeben sich aus (4.2) unterschiedliche Konsequenzen:

a) Ist das Steuersystem in Land i vom Typ [EF^i], so gilt $\overline{\sigma}^i = 0$ und die Portfoliogleichgewichtsbedingung (2.7):

$$\rho = \left[F_K^i - t_K^i - \frac{1}{1-t_G^i}\right]\cdot(1-t_U^i)\cdot(1-t_G^i)\cdot(1-\tau_d^i), \tag{2.7}$$

so daß (4.2) sich schreiben läßt als:

$$T^i(\mathbf{t}) = t_G^i \cdot F^i(K^i) + t_K^i(1-t_G^i)\cdot K^i + t_e^i\cdot(1-t_G^i)\cdot\left[F_K^i - t_K^i - \frac{1}{1-t_G^i}\right]\cdot K^i, \tag{4.3}$$

wobei wir

$$t_e^i := t_U^i + t_d^i(1-t_U^i) \in [0,1[\tag{4.4}$$

als den Gesamtsteuersatz, den Land *i* auf Kapitalerträge aus einer Beteiligungsfinanzierung erhebt, zusammengefaßt haben.[267] Vier Anmerkungen hierzu:

a1) Gleichung (4.3) könnte den Eindruck erwecken, als sei die Besteuerung in einem Kapitalimportland mit ausschließlich eigenfinanzierten Unternehmungen ein rein nationales Problem, das unabhängig von allen Verfahren internationaler Besteuerung gelöst werden kann. Hierbei wird aber übersehen, daß die Höhe des in Land *i* eingesetzten Kapitals von allen Steuersätzen abhängt ($K^i = K^i(\mathbf{t})$) und damit sehr wohl Rückwirkungen internationaler Besteuerung zu erwarten sind.

a2) Die Zusammenfassung der Körperschaftsteuer und der Einkommensteuer auf Dividenden zu einer kombinierten Steuer t_e^i auf Gewinnausschüttungen geschieht nur aus Gründen der Bequemlichkeit in der Notation. Sie darf nicht dahingehend verstanden werden, als erwirtschafte jede Kombination aus t_U^i und t_d^i, die zum gleichen Steuersatz t_e^i führt, unter sonst identischen Bedingungen das gleiche Steueraufkommen. Dies gilt nur, wenn die Kombination aus t_U^i und t_d^i auch zum gleichen Steuerfaktor $(1-\tau_d^i)(1-t_U^i)$ führt[268], da sich ansonsten über (2.7) die Kapitalallokation ändern würde. Dies ist ein einfaches Beispiel dafür, welche Fallstricke bei der Zusammenfassung von Steuersätzen zu Effektivsteuersätzen und bei den damit angestellten Steuerbelastungsvergleichen liegen können.[269]

a3) Schreibt man (4.3) etwas um, so erhält man:

---

267 Der direkte Weg, in (4.1) $B^i = 0$ und $E^i = K^i$ zu setzen, führt natürlich auch zu (4.3).

268 Dies ist beim Quellenlandprinzip (V1a) und beim Abzugsverfahren (V2) der Fall.

269 Weitere Beispiele für "voreilige" Schlüsse aus der Aggregation von Steuersätzen zu effektiven Belastungskennziffern finden sich in Schneider (1988).

$$T^i(\mathbf{t}) = t^i_G \cdot F^i(K^i) + t^i_e(1-t^i_G)\cdot F^i_K \cdot K^i + \left[t^i_K - t^i_e - t^i_K t^i_e + t^i_G t^i_K(1+t^i_e)\right]\cdot K^i$$
$$< (t^i_G + t^i_e - t^i_G t^i_e)\cdot F^i(K^i) + \left[t^i_K - t^i_e - t^i_K t^i_e + t^i_G t^i_K(1+t^i_e)\right]\cdot K^i .$$

Das Steueraufkommen läßt sich also analytisch aufspalten in (i) eine Outputsteuer, (ii) eine Brutto-Ausschüttungssteuer, auf deren Bemessungsgrundlage die Reingewinnsteuer angerechnet wird, und (iii) eine Steuer auf den Kapitalstock, wobei der Steuersatz sich als komplexes Konstrukt aus allen existierenden Steuersätzen errechnet. Das Gesamtaufkommen ist aufgrund der Eigenschaften der Produktionsfunktion kleiner als das aus einer proportionalen Outputsteuer (wobei sich der Steuersatz aus der Summe von Reingewinnsteuer- und Eigenfinanzierungssteuersatz bei wechselseitiger Anrechenbarkeit ergibt) plus der Kapitalstocksteuer.

a4) Für $t^i_K = t^i_G = 0$ vereinfacht sich das Steueraufkommen zu:

$$T^i(\mathbf{t}) = t^i_e \cdot F^i_K \cdot K^i \quad .$$

b) Ist das Steuersystem in Land i vom Typ $\left[\mathrm{MF}^i\right]$, so gilt $\overline{\sigma}^j = \sigma^j$ und die relevante Optimumbedingung ist (2.8):

$$\rho = \frac{(1-\tau^i_r)(1-t^i_U)(1-\tau^i_d)(1-t^i_G)}{\sigma^j(1-t^i_U)(1-\tau^i_d)(1-t^i_G) + (1-\sigma^j)(1-\tau^i_r)} \cdot \left[F^i_K - t^i_K - \frac{1}{1-t^i_G}\right]. \tag{2.8}$$

Setzt man dies in (4.1) ein, so erhält man nach einigen Umformungen den folgenden Ausdruck für das Steueraufkommen:

$$T^i(\mathbf{t}) = t^i_G \cdot F^i(K^i) + t^i_K(1-t^i_G)\cdot K^i + t^i_e \cdot \gamma^i \cdot \left[F^i_K - t^i_K - \frac{1}{1-t^i_G}\right]\cdot K^i , \tag{4.5}$$

wobei wir

$$\gamma^i := \frac{(1-\sigma^j)(1-\tau^i_r) + \dfrac{t^i_r - t^i_G}{t^i_e}\cdot \sigma^j(1-\tau^i_d)(1-t^i_U)(1-t^i_G)}{(1-\sigma^j)(1-\tau^i_r) + \sigma^j(1-\tau^i_d)(1-t^i_U)(1-t^i_G)} \tag{4.6}$$

definiert und wiederum (4.4) benutzt haben. Da in einem im Sinne von (2.19) zulässigen Steuersystem stets $t_r^i \leq t_e^i$ gelten muß, erhalten wir wegen $\frac{t_r^i - t_G^i}{t_e^i} \leq \frac{t_r^i}{t_e^i} \leq 1$, daß:

$$\gamma^i \leq 1. \tag{4.7}$$

In γ^i erkennt man deutlich den Einfluß der internationalen Besteuerung auf das nationale Steueraufkommen. Dieser Parameter hängt maßgeblich davon ab, welches internationale Steuerverfahren angewendet wird.

Bezüglich einer Interpretation von (4.6) gelten die oben unter a) gemachten Anmerkungen a1) bis a4). Ein Vergleich von (4.5) und (4.3) belegt unmittelbar die folgende

AUSSAGE 4.1: Sei $t_G^i = 0$. Bei gleichem Kapitalstock, gleicher Produktionsstruktur und gleichen Steuersätzen t_U^i, t_K^i und t_d^i ist das Steueraufkommen in einem Land mit eigenfinanzierten Unternehmen mindestens so groß wie das in einem Kapitalimportland mit gemischt finanzierten Unternehmen.

Ohne Reingewinnsteuer werfen unter sonst gleichen Bedingungen eigenfinanzierte Unternehmen ein höheres Steueraufkommen ab als gemischt finanzierte Unternehmungen gleicher Größe und Produktionsstruktur:

b1) Die Annahme $t_G^i = 0$ ist für die Herleitung von Aussage 4.1 hinreichend, wenn auch nicht notwendig. Um das gleiche Resultat auch für $t_G^i > 0$ allgemein zu etablieren, müßte man zeigen können, daß $\gamma^i \leq (1 - t_G^i) \quad \forall t_G^i \in]0,1[$. Dies gelingt aber nicht.

b2) Die Kenntnis von Aussage 4.1 kann von einem Kapitalimportland, das sein Steueraufkommen steigern möchte und dessen Unternehmen bis dato gemischt finanziert sind, nicht strategisch genutzt werden. Hierzu müßte es ihm nämlich gelingen, die Kapitalstruktur der Unternehmung zu kippen, *ohne* dabei die Steuersätze zu ändern. Das ist aber nicht möglich, da die Kapitalstruktur ja gerade von den Steuersätzen determiniert wird (Vgl. die Bedingungen $[\mathrm{MF}^i]$ bzw. $[\mathrm{EF}^i]$).

b3) Falls $t_G^i = 0$ und zusätzlich $(1-t_U^i)(1-t_d^i) = (1-t_r^i)$ ist, so sind unter sonst gleichen Bedingungen auch die Steueraufkommen aus eigen- und mischfinanzierten Unternehmen gleich, denn dann gilt $\gamma^i = 1$. Dieser von H.-W. Sinn (1987) unterbreitete Reformvorschlag hat somit nicht nur die Eigenschaft, unter bestimmten Bedingungen bei Anwendung des Quellenlandprinzips Allokationseffizienz herzustellen[270], sondern ist auch unter dem Gesichtspunkt des Steueraufkommens interessant, als er einem Land mit mischfinanzierten Unternehmen (c.p.) dasselbe Steueraufkommen beschert wie einem Land mit rein beteiligungsfinanzierten Unternehmen.

b4) Wir haben in Abschnitt 3.2.2 nachgewiesen, daß alle nationalen Steuersysteme die reine Eigenfinanzierung zugunsten der Misch- (genauer: reinen Fremdfinanzierung) diskriminieren. Dies findet in Aussage 4.1 seinen Niederschlag: Wenn Unternehmen rein eigenfinanzeirt sind, so geschieht dies allein aufgrund einer "ungünstigen" Steuerkonstellation im internationalen Kapitalverkehr. Bei reiner Quellenbesteuerung wären sie mischfinanziert. Treibt sie das internationale Besteuerungsverfahren in die Eigenfinanzierung, so profitiert (unter sonst identischen Bedingungen) auch der Fiskus des Quellenlandes davon, obwohl er für die Umkehrung der originären Finanzierungspräferenz nicht verantwortlich ist. Dies könnte bei einer Neuverhandlung über ein internationales Besteuerungsverfahren ein Argument für die Regierung eines Kapitalimportlandes liefern, ein Verfahren zu implementieren, das die Möglichkeit der reinen Eigenfinanzierung nicht ausschließt. Interessanterweise ist aber gerade das Quellenlandprinzip, das dem Kapitalimportland den exklusiven Zugriff auf die heimischen Einkünfte sichert, ein solches "unvorteilhaftes" Besteuerungsverfahren (vgl. Tabelle 3.1).

4.2.1.2 Das Steueraufkommen eines Kapitalexportlandes

Das Steueraufkommen eine Kapitalexportlandes unterscheidet sich von dem eines Kapitalimportlandes dadurch, daß ersterem je nach internationalem Besteuerungsverfahren noch Einnahmen aus der Besteuerung im Ausland entstandener Einkünfte zustehen. Eine Unterscheidung in Misch- und Eigenfinanzierung ist hier nicht erforderlich, da Kapitalexportländer nur mischfinanzierte Unternehmen beheimaten. Wir erhalten damit für den Fall, daß Land *i* ein Kapitalexport- und

270 Vgl. oben, Abschnitt 3.3.2.2.

das andere Land j dementsprechend ein Kapitalimportland ist, folgenden Ausdruck:

$$\begin{aligned} T^i(\mathbf{t}) &= t_K^i K^i + t_G^i \cdot \left[F^i(K^i) - t_K^i K^i - r^i B^i\right] + \left[\frac{t_U^i}{1-t_U^i} + t_d^i\right] \cdot d^i \cdot E^i + t_r^i \cdot r^i \cdot B^i \\ &\quad + (\tau_d^j - t_d^j) \cdot d^j \cdot E^j + (\tau_r^j - t_r^j) \cdot r^j \cdot B^j \\ &= t_G^i \cdot F^i(K^i) + t_K^i \cdot (1 - t_G^i) \cdot K^i + t_e^i \cdot \gamma^i \cdot \left[F_K^i - t_K^i - \frac{1}{1-t_G^i}\right] \cdot K^i \\ &\quad + (\tau_d^j - t_d^j) \cdot d^j \cdot E^j + (\tau_r^j - t_r^j) \cdot r^j \cdot B^j \, . \end{aligned} \tag{4.8}$$

Die jeweils erste Zeile der Gleichungen (4.8) enthält das Aufkommen aus heimischen Erträgen und entspricht damit (4.1) bzw. (4.5). Die jeweils zweite Zeile enthält das Aufkommen aus der Besteuerung ausländischer Dividenden- und Zinseinkünfte. Ein solches fällt nur an, sofern ein Zugriffsrecht und die Zugriffsmöglichkeit[271] auf ausländische Quelleneinkommen bestehen, falls also $\tau_x^j > t_x^j$.

Je nach Kapitalstruktur im Kapitalimportland muß man in (4.8) unterscheiden:

a) Das Steuersystem in Land j ist vom Typ $\left[\mathrm{EF}^j\right]$: Dann gilt: $E^j = K^j$ und $d^j = \frac{\rho}{1-\tau_d^j} = (1-t_U^j) \cdot (1-t_G^j) \cdot \left[F_K^j - t_K^j - \frac{1}{1-t_G^j}\right]$ oder, über die Portfolio-Bedingung (2.7) in Termen des Landes i:[272]

$$d^j = \frac{1}{1-\tau_d^j} \cdot \frac{(1-t_r^i)(1-t_e^i)}{(1-\sigma^i)(1-t_r^i) + \sigma^i(1-t_e^i)} \cdot \left[F_K^i - t_K^i - \frac{1}{1-t_G^i}\right]. \tag{4.9}$$

b) Das Steuersystem in Land j ist vom Typ $\left[\mathrm{MF}^j\right]$: Dann gilt neben (4.9): $B^j = \sigma^j K^j$, $E^j = (1-\sigma^j) K^j$ und $r^j = \frac{1-\tau_d^j}{1-\tau_r^j} \cdot d^j$.

---

271 Die Trennung in Zugriffsrecht und Zugriffsmöglichkeit ist z.B. beim Anrechnungsverfahren relevant. Hier hat das Wohnsitzland prinzipiell das Recht der Besteuerung, aber eben nur insoweit, als sein Steuersatz den des Quellenlandes übersteigt.

272 Hierbei ist schon berücksichtigt worden, daß die Unternehmen in Land i mischfinanziert sind.

Die entsprechenden Terme müssen in (4.8) eingesetzt werden, was aber an dieser Stelle keine verwertbaren Einsichten liefert.

4.2.2 Die Sozialprodukte

In Modellen des Steuerwettbewerbs zwischen wohlwollenden sozialen Planern ist es vielfach üblich, als Zielfunktion der konkurrierenden Regierungen eine soziale Wohlfahrtsfunktion zu unterstellen. Wie in Abschnitt 1.2.4 ausführlich erläutert, kommt hierbei als nationaler Wohlstandsindikator das Sozialprodukt eines Landes in Betracht, verstanden als die Summe aus den Netto-In- und Auslandseinkommen der in diesem Land ansässigen Haushalte und dem Budgetüberschuß des Staates.[273]

In unseren Varianten des Steuerwettbewerbs ist mindestens eines der beteiligten Länder bevölkerungslos.[274] Alle Auslandseinkommen werden zudem unmittelbar ins Wohnsitzland der Haushalte repatriiert, d.h. aus einem bevölkerungslosen Land unverzüglich heraustransferiert. Damit reduziert sich das Sozialprodukt dieses Landes auf den Budgetüberschuß seiner Regierung. Hierdurch entsteht für den Fall, daß das andere Land ein bewohntes Kapitalexportland ist, eine stark asymmetrische Situation.

Strenggenommen handelt es sich bei dem Sozialprodukt um das Sozialprodukt zum Zeitpunkt 2 unseres Modells. Da aber im Zeitpunkt 1 kein Einkommen entsteht, erscheint es gerechtfertigt, von *dem* Sozialprodukt zu sprechen.

Der Budgetsaldo einer Regierung ist die Differenz von Staatseinnahmen und Staatsausgaben in dem entsprechenden Land. Staatsausgaben fallen in unserem Modell nicht an, so daß der Budgetüberschuß gleich dem Steueraufkommen ist.

---

273 In unserer Modellwelt existiert, da wir Abschreibungen nicht erfassen, kein Unterschied zwischen Brutto- und Nettosozialprodukt. Auch macht es keinen Unterschied, ob wir das Sozialprodukt zu Faktorkosten oder zu Marktpreisen berechnen, da unser Modell keine indirekten Steuern oder Subventionen beinhaltet. Zu den unterschiedlichen Sozialproduktskonzeptionen vgl. Woll (1993, S. 317 ff).

274 Bevölkerungslosigkeit sollte nicht allzu wörtlich verstanden werden: Sie bedeutet "nur", daß in diesem Land keine Kapitalanleger wohnen, nicht aber, daß dieses Land eine nur mit einer Roboterfabrik besetzte Wüste ist.

Das Sozialprodukt Y^i eines "bewohnten" Landes i ergibt sich als die Summe des verfügbaren Einkommens der Haushalte und dem Steueraufkommen und hängt, unterstellt man optimales Anleger- und Investorenverhalten, von den staatlichen Aktionsparametern beider Länder ab:

$$Y^i(\mathbf{t}) = (1+\rho(\mathbf{t}))\cdot S(\rho(\mathbf{t})) + T^i(\mathbf{t}) . \tag{4.10}$$

Nun gilt für das verfügbare Einkommen:

$$\begin{aligned}(1+\rho)\cdot S(\rho) &= (1+\rho)\cdot\left[K^A + K^B\right] \\ &= \sum_{k=A,B}\left[(1-\tau_r^k)r^k B^k + (1-\tau_d^k)(1-t_U^k)\left[\Pi^k - E^k\right] + B^k + E^k\right],\end{aligned} \tag{4.11}$$

wobei

$$d^k \cdot E^k = (1-t_U^k)\cdot\left[\Pi^k - E^k\right] = (1-t_U^k)\cdot\left[(1-t_G^k)\cdot\left[F^k(K^k) - t_K^k K^k - r^k B^k\right] - K^k\right]$$

das Dividendeneinkommen aus Land k bezeichnet.

Da ein "bewohntes" Land ein Kapitalexportland ist, gilt für das Steueraufkommen T^i in einem Kapitalmarktgleichgewicht Gleichung (4.8). Außerdem kann $\tau_x^i = t_x^i$ $(x=d,r)$ gesetzt werden. Integriert man dies in (4.11) und faßt man die Terme zusammen, so erhält man:

$$\begin{aligned}Y^i(\mathbf{t}) &= F^i(K^i) + K^j\cdot\left[1 + (1-t_r^j)\cdot\bar{\sigma}^j\cdot r^j + (1-t_d^j)\cdot(1-\bar{\sigma}^j)\cdot d^j\right] \\ &= F^i(K^i) + K^j\cdot\left[1 + \frac{1-t_r^j}{1-\tau_r^j}\cdot\rho\cdot\bar{\sigma}^j + \frac{1-t_d^j}{1-\tau_d^j}\cdot\rho\cdot(1-\bar{\sigma}^j)\right].\end{aligned} \tag{4.12}$$

Das Sozialprodukt eines Kapitalexportlandes i setzt sich zusammen aus der heimischen Produktion F^i und den vom ausländischen Quellenland besteuerten Auslandseinkünften (incl. Tilgung bzw. Rückzahlung des investierten Kapitals). Von Inländern zu zahlende Steuern heben sich in der Aggregation auf, was nicht zu dem Schluß verleiten darf, daß das Sozialprodukt invariant gegenüber Steueränderungen wäre: Von den Steuersätzen $\mathbf{t}^i$ abhängig sind nämlich die Größen K^i, K^j und ρ.

Das Sozialprodukt eines unbewohnten Kapitalimportlandes j ist dessen staatlicher Budgetüberschuß (4.1):

$$Y^j(\mathbf{t}) = T^j(\mathbf{t}) \qquad (4.13)$$

Addiert man (4.12) und (4.13) so erhält man nicht allzu überraschend, daß das gesamte Weltsozialprodukt sich als die Summe der Ausbringungen errechnet:

$$Y^A(\mathbf{t}) + Y^B(\mathbf{t}) = F^A(K^A(\mathbf{t})) + F^B(K^B(\mathbf{t})). \qquad (4.14)$$

4.3 Lösungskonzepte

Bisher wurde nichts darüber gesagt, in welcher Weise sich die Steuersätze im vorliegenden Modell bestimmen. Hierfür ist eine genauere Modellierung der Verhaltensweisen der Regierungen erforderlich.

Da wir im folgenden Steuerwettbewerb nicht unter dem gesamten Spektrum zur Verfügung stehender Instrumente analysieren wollen, vereinbaren wir eine Notationsregel für beschränkte Strategieräume. Sei t_x^i ein Steuersatz, den die Regierung des Landes $i = A, B$ nicht im Wettbewerb einsetzt ($x = d, r, U, G, K$) und den wir daher als auf einer Höhe von $\hat{t}_x^i \in [0, \bar{t}]$ fixiert annehmen können. Dann reduziert sich die Strategiemenge der Regierung von Land i auf die Menge $\bar{S}^i(\hat{t}_x^i) = \left\{ t \in [0, \bar{t}]^4 \middle| (t, \hat{t}_x^i) \in S^i \right\}$, d.h. auf die Projektion von S^i auf $[0, \bar{t}]^4$ für den Fall, daß $t_x^i = \hat{t}_x^i$ festgeschrieben ist. Analog könnten wir verfahren, wenn mehr als ein Steuerinstrument *a priori* fixiert ist. Da es aber im folgenden entweder unerheblich oder aus dem Zusammenhang klar sein wird, welche Steuervariable nicht zur Disposition der Regierungen stehen, werden wir die Argumente der $\bar{S}^i(\cdot)$ auslassen und reduzierte Strategiemengen einfach mit $\bar{S}^i$ bezeichnen. Der Strategieraum im eingeschränkten Spiel ergibt sich dann als $\bar{S} = \bar{S}^A \times \bar{S}^B$.

4.3.1 Das Nash-Gleichgewicht

Wenn im Steuerwettbewerb die beteiligten Regierungen simultan die Werte der ihnen zur Verfügung stehenden Aktionsvariablen festsetzen, um bei als gegeben unterstellten Entscheidungen des jeweils anderen Landes ihre Zielfunktion zu optimieren, so spricht man von Nash-Verhalten. Ein Nash-Gleichgewicht ist dann eine Situation, in der sich jede Regierung hinsichtlich der Entscheidungen der jeweils anderen Regierung in ihrem Optimum befindet:

Definition: Sei $\overline{S} = \overline{S}^A \times \overline{S}^B \subseteq S$ der Strategieraum eines (eingeschränkten) Spiels. $P^i : S \rightarrow \Re$, $(\mathbf{t}^i, \mathbf{t}^j) \mapsto P^i(\mathbf{t}^i, \mathbf{t}^j)$ sei die zu maximierende Zielfunktion des Spielers $i=A,B$. Ein Vektor $\hat{\mathbf{t}} \in \overline{S}$ heißt *Nash-Gleichgewicht* des (eingeschränkten) Spiels, falls für alle $i=A,B$ gilt:

$$P^i(\hat{\mathbf{t}}^i, \hat{\mathbf{t}}^j) \geq P^i(\mathbf{t}^i, \hat{\mathbf{t}}^j) \text{ für alle } \mathbf{t}^i \in \overline{S}^i.$$

Falls $P^i = T^i$ für $i=A,B$, so nennen wir ein Nash-Gleichgewicht ein *Aufkommensgleichgewicht*, falls $P^i = Y^i$ für $i=A,B$, nennen wir es *Wohlfahrtsgleichgewicht*.

Obwohl wir in dieser Definition zugelassen haben, daß unterschiedliche Regierungen unterschiedliche Ziele verfolgen, werden wir unsere Analysen auf den symmetrischen Fall identischer Ziele beschränken.

In einem Nash-Gleichgewicht ist eine Gleichgewichtsstrategie eines Spielers *i* die beste Antwort auf die Gleichgewichtsstrategie des anderen Spielers *j*. Sind die Spielstruktur und die Tatsache, daß sich alle Spieler individuell rational verhalten, in einem Spiel unter Sicherheit gemeinsames Wissen, so stellt das Nash-Gleichgewicht dahingehend das einzig sinnvolle Lösungskonzept dar, als keiner der Spieler von einer Situation, die nicht durch das Aufeinandertreffen wechselseitig bester Antworten gekennzeichnet ist, erwarten kann, daß sie eintreten wird. Dies würde implizieren, daß zumindest einer der Spieler sich "falsch" verhält, indem er sein Optimierungskalkül nicht richtig durchführt oder seine Mitspieler unzutreffend einschätzt.[275] Nash-Gleichgewichte können auch als Endpunkte eines dynamischen Evolutionsprozesses motiviert werden, in dessen Verlauf die Spieler aus enttäuschten oder nicht-konsistenten Erwartungen lernen. Allerdings setzt diese Sichtweise voraus, daß die Spieler sich ausschließlich und mechanistisch am aktuellen Verhalten der Mitspieler orientieren, Lernprozesse also nicht einsetzen und die Spieler ihre immer wieder enttäuschte Erwartung über das Stillhalten der anderen Spieler nicht revidieren.[276]

---

275 Vgl. Fudenberg/Tirole (1992, S. 13).

276 Vgl. ebda., S. 23 ff.

Die Charakterisierung eines Nash-Gleichgewichts als das Aufeinandertreffen wechselseitig bester Antworten wird besser verständlich nach Einführung der sog. Reaktionskorrespondenzen.

Definition: Die Korrespondenz $\phi^i: \overline{S} \rightarrow \overline{S}^i, (\mathbf{t}^i, \mathbf{t}^j) \mapsto \phi^i(\mathbf{t}^i, \mathbf{t}^j)$ mit

$$\phi^i(\mathbf{t}^j) = \left\{ \hat{\mathbf{t}}^i \middle| P^i(\hat{\mathbf{t}}^i, \mathbf{t}^j) \geq P^i(\mathbf{t}^i, \mathbf{t}^j) \;\; \forall\, \mathbf{t}^i \in \overline{S}^i \right\}$$

heißt Reaktionskorrespondenz des Spielers $i=A,B$.

Die Reaktionskorrespondenz von Spieler i enthält die beste(n) Antwort(en) dieses Spielers auf vorgegebene Strategien des anderen Spielers. Sind die Auszahlungsfunktionen stetig und die Strategienmengen kompakt, so sind die $\phi^i(t^j)$ für alle t^j nicht-leer.[277] Definiert man nun die Korrespondenz $\phi: \overline{S} \rightarrow \overline{S}$ als das kartesische Produkt der ϕ^i, so läßt sich ein Nash-Gleichgewicht alternativ beschreiben durch:

Definition: Sei $\overline{S} = \overline{S}^A \times \overline{S}^B \subseteq S$ der Strategieraum eines (eingeschränkten) Spiels. $P^i: S \rightarrow \Re,\ (\mathbf{t}^i, \mathbf{t}^j) \mapsto P^i(\mathbf{t}^i, \mathbf{t}^j)$ sei die zu maximierende Zielfunktion des Spielers $i=A,B$. Ein Vektor $\hat{\mathbf{t}} \in \overline{S}$ heißt *Nash-Gleichgewicht* des (eingeschränkten) Spiels, falls er ein Fixpunkt der Korrespondenz ϕ ist, d.h. falls für $i,j=A,B$ mit $i \neq j$ gilt:

$$\hat{\mathbf{t}}^i \in \phi^i(\hat{\mathbf{t}}^j).$$

Das Nash-Gleichgewicht als Lösungskonzept für nicht-kooperative Spiele hat zwei wesentliche technische Unzulänglichkeiten: Es muß nicht existieren und es muß nicht eindeutig sein:

a) Ein Lösungskonzept, das für viele Spielsituationen keine Lösung angeben kann, ist ziemlich unbrauchbar. Das Nash-Konzept krankt in einer Reihe von Fällen an der Nichtexistenz eines Gleichgewichts; Spiele, in denen es kein Nash-Gleichgewicht (in reinen Strategien) gibt, lassen sich recht leicht konstruieren.[278]

---

277 Stetige Funktionen nehmen über kompakten Mengen ein Maximum an. Vgl. Varian (1985, S. 327).

278 Einfachstes Beispiel ist das "Matching Pennies"-Spiel. Vgl. Fudenberg/Tirole (1992, S. 16).

Andererseits gibt es eine Reihe von Existenztheoremen, die für bestimmte, recht allgemeine Spielkonstellationen den Nachweis der Existenz eines Nash-Gleichgewichts führen. Die prominentesten dieser Aussagen für Spiele mit nicht-endlichen Strategienmengen enthält, angepaßt auf die im Rahmen dieser Arbeit relevanten Bedingungen, das folgende:[279]

<u>THEOREM:</u>

a) Debreu-Fan-Glicksberg-Theorem:
Sei $\overline{S}^i \subseteq \Re^m$ mit $1 \leq m \in \mathbf{N}$ nicht-leer, konvex und kompakt für *i=A,B*. Falls die Payoff-Funktionen $P^i : S \rightarrow \Re$ auf $\overline{S}$ stetig in $(\mathbf{t}^i, \mathbf{t}^j)$ und quasi-konkav in $\mathbf{t}^i$ sind, so existiert ein Nash-Gleichgewicht.[280]

b) Dasgupta-Maskin-Theorem:
Sei $\overline{S}^i \subseteq \Re^m$ mit $1 \leq m \in \mathbf{N}$ nicht-leer, konvex und kompakt für *i=A,B*. Die Payoff-Funktionen $P^i : S \rightarrow \Re$ seien auf $\overline{S}$ oberhalb halbstetig in $(\mathbf{t}^i, \mathbf{t}^j)$ und quasi-konkav in $\mathbf{t}^i$. Sind die Funktionen $\overline{P}^i(\mathbf{t}^j) := \max_{\mathbf{t}^i \in \overline{S}^i} P^i(\mathbf{t}^i, \mathbf{t}^j)$ für *i=A,B* stetig in $\mathbf{t}^j$, dann existiert ein Nash-Gleichgewicht.[281]

Die Nichtexistenz von Nash-Gleichgewichten ist in einem Spiel des Steuerwettbewerbs eine äußerst unbefriedigende Situation:[282] Die fiskalischen Autoritäten werden permanent mit Änderungen in der Steuergesetzgebung beschäftigt sein. Dies beeinträchtigt die wirtschaftliche Aktivität der Kapitalanleger und der produzierenden Unternehmen, die sich einer wankelmütigen Steuerpolitik ausgesetzt sehen und zu einer vernünftigen Kalkulation von Finanzierungs- und Investitionsvorhaben nicht in der Lage sind. Die Fisci selbst sehen sich schwankenden Steuereinnahmen gegenüber, was eine stetige Budgetpolitik stark erschwert.

---

279 Eine Funktion $f: D \rightarrow \Re$ heißt *quasi-konkav*, wenn für alle $c \in \Re$ die Mengen $\{x \in D | f(x) \geq c\}$ konvex sind. Eine Funktion $f: D \rightarrow \Re$ ist *oberhalb halbstetig an einer Stelle* $x \in D$, wenn für jede Folge $(x^n) \subseteq D$ mit Grenzwert x gilt: $\limsup_{n \to \infty} f(x^n) \leq f(x)$. (Vgl. Dasgupta/Maskin (1986, S. 4)).

280 Zitiert nach Dasgupta/Maskin (1986, Theorem 1).

281 Dieses Theorem ist eine leichte Verallgemeinerung von Theorem 2 in Dasgupta/Maskin (1986) durch Fudenberg/Tirole (1992, Theorem 12.3).

282 Vgl. hierzu z.B. Lucke (1993, S. 5).

Bei Nichtexistenz von Nash-Gleichgewichten weicht man oft auf Nash-Gleichgewichte in gemischten Strategien aus, bei denen jeder Spieler für gegebene gemischte Strategien eine seinen erwarteten Nutzen maximierende Wahrscheinlichkeitsverteilung über seine Strategiemenge bestimmt und ein Nash-Gleichgewicht über den Wahrscheinlichkeitsverteilungen ermittelt wird. Die Existenz gemischter Gleichgewichte kann unter weniger restriktiven Bedingungen sichergestellt werden als die sog. reiner Gleichgewichte.[283] Im Rahmen des Steuerwettbewerbs bietet dies aber keinen gangbaren Ausweg, da das bewußte Randomisieren über Steuersätze (trotz aller Merkwürdigkeiten und Sprunghaftigkeiten der Finanzpolitik) als unrealistisch angesehen werden muß und nur schwer interpretierbar ist.

b) Stärker als die Forderung nach Existenz ist die Forderung nach Eindeutigkeit des Nash-Gleichgewichts. Sie ist sinnvoll, da im Fall multipler Gleichgewichte zum einen die Motivation für das Nash-Gleichgewicht als einziges mit konsistenter Erwartungsbildung vereinbares Lösungskonzept auf tönernen Füßen steht und zum anderen bei Nicht-Eindeutigkeit das Lösungskonzept einer Ergänzung oder Verfeinerung dahingehend bedarf, welches der Gleichgewichte sich denn einstellen wird. Die Nicht-Eindeutigkeit ist Kennzeichen vieler Nash-Gleichgewichte.[284] Eindeutigkeit hängt im wesentlichen von den Eigenschaften der Reaktionskorrespondenzen ab.[285] Da es nur wenig ökonomisch sinnvolle Kriterien gibt, die die Struktur von Reaktionskorrespondenzen einschränken, sind Eindeutigkeitsbeweise relativ dünn gesät und von ihrem ökonomischen Wesensgehalt her oft schwer interpretierbar.[286]

4.3.2 Das Stackelberg-Gleichgewicht

Das Stackelberg-Gleichgewicht ist ein Gleichgewichtskonzept für Spiele mit sequentiellen Zügen, bei denen ein Spieler (der Stackelberg-Führer) seine Entscheidung vor dem anderen trifft (Stackelberg-Folger). Der Führer antizipiert

---

283 Das folgt schon alleine daraus, daß reine Strategien als degenerierte gemischte Strategien aufgefaßt werden können. Einen recht allgemeinen Existenzbeweis für Gleichgewichte in gemischten Strategien führen Dasgupta/Maskin (1986, Theorem 5).

284 Einfachstes Beispiel für ein Spiel mit mehreren Nash-Gleichgewichten ist die sog. "Battle of the Sexes". Vgl. Fudenberg/Tirole (1992, S. 18). Man kann zeigen, daß die Zahl der Nash-Gleichgewichte in der Regel ungerade ist (sog. *Oddness Theorem*, vgl. ebda., S. 480). Aber das hilft in unserem Kontext auch nicht weiter.

285 Vgl. Friedman (1977, S. 163 ff.).

286 Vgl. Holler/Illing (1993, S. 76 ff.).

hierbei, daß der Nachfolger mit einer besten Antwort im Sinne seiner Reaktionskorrespondenz auf die von ihm getroffene Entscheidung reagiert. Unter der Annahme, daß die Reaktionskorrespondenzen einwertig sind, d.h., daß jeder Spieler für jede Strategie des anderen Spielers genau eine beste Antwort besitzt, kann man ein Stackelberg-Gleichgewicht wie folgt definieren:

Definition: Sei $\overline{S} = \overline{S}^A \times \overline{S}^B \subseteq S$ der Strategieraum eines (eingeschränkten) Spiels. $P^i : S \rightarrow \Re,\ (\mathbf{t}^i, \mathbf{t}^j) \mapsto P^i(\mathbf{t}^i, \mathbf{t}^j)$ sei die zu maximierende Zielfunktion des Spielers $i=A,B$. Spieler i sei der Stackelberg-Führer, Spieler j der Folger. Ein Vektor $\hat{\mathbf{t}} \in \overline{S}$ heißt *Stackelberg-Gleichgewicht* des (eingeschränkten) Spiels, falls gilt:

(i) $\hat{\mathbf{t}}^j = \phi^j(\hat{\mathbf{t}}^i)$ und

(ii) $P^i(\hat{\mathbf{t}}^i, \phi^j(\hat{\mathbf{t}}^i)) \geq P^i(\mathbf{t}^i, \phi^j(\mathbf{t}^i))$ für alle $\mathbf{t}^i \in \overline{S}^i$.

Wir haben oben die Regierungen als Stackelberg-Führer und die privaten Wirtschaftssubjekte als Folger im Gesamtspiel des Steuerwettbewerbs identifiziert. An dieser Stelle geht es aber um das Verhältnis der Regierungen zueinander: Ein Spieler kann oder muß sich vor dem anderen entscheiden.[287] Die Führer-Position kann vorteilhaft, möglicherweise aber auch nachteilig sein.

Ein Nachteil der Stackelberg-Lösung, der in unserem Modell aber nicht schlagend wird, ist ihre unzureichende Verallgemeinerbarkeit auf den Fall von $n>2$ Spielern,[288] die sinnvolle Analysen des Steuerwettbewerbs auf den "duopolity"-Fall (Wildasin (1991)) beschränkt.

Im Unterschied zum Steuerwettbewerb unter der Nash-Annahme existiert nur eine Handvoll Ansätze, die Steuerwettbewerb als Stackelberg-Modelle diskutieren. Zu nennen sind hier etwa Feldstein/Hartman (1979), Kolstad/Wolak (1983), Gordon (1992), Koop (1993) oder Janeba/Peters (1995).[289] Die Motivation, fiskalische Konkurrenz in einem Stackelberg-Ansatz zu untersuchen, variiert zwi-

---

287 Außer der Rechtfertigung durch den Spielablauf gibt es auch noch jene Interpretation des Stackelberg-Spiels als das zwischen einem cleveren Führer, der genau weiß, wie der andere sich verhält, und einem naiven Folger, der seinen Konkurrenten permanent falsch einschätzt. Vgl. Friedman (1977, S. 83).

288 Vgl. Friedman (1977, S. 83).

289 Von diesen Arbeiten beschränken sich Feldstein/Hartman (1979) und Gordon (1992) rein auf die Untersuchung sequentieller Spiele, während die anderen Ansätze sich wie der unsrige vorwiegend auf Spiele mit simultanen Zügen konzentrieren.

schen den vorgelegten Beiträgen.[290] Vorherrschend ist hierbei die Begründung, daß Steuerwettbewerb sich oft zwischen Ländern stark unterschiedlicher Größe oder Marktmacht abspielt, bei dem dem größeren Land dann die Führer-Position zukomme.[291] Diese Argumentation vermag nicht zu überzeugen, denn Führer- oder Folger-Positionen sind keine Frage absoluter Größe, sondern der Zeitstruktur der Spielzüge.[292] Hierbei ist es nicht zwangsläufig so, daß das größere Land den ersten Zug setzt. Aus U.S.-amerikanischer Sicht mag dieser Eindruck von daher entstanden sein, als die USA mit ihren drastischen Steuersenkungen in den Jahren 1986 und 1987[293] die aktuelle Runde der Steuersenkungen in den OECD-Staaten eingeläutet haben. In der EG war es aber Luxemburg, das mit seiner Steuerreform in den Jahren 1986/87 als *first mover* den Steuerwettbewerb anführte. Alle anderen EG-Staaten folgten mit mindestens einem Jahr Abstand.[294,295]

Wird im vorliegenden Ansatz Stackelberg-Wettbewerb diskutiert, so geschieht dies ohne spezifische Annahmen über die Größe der Länder.

4.3.3 Kooperative Lösung und Pareto-Effizienz

4.3.3.1 Allgemeine Beschreibung

Bisher haben wir unterstellt, daß eine Kooperation zwischen den Spielern nicht stattfindet und daß daher jeder Spieler autonom seine eigenen Ziele verfolgt. Für

---

290 Etwas abstrus mutet hierbei die rein technische Motivation von Janeba/Peters(1995) an, die Stackelberg-Wettbewerb deshalb modellieren, weil dort die Existenzprobleme, die in ihrem Ansatz den Nash-Wettbewerb kennzeichnen, nicht auftreten (S. 13).

291 So argumentieren etwa Feldstein/Hartman (1979, S. 315 f.), Gordon (1992, S. 1170) oder Koop (1993, S. 87 f.).

292 Hier überrascht Gordon (1992, S. 1169) mit seiner Argumentation, daß ein Stackelberg-Ansatz deshalb angemessen sei, weil Steuerwettbewerb ein simultanes Spiel sei: "Historically, changes in corporate tax rates have occured roughly simultaneously among the major industrialized countries (...) Given this pattern, it seems of interest to examine a Stackelberg equilibrium as well."

293 Die Spitzensätze der Körperschaftsteuer (incl. State Corporate Income Tax) sanken von 51,4% in 1986 über 46% im Jahre 1987 auf die bis heute gültigen 39,9% im Jahre 1988. Vgl. Koop (1993, S. 126 f.).

294 Vgl. die Zeittafel des Steuerwettbewerbs in Koop (1993, S. 126 f.).

295 Im Modell von Kolstad/Wolak (1983), das einen Wettbewerb mit Produktionssteuern auf Kohle in den USA untersucht, nimmt das kleinere Montana im Wettbewerb mit dem größeren Wyoming die Führer-Rolle ein. Dies deckt sich mit den empirischen Befund, daß Wyoming der Staat ist, der die eher reaktive Haltung einnimmt.

einen Steuerwettbewerb ist dies die adäquate Modellierung, wenn zwischen den Regierungen keine bindenden Verträge geschlossen werden können. Es gibt keine supranationalen Instanzen, die die Einhaltung der Verträge überwachen und Vertragsbrüche sanktionieren. Die Möglichkeit des verbindlichen Vertragsabschlusses bedeutet natürlich bei weitem nicht, daß die Regierungen nicht mehr eigennützig ihre nationalen Interessen verfolgen, sondern vielmehr, daß sie mögliche Kooperationsgewinne *für sich* zu realisieren suchen.

Nicht-kooperatives Verhalten führt oft zu ineffizienten Lösungen in dem Sinne, daß ein anderes Element des Strategienraumes für mindestens einen der Spieler ein besseres Ergebnis hervorgebracht hätte, ohne daß der/die andere(n) Spieler Einbußen hätten hinnehmen müssen.[296] Dieses Phänomen ist als die Ineffizienz von Nash-Gleichgewichten gut bekannt und analysiert. Es gibt damit aber andere Strategienpaare als die nicht-kooperative Lösung des Nash-Gleichgewichts, die, vorausgesetzt, sie sind durchsetzbar, eine Ergebnisverbesserung für mindestens einen der Spieler herbeiführen. Effizienz beschreibt einen Zustand, in dem dies nicht mehr möglich ist, in dem also durch Kooperation oder durch einen anderen Vertragsabschluß zwischen den Spielern eine Verbesserung eines der beiden Spieler nur auf Kosten des anderen erfolgen kann. Dies entspricht der Standarddefinition der *Pareto-Effizienz*.

Hierbei ist genau zu spezifizieren, in welchem Umfang eine Kooperation möglich ist. Im Rahmen unseres Modells lassen sich zwei unterschiedliche Kooperationsvarianten (und daher auch zwei Effizienzkonzepte) unterscheiden: jene, in der monetäre Transfers zwischen den Spielern möglich sind, und jene, wo dies nicht der Fall ist.

Aufgrund der monetären Meßbarkeit beider Zielgrößen unseres Modells lassen sich die Zielfunktionen der beiden Regierungen durch einfache Aufsummation sinnvoll zum Gesamtsteueraufkommen bzw. zum Weltsozialprodukt aggregieren. Die monetäre Dimension der Zielgrößen gestattet es zumindest prinzipiell, Ergebnisbeiträge zwischen den Ländern hin und her zu transferieren, gibt also, technisch gesprochen, Spielraum für Seitenzahlungen. Je nachdem, ob solche Seitenzahlungen bindend vereinbart werden können oder nicht, resultieren unterschiedliche Effizienzbegriffe und kooperative Optimierungsprobleme:

---

296 Standardbeispiel ist das sog. Gefangenendilemma, bei dem die nicht-kooperative Lösung vom Nash-Gleichgewicht strikt Pareto-dominiert wird.

Definition:

a) Ein Strategievektor $(\hat{\mathbf{t}}^A, \hat{\mathbf{t}}^B) \in \overline{S}$ heißt *schwach effizient*[297], falls kein anderer Vektor $(\mathbf{t}^A, \mathbf{t}^B) \in \overline{S}$ mit $(\hat{\mathbf{t}}^A, \hat{\mathbf{t}}^B) \neq (\mathbf{t}^A, \mathbf{t}^B)$ existiert, für den (i) $P^i(\mathbf{t}^i, \mathbf{t}^j) \geq P^i(\hat{\mathbf{t}}^i, \hat{\mathbf{t}}^j)$ für $\forall i = A, B$ und (ii) $P^i(\mathbf{t}^i, \mathbf{t}^j) > P^i(\hat{\mathbf{t}}^i, \hat{\mathbf{t}}^j)$ für mindestens ein $i = A, B$.

b) Ein Strategievektor $(\hat{\mathbf{t}}^A, \hat{\mathbf{t}}^B) \in \overline{S}$ heißt *stark effizient*, falls kein anderer Vektor $(\mathbf{t}^A, \mathbf{t}^B) \in \overline{S}$ mit $(\hat{\mathbf{t}}^A, \hat{\mathbf{t}}^B) \neq (\mathbf{t}^A, \mathbf{t}^B)$ existiert, für den:

$$P^A(\mathbf{t}^A, \mathbf{t}^B) + P^B(\mathbf{t}^B, \mathbf{t}^A) > P^A(\hat{\mathbf{t}}^A, \hat{\mathbf{t}}^B) + P^B(\hat{\mathbf{t}}^B, \hat{\mathbf{t}}^A).$$

Einige Anmerkungen zu dieser Definition:

a) Das Konzept der schwachen Effizienz unterstellt, daß Kooperation nur auf der Ebene der Strategievariablen (d.i. Steuersätze und öffentliche Inputs) stattfindet. Starke Effizienz unterstellt hingegen, daß auch internationale Transfers möglich sind. In einem solchen Fall ist die Summe der Zielfunktionen der geeignete Effizienzmaßstab, da jedes Land für im Vergleich zu einer nicht-koordinierten Lösung gegebenenfalls entstehende nationale Einbußen aus dem maximal erreichbaren "Gesamtkuchen" mehr als kompensiert werden könnte.

b) Gegen eine Verwendung des Konzeptes der schwachen Effizienz könnte man einwenden, warum bindende internationale Transfervereinbarungen nicht zulässig sein sollten, wenn bindende Steuerabkommen möglich sind. Andererseits gibt es zwei Argumente, die für eine Verwendung dieses Konzeptes sprechen: Erstens sind in vielen Spielen Pareto-Verbesserungen schon durch reine Strategiekoordination möglich (Standardbeispiel: Gefangenendilemma). Zweitens dürften politische Widerstände gegen ein internationales Transfersystem größer sein als gegen ein pures Abkommen über Steuern und Inputs, so daß letzteres aus realpolitischer Sicht leichter durchzusetzen ist.

c) Jeder stark effiziente Strategievektor ist auch schwach effizient. Die Umkehrung gilt selbstverständlich nicht.

d) Die Perspektive der starken Effizienz entspricht der eines wohlwollenden sozialen Planers in Form einer supranationalen Institution, die zwischen den

297 Krelove (1992) spricht von "constrained efficiency", Mintz/Tulkens (1996) von "international efficiency".

Ländern ein Finanzausgleichsverfahren als Nullsummenspiel implementieren kann.

e) Keine stark effiziente Situation kann einem Nash-Gleichgewicht unterlegen sein, da durch Transfers zwischen den Ländern jedes Nash-Gleichgewicht (mindestens) eingestellt werden kann.[298]

4.3.3.2 Starke Effizienz bei Wohlfahrtsmaximierung: Die First-Best-Lösung

Es gilt die folgende

AUSSAGE 4.2: Sei $P^i = Y^i$ für $i=A,B$. Falls die Haushalte in Land A wohnen, $S'(\rho) > 0$ gilt und $(\hat{\mathbf{t}}^A, \hat{\mathbf{t}}^B) \in \overline{S}$ stark effizient ist, so gilt:

(i) $t_r^B \geq 0$ und

(ii) $t_r^A = t_x^k = 0$ für alle $k = A, B$ und $x = G, K, U, d$.

Beweis:
Das Problem der Weltoutputmaximierung läßt sich mit (1.3) auch wie folgt schreiben:

$$\max_{(\mathbf{t}^A,\mathbf{t}^B)\in\overline{S}} Y^1 := F^A(\tilde{K}^A(\rho,\mathbf{t})) + F^B(S(\rho) - \tilde{K}^A(\rho,\mathbf{t})),$$

oder, völlig äquivalent:

$$\max_{(\mathbf{t}^A,\mathbf{t}^B)\in\overline{S}} Y^2 := F^A(S(\rho) - \tilde{K}^B(\rho,\mathbf{t})) + F^B(\tilde{K}^B(\rho,\mathbf{t})).$$

298 Kehoe (1989) kommt in seinem Modell des Steuerwettbewerbs zu dem Ergebnis, daß Kooperation zwischen Regierungen einem Nash-Gleichgewicht unterlegen sein kann und stellt so scheinbar ein Gegenbeispiel zu der soeben gemachten Aussage auf. Das Kehoe-Ergebnis (wie auch ein ähnliches Resultat von Rogoff (1985) im Rahmen der Geldpolitik) ist aber darauf zurückzuführen, daß im kooperativen Problem eine Restriktion eingeführt wird, die im nicht-kooperativen Setting nicht vorhanden war (vgl. hierzu Kehoe (1989, S. 294)) selbst). Dann wundert das Resultat aber auch nicht mehr. Insbesondere ist es kein Widerspruch zur behaupteten Überlegenheit der kooperativen Lösung.

Selbstverständlich gilt für alle $(\mathbf{t}^A, \mathbf{t}^B) \in \overline{S}: Y^1 = Y^2$. Sei nun $x \in \overline{S}$ ein beliebiger Steuerparameter. Dann gilt:

$$\frac{\partial Y^2}{\partial x} = \left[F_K^A(S' - \widetilde{K}_\rho^B) + F_K^B \widetilde{K}_\rho^A\right] \cdot \frac{\partial \rho}{\partial x} - F_K^A \widetilde{K}_x^B + F_K^B \widetilde{K}_x^B$$

$$= (F_K^B - F_K^A)\left[\widetilde{K}_x^B + \widetilde{K}_\rho^B \cdot \frac{\partial \rho}{\partial x}\right] + S' F_K^A \frac{\partial \rho}{\partial x}.$$

Analoges ermittelt man für $\dfrac{\partial Y^1}{\partial x}$.

Fall 1: Es sei $x = t_r^B$ und das optimale Steuersystem sei vom Typ $\left[\mathrm{EF}^{\mathrm{B}}\right]$. Dann gilt: $\dfrac{\partial Y^1}{\partial t_r^B} = \dfrac{\partial Y^2}{\partial t_r^B} \equiv 0$ (vgl. Lemma 2.3 und (2.12)), so daß t_r^B beliebig gewählt werden kann.

Fall 2: Fall 1 trete nicht ein. Dann gilt für alle x wegen Lemma 2.3 und (2.12), daß: $\dfrac{\partial \rho}{\partial x} < 0$.

a) Es gelte nun: $F_K^B \geq F_K^A$. Dann ist $\dfrac{\partial Y^2}{\partial x} \leq S' F_K^A \dfrac{\partial \rho}{\partial x} < 0$ und für das optimale x gilt: $x = 0$.

b) Nun sei $F_K^B < F_K^A$. Dann ist analog $\dfrac{\partial Y^1}{\partial x} < 0$ und für das optimale x gilt: $x = 0$.

●

Der Steuerverzicht gilt unabhängig davon, welche Steuerinstrumente in welchen Konstellationen zur Verfügung stehen, denn Aussage 4.2 macht bezüglich des Strategienraumes $\overline{S}$ keine Aussagen oder nimmt Restriktionen vor.

Es ist nicht allzu überraschend, daß gemeinsam outputmaximierende nationale Regierungen die First-Best-Allokation mit internationaler und intertemporaler Allokationseffizienz implementieren. Daran ändert auch die Tatsache, daß $t_r^B > 0$ sein kann, nichts, denn falls dies so wäre, so nähme, da alle anderen Steuersätze gleich null sind, das Steuersystem in Land B die Form $\left[\mathrm{EF}^{\mathrm{B}}\right]$, in der Zinseinkommen nicht entstehen.

Aussage 4.2 gilt für den Fall des nicht-konstanten Kapitalangebotes. Unterstellt man hingegen, daß der Gesamtkapitalstock exogen gegeben ist, daß damit also $S' \equiv 0$ gilt, so ergibt sich ein anderes Bild:

AUSSAGE 4.3: Sei $P^i = Y^i$ für $i=A,B$. Falls die Haushalte in Land A wohnen, $S'(\rho) \equiv 0$ gilt und $(\hat{\mathbf{t}}^A, \hat{\mathbf{t}}^B) \in \overline{S}$ stark effizient ist, so gilt:

$$F_K^A = F_K^B.$$

Beweis:
Die Aussage folgt unmittelbar aus dem Maximierungsansatz

$$\max_{(\mathbf{t}^A, \mathbf{t}^B) \in \overline{S}} Y := F^A(K^A(\mathbf{t})) + F^B(\overline{S} - K^A(\mathbf{t})) = F^B(K^B(\mathbf{t})) + F^A(\overline{S} - K^B(\mathbf{t})).$$

•

Für ein konstantes Kapitalangebot ist starke Effizienz also äquivalent mit internationaler Allokationseffizienz. Dies ist, wie Abschnitt 3.3.2 belegt, durchaus mit positiven Steuersätzen vereinbar, läuft aber im wesentlichen auf eine Harmonisierung hinaus. Bei konstanter Ersparnis ist im Unterschied zu Aussage 4.2 intertemporale Effizienz nicht erforderlich. Die Ursache hierfür wird durch folgenden Zusammenhang deutlich:

FOLGERUNG 4.4: Sei $S'(\rho) > 0$. Gemeinsame Outputmaximierung der Länder A und B ist äquivalent zur Maximierung des Nutzens des Anlegers, falls dieser in einem der beiden Länder wohnt.

Beweis: Es sei $V(\rho) = U(M - S(\rho), (1+\rho)S(\rho))$ die indirekte Nutzenfunktion des (o.B.d.A.) in Land A wohnhaften Haushalts. Es gilt: $V'(\rho) = U_2 \cdot S(\rho) > 0$, so daß Nutzenmaximierung äquivalent ist zur Maximierung von ρ. Aus (2.12) sieht man, daß $\frac{\partial \rho}{\partial x} < 0$ und damit $x = 0$ für alle $x \neq t_r^B$ im Falle $\left[\mathrm{EF}^{\mathrm{B}}\right]$ (Hier gilt $\frac{\partial \rho}{\partial x} = 0$ und damit Indifferenz bezüglich des Steuersatzes).

Damit hat ein nutzenmaximierender Steuervektor dieselbe Struktur wie ein stark effizienter Steuervektor der Outputmaximierung.

•

Je höher die Nettoertragsrate ρ, desto höher ist bei endogener Ersparnis das zur Verfügung stehende Kapital und desto höher kann daher auch der Gesamtoutput sein. Hierzu muß aber eine Laissez-faire-Allokation erzeugt werden. Insgesamt verringert jede Steuererhöhung das erreichbare Nutzenniveau der Kapitalanbieter.[299] Bei vollkommen renditeunelastischem Verhalten der Kapitalanbieter hingegen können Steuereffekte auf ρ außer Acht bleiben und starke Effizienz ist gleichbedeutend mit Outputmaximierung bei fixem Kapitalstock.

Selbstverständlich ist (auch) bei $S' > 0$ ein Verzicht auf eine Besteuerung für den Fall, daß die Haushalte in einem Drittland C wohnen, nicht mehr die Optimallösung der gemeinsamen Outputmaximierung der Länder A und B. In diesem Szenario fallen nämlich starke Effizienz bezüglich Steueraufkommen und Output zusammen. Ohne Steuern zu erheben, werden natürlich auch keine Einnahmen erwirtschaftet, so daß dies nicht die stark effiziente Optimallösung sein kann. Allerdings lassen sich allgemeine Aussagen darüber, wie ein stark effizienter Steuervektor bei gemeinsam aufkommensmaximierenden Regierungen aussieht, nicht machen. Dies hängt vom konkreten Einzelfall ab, so daß wir Effizienzaussagen dieser Art besser im Rahmen der nachfolgenden Ausführungen zu einzelnen Varianten des Steuerwettbewerbs treffen werden.

4.4 Zur weiteren Vorgehensweise

Die folgenden vier Kapitel diskutieren alternative Szenarien des internationalen Kapitalsteuerwettbewerbs. Diese Szenarien verwenden mehr oder minder starke Reduktionen der allgemeinen Strategiemengen S^i, niemals aber das Modell in seiner vollen Größe. Die Analyse des simultanen Steuerwettbewerbs mit allen im Modell zur Verfügung stehenden Steuerinstrumenten wurde zwar versucht, es ist aber nicht gelungen, hierbei ökonomisch interpretierbare Aussagen abzuleiten. Allerdings werden die folgenden Kapitel hoffentlich überzeugend zeigen, daß es schon bei relativ simplen fiskalischen Wettbewerbsstrukturen schwierig und oft nur unter Zusatzannahmen möglich ist, interpretierbare Ergebnisse zu erhalten.

---

299 Vgl. Koop (1993, S. 76) für das gleiche Ergebnis im Rahmen eines weniger allgemeinen Modells.

Der Rest dieser Arbeit geht den Kapitalsteuerwettbewerb daher in einer Szenariotechnik an, die sich jeweils einem besonderen Aspekt widmet. Hierbei schöpft die Analyse bei weitem nicht alle möglichen Modellvarianten aus, sondern beschränkt sich auf einige wenige Fälle. Der Selektion der Szenarien lag dabei neben dem Bestreben, ein möglichst buntes Bild des Steuerwettbewerbs zu zeichnen und bis dato in der Literatur nicht diskutierte, interessante Varianten vorzustellen, folgender "Plan" zugrunde:

Zunächst (Kapitel 5) diskutieren wir den einfachsten Fall des Steuerwettbewerbs, bei dem den Regierungen als Wettbewerbsinstrument nur eine Steuer auf den in ihrem Land investierten Kapitalstock zur Verfügung steht. Dieses in der Literatur relativ häufig anzutreffende Szenario hält an technischen Komplikationen schon vieles bereit, was auch in komplexeren Situationen auftritt. Die relativ ausgedehnte Diskussion formaler Aspekte gestattet es, daß wir uns an späteren Stellen technischer Gesichtspunkte durch einen Rückverweis auf diesen einfachen Fall entledigen und uns stärker auf inhaltliche Fragestellungen konzentrieren können. Doch auch aus inhaltlicher Sicht setzt Kapitel 5 Referenzpunkte, etwa in den in ähnlicher Form auch in allen späteren Kapiteln auftretenden Effizienzaussagen 5.2 und 5.8 oder im optimalen Steuerverzicht eines wohlfahrtsmaximierenden Kapitalexporteurs (Aussage 5.6). Der letzte Abschnitt des Kapitels zeigt Strukturähnlichkeiten zwischen dem fiskalischen Wettbewerb mit Kapitalstocksteuern und dem mit Reingewinnsteuern auf. Dies deutet auf einen recht geringen Grenzertrag einer extensiven Analyse des letzteren hin, so daß sie in dieser Arbeit unterbleibt.

Kapitel 6 untersucht den Steuerwettbewerb mit Kapitaleinkommensteuern bei alternativen Verfahren grenzüberschreitender Besteuerung. Hierbei treten deutliche Ähnlichkeiten der Wettbewerbssituationen und -ergebnisse zutage, bei Wohlfahrtsmaximierung ergibt sich sogar ein Irrelevanztheorem. Diese Parallelen liefern (u.a.) die Motivation dafür, sich im folgenden nur auf jeweils *ein* internationales Steuerverfahren zu beschränken, und geben Anlaß zu der Hoffnung, daß die Grundstruktur der dort gewonnenen Resultate sich in ähnlich gelagerten Situationen auch bei anderen Besteuerungsverfahren einstellen werden.

Die verbleibenden beiden Kapitel wenden sich spezifisch neuen Aspekten dieser Arbeit zu, indem sie Steuerwettbewerb bei zwischen den Einkommensarten diskriminierenden Steuersystemen und endogenisierten Kapitalstrukturen der Unternehmen untersuchen:[300]

Kapitel 7 diskutiert mit dem Wohnsitzlandprinzip einen der Fälle, in denen das Finanzierungsverhalten der Unternehmen nicht schon alleine durch das Steuer*system*, sondern erst durch die Höhe der Steuer*sätze* bestimmt wird.

In Kapitel 8 steht den Regierungen im wesentlichen das ganze Instrumentarium der Kapital*einkommens*besteuerung (Einkommensteuer auf Zinsen und Dividenden und Körperschaftsteuer) zur strategischen Disposition. Hierdurch bewegt sich die Analyse in Richtung eines Wettbewerbs der Steuer*systeme*.

---

300 Für diese beiden Gesichtspunkte existieren in der Literatur keine Vorbilder. Dies unterscheidet die Analyse von der des Kapitels 6, deren Thematik (nicht jedoch Vorgehensweise und Resultate) bereits präsent ist.

Kapitel 5: Wettbewerb mit Kapitalstocksteuern: Der einfachste Fall

5.1 Motivation und Grundsätzliches

In diesem Abschnitt analysieren wir fiskalischen Wettbewerb für den im Rahmen unseres Modells einfachsten Fall: Die einzigen Aktionsvariablen der nationalen Regierungen sind die Steuersätze auf den Kapitalstock t_K^i $(i=A,B)$. Alle anderen Steuersätze stehen als Politikinstrumente nicht zur Verfügung. Es ist also[301] $t_r^i = t_d^i = t_G^i = t_U^i = 0$ (*a priori*) und $\bar{S}^i = \left\{ t_K^i \middle| t_K^i \in [0, \bar{t}] \right\}$ für $i=A,B$. Die relevante Arbitragebedingung auf dem Kapitalmarkt lautet:[302]

$$1+\rho = F_K^A(K^A) - t_K^A = F_K^B(K^B) - t_K^B \, . \tag{5.1}$$

Wir nehmen diese Vereinfachung, gegen die man einwenden könnte, sie sei vor dem Hintergrund, daß in den meisten OECD-Staaten Kapitalstocksteuern auf nationaler Basis eher unüblich sind,[303] unrealistisch, aus mehreren Gründen vor:

a) Sie erlaubt es, Steuerwettbewerb zu diskutieren, ohne daß er von anderen Einflüssen wie Finanzierungsrestriktionen, nationalen und internationalen Besteuerungsverfahren[304] oder Fallunterscheidungen nach dem Wohnsitz der Haushalte[305] überlagert wird.

b) Kapitalstocksteuern sind typische Steuern nachgeordneter Ebenen (Kommunen, States, Kantone). Diese legen, auch wenn sie wie in Deutschland nicht die formale Steuerhoheit über diese Steuern ausüben (vgl. Zimmer-

301 Alternativ könnten wir annehmen, daß alle Steuern international harmonisiert sind und das Quellenlandprinzip gilt.

302 Im Sinne unserer Definition (2.19) (vgl. Abschnitt 2.6) ist das Steuersystem in beiden Ländern vom Typ [MF^i], so daß Bedingung (2.8) anzuwenden ist. Da aber keine anderweitige Besteuerung erfolgt, kann ebenso Bedingung (2.7) verwendet werden. Die Unternehmen sind indifferent zwischen jeder Art der Finanzierung.

303 Vgl. oben, Abschnitt 2.4.

304 Kapitalstocksteuern werden nur auf das im Land investierte Kapital erhoben und sind daher reine Quellensteuern.

305 Dies gilt nur für den Steuerwettbewerb bei Aufkommensmaximierung.

mann/Henke (1994, S. 160)), die Höhe der Steuersätze im wesentlichen autonom fest (vgl. hierzu die Länderübersichten in OECD (1991, S.283 ff.)). Andere Steuerrechte haben lokale oder kommunale Einheiten oft nicht. Gerade auf der nichtzentralen Ebene findet aber ein mitunter vehementer Wettbewerb der fiskalischen Einheiten um Investitionen und die Ansiedlung von Gewerbebetrieben statt, der außer durch Ansiedlungsprämien oder geldwerte "Infrastrukturgeschenke" in der Form des Steuerwettbewerbs ausgefochten wird (siehe hierzu etwa Conrad/Seitz (1994)). Auch wenn internationaler Steuerwettbewerb mit Kapitalsteuern nicht zu erwarten ist, ist auf der subnationalen Ebene Wettbewerb um mobiles Kapital[306] mittels der Kapitalstocksteuer ein empirisch durchaus relevantes Phänomen, das eine Analyse verdient.

c) Die Vereinfachung des Modells erlaubt es, einige Probleme vorwiegend technischer Natur isoliert zu analysieren und ggfs. Bedingungen für ihre Lösung anzugeben. In komplexeren Modellen treten diese Probleme, die vor allem die Existenz und Struktur von Reaktionsfunktionen sowie die Existenz und Eindeutigkeit von Nash-Gleichgewichten betreffen, in noch viel stärkerem Ausmaß auf. Die vorliegende Literatur zum Steuerwettbewerb behandelt diese Probleme in der Regel eher stiefmütterlich, was angesichts der inhaltlichen Bedeutung dieser technischen Aspekte etwas verwundert.

d) Unterstellen wir, daß im "normalen" Modell von einer Erhebung der Reingewinnsteuer t_G^i abgesehen wird, so läßt sich das Steueraufkommen eines Kapitalimportlandes gemäß Gleichung (4.2) schreiben als:

$$T^i(\mathbf{t}) = \left[t_K^i + \rho \cdot \left[\frac{1-\overline{\sigma}^i}{1-\tau_d^i} \cdot \left[\frac{t_U^i}{1-t_U^i} + t_d^i \right] + \overline{\sigma}^i \cdot \frac{t_r^i}{1-\tau_r^i} \right] \right] \cdot K^i \ . \tag{5.2}$$

Sofern die nationale Regierung ihren fiskalischen Einfluß auf die Nettoertragsrate ρ ignoriert oder sofern ρ konstant ist (Fall des kleinen Landes), können alle Steuern zu einer proportionalen Kapitalstocksteuer aggregiert werden, deren

306 Der fiskalische Wettbewerb, bei dem mehrere Gebietskörperschaften um die Ansiedlung eines als *unteilbar* angesehenen Gewerbebetriebes konkurrieren, ist ein typisches Beispiel eines Bertrand-Wettbewerbs. Er bringt das typische Ergebnis hervor, daß die Gebietskörperschaften sich ihre Steuersätze bis auf Null herunterkonkurrieren (vgl. Schulze/Koch (1994)). Die Nicht-Existenz eines Nash-Gleichgewichts mit positiven Steuersätzen kann, sofern die Regierungen außer dem erstrebten Gewerbebetrieb noch über eine *outside option* (z.B. bereits ansässige Unternehmen) zur Besteuerung verfügen, durch die Konstruktion eines Finanzausgleichsverfahrens zwischen den Gebietskörperschaften überwunden werden (vgl. Lucke (1993)).

"effektiver" Steuersatz $\tilde{t}_K^i$ der eckigen Klammer in (5.2) entspricht. Gleiches gilt auch für einen Kapitalexporteur, wenn das Quellenlandprinzip international Anwendung findet (vgl. (4.8)). Wir können daher den Wettbewerb mit Kapitalstocksteuern bei geeigneter Modellvariation als Approximation an Fälle mit reichhaltigerer Steuerpalette auffassen, so daß die im folgenden abgeleiteten Aussagen vielleicht ein Licht darauf werfen, wie realistischer Steuerwettbewerb aussehen könnte.[307]

e) Erstaunlicherweise ist der einfachste Fall des Kapitaleinkommensteuerwettbewerbs mit Steuern auf den Kapitalstock in reiner Form in der Literatur bisher nicht diskutiert worden. Dort kennt man zwar Steuerwettbewerb mit Steuern auf das in den Ländern investierte Kapital, allerdings nur im Rahmen von Modellen, in denen die Steuereinnahmen zur Finanzierung des Angebots an (lokalen) öffentlichen Gütern eingesetzt werden (siehe u.a. Zodrow/Mieszkowski (1986), Wildasin (1988, 1989) oder DePater/Myers (1992)). Die Regierungen maximieren den Nutzen von repräsentativen Individuen, wobei dieser Nutzen vom Angebot an öffentlichen Gütern und vom für private Konsumzwecke zur Verfügung stehenden Netto-Kapitaleinkommen abhängt. Die Regierungen versuchen also einen optimalen Ausgleich zwischen den Zielen "Maximierung der Nettorendite des Kapitals" und "Maximierung des Angebots an öffentlichen Gütern (sprich: des Steueraufkommens)", nehmen also gleichzeitig die Perspektive eines Kapitalanlegers und die eines Konsumenten öffentlicher Leistungen ein. Im Zuge einer Internationalisierung des Kapitalverkehrs fallen die Personen und/oder die Interessen von Kapitalanlegern und Gebietsansässigen oft auseinander, so daß die traditionelle Modellierung hierfür kein geeignetes Bild entwirft. Die Trennung von Fiskal- und Renditezielen, wie sie in unserem Modell vorgenommen wird, erscheint da eher angemessen.

---

307 Zwei Einwände technischer Art müssen allerdings gemacht werden: (i) Es kann, auch wenn alle Einzelsteuersätze zwischen 0 und dem Maximalsatz $\bar{t}$ liegen, nicht sichergestellt werden, daß dies auch für $\tilde{t}_K^i$ gilt. Deshalb müßten hier die Strategienmengen geändert werden; um sie kompakt zu halten, muß eine Obergrenze eingeführt werden: $\tilde{t}_K^i \in [0, \breve{t}]$ mit $\breve{t} > 1$. (ii) Bei der Analyse des Steuerwettbewerbs mit den Kapitalstocksteuern t_K^i werden extensiv die Ableitungen $\frac{\partial K^j}{\partial t_K^i}$ benutzt. Beim Steuerwettbewerb mit den $\tilde{t}_K^i$ müßte man dementsprechend auf die Ableitungen $\frac{\partial K^j}{\partial \tilde{t}_K^i}$ zurückgreifen. Diese Terme können nicht ermittelt werden, ohne zu wissen, welche Komponente von $\tilde{t}_K^i$ sich geändert hat. Die Annahme $\frac{\partial K^j}{\partial \tilde{t}_K^i} \approx \frac{\partial K^j}{\partial t_K^i}$ ist streng genommen nicht zu rechtfertigen, so daß hier mit relativ großen Fehlerquellen bei der Approximation zu rechnen ist.

Wir diskutieren nun nacheinander die Ergebnisse des Steuerwettbewerbs, wenn die Regierungen ihre Steueraufkommen oder ihre Sozialprodukte maximieren.

5.2 Aufkommensmaximierender Steuerwettbewerb

5.2.1 Die Eigenschaften der nationalen Steueraufkommen

Das Steueraufkommen eines Landes *i* errechnet sich einfach als Produkt von Steuersatz und Bemessungsgrundlage (siehe auch (4.2) oder (4.8)):

$$T^i(t_K^i, t_K^j) = t_K^i \cdot K^i(t_K^i, t_K^j), \tag{5.3}$$

Über die Eigenschaften dieser Aufkommensfunktion sind kaum allgemeine Aussagen möglich:

a) Differenzierbarkeit: Da die Kapitalstöcke K^i stetig differenzierbare Funktionen sind (dies folgt aus der dreifachen Differenzierbarkeit der Produktionsfunktionen und der Differenzierbarkeit der Sparfunktion), sind auch die Steueraufkommen in jeder Variablen stetig und differenzierbar. Über die Existenz der Ableitungen höherer (insbesonderer zweiter) Ordnung kann man keine Aussagen machen und muß daher im Bedarfsfall unterstellen, daß Differenzierbarkeit zweiter Ordnung vorliegt.

b) Monotonieverhalten im eigenen Steuersatz: Den marginalen Einfluß einer Änderung des Steuersatzes auf das eigene Steueraufkommen errechnet man als

$$\frac{\partial T^i(t_K^i, t_K^j)}{\partial t_K^i} = K^i(t_K^i, t_K^j) + t_K^i \cdot K_{t_K^i}^i \,. \tag{5.4}$$

Er setzt sich aus einem direkten Effekt durch die Änderung des Steuersatzes (bei als konstant angenommener Kapitalallokation) und einem indirekten aus der Änderung der Kapitalallokation zusammen. Hierbei ist (vgl. Lemma 2.3, Gleichungen (2.11) und (2.12)):

$$K^i_{t^i_K} = \widetilde{K}^i_{t^i_K} + \widetilde{K}^i_\rho \cdot \frac{\partial \rho}{\partial t^i_K} = \frac{1}{F^i_{KK}}\left[1 + \frac{\partial \rho}{\partial t^i_K}\right] = \frac{1}{F^i_{KK}} \cdot \frac{S' - \frac{1}{F^j_{KK}}}{S' - \frac{1}{F^A_{KK}} - \frac{1}{F^B_{KK}}} =: \frac{1}{F^i_{KK}} \cdot \varphi^i < 0. \quad (5.5)$$

Man beachte, daß $\varphi^i \in]0,1[$ gilt.

Die Änderung der Kapitalallokation (und damit der indirekte Effekt einer Steuersatzvariation) läßt sich gemäß (5.5) separieren in einen unmittelbaren aus der Steuersatzänderung und einen aus der Veränderung der Gleichgewichtsrendite resultierenden Effekt.

Das Vorzeichen von (5.4) ist nicht eindeutig bestimmbar. Es kann auch über der Strategiemenge mehrfach wechseln. Im wesentlichen wird der Verlauf des Steueraufkommens durch die zweiten und dritten Ableitungen der Produktionsfunktionen und durch die ersten beiden Ableitungen der Sparfunktion bestimmt. Indizien über deren Größenordnungen und/oder Verläufe sind aus unserem Modell aber nicht ableitbar. Zumindest gilt aber:

$$\frac{\partial T^i(0,t^j_K)}{\partial t^i_K} = K^i(0,t^j_K) > 0 \quad \forall t^j_K \in [0,\bar{t}],$$

so daß zu keinem Steuersatz des anderen Landes $t^i_K = 0$ die aufkommensmaximierende Wahl sein kann (siehe auch (5.3)). Nicht ausgeschlossen ist hingegen, daß der maximal mögliche Steuersatz $t^i_K = \bar{t}$ auch das Steueraufkommen maximiert, dann z.B., wenn $\frac{\partial T^i(t^i_K,t^j_K)}{\partial t^i_K} \geq 0 \;\; \forall t^i_K \in [0,\bar{t}]$.

c) Monotonieverhalten im fremden Steuersatz: Erhöht das andere Land seinen Steuersatz, so steigt im eigenen Land das Steueraufkommen. Dies sieht man wie folgt ($t^i_K \in]0,\bar{t}]$):

$$\frac{\partial T^i(t^i_K,t^j_K)}{\partial t^j_K} = t^i_K \cdot K^i_{t^j_K} = t^i_K \cdot \widetilde{K}^i_\rho \cdot \frac{\partial \rho}{\partial t^j_K} = t^i_K \cdot \frac{\widetilde{K}^j_{t^j_K}}{D \cdot F^i_{KK}} = \frac{t^i_K}{D \cdot F^A_{KK} \cdot F^B_{KK}} > 0, \quad (5.6)$$

mit $D = S' - \frac{1}{F^A_{KK}} - \frac{1}{F^B_{KK}} > 0$ (vgl. (2.11)).

Die Steuersätze können damit als *komplementäre Variable* im Sinne von Bulow/Geanakoplos/Klemperer (1985, S. 494) angesehen werden, denn eine "aggressivere" Niedrig-Steuerstrategie eines Landes verringert das Aufkommen des anderen Landes.

d) Krümmungsverhalten: Das Krümmungsverhalten der Aufkommensfunktion wird durch die Vorzeichen ihrer zweiten Ableitungen bestimmt und hängt damit im wesentlichen von der zweiten Ableitung der Sparfunktion und den dritten Ableitungen der Produktionsfunktionen ab. Allgemeine Aussagen darüber sind somit nicht möglich.

5.2.2 Technische Überlegungen: Existenz und Eindeutigkeit von Nash-Gleichgewichten

Die Unmöglichkeit, die Struktur der Aufkommensfunktionen genau zu spezifizieren, hat für den Steuerwettbewerb die Konsequenz, daß weder die Existenz von Reaktionsfunktionen noch die von Nash-Gleichgewichten *a priori* sichergestellt werden kann, wie dies in ähnlichen Modellen des Kapitalsteuerwettbewerbs gemeinhin stillschweigend unterstellt wird (z.B. in Wildasin (1989, 1991b), DePater/Myers (1992) oder Burbidge/Myers (1992)).

Modellendogen sind diese Probleme nicht lösbar; deshalb behelfen wir uns mit der folgenden

ANNAHME (A.5a): Die Funktionen $T^i(t_K^i, t_K^j) = t_K^i \cdot K^i(t_K^i, t_K^j)$ $(i=A,B)$ sind in jeder Variablen zweimal stetig differenzierbar und nehmen für jedes $t_K^j \in [0, \bar{t}]$ ein eindeutiges globales inneres Maximum an einer Stelle $t_K^i = \phi^i(t_K^j) \in]0, \bar{t}[$ an. Das globale Maximum ist das einzige lokale Extremum.

Einige Anmerkungen zu Annahme (A.5a):

a) Die Steuereinnahmen nehmen für gegebenen fremden Steuersatz einen "glockenförmigen" Verlauf im eigenen Steuersatz. Dies schließt z.B. die Laffer-Kurve als Spezialfall mit ein und bedeutet insbesondere, daß der maximal mögliche Steuersatz nie der aufkommensmaximierende Steuersatz ist ($\phi^i(t_K^j) < \bar{t}$).

b) Die Reaktionskorrespondenzen sind einwertig. Wegen der Maximierungseigenschaft der Stelle $\phi^i(t_K^j)$ gilt:

$$\frac{\partial T^i(\phi^i(t_K^j),t_K^j)}{\partial t_K^i} = 0 \text{ und } \frac{\partial^2 T^i(\phi^i(t_K^j),t_K^j)}{\partial (t_K^i)^2} < 0. \tag{5.7}$$

Somit ist diese Stelle aufgrund von (5.4) und (5.5) implizit gegeben durch:

$$\phi^i(t_K^j) = t_K^i = -\frac{1}{\varphi^i} \cdot K^i(t_K^i,t_K^j) \cdot F_{KK}^i. \tag{5.8}$$

c) Annahme (A.5a) impliziert, daß die Aufkommensfunktion T^i strikt quasikonkav in t_K^i ist. Zusammen mit der Kompaktheit der Strategiemengen führt dies aufgrund des Debreu-Fan-Glicksberg-Theorems zu

AUSSAGE 5.1a: Unter der Annahme (A.5a) existiert ein Nash-Gleichgewicht im Steuerwettbewerb. In einem Nash-Gleichgewicht gilt $(t_K^A,t_K^B) \in]0,\bar{t}[$, wobei jedes der t_K^i Bedingung (5.8) erfüllt.

(5.8) definiert die Reaktionsfunktion des Landes i. Den Einfluß von Steuersatzvariationen des anderen Landes ermittelt man durch implizites Differenzieren der Bedingung $\frac{\partial T^i(\phi^i(t_K^j),t_K^j)}{\partial t_K^i} = 0$:

$$\frac{\partial \phi^i(t_K^j)}{\partial t_K^j} = -\frac{\dfrac{\partial^2 T^i(\phi^i,t_K^j)}{\partial t_K^i\,\partial t_K^j}}{\dfrac{\partial^2 T^i(\phi^i,t_K^j)}{\partial (t_K^i)^2}}. \tag{5.9}$$

Nun ist aus (5.4)

$$\frac{\partial^2 T^i(t_K^i,t_K^j)}{\partial t_K^i\,\partial t_K^j} = K_{t_K^j}^i + t_K^i \cdot \frac{\partial^2 K^i}{\partial t_K^i\,\partial t_K^j}. \tag{5.10}$$

Für den Fall, daß $\rho = const.$ gilt (oder dies von der Regierung so wahrgenommen wird), ist nun aber $K^i_{t^i_K} = \frac{\partial^2 K^i}{\partial t^i_K \, \partial t^j_K} \equiv 0$ (vgl. (2.12) und Lemma 2.3), so daß $\frac{\partial \phi^i(t^j_K)}{\partial t^j_K} \equiv 0$ oder

$$\phi^i(t^j_K) = \overline{\phi}^i \quad \forall t^j_K \tag{5.11}$$

gilt. Falls also die Nettorendite z.B. über einen Weltkapitalmarkt exogen vorgegeben ist oder die Regierungen ihren Einfluß auf diese ignorieren, so hat jede Regierung eine dominante Strategie, die sie unabhängig vom Verhalten der jeweils anderen Regierung einsetzt.

Ansonsten errechnet man in (5.10) mittels (5.6), daß:

$$\frac{\partial^2 K^i(\phi^i(t^j_K),t^j_K)}{\partial t^i_K \, \partial t^j_K} = \frac{\partial}{\partial t^i_K}\left[\frac{\partial K^i(\phi^i(t^j_K),t^j_K)}{\partial t^j_K}\right]$$
$$= \frac{\partial}{\partial t^i_K}\left[\widetilde{K}^i_\rho \cdot \frac{\partial \rho}{\partial t^j_K}\right] = \frac{\partial}{\partial t^i_K}\left[\frac{1}{F^A_{KK} F^B_{KK} D}\right].$$

Nun ist aber:

$$D = \frac{1}{\phi^i} \cdot (S' - \frac{1}{F^j_{KK}}) = -\frac{t^i_K}{K^i \cdot F^i_{KK}} \cdot (S' - \frac{1}{F^j_{KK}})$$

(wobei letzteres aus (5.8) stammt), so daß

$$\frac{\partial^2 K^i(\phi^i(t^j_K),t^j_K)}{\partial t^i_K \, \partial t^j_K} = \frac{\partial}{\partial t^i_K}\left[\frac{K^i}{t^i_K(1 - S' F^j_{KK})}\right].$$

Mit $N^i := (1 - S' F^j_{KK}) \geq 1$ erhält man dann

$$\frac{\partial^2 K^i(\phi^i(t^j_K),t^j_K)}{\partial t^i_K \, \partial t^j_K} = \frac{1}{(t^i_K \cdot N^i)^2} \cdot \left[N^i \cdot \left[t^i_K \cdot K^i_{t^i_K} - K^i\right] - t^i_K \cdot K^i \cdot \frac{\partial N^i}{\partial t^i_K}\right]. \tag{5.12}$$

Über das Vorzeichen von (5.12) lassen sich wiederum kaum Aussagen machen; es hängt von der Ableitung $\frac{\partial N^i}{\partial t_K^i}$ ab, in die dritte Ableitungen der Produktionsfunktion und zweite der Sparfunktion eingehen.

Für den Fall des fixen Gesamtkapitals, also für $S' \equiv 0$, gilt aber:

$$\frac{\partial^2 K^i(\phi^j(t_K^j), t_K^j)}{\partial t_K^i \, \partial t_K^j} < 0.$$

Gleiches gilt, wenn $\frac{\partial N^i}{\partial t_K^i}$ negativ ist oder aber positiv und "klein". Wir unterstellen im folgenden, daß dies der Fall ist:

ANNAHME (A.5b): Falls $\frac{\partial \rho}{\partial t_K^i} \not\equiv 0 \;\; (i = A, B)$, so gilt für alle $t_K^j \in]0, \bar{t}[$:

$$\frac{\partial^2 K^i(\phi^j(t_K^j), t_K^j)}{\partial t_K^i \, \partial t_K^j} < 0.$$

Damit gilt wegen (5.9), daß die besten Antworten streng monoton fallende Funktionen der Steuersätze sind. Die Steuersätze sind damit *strategische Substitute* in dem Sinne, daß der Grenzertrag einer Erhöhung des eigenen Steuersatzes mit steigendem Steuersatz des anderen Landes fällt.[308]

Die bisherigen Annahmen reichen noch nicht aus, um die Eindeutigkeit eines Nash-Gleichgewichts zu etablieren. Lediglich für den Fall, daß beide Spieler dominante Strategien haben ($\frac{\partial \rho}{\partial t_K^k} \equiv 0 \;\; (k = A, B)$), ist natürlich das Gleichgewicht eindeutig.

Eine Verschärfung von Annahme (A.5b) ist

308 Vgl. für diese Begriffsbildung wiederum Bulow/Geanakoplos/Klemperer (1985, S. 494). Man beachte den inhaltlichen Unterschied zwischen *strategischen Substituten* (oder *Komplementen*) und *substitutionalen* (oder *komplementären*) *Variablen*, wie die Steuersätze im Zusammenhang mit Gleichung (5.6) genannt wurden. "Normale" Subsitutionalität oder Komplementarität bezieht sich auf den marginalen Einfluß ausländischer Steuersätze auf das inländische Steueraufkommen, "strategische" Subsitutionalität oder Komplementarität hingegen auf den marginalen Einfluß ausländischer Steuersätze auf das inländische *Grenz*steueraufkommen.

ANNAHME (A.5c): Für i=A,B gelte für alle $t_K^j \in]0,\bar{t}[$:

$$\frac{\partial^2 K^i(\phi^i(t_K^j),t_K^j)}{\partial(t_K^i)^2} < \frac{\partial^2 K^i(\phi^i(t_K^j),t_K^j)}{\partial t_K^i\,\partial t_K^j} < -\frac{1}{D\cdot\phi^i\cdot F_{KK}^A\cdot F_{KK}^B}.$$

Dann gilt:

AUSSAGE 5.1b: Unter (A.5a) und (A.5c) existiert ein eindeutiges Nash-Gleichgewicht im Steuerwettbewerb mit $(t_K^A,t_K^B)\in]0,\bar{t}[$.

Beweis:
Die Existenz eines Nash-Gleichgewichtes mit $(t_K^A,t_K^B)\in]0,\bar{t}[$ ist schon durch (A.5a) sichergestellt. Unter (A.5c) gilt:

$$\frac{\partial^2 T^i(\phi^i,t_K^j)}{\partial t_K^i\,\partial t_K^j} = K_{t_K^j}^i + \phi^i\cdot\frac{\partial^2 K^i(\phi^i,t_K^j)}{\partial t_K^i\,\partial t_K^j} = \frac{1}{F_{KK}^A\cdot F_{KK}^B\cdot D} + \phi^i\cdot\frac{\partial^2 K^i(\phi^i,t_K^j)}{\partial t_K^i\,\partial t_K^j} < 0.$$

Damit gilt:

$$\begin{aligned}\frac{\partial^2 T^i(\phi^i,t_K^j)}{\partial(t_K^i)^2} + \left|\frac{\partial^2 T^i(\phi^i,t_K^j)}{\partial t_K^i\,\partial t_K^j}\right| &= 2\cdot K_{t_K^i}^i + \phi^i\cdot\frac{\partial^2 K^i(\cdot)}{\partial(t_K^i)^2} + \left|K_{t_K^j}^i + \phi^i\cdot\frac{\partial^2 K^i(\cdot)}{\partial t_K^i\,\partial t_K^j}\right| \\ &= 2\cdot K_{t_K^i}^i - K_{t_K^j}^i + \phi^i\cdot\left[\frac{\partial^2 K^i(\cdot)}{\partial(t_K^i)^2} - \frac{\partial^2 K^i(\cdot)}{\partial t_K^i\,\partial t_K^j}\right]\end{aligned}$$

oder:

$$\frac{\partial^2 T^i(\phi^i,t_K^j)}{\partial(t_K^i)^2} + \left|\frac{\partial^2 T^i(\phi^i,t_K^j)}{\partial t_K^i\,\partial t_K^j}\right| < 0. \tag{5.13}$$

Dann ist aber in (5.9) $\left|\frac{\partial \phi^i(t_K^j)}{\partial t_K^j}\right| < 1$ und das System der Reaktionsfunktionen $\phi^A \times \phi^B : [0,\bar{t}]^2 \rightarrow [0,\bar{t}]^2$ ist kontraktiv.[309] Damit ist ein existierender Fixpunkt eindeutig. (Vgl. Friedman (1977, Theorem 7.7)).

•

Die Ungleichung (5.13) ist eine Standardbedingung, um die Eindeutigkeit eines Nash-Gleichgewichts zu etablieren. Anschaulich impliziert sie, daß die eine der Reaktionsfunktionen in jedem Nash-Gleichgewicht immer steiler verläuft als die andere. Bei stetigen Reaktionsfunktionen kann es so höchstens ein Nash-Gleichgewicht geben (vgl. Holler/Illing (1993, S. 77)). Eine ökonomische Interpretation von (5.13) oder Annahme (A.5c) läßt sich nicht geben.

Dynamisiert man das Modell und unterstellt man, daß ausgehend von einem Startpunkt (t_K^A, t_K^B) jedes Land seinen Steuersatz erhöht, wenn es sich davon eine Aufkommenssteigerung verspricht, unterstellt man also, daß $\dot{t}_K^i = \alpha_i \cdot \frac{\partial T^i(t_K^i, t_K^j)}{\partial t_K^i}$, wobei die $\alpha_i > 0$ die Anpassungsgeschwindigkeiten darstellen, so läßt sich zeigen, daß Bedingung (A.5c) die Stabilität des Nash-Gleichgewichts sicherstellt.[310]

---

309 Sei D eine kompakte Teilmenge des $\Re^n$. Eine Funktion $f: D \rightarrow D$ heißt *kontraktiv*, falls für alle $x', x'' \in D$ mit $x' \neq x''$ gilt: $\|f(x') - f(x'')\| < \|x' - x''\|$. Falls f differenzierbar ist, so ist f kontraktiv, falls $\sum_{k \neq i}^{n} \left|\frac{\partial f_i}{\partial x_k}\right| < 1$. Ist f kontraktiv und hat f einen Fixpunkt $x = f(x)$, so ist dieser eindeutig. (Banachscher Fixpunktsatz; vgl. Bronstein/Semendjajew (1979, S. 39 f.)).

310 **Beweis:** Sei $(\hat{t}_K^A, \hat{t}_K^B)$ das Nash-Gleichgewicht. Eine lineare Approximation des Anpassungsprozesses um den Gleichgewichtspunkt ergibt:

$$\begin{pmatrix} \dot{t}_K^A \\ \dot{t}_K^B \end{pmatrix} = \begin{pmatrix} \alpha_A T_{AA}^A & \alpha_A T_{AB}^A \\ \alpha_B T_{BA}^B & \alpha_B T_{BB}^B \end{pmatrix} \cdot \begin{pmatrix} t_K^A - \hat{t}_K^A \\ t_K^A - \hat{t}_K^A \end{pmatrix}, \text{ wobei } T_{ij}^k := \frac{\partial T^k}{\partial t_K^i \partial t_K^j} \quad (i,j,k = A,B)$$

Notwendig für Stabilität ist, daß die Spur der Koeffizientenmatrix negativ, die Determinante positiv ist (vgl. Dixit (1986, S. 109 f.)). Es muß also gelten, daß:

$$\alpha_A \cdot T_{AA}^A + \alpha_B \cdot T_{BB}^B < 0 \text{ und } \alpha_A \cdot \alpha_B \cdot \left[T_{AA}^A \cdot T_{BB}^B - T_{AB}^A \cdot T_{BA}^B\right] > 0,$$

was mit (A.5c) (bzw. mit (5.13)) für beliebige α_i erfüllt ist.

5.2.3 Der Einfluß der Kapitalmarktstruktur auf das Nash-Gleichgewicht

Es ist interessant, sich einmal das optimale Besteuerungsverhalten eines Landes unter verschiedenen Konstellationen auf dem Kapitalmarkt anzusehen. Hierbei kommt es nicht so sehr darauf an, ob der Kapitalmarkt in der Tat durch bestimmte Merkmale gekennzeichnet ist, als vielmehr darauf, daß diese Merkmale von den optimierenden Regierungen als zutreffend wahrgenommen werden.

Fall I: Kapital ist international immobil und die Höhe des Kapitalangebotes in Land i ist fix (besser: wird für fix gehalten). Dann gilt aus (5.4): $\frac{\partial T^i(t_K^i,t_K^j)}{\partial t_K^i} = \overline{K}^i(t_K^i,t_K^j) > 0$. Eine aufkommensmaximierende Regierung setzt den Steuersatz also so hoch wie möglich:

$$\phi^i(t_K^j) = \bar{t} \quad \forall t_K^j \in [0,\bar{t}] \qquad (5.14a).$$

Fall II: Das Gesamtangebot an Kapital ist gegeben. Damit gilt also $S'(\rho) \equiv 0$ und unter (A.5a) ermittelt man aus (5.8) und (5.5):

$$\phi^i(t_K^j) = -K^i \cdot (F_{KK}^A + F_{KK}^B). \qquad (5.14b)$$

Fall III: Im Standardfall mit nicht-konstantem Kapitalangebot und nicht-konstanter Weltkapitalmarktrendite gilt (5.8) und damit

$$\phi^i(t_K^j) = -\frac{1}{\varphi^i} \cdot K^i \cdot F_{KK}^i < -K^i \cdot (F_{KK}^A + F_{KK}^B). \qquad (5.14c)$$

Fall IV: Ist nun die Nettorendite ρ exogen vorgegeben ($\frac{\partial \rho}{\partial x} \equiv 0 \;\forall x$), so errechnet man aus (5.5), daß $K_{t_K^i}^i = \tilde{K}_{t_K^i}^i = \frac{1}{F_{KK}^i}$. Löst man nun (5.4) nach dem optimalen Steuersatz auf, so erhält man wegen $\varphi^i \in]0,1[$:

$$\phi^i(t_K^j) = -K^i \cdot F_{KK}^i < -\frac{1}{\varphi^i} \cdot K^i \cdot F_{KK}^i. \qquad (5.14d)$$

Ein Vergleich der Fälle I bis IV zeigt, daß der optimale Steuersatz von Mal zu Mal abnimmt. Interpretiert man die Fallfolge I bis IV als einen Prozeß zunehmender ökonomischer Integration, in dem, ausgehend von einer Autarkiesituation I, die Marktmacht jeden Landes (gemessen an seinem Einfluß auf die Nettorendite ρ) stetig abnimmt, so legt dies die Vermutung nahe, daß mit zunehmender Integration der Weltkapitalmärkte die nationalen Regierungen in ihrem Besteuerungsverhalten immer zurückhaltender werden.

Gleichgültig, ob man dies im Sinne einer Zähmung staatlicher Leviathans begrüßt (wie etwa S. Sinn (1992a) oder Edwards/Keen (1996)) oder es als ruinöse Steuerkonkurrenz bedauert (wie etwa H.-W. Sinn (1990, 1994)), ist dieser Argumentation mit Vorsicht zu begegnen:

a) Ob die durch (5.14a) bis (5.14d) definierten Steuersätze tatsächlich immer kleiner werden, ist durchaus fraglich. Dies gilt streng genommen nur unter einer restriktiven c.p.-Klausel, die voraussetzt, daß die K^i, die F^i_{KK} und ρ in allen vier Szenarien den gleichen Wert annehmen. Daß dies aber im Zuge der unterschiedlichen Szenarien des fiskalischen Wettbewerbs eintritt, ist eher fraglich. Die Crux des Vergleichs von (5.14a) bis (5.14d) liegt darin, daß er an verschiedenen Stellen vorgenommen wird und damit streng genommen unzulässig ist.

b) Selbst wenn es zuträfe, daß die Regierungen sich bei zunehmender ökonomischer Integration die Steuersätze herunterkonkurrieren, so ist damit noch nicht impliziert, daß auch die maximal erreichbaren Steueraufkommen durchgängig sinken. Diese haben hier aber als das relevante Beurteilungskriterium für die Schärfe des Steuerwettbewerbs zu dienen. Es kann durchaus sein, daß trotz sinkenden Steuersatzes das Aufkommen steigt, weil nämlich die Bemessungsgrundlage zunimmt (fallender Ast einer Laffer-Kurve). Im Rahmen unserer einfachen Modellvariante spricht einiges für diesen Fall. Nach dem Umhüllenden-Satz (vgl. z.B. MasCollel/Whinston/Green (1995, S. 964 f.) und (5.6) gilt nämlich für das Steueraufkommen eines Landes i in einem Nash-Gleichgewicht bei nicht durchgängig konstanter Nettorendite:

$$\frac{\partial T^i(\phi^i(t^j_K),t^j_K)}{\partial t^j_K} = \frac{\partial T^i(t^i_K,t^j_K)}{\partial t^j_K} > 0, \qquad (5.15)$$

so daß durch beidseitige Steuersenkungen in der Tat mit Aufkommenssteigerungen im Steuerwettbewerb zu rechnen ist. Unterstellt man für das Gesamtsteueraufkommen einen Laffer-Kurven-Verlauf, so befinden wir uns im Steuerwettbewerb auf dem fallenden Ast dieser Kurve. Von einer Verschärfung des Wettbewerbs kann daher nicht die Rede sein. Ursache hierfür ist die Komplementarität der Strategievariablen.

5.2.4 Effizienzeigenschaften des Nash-Gleichgewichts

In einem Nash-Gleichgewicht (t_K^A, t_K^B) gilt unter der Annahme (A.5a) (d.h. bei Annahme eines eindeutigen und inneren Aufkommensmaximums) für jeden der Steuersätze Bedingung (5.8):

$$t_K^i = -\frac{1}{\varphi^i} \cdot K^i(t_K^i, t_K^j) \cdot F_{KK}^i \qquad (i=A,B). \tag{5.8}$$

Ein Nash-Steuersatz in Land i läßt sich also formulieren als Produkt des Kapitalstocks in diesem Land, der (negativen) Ableitung des Grenzertrags und einer Zahl $\frac{1}{\varphi^i} > 1$. Formeln dieser Art finden sich in den verschiedenen Ansätzen zum Steuerwettbewerb immer wieder.[311] Der über eins hinausgehende Teil von $\frac{1}{\varphi^i}$, d.h. der Ausdruck

$$\frac{1}{\varphi^i} - 1 = -\frac{F_{KK}^i}{S' - F_{KK}^j} > 0,$$

wird dabei unbegründet als "Excess Burden" der Kapitalbesteuerung in Land i bezeichnet[312] und mit einer fiskalischen Externalität[313] des Steuerwettbewerbs gleichgesetzt.

Der genaue Zusammenhang wird durch das folgende Resultat geklärt, das wichtige Effizienzeigenschaften des Steuerwettbewerbs zusammenfaßt:

---

311 Vgl. z.B. Zodrow/Mieszkowski (1983), Wildasin (1989), DePater/Myers (1992), Krelove (1992).

312 So z.B. Wildasin (1989, S. 198) oder Krelove (1992, S. 365).

313 Vgl. Wildasin (1988, 1989).

AUSSAGE 5.2: Es gelte Annahme (A.5a). Wir betrachten ein Nash-Gleichgewicht im aufkommensmaximierenden Steuerwettbewerb mit der Kapitalstocksteuer.

a) Sei $\frac{\partial \rho}{\partial t_K^i} \not\equiv 0$ für $i=A$ oder $i=B$. Dann ist das Nash-Gleichgewicht weder stark noch schwach effizient.

b) Sei $\frac{\partial \rho}{\partial t_K^i} \equiv 0$ für $i=A,B$. Dann ist das Nash-Gleichgewicht stark effizient.

c) Im allgemeinen ist die Kapitalallokation nicht international effizient. Sie ist auf jeden Fall intertemporal verzerrt.

Beweis:
Unter der Annahme (A.5a) existiert ein Nash-Gleichgewicht (Aussage 5.1a), in dem (5.8) gilt.

a) Es reicht der Nachweis, daß schwache Effizienz nicht vorliegt. Eine schwach effiziente Situation erhält man als Lösung eines Lagrange-Ansatzes der folgenden Art:

$$L = t_K^A \cdot K^A(t_K^A, t_K^B) + \lambda^A \cdot \left[t_K^B \cdot K^B(t_K^B, t_K^A) - \overline{T}^B \right].$$

Notwendige Bedingungen für eine innere Lösung sind:[314]

$$\frac{\partial L}{\partial t_K^A} = t_K^A \cdot K_{t_K^A}^A + K^A + \lambda^A \cdot \left[t_K^B \cdot K_{t_K^A}^B \right] = 0 \qquad (5.16a)$$

$$\frac{\partial L}{\partial t_K^B} = t_K^A \cdot K_{t_K^B}^A + \lambda^A \cdot \left[K^B + t_K^B \cdot K_{t_K^B}^B \right] = 0. \qquad (5.16b)$$

In einem Nash-Gleichgewicht gilt nun wegen (5.7), daß

314 Da ein Nash-Gleichgewicht unter den getroffenen Annahmen auf jeden Fall eine innere Lösung ist, müssen bei der Überprüfung der Effizienz auch nur solche herangezogen werden.

$$\frac{\partial T^i}{\partial t_K^i} = K^i + t_K^i \cdot K_{t_K^i}^i = 0 \text{ für } i=A,B,$$

so daß schwache Effizienz nur vorliegen kann, falls

$$K_{t_K^B}^A = K_{t_K^A}^B = 0$$

gilt. Gemäß (5.6) ist nun aber $\tilde{K}_{t_K^j}^i = \tilde{K}_\rho^i \cdot \frac{\partial \rho}{\partial t_K^j}$ mit $\tilde{K}_\rho^i < 0$, so daß $K_{t_K^B}^A = K_{t_K^A}^B = 0$ nicht erfüllt sein kann, solange $\frac{\partial \rho}{\partial t_K^i} \not\equiv 0$ für irgendein i gilt.

b) Starke Effizienz liegt bei gemeinsamer Aufkommensmaximierung vor und erfordert daher, daß:

$$t_K^i \cdot K_{t_K^i}^i + K^i + t_K^j \cdot K_{t_K^i}^j = 0 \text{ für alle } i \neq j. \qquad (5.17)$$

In einem Nash-Gleichgewicht ist die Summe der ersten beiden Terme der linken Seite gleich Null (s.o.). Falls $\frac{\partial \rho}{\partial t_K^i} \equiv 0$, so gilt zudem noch $K_{t_K^i}^j = 0$ (vgl. (5.6)), so daß Gleichung (5.17) insgesamt erfüllt ist.

c) Für internationale Allokationseffizienz müßte $t_K^A = t_K^B$ gelten, wofür (5.8) außer im Fall identischer Länder keine Indizien liefert. Intertemporale Effizienz läge nur bei $t_K^A = t_K^B = 0$ vor, was aber in einem Nash-Gleichgewicht auf keinen Fall erfüllt ist, da alle Steuersätze strikt positiv sind.

•

Punkt c) benötigt keine weiteren Erläuterungen.[315] Punkt a) überrascht auch nicht, denn daß Gleichgewichte im Steuerwettbewerb (wie überhaupt Nash-Gleichgewichte) oft Pareto-ineffizient sind, ist seit langem bekannt.[316] Als unmittelbare Konsequenz aus Aussage 5.2, Teil a), ergibt sich damit, daß Kooperation zwischen den Regierungen die Situation verbessern kann:[317]

---

315 Vgl. oben, Abschnitte 3.3.1 und 3.3.2.3.

316 Vgl. u.a. Wildasin (1989), Burbidge/Myers (1992), DePater/Myers (1992) oder Krelove (1992).

317 Folgerung 5.3 entspricht Proposition 1 in Krelove (1992).

FOLGERUNG 5.3: Sei $\frac{\partial \rho}{\partial t_K^i} \neq 0$ für $i=A$ oder $i=B$. Dann gibt es ausgehend von einem Nash-Gleichgewicht Steuerreformen $(\mathrm{d}\, t_K^A, \mathrm{d}\, t_K^B)$, die das Aufkommen beider Länder erhöhen. Eine dieser Steuerreformen besteht in der marginalen Erhöhung beider Steuersätze.

Beweis:

In einem Nash-Gleichgewicht gilt für $i=A,B$: $\frac{\partial T^i}{\partial t_K^i} = 0$, so daß lokale Änderungen in diesen Steuersätzen die jeweiligen Aufkommen T^i nicht beeinflussen. Es gilt hingegen $\frac{\partial T^j}{\partial t_K^i} = t_K^j \cdot K_{t_K^i}^j > 0$. Damit würde eine Reform $\mathrm{d}\, t_K^i > 0$ ($i=A,B$) eine Erhöhung des Gesamtaufkommens erwirtschaften.

•

Die übliche Erklärung für die Ineffizienz fiskalischer Nash-Gleichgewichte besteht darin, daß jede Regierung verkennt, daß auch der Kapitaleinsatz im Ausland von ihren Steuersätzen abhängt und daß sie dadurch bei der Festsetzung ihres Steuersatzes eine *fiskalische Externalität* bei der anderen Regierung verursacht, indem sie deren Steuerbasis erhöht oder senkt. Diese in der Regel verbal und intuitiv hervorgebrachte Argumentation[318] geht von einem fixen Gesamtkapitalstock aus, so daß der Kapitalabfluß eines Landes betragsmäßig immer gleich dem Zufluß im anderen Land sein muß.

Aussage 5.2, Teil b), zeigt, daß dies bestenfalls die halbe Wahrheit ist: Der externe Effekt entsteht nicht deshalb, weil das Kapital irgendwo hin abfließen muß, sondern er entsteht einzig als *pekuniäre Externalität* (DePater/Myers (1992)) aufgrund der Änderung der Nettoertragsrate ρ. Diese Änderung ist im Fall der Kapitalsteuern verantwortlich für grenzüberschreitende Effekte. Mit $\rho = \overline{\rho}$ ist Steuerwettbewerb daher effizient.

Dies wird mit Formel (2.12) deutlicher, weil damit die Wirkungen einer Steuersatzänderung auf die Kapitalverwendung im anderen Land wie folgt aufgespalten werden können (hier bezogen auf t_K^i):

---

318 Vgl. z.B. Gordon (1983, S. 583), Oates/Schwab (1988, S. 343), Wilson (1987, S. 837) oder Wildasin (1989, S. 196).

$$K^j_{t^i_K} = \tilde{K}^j_{t^i_K} + \tilde{K}^j_\rho \cdot \frac{\partial \rho}{\partial t^i_K}.$$

Der erste Term der rechten Seite gibt den direkten Effekt einer Steuersatzänderung an, Konstanz der Nettoertragsrate unterstellt. Dieser ist bei der Kapitalsteuer Null, da die ausländische Kapitalnachfrage von einer reinen Quellenbesteuerung im Inland unbeeinflußt bleibt. Es existiert damit also keine unmittelbare fiskalische Externalität zwischen den beiden Ländern in dem Sinne, daß direkte Besteuerungseffekte vorliegen. Der zweite Term hingegen gibt die Veränderung der Kapitalallokation im Ausland aufgrund des sich ändernden Weltmarktpreises des Kapitals an. Dieser Effekt ist in der Regel nicht identisch Null, sondern positiv.[319]

An dieser Stelle wird auch deutlich, inwiefern man den Ausdruck $\frac{1}{\varphi^i} - 1 > 0$ als Zusatzlast (*excess burden*) der Besteuerung bezeichnen kann. *Ohne* Renditeeffekte, d.h. für $\frac{\partial \rho}{\partial t^i_K} \equiv 0$, erhielte man durch Nullsetzen von (5.4) als notwendige Bedingung für das Optimalverhalten einer Regierung[320]

$$t^i_K = -K^i \cdot F^i_{KK}.$$

Dies kennzeichnet nach (5.17) für $K^j_{t^i_K} = 0$ auch eine stark effiziente Lösung. Tautologisches Ergänzen dieses Ausdrucks liefert

$$t^i_K = -K^i \cdot F^i_{KK} = \left[\frac{1}{\varphi^i} - 1\right] \cdot K^i \cdot F^i_{KK} - \frac{1}{\varphi^i} \cdot K^i \cdot F^i_{KK},$$

wobei die Aufspaltung so vorgenommen wurde, daß sich ganz rechts die Optimalbedingung für Nash-Verhalten einstellt. Der Term in eckigen Klammern gibt damit an, in welchem Ausmaß die dezentrale Lösung von der effizienten abweicht, und beschreibt damit die vermeidbare Mehrbelastung, die Land i im Steuerwettbewerb verursacht. Sie ist umso größer, je kleiner φ^i ist. Aufgespalten in die Bestandteile von φ^i ergibt sich eine umso höhere Mehrbelastung

---

319 Hierher rührt ja auch die komplementäre Beziehung zwischen den Steuersätzen, die in (5.6) zum Ausdruck kommt.

320 Vgl. auch (5.14d).

- je kleiner S' (d.i. die Renditereagibilität des Kapitalangebots),

- je kleiner $\left|\frac{1}{F^j_{KK}}\right| = \left|\tilde{K}^j_\rho\right|$ (d.i. die Renditereagibilität der Kapitalnachfrage im Ausland), und

- je größer $\left|\frac{1}{F^i_{KK}}\right| = \left|\tilde{K}^i_\rho\right|$ (d.i. die Renditereagibilität der Kapitalnachfrage im Inland)

ist. Da für φ^j die gegenläufigen Aussagen bezüglich der Kapitalnachfragen gelten, ist der Gesamteffekt hier nicht eindeutig. Klar ist nur, daß die Gesamtmehrbelastung umso größer ist, je schwächer das Kapitalangebot auf Renditeänderungen reagiert.

Eine hinreichende Bedingung dafür, daß Steuerwettbewerb bei aufkommensmaximierenden Regierungen eine stark effiziente Lösung herbeiführt, ist die Konstanz der Nettoertragsrate bezüglich aller Steuersätze. Dies ist in unserem Zwei-Länder-Fall, in dem sich die Ertragsrate endogen auf dem Kapitalmarkt einstellt, wohl nur schwerlich gegeben. Da sich aber der hier diskutierte Wettbewerb mit Kapitalsteuern ohne Einschränkungen auch auf den Fall beliebig vieler Länder übertragen läßt,[321] kann man durchaus behaupten, daß in einer Situation unter "vollständiger Konkurrenz" Steuerwettbewerb effizient ist. Eine stärkere Integration internationaler Kapitalmärkte und der Abbau von Kapitalverkehrsrestriktionen können dazu führen, daß sukzessive die Preisbildungsmacht nationaler Regierungen zurückgeht. Gleiches gilt ebenfalls im "Fall kleiner Länder".

Daß dezentrale Mechanismen wie z.B. Wettbewerb bei eigennützigen Akteuren effiziente und durch Kooperation nicht weiter verbesserbare Lösungen herbeiführen, wenn es keine externen Effekte gibt oder diese vollständig internalisiert sind, gehört ebenso zu den Grundaussagen der Wohlfahrtstheorie wie das zu erwartende Effizienzversagen dezentraler Mechanismen bei Vorliegen von Externalitäten.[322] Von daher bietet Aussage 5.2 nichts wesentlich Neues. Auch findet sich dieses Bild in der Theorie des fiskalischen Wettbewerbs gut bestätigt: In Modellwelten, wo die fiskalischen Autoriäten Preisbildungsmacht haben und damit

---

321 Wildasin (1989) enthält ein solches Modell mit "vielen" Ländern.

322 Vgl. z.B. Boadway/Bruce (1984, Kapitel 3 und 4) für eine Darlegung und Diskussion beider Thesen.

durch ihr Verhalten pekuniäre Externalitäten auslösen, sind die Ergebnisse des Steuerwettbewerbs typischerweise ineffizient. In Modellwelten, wo die Regierungen ohne preisbildenden Einfluß aktiv werden (können), kommen hingegen effiziente Allokationen zustande.[323] Unklarheit schien bisher nur über die pekuniäre Natur der Externalitäten im Steuerwettbewerb zu bestehen.[324]

Ein interessantes Detail am Rande:

Es ist nicht hinreichend für die starke Effizienz des Wettbewerbsgleichgewichts, daß die Regierungen sich so verhalten, als seien sie Preisnehmer auf dem Kapitalmarkt, obwohl sie in Wirklichkeit die Preisbildung auf dem Kapitalmarkt beeinflussen. Eine derart gestörte Wahrnehmung des Preisbildungsprozesses bringt aber erstaunlicherweise noch eine schwach effiziente Situation hervor:

<u>**AUSSAGE 5.4:**</u> Gehen die Regierungen davon aus, daß $\frac{\partial \rho}{\partial t_K^i} \equiv 0$ gilt, obwohl dies nicht der Fall ist, so ist die entstehende Lösung schwach effizient, aber nicht stark effizient.

<u>**Beweis:**</u>

In der (unzutreffenden) Annahme, daß $\frac{\partial \rho}{\partial t_K^i} \equiv 0$ gilt, wählt eine Regierung den aufkommensmaximierenden Steuersatz so, daß $t_K^i = -K^i \cdot F_{KK}^i$ (vgl. (5.14d)).

Löst man das System (5.16), so erhält man aus (5.16b)

$$\lambda^A = \frac{t_K^A \cdot K_{t_K^B}^A}{K^B + t_K^B \cdot K_{t_K^B}^B} = \frac{t_K^A \cdot \frac{1}{F_{KK}^A} \cdot \rho_A}{K^B + t_K^B \cdot \frac{1}{F_{KK}^B} \cdot [1 + \rho_B]},$$

323 Vgl. beispielsweise Oates/Schwab (1988) oder Razin/Sadka (1991).

324 In seinem Ansatz zur optimalen Besteuerung in föderativen Systemen entwickelt Gordon (1983) eine ganze Liste von möglichen Externalitäten, die bei unabgestimmtem Steuersetzungs- und Ausgabenverhalten der einzelnen fiskalischen Einheiten entstehen können und die einer effizienten Allokation im Wege stehen. Geht man diese Liste durch, so stellt man fest, daß sämtliche steuerlich bedingten Externalitäten durch den Einfluß der Regierungen auf die Güter- und Faktorpreisbildung enstehen und damit pekuniäre Externalitäten sind. Dies fügt sich gut in das durch Aussage 5.2 entworfene Bild.

wobei $\rho_i := \frac{\partial \rho}{\partial t_K^i} < 0$ den tatsächlichen Einfluß der Besteuerung auf ρ beschreibt.

Einsetzen in (5.16a) und Umformen liefert als Bedingung für eine schwach effiziente Allokation:

$$\frac{t_K^A \cdot (1+\rho_A)}{F_{KK}^A} + K^A = \frac{t_K^A \cdot t_K^B \cdot \rho_A \cdot \rho_B \cdot \frac{1}{F_{KK}^A \cdot F_{KK}^B}}{\frac{t_K^B \cdot (1+\rho_B)}{F_{KK}^B} + K^B},$$

was im Falle $t_K^i = -K^i \cdot F_{KK}^i$ (*i=A,B*) stets erfüllt ist. Starke Effizienz erfordert nach (5.17), daß:

$$t_K^A + K^A \cdot F_{KK}^A = -\frac{1}{D} \cdot \left[\frac{t_K^A}{F_{KK}^B} + \frac{t_K^B}{F_{KK}^A} \right] = t_K^B + K^B \cdot F_{KK}^B, \qquad (5.18)$$

was, da der Mittelteil ungleich Null ist, nicht mit (5.14d)) übereinstimmt.

•

Regierungen, die ihren Einfluß auf den Weltmarktpreis für Kapital verkennen, führen im Steuerwettbewerb immerhin eine Situation herbei, aus der heraus sich jedes Land nur noch auf Kosten des anderen verbessern kann. Dies ist schon mehr an Effizienz, als es das unkorrigierte Nash-Gleichgewicht der Aussage 5.2 erreichen kann.[325]

Die Standardabhilfe gegen eine durch dezentrale Entscheidungen herbeigeführte ineffiziente Situation ist die Erhebung einer Pigou-Steuer.[326] Bei einer solchen Maßnahme wird das mit externen Effekten behaftete Verhalten (hier also die Besteuerung) derart besteuert, daß die Externalitäten beim Verursacher anfallen und deshalb von ihm in seinem individuellen Optimierungskalkül erfaßt werden.

---

325 Dies ist natürlich kein Plädoyer dafür, daß Regierungen sich so verhalten sollten, als hätte ihr Verhalten außer unmittelbaren Effekten keine anderen Wirkungen mehr. Zudem stellt Aussage 5.3 für keine "kurzsichtige" Regierung eine Verbesserung im Vergleich zum Nash-Gleichgewicht sicher. Pareto-Effizienz allein ist zur Beurteilung einer Situation noch kein besonders gutes Kriterium.

326 Vgl. allgemein Atkinson/Stiglitz (1980, S. 451 ff.). Im Zusammenhang mit Steuerwettbewerb werden Pigou-Steuern diskutiert von Wildasin (1989), Krelove (1992), DePater/Myers (1992).

Eine derartige Pigousteuer s^i hat in unserem Modellrahmen eine sehr einfache Struktur. Ein Vergleich der Bedingungen (5.4) und (5.17) zeigt, daß sie die marginale Charakteristik

$$\frac{\partial s^i}{\partial t_K^i} = t_K^j \cdot K_{t_K^i}^j$$

haben muß.[327] Durch Integration erhält man hieraus $s^i = T^j$ (ohne Integrationskonstante). Damit entspricht die um die Pigousteuer korrigierte Zielfunktion der Regierung i genau dem kooperativen Ansatz:

$$T^i + s^i = T^A + T^B \ (i{=}A,B).$$

Für eine im politischen Bereich vielfach diskutierte Steuerharmonisierung gibt es im vorliegenden Modellrahmen keine überzeugende Begründung. Im Gegenteil: In der Regel erfordern starke und schwache Effizienz ungleiche Steuersätze in beiden Ländern, so daß mit einer Harmonisierung im Vergleich zur kooperativen Lösung eine Einbuße an Steueraufkommen einhergeht. Auch im Vergleich zum Steuerwettbewerb schneidet eine Steuerharmonisierung nicht unbedingt besser ab. Zum einen ist die Steuerkonkurrenz nicht ruinös in dem Sinne, daß ein Totalverlust an Steueraufkommen im Wettbewerb zu befürchten ist, und zum anderen kann eine Steuerangleichung auf hohem Steuersatzniveau angesichts der Endogenität des Kapitalangebots ein entsprechend hohes Steueraufkommen nicht gewährleisten.[328]

5.2.5 Die Stackelberg-Lösung

Um die Auswirkungen einer sequentiellen Spielstruktur auf die Wettbewerbsergebnisse besser isolieren zu können, vereinfachen wir das schon rudimentäre Modell noch weitergehend, indem wir unterstellen, die Produktionsbedingungen in beiden Ländern seien identisch. Es gelte also:

$$F^A(K) = F^B(K) \quad \forall K \geq 0.$$

---

327 Dies entspricht im wesentlichen der Pigou-Steuer in Wildasin (1989, S. 201) oder DePater/Myers (1992, S. 8).

328 Wäre das Kapitalangebot insgesamt fix, so wäre natürlich eine Steuerharmonisierung auf dem Niveau $t_K = \bar{t}$ die aufkommensmaximierende kooperative Lösung.

Diese Identität überträgt sich auch auf die Steueraufkommen und die Reaktionsabbildungen:

$$T^A(t_K^A, t_K^B) = T^B(t_K^A, t_K^B) \quad \forall t_K^A, t_K^B \in [0, \bar{t}]$$

und

$$\phi^A(t) = \phi^B(t) \quad \forall t \in [0, \bar{t}].$$

Unterstellen wir nun, daß Spieler *A* der Stackelberg-Führer ist und Spieler *B* der Folger, so erfüllt ein inneres Stackelberg-Gleichgewicht $(\hat{t}_K^A, \hat{t}_K^B)$ folgende notwendige Bedingungen erster Ordnung:

$$\frac{\partial T^A(\hat{t}_K^A, \phi^B(\hat{t}_K^A))}{\partial t_K^A} = \frac{\partial T^A(\hat{t}_K^A, \hat{t}_K^B)}{\partial t_K^A} + \frac{\partial T^A(\hat{t}_K^A, \hat{t}_K^B)}{\partial t_K^B} \cdot \frac{\partial \phi^B(\hat{t}_K^A)}{\partial t_K^A} = 0, \quad (5.19a)$$

$$\frac{\partial T^B(\hat{t}_K^A, \hat{t}_K^B)}{\partial t_K^B} = 0. \quad (5.19b)$$

In (5.19) erkennt man, daß im Falle $\frac{\partial \rho}{\partial t_K^i} \equiv 0$ Stackelberg- und Nash-Gleichgewicht zusammenfallen. Jedes Land hat dann eine dominante Strategie (vgl. (5.11)), so daß Existenz und Eindeutigkeit eines Gleichgewichts garantiert sind. Nach Aussage 5.2 ist dieses Gleichgewicht zudem stark effizient.

Dies gilt nicht für den Fall, daß $\frac{\partial \rho}{\partial t_K^i} \not\equiv 0$. Aus (5.19a) ergibt sich, daß im Stakkelberg-Gleichgewicht $\frac{\partial T^A}{\partial t_K^A} \neq 0$ gilt, so daß es nicht mit einem Nash-Gleichgewicht übereinstimmt. Auch ist es, wie man leicht überprüft, nicht stark effizient.[329]

Existenz und Eindeutigkeit eines Stackelberg-Gleichgewichts können nur unter Bedingungen sichergestellt werden, die sich noch stärker der ökonomischen In-

329 Aus (5.6) erhält man für $\frac{\partial \rho}{\partial t_K^B} \not\equiv 0$, daß $\frac{\partial T^A}{\partial t_K^B} > 0$. Mit (5.19b) ergibt sich damit, daß im Stackelberg-Gleichgewicht $\frac{\partial (T^A + T^B)}{\partial t_K^B} > 0$ gilt, was (5.17) widerspricht.

terpretation verweigern als jene für die entsprechenden Eigenschaften des Nash-Gleichgewichts. Die Bedingungen zweiter Ordnung der nationalen Optimierungskalküle lauten:

$$\frac{\partial^2 T^A(t_K^A, \phi^B(t_K^A))}{\partial (t_K^A)^2} + \frac{\partial^2 T^A(t_K^A, \phi^B(t_K^A))}{\partial t_K^A \, \partial t_K^B} \cdot \frac{\partial \phi^B(t_K^A)}{\partial t_K^A} < 0 \qquad (5.20a)$$

und

$$\frac{\partial^2 \, T^B(t_K^A, t_K^B)}{\partial (t_K^B)^2} < 0, \qquad (5.20b)$$

jeweils bewertet an der Stelle $(\hat{t}_K^A, \hat{t}_K^B)$. Unterstellt man, daß (5.20) global gilt, so ist das Stackelberg-Gleichgewicht eindeutig.[330]

Das Stackelberg-Gleichgewicht hat folgende interessante Eigenschaft:

AUSSAGE 5.5: Angenommen, es gelten (A.5a) und (A.5b), die Produktionsfunktionen sind identisch und es existiert ein eindeutiges Stackelberg-Gleichgewicht. Dann erzielt der Stackelberg-Führer *A* im Stackelberg-Gleichgewicht des aufkommensmaximierenden Steuerwettbewerbs mit Kapitalstocksteuern ein höheres Steueraufkommen als der Folger *B*, d.h.:

$$T^A(\hat{t}_K^A, \hat{t}_K^B) > T^B(\hat{t}_K^B, \hat{t}_K^A).$$

Beweis:

(i) Über (5.10) impliziert Annahme (A.5b), daß $\frac{\partial^2 T^i}{\partial t_K^i \, \partial t_K^j} < 0$. Mit (5.9) erhält man damit $\frac{\partial \phi^i(t_K^j)}{\partial t_K^j} < 0$. Somit muß, wenn (5.20a) global gelten soll, $\frac{\partial^2 \, T^A}{\partial (t_K^A)^2} < 0$ sein.

---

330 Weder Konkavität der Aufkommensfunktionen noch Konkavität oder Konvexität der Reaktionsfunktionen sind hinreichend für diese Bedingung.

(ii) Wir zeigen zunächst, daß $\hat{t}_K^A < \phi^A(\hat{t}_K^B)$. Angenommen, dies sei nicht der Fall, d.h. es gelte $\hat{t}_K^A \geq \phi^A(\hat{t}_K^B)$. Damit ist:

$$\frac{\partial T^A(\hat{t}_K^A, \hat{t}_K^B)}{\partial t_K^A} \leq \frac{\partial T^A(\phi^A(\hat{t}_K^B), \hat{t}_K^B)}{\partial t_K^A} = 0,$$

letzteres aus der Definition der Reaktionsabbildung. Da aber (nach Vertauschen der Indizes über (5.6)) $\frac{\partial T^A}{\partial t_K^B} > 0$ und wegen (A.5b) $\frac{\partial \phi^A(t_K^B)}{\partial t_K^B} < 0$ (siehe Schritt (i)) gilt, ist dies mit (5.19a) nicht kompatibel, so daß $\hat{t}_K^A < \phi^A(\hat{t}_K^B)$.

(iii) Man beachte nun, daß:

$$\begin{aligned} T^A(\hat{t}_K^A, \hat{t}_K^B) &= T^A(\hat{t}_K^A, \phi^B(\hat{t}_K^A)) \\ &\geq T^A(\hat{t}_K^B, \phi^B(\hat{t}_K^B)) = T^A(\hat{t}_K^B, \phi^A(\hat{t}_K^B)) \\ &> T^A(\hat{t}_K^B, \hat{t}_K^A) = T^B(\hat{t}_K^B, \hat{t}_K^A). \end{aligned}$$

Die erste (Un-)Gleichung folgt aus der Definition des Stackelberg-Gleichgewichts, die zweite aufgrund der Maximierungseigenschaft, die dritte wegen Symmetrie, die vierte wegen $\frac{\partial T^A}{\partial t_K^B} > 0$ und $\hat{t}_K^A < \phi^A(\hat{t}_K^B)$ und die letzte wiederum aus der Symmetrieannahme.

•

Die Führer-Position ist also im Steuerwettbewerb vorteilhaft gegenüber der Folger-Stellung. Ursache hierfür ist die negative Steigung der Reaktionsfunktionen, die durch Annahme (A.5b) sichergestellt wird.[331] Interessant ist auch, daß der Stackelberg-Führer von seiner Nash-Strategie nach unten abweicht (vgl. Schritt (ii) des Beweises). Dies steht im Gegensatz zu einem Ergebnis in Koop (1993, S. 87 f.), wo der Stackelberg-Führer einen höheren Steuersatz als bei Nash-Verhalten wählt, und es verstärkt das schon oben geäußerte Unbehagen mit der Behauptung, niedrigere Steuersätze gingen zwangsläufig mit Einbußen im Steueraufkommen einher.

---

331 Die Existenz eines "First-Mover Advantage" bei fallenden Reaktionsfunktionen ist in der spieltheoretischen Literatur wohlbekannt. Analog existiert bei steigenden Reaktionsfunktionen ein "Second-Mover Advantage". Vgl. z.B. Gal-Or (1985).

Symmetrie vorausgesetzt, wird jede Regierung in einem etwaig dem reinen Kapitalsteuerwettbewerb vorgelagerten "commitment game" die vorteilhafte Führerposition anstreben. Natürlich hängt, wie der Beweis zeigt, diese Aussage essentiell an der Symmetrie-Annahme. Lockert man diese, so lassen sich über die Steueraufkommen in den beiden Ländern keine vergleichenden Angaben machen. Auch ist kein Vergleich der Aufkommen im Stackelberg-Fall mit denen im Nash-Gleichgewicht möglich.

5.3 Wohlfahrtsmaximierender Steuerwettbewerb

Wir wenden uns nun der Analyse des Steuerwettbewerbs unter der Zielsetzung der Wohlfahrtsmaximierung zu. Dieser ist zwischen zwei Kapitalimportländern aufgrund der simplen Modellstruktur identisch mit aufkommensmaximierendem Wettbewerb. Damit gelten für diesen Fall die Ausführungen der vorstehenden Abschnitte.

Neues ist also nur für jenes Szenario zu erwarten, bei dem die Haushalte in einem der beiden Unternehmensstandorte wohnen, aber im anderen Land investieren. Ohne Beschränkung der Allgemeinheit nehmen wir an, daß Land A das Wohnsitzland sei. Entsprechend ist Land B ein Kapitalimportland. Es strebt nach der Maximierung seines Steueraufkommens (welches seinem Volkseinkommen entspricht)

$$Y^B(t_K^B, t_K^A) = T^B(t_K^B, t_K^A) = t_K^B \cdot K^B(t_K^B, t_K^A), \tag{5.3}$$

während der Kapitalexporteur A ein möglichst hohes Sozialprodukt[332]

$$Y^A(t_K^A, t_K^B) = F^A(K^A(t_K^A, t_K^B)) + F^B(K^B(t_K^B, t_K^A)) - t_K^B \cdot K^B(t_K^B, t_K^A) \tag{5.21}$$

zu erwirtschaften sucht.

Hierbei ergibt sich folgende

332 Vgl. (4.10) i.V.m. (4.11), wobei wir reine Eigenfinanzierung unterstellt haben.

AUSSAGE 5.6: Der optimale Steuersatz einer das Sozialprodukt ihres Landes maximierenden Regierung in Land A ist für alle $t_K^B \in [0,\bar{t}]$ gleich Null:

$$\phi^A(t_K^B) = 0.$$

Beweis:

Nach (5.5) und (5.6) gilt:

$$K_{t_K^A}^A + K_{t_K^A}^B = \frac{1}{F_{KK}^A} \cdot \left[1 + \frac{1}{D \cdot F_{KK}^A} + \frac{1}{D \cdot F_{KK}^B}\right] = \frac{S'}{D \cdot F_{KK}^A}. \tag{5.22}$$

Man beachte ferner, daß

$$K_{t_K^A}^A = \widetilde{K}_{t_K^A}^A \cdot \left[1 + \widetilde{K}_\rho^A \cdot \frac{1}{D}\right] = \frac{1}{F_{KK}^A} \cdot \left[1 + \frac{1}{D \cdot F_{KK}^A}\right].$$

Die partielle Ableitung von (5.21) nach t_K^A ist für alle $(t_K^A, t_K^B) \in [0,\bar{t}]^2$:

$$\begin{aligned}
\frac{\partial Y^A}{\partial t_K^A} &= F_K^A \cdot K_{t_K^A}^A + \left[F_K^B - t_K^B\right] \cdot K_{t_K^A}^B \\
&= \left[F_K^A - F_K^B + t_K^B\right] \cdot K_{t_K^A}^A + \frac{S'}{D \cdot F_{KK}^A} \cdot \left[F_K^B - t_K^B\right] \\
&= \frac{1}{D \cdot F_{KK}^A} \cdot \left[t_K^A \cdot \left[D + \frac{1}{F_{KK}^A}\right] + S' \cdot \left[F_K^B - t_K^B\right]\right] \\
&= \frac{1}{D \cdot F_{KK}^A} \cdot \left[t_K^A \cdot \left[S' - \frac{1}{F_{KK}^B}\right] + S' \cdot \left[F_K^A - t_K^A\right]\right] \\
&= \frac{1}{D \cdot F_{KK}^A} \cdot \left[-\frac{t_K^A}{F_{KK}^B} + S' \cdot F_K^A\right] < 0,
\end{aligned}$$

wobei in der zweiten und dritten Zeile von (5.1) Gebrauch gemacht wurde. Dies impliziert $\phi^A(t_K^B) = 0$.

•

Damit erhält man

FOLGERUNG 5.7: a) Unter der Annahme (A.5a) existiert ein eindeutiges Nash-Gleich-gewicht $(0,\phi^B)$ mit $\phi^B > 0$ im einkommensmaximierenden Steuerwettbewerb mit Kapitalstocksteuern.

b) Unter (A.5b) gilt zudem noch: Bei einkommensmaximierendem Steuerwettbewerb mit Kapitalstocksteuern wählt das Kapitalexportland A einen niedrigeren, das Kapitalimportland B hingegen einen höheren Steuersatz als bei aufkommensmaximierendem Wettbewerb.

Beweis:
Teil a) folgt unmittelbar aus Aussage 5.6.

Teil b) ist trivial für Land A. (A.5b) stellt sicher, daß die Reaktionsfunktionen aufkommensmaximierender Regierungen fallende Funktionen des Steuersatzes des anderen Landes sind. Für Land B ist damit:

$$\phi^B = \arg \max_{t \in [0,\bar{t}]} \left[t \cdot K^B(t,0) \right] > \arg \max_{t \in [0,\bar{t}]} \left[t \cdot K^B(t,\tilde{t}^A) \right] \quad \forall \tilde{t}^A \in \left]0,\bar{t}\right].$$

Dies gilt insbesondere für jedes $\tilde{t}^A$ in einem Aufkommensgleichgewicht.

•

Eine sozialproduktmaximierende Regierung eines Kapitalexportlandes verzichtet also stets auf die Besteuerung. Die Intuition hinter diesem Ergebnis wird bei einem Blick auf die Zielfunktion einer solchen Regierung klar: Es besteht ein Interesse daran, soviel Kapital wie möglich entstehen zu lassen und davon möglichst viel im eigenen Land zu behalten. Die Erhebung einer Steuer vermindert zum einen das Angebot an Kapital, denn es gilt: $\frac{\partial \rho}{\partial t_K^i} < 0$ und $S' \geq 0$ (vgl. hierzu auch (5.22)). Zum anderen vertreibt sie bei gegebenem Kapitalstock Kapital ins Ausland.

Die Regierung des aufkommensmaximierenden Kapitalimportlandes erhebt einen positiven Steuersatz, und zwar einen höheren, als sie ihn bei einem ebenfalls sein Steueraufkommen maximierenden fiskalischen Konkurrenten wählen würde. Dies liegt an der strategischen Substitutionalität der Steuersätze im Aufkommenswettbewerb.

Das Verhältnis des Nash-Gleichgewichts im wohlfahrtsmaximierenden Steuerwettbewerb zu den anderen von uns diskutierten Lösungskonzepten des fiskalischen Wettbewerbs klärt nachstehende

AUSSAGE 5.8: Es gelte (A.5a). Wir betrachten ein Nash-Gleichgewicht im wohlfahrtsmaximierenden Steuerwettbewerb mit der Kapitalstocksteuer.

a) Das Nash-Gleichgewicht ist nicht stark effizient. Falls $\frac{\partial \rho}{\partial t_K^A} \neq 0$ gilt, so ist es es auch nicht schwach effizient.

b) Das Nash-Gleichgewicht fällt mit dem Stackelberg-Gleichgewicht zusammen, unabhängig davon, welcher Spieler Stackelberg-Führer und welcher Stakkelberg-Folger ist.

Beweis:
Man beachte zunächst, daß gemäß Folgerung 5.7 ein eindeutiges Nash-Gleichgewicht mit $t_K^A = 0$ existiert.

a) (i) Eine stark effiziente Lösung im Fall der Wohlfahrtsmaximierung verlangt für $S' > 0$ nach Aussage 4.2, daß alle Steuersätze gleich Null sind, für $S' \equiv 0$ hingegen nach Aussage 4.3 i.V.m. (5.1), daß $t_K^A = t_K^B$. Beides ist im Nash-Gleichgewicht verletzt.

(ii) Analog zu (5.22) errechnet man zunächst, daß

$$K^B_{t_K^B} = \frac{S'}{D \cdot F^B_{KK}} - K^A_{t_K^B}.$$

Damit erhält man:

$$\frac{\partial Y^A}{\partial t_K^B} = F_K^A \cdot K_{t_K^B}^A + \left[F_K^B - t_K^B\right] \cdot K_{t_K^B}^B - K^B$$

$$= K_{t_K^B}^A \cdot \left[F_K^A - F_K^B + t_K^B\right] + \frac{S'}{D \cdot F_{KK}^B} \cdot \left[F_K^B - t_K^B\right] - K^B.$$

$$= \frac{S'}{D \cdot F_{KK}^B} \cdot \left[F_K^B - t_K^B\right] - K^B < 0,$$

wobei von (5.1) mit $t_K^A = 0$ Gebrauch gemacht wurde.

(iii) Jede schwach effiziente Lösung erfüllt die Bedingungen erster Ordnung des Lagrange-Ansatzes

$$L(t_K^A, t_K^B, \lambda) = T^B(t_K^B, t_K^A) - \lambda \cdot \left[Y^A(t_K^A, t_K^B) - \overline{Y}\right],$$

also:

$$\frac{\partial L}{\partial t_K^A} = t_K^B K_{t_K^A}^B - \lambda \cdot \frac{\partial Y^A}{\partial t_K^A} \leq 0;$$

$$t_K^A \cdot \frac{\partial L}{\partial t_K^A} = 0;$$

$$\frac{\partial L}{\partial t_K^B} = t_K^B K_{t_K^B}^B + K^B - \lambda \cdot \frac{\partial Y^A}{\partial t_K^B} \leq 0;$$

$$t_K^B \cdot \frac{\partial L}{\partial t_K^B} = 0.$$

In einem Nash-Gleichgewicht ist $t_K^B > 0$. Außerdem ist die Summe der ersten beiden Terme in $\frac{\partial L}{\partial t_K^B}$ gleich Null. Dann muß aber auch $\lambda \cdot \frac{\partial Y^A}{\partial t_K^B} = 0$ gelten, was nur bei $\lambda = 0$ erfüllt sein kann (s.o.). Dies impliziert aber nach der ersten Ungleichung $K_{t_K^A}^B \leq 0$. Falls $\frac{\partial \rho}{\partial t_K^A} \not\equiv 0$, so gilt aber $K_{t_K^A}^B > 0$. Falls $\frac{\partial \rho}{\partial t_K^A} \equiv 0$, so ist schwache Effizienz zwar nicht ausgeschlossen, wird aber bestenfalls zufällig erreicht.

b) Teil b) folgt unmittelbar aus der Tatsache, daß Land A eine dominante Strategie hat.

•

Wohlfahrtsmaximierender Steuerwettbewerb führt also im allgemeinen zu ineffizienten Ergebnissen. Die Ursache hierfür ist die gleiche wie im Fall der Aufkommensmaximierung. Hier wird sie allerdings von einem Spieler alleine verursacht: Land B verkennt bei seiner Optimierung, daß es durch seinen Einfluß auf die Nettorendite ρ eine Änderung der Kapitalallokation auch in Land A herbeiführt. Dezentrales Verhalten ist nicht in der Lage, diese Externalität zu korrigieren.

Im Unterschied zum aufkommensmaximierenden Wettbewerb sind die Positionen von Stackelberg-Führer und -Folger nicht mit irgendwelchen Vor- oder Nachteilen verbunden.

Da Steuerwettbewerb sich in der Regel als ineffizient erweist, stellt sich die Frage, ob eine Steuerharmonisierung hier eine geeignete Abhilfe ist. Eine solche Angleichung der Steuersätze müßte, wenn sie keine Verschlechterung für mindestens eines der Länder ergeben soll, von einem Transfermechanismus begleitet werden:

- Bei einer Harmonisierung auf das die kooperative Lösung implementierende Steuersatzniveau von Null muß Land B für seine Aufkommenseinbußen entschädigt werden. Eine solche Kompensation ist möglich, ohne Land A zu verschlechtern, da ja bei der First-Best-Lösung auf jeden Fall das maximal erreichbare Weltsozialprodukt erwirtschaftet wird.

- Bei einer Harmonisierung auf einem echt positiven Steuersatzniveau muß Land A für einen Wohlfahrtsverlust kompensiert werden. Ob eine solche Kompensation hier überhaupt möglich ist, kann *a priori* nicht sichergestellt werden. Bedingung ist, daß der Aufkommenszuwachs in Land B den Einkommensrückgang in Land A übersteigt.

5.4 Zum Steuerwettbewerb mit der Reingewinnsteuer

In einer Reihe von OECD-Ländern erheben die Regierungen Kapitalstocksteuern, in anderen hingegen Reingewinnsteuern, in anderen wiederum beide Steuern (wie z.B. in Deutschland).[333] Es erscheint daher lohnenswert, diese institutionellen Regelungen im Hinblick auf ihre allokativen Wirkungen und strategischen Anreize einmal miteinander zu vergleichen. Auf den ersten Blick würde man Kapitalstock- und Reingewinnsteuern für grundverschieden halten. Wie wir im folgenden zeigen werden, ist diese Intuition im hier vorgestellten Modellrahmen aber nicht korrekt.

Um dies zu belegen, unterstellen wir, daß den im Steuerwettbewerb aktiven Regierungen zusätzlich zur Kapitalsteuer t_K^i auch noch die Reingewinnsteuer t_G^i als fiskalisches Instrument zur Verfügung steht. Bei Abwesenheit aller anderen Steuern ist dann das Steuersystem in beiden Ländern vom Typ [MF^i] und es gilt im Portfoliogleichgewicht gemäß (2.8):

$$\rho = \frac{F_K^i - t_K^i - \dfrac{1}{1-t_G^i}}{\sigma^i + \dfrac{1-\sigma^i}{1-t_G^i}} \quad \text{für } i = A, B .$$

Zentral für die nachstehenden Ausführungen ist der folgende Zusammenhang, der sich aus Lemma 2.3, Teil c) ergibt.

Für $i = A, B$ gilt:

$$\widetilde{K}^i_{t_G^i} = \theta^i(\mathbf{t}) \cdot \widetilde{K}^i_{t_K^i}\,, \tag{5.23}$$

wobei

$$\theta^i(\mathbf{t}) := \frac{1 + \rho(\mathbf{t}) \cdot (1-\sigma^i)}{(1-t_G^i)^2} > 0 \tag{5.24}$$

definiert wurde. Gleichung (5.23) impliziert wegen $\widetilde{K}^j_{t_G^i} = \widetilde{K}^j_{t_K^i} \equiv 0$ für $i \neq j$ unmittelbar

333 Vgl. die Länderübersichten in OECD (1991).

$$\frac{\partial \rho}{\partial t_G^i} = \theta^i(\mathbf{t}) \cdot \frac{\partial \rho}{\partial t_K^i}. \tag{5.25}$$

Im folgenden betrachten wir die Auswirkungen von (5.23) auf die Marginaleigenschaften der von uns analysierten staatlichen Zielfunktionen.

(i) Betrachten wir zunächst das Steueraufkommen eines Landes $i=A,B$. Gemäß (4.8) ergibt sich dieses, wenn nur die Kapitalstock- und die Reingewinnsteuer als Besteuerungsinstrumente zur Verfügung stehen, als:

$$T^i(\mathbf{t}) = t_G^i \cdot \left[F^i(K^i) - t_K^i \cdot K^i - r^i \cdot B^i\right] + t_K^i \cdot K^i.$$

Nun gilt aber im aktuellen Szenario:

$$\rho = d^i = \frac{\Pi^i - E^i}{E^i} = \frac{(1-t_G^i)\cdot\left[F^i - t_K^i \cdot K^i - r^i \cdot B^i\right] - K^i}{(1-\sigma^i)\cdot K^i}$$

(vgl. hierzu (2.1)), so daß sich das Steueraufkommen in einem Kapitalmarktgleichgewicht auch schreiben läßt als:

$$T^i(\mathbf{t}) = \left[\frac{t_G^i}{1-t_G^i} \cdot \left[1 + (1-\sigma^i)\cdot\rho\right] + t_K^i\right] \cdot K^i. \tag{5.26}$$

Leitet man dies partiell nach t_G^i und t_K^i ab, so erhält man unter Verwendung von (5.23) und (5.25):

$$\frac{\partial T^i}{\partial t_G^i} = \theta^i(\mathbf{t}) \cdot \frac{\partial T^i}{\partial t_K^i}. \tag{5.27}$$

Dies impliziert, daß Kapitalstocksteuer und Reingewinnsteuer in dem Sinne gegeneinander austauschbar sind, als jede Änderung in der Wahl der beiden Steuersätze t_G^i und t_K^i, die die Bedingung

$$d\,t_K^i = -\theta^i(\mathbf{t}) \cdot d\,t_G^i \tag{5.28}$$

erfüllt, eine aufkommensneutrale Steuerreform darstellt.

Ist die Nettorendite exogen gegeben (d.h. gilt $\rho = \overline{\rho}$), so ist diese Differentialgleichung explizit lösbar, denn dann hängt θ^i nicht von t_K^i ab (siehe (5.24)): Jedes Paar (t_K^i, t_G^i), für das

$$t_K^i + \frac{t_G^i}{1-t_G^i} \cdot \left[1 + \overline{\rho} \cdot (1-\sigma^i)\right] = const. \tag{5.29}$$

gilt, erwirtschaftet das gleiche Steueraufkommen.

(ii) Betrachten wir nun das Sozialprodukt eines bewohnten Kapitalexportlandes A:

$$Y^A = F^A(K^A) + F^B(K^B) - \left[t_K^j + \frac{t_G^j}{1-t_G^j} \cdot \left[1 + \rho \cdot (1-\sigma^B)\right] \right] \cdot K^B \tag{5.30}$$

(vgl. (5.21)). Ganz analog zum Steueraufkommen in (5.27) erhält man wegen (5.23) und (5.25) für das Sozialprodukt:

$$\frac{\partial Y^A}{\partial t_G^A} = \theta^A(\mathbf{t}) \cdot \frac{\partial Y^A}{\partial t_K^A}, \tag{5.31}$$

so daß die unter (i) bezüglich der Steueraufkommen getroffenen Aussagen entsprechend auch für die Sozialprodukte gelten.

Aus (5.27) und (5.31) folgt wegen $\theta^i > 0$ unmittelbar, daß eine Erhöhung des Steuersatzes auf den Kapitalstock genau dann einen Anstieg (einen Rückgang, keine Veränderung) von Steueraufkommen bzw. Sozialprodukt eines Landes bewirkt, wenn eine Erhöhung der Reingewinnsteuer im Vorzeichen denselben Effekt hat.

Wir können jetzt internationalen Steuerwettbewerb analysieren, wenn die Regierungen nur die Reingewinnsteuer als fiskalisches Instrument einsetzen können. Zusätzlich zu den bereits getroffenen Annahmen setzen wir daher in beiden Ländern zunächst $t_K^i = 0$.

(i) Eine ihr Steueraufkommen maximierende Regierung eines Landes $i = A, B$ wählt gemäß (5.26) ihren Steuersatz t_G^i derart, daß folgende Marginalbedingung gilt:

$$\frac{\partial T^i}{\partial t_G^i} = \left[\frac{1+\rho\cdot(1-\sigma^i)}{(1-t_G^i)^2} + (1-\sigma^i)\cdot\frac{t_G^i}{1-t_G^i}\cdot\frac{\partial \rho}{\partial t_G^i} \right]\cdot K^i + t_G^i \cdot \frac{1+\rho\cdot(1-\sigma^i)}{(1-t_G^i)}\cdot K_{t_G^i}^i = 0 .$$

Ist die Nettorendite exogen gegeben (d.h. gilt $\rho = \overline{\rho}$ und damit $K_{t_G^i}^i = \widetilde{K}_{t_G^i}^i$), so ist dies erfüllt, falls

$$\frac{K^i}{1-t_G^i} + t_G^i \cdot \widetilde{K}_{t_G^i}^i = 0 .$$

Aus Lemma 2.3 errechnet man, daß

$$\widetilde{K}_{t_G^i}^i = \frac{\theta^i}{F_{KK}^i} ,$$

so daß der aufkommensmaximierende Reingewinnsteuersatz in Land i die Eigenschaft

$$\frac{t_G^i}{1-t_G^i}\cdot\left[1-\rho\cdot(1-\sigma^i)\right] = -K^i \cdot F_{KK}^i \tag{5.32}$$

besitzt. Dies ist das genaue Analogon zum aufkommensmaximalen Steuersatz t_K^i, wie er sich nach (5.14d) für den Fall des Steuerwettbewerbs mit der Kapitalstocksteuer bei konstanter Nettorendite ergibt.

(ii) Betrachten wir nun den Fall der Sozialproduktsmaximierung im Steuerwettbewerb. Bei exogenem $\rho = \overline{\rho}$ errechnet man hier aus (5.29) für ein Kapitalexportland

$$\frac{\partial Y^A}{\partial t_G^A} = F_K^A \cdot \widetilde{K}_{t_G^A}^A < 0 ,$$

so daß eine das Sozialprodukt maximierende Regierung stets einen Steuersatz $t_G^A = 0$ wählen wird.[334]

Insgesamt lassen sich damit für $\rho = \overline{\rho}$ alle oben für den Steuerwettbewerb mit der Kapitalstocksteuer hergeleiteten Resultate vollständig auf den Wettbewerb mit der Reingewinnsteuer übertragen. Insbesondere behalten die für den fiskalischen Wettbewerb mit Kapitalstocksteuern abgeleiteten Existenz- und Effizienzaussagen 5.2 (Teil b)), 5.7 und 5.8 auch im Wettbewerb mit Reingewinnsteuern ihre Gültigkeit.

Wir fassen dies wie folgt zusammen:

<u>AUSSAGE 5.9:</u> Sei $\rho = \overline{\rho}$. Ein Steuersatzpaar (t_G^A, t_G^B) ist genau dann ein Gleichgewicht im Steuerwettbewerb mit Reingewinnsteuern, wenn das Steuersatzpaar (t_K^A, t_K^B) mit

$$t_K^i = \frac{t_G^i}{1 - t_G^i} \cdot \left[1 - \rho \cdot (1 - \sigma^i)\right] \quad (i{=}A{,}B) \tag{5.33}$$

ein Gleichgewicht im entsprechenden Steuerwettbewerb mit Kapitalstocksteuern ist.

Aussage 5.9 besagt in Verbindung mit (5.29), daß Steuerwettbewerb mit den t_K^i für die Regierungen zu den gleichen Wettbewerbsergebnissen führt wie Steuerwettbewerb mit den t_G^i. Die Formulierung "entsprechend" bezieht sich dabei sowohl auf die Zielsetzung des Steuerwettbewerbs (wohlfahrts- oder aufkommensmaximierend) als auch auf die Spielstruktur (simultan oder sequentiell).

Einige Anmerkungen zu dieser Aussage:

a) Bedingung (5.33) gilt nur für eine exogene und konstante Nettorendite ρ. Gibt man diese Annahme auf, so wird (5.24) einschlägig. Es läßt sich aber nach wie vor zu jedem Gleichgewicht im Steuerwettbewerb mit der Kapitalstocksteuer ein für die Regierungen gleichwertiges Gleichgewicht bezüglich der Reingewinnsteuer finden.

---

334 Analog zum Beweis von Aussage 5.5 kann man zeigen, daß Land A auch bei endogener Rendite die dominante Strategie hat, auf eine Steuererhebung zu verzichten.

b) Besondere Erwähnung verdient der Spezialfall der vollen finanziellen Flexibilität $\sigma^A = \sigma^B = 1$. Wie man anhand von (5.28) überprüft, sind alle Steuersatzpaare (t_K^i, t_G^i) mit

$$t_K^i + \frac{t_G^i}{1-t_G^i} = \bar{a} = const. \tag{5.34}$$

aufkommens- und sozialproduktäquivalent (gleichgültig, ob ρ exogen ist oder nicht). Sei nun $\sigma^i = 1$. Für diesen Fall lautet die Kapitalmarktgleichgewichtsbedingung (2.8):

$$\rho = F_K^i - t_K^i - \frac{1}{1-t_G^i},$$

so daß, wie man leicht überprüft, alle Steuerkonstellationen, die (5.34) erfüllen, nicht nur die gleichen Zielfunktionswerte für die Regierungen hervorbringen, sondern zudem noch die gleiche Kapitalallokation.

Gibt es echte Finanzierungsrestriktionen (d.h. gilt $\sigma^i < 1$), so stellen sich, wie man durch Wahl geeigneter Beispiele leicht verifiziert, bei unterschiedlichen Steuerpaaren (t_K^i, t_G^i), die (5.28) (oder auch (5.33)) erfüllen, i.d.R. unterschiedliche Kapitalallokationen ein.

c) Der Kapitalstock- und Reingewinnsteuer in unserem Modell entsprechen in der deutschen Steuerrealität Gewerbekapital- bzw. Gewerbeertragsteuer. Beide Steuern sind Gemeindesteuern, da die Kommunen durch Ausübung ihres Hebesatzrechtes die Höhe der Steuersätze *de facto* festlegen, auch ohne die formale Steuerhoheit zu besitzen (vgl. Zimmermann/Henke (1994, S. 160 f.)). Für gewöhnlich faßt man beide Steuern unter dem Oberbegriff der "Gewerbesteuer" zusammen. Unser Modell liefert in gewissem Sinne eine *ökonomische* Rechtfertigung für diese sprachliche Vereinfachung: Kommunen sind kleine fiskalische Einheiten, die auf die gleichgewichtige Nettorendite auf dem Kapitalmarkt durch ihre Besteuerung keinen nennenswerten Einfluß ausüben. Für sie ist daher die Annahme $\rho = \bar{\rho}$ durchaus realistisch. Damit sind aber gemäß Gleichung (5.29) beide Arten der Gewerbesteuer gegeneinander austauschbar. Gleiches gilt aufgrund von Aussage 5.9 für ihre Instrumentalisierbarkeit im Rahmen des Steuerwettbewerbs.[335,336]

5.5 Zusammenfassung der Ergebnisse

Folgende Ergebnisse der vorstehenden Ausführungen sollten betont werden:

- Ohne zusätzliche Annahmen können weder die Existenz noch die Eindeutigkeit eines Nash-Gleichgewichts im Steuerwettbewerb sichergestellt werden.

- Gleichgewichte im Steuerwettbewerb sind in der Regel ineffizient. Ursächlich hierfür sind die von den Regierungen nicht wahrgenommenen externen Effekte, die sie über ihre steuerliche Beeinflussung des Weltkapitalpreises auf die Kapitalallokation im jeweils anderen Land ausüben.

- Bei Aufkommensmaximierung werden die Steuersätze im fiskalischen Wettbewerb zu niedrig, bei der Sozialproduktsmaximierung von Kapitalimportländern zu hoch gewählt.

- Muß die Nettorendite für Kapitalanlagen hingenommen werden oder wird sie als konstant erachtet, so führt Steuerwettbewerb bei aufkommensmaximierenden Regierungen eine (zumindest schwach) effiziente Lösung herbei. Dies gilt nicht bei Wohlfahrtsmaximierung.

- Mit vergleichenden Aussagen über die Ergebnisse von Steuerwettbewerb und Steuerharmonisierung sollte man vorsichtig sein. Aus der Ineffizienz des er-

---

335 In Deutschland gibt es natürlich auch noch andere Kapitaleinkommensteuern als die Gewerbesteuer(n). Will man interkommunalen Steuerwettbewerb zwischen zwei Kommunen *A* und *B* abbilden, so geschieht dies am besten dadurch, daß man die Haushalte an einem Drittstandort *C* ansiedelt, wo Kapitaleinkünfte nach dem Wohnsitzlandprinzip zu versteuern sind. Dieser Wohnort entspräche dem "Bund". Eine dem deutschen Steuersystem nahekommende Parameterkonstellation wäre durch $\tau_d^A = \tau_d^B = \tau_r^A = \tau_r^B =: t$ und $t_U^A = t_U^B = 0$ gegeben (vgl. oben, Abschnitt 2.8.1). Hierbei ist t aus Sicht der Kommunen ebenso als konstant anzusehen wie ρ.

336 Für unseren Modellrahmen gilt: Die durch den deutschen Gesetzgeber geplante Abschaffung der Gewerbekapitalsteuer kann von den Gemeinden durch eine entsprechende Erhöhung der Gewerbeertragsteuer kompensiert werden. Sollte bisher interkommunaler Steuerwettbewerb mit der Gewerbekapitalsteuer geführt worden sein, so kann dieser ebenso mit der Gewerbeertragsteuer ausgetragen werden.

steren folgt nicht zwangsläufig die Überlegenheit letzterer. Vielmehr ist folgender These zuzustimmen: "In summary, there seems to be no convincing theoretical argument for tax harmonization." (Kitterer (1990, S. 21)).

- Reingewinnsteuern und Kapitalstocksteuern sind für den Fall "kleiner" fiskalischer Einheiten ohne Einfluß auf die Preisbildung auf den Kapitalmärkten in jenen empirisch dominanten Systemen, die eine Mischfinanzierung der Unternehmen herbeiführen, fiskalisch und strategisch äquivalent.

Kapitel 6: Steuerwettbewerb bei alternativen Verfahren grenzüberschreitender Besteuerung

6.1 Motivation und Grundsätzliches

Bei international mobilem Kapital wird die Kapitalallokation nicht nur von der Höhe der Besteuerung, sondern auch vom angewandten internationalen Steuerverfahren - sprich: vom Ausmaß der Doppelbesteuerung grenzüberschreitender Einkünfte - bestimmt: Unterschiedliche internationale Steuersysteme führen bei gleichen nationalen Steuersätzen zu unterschiedlichem Anleger- und Investorenverhalten. Hieraus resultieren unterschiedliche Steueraufkommen und nationale Sozialprodukte. Es ist daher zu erwarten, daß Steuerwettbewerb mit Kapitaleinkommensteuern bei alternativen internationalen Steuersystemen unterschiedliche Formen annimmt und unterschiedliche Ergebnisse hervorbringt. Dieses Kapitel widmet sich dieser Fragestellung. Es untersucht den Steuerwettbewerb zwischen den Regierungen eines Kapitalexport- und eines -importlandes bei den in Abschnitt 2.8.2 vorgestellten internationalen Besteuerungsverfahren (V1) bis (V4). Hierbei steht das Besteuerungsverfahren selbst nicht zur Disposition, sondern es wird unterstellt, daß dieses z.B. aufgrund eines zwischen den Ländern geschlossenen Doppelbesteuerungsabkommens festliegt.[337]

Um die Analyse isoliert von anderen Einflüssen vornehmen zu können, schränken wir die Strategiemengen der Regierungen wiederum deutlich ein. *Nicht* als Politikinstrumente zur Verfügung stehen Kapitalstock-, Reingewinn- und Körperschaftsteuer, so daß (*a priori*) $t_K^i = t_G^i = t_U^i = 0$ für i=A,B gilt. Ferner seien die nationalen Steuersysteme vom Typ (S1), so daß

$$t_d^i = t_r^i =: t^i$$

für i=A,B. Damit diskriminiert auch die effektive Steuerbelastung nicht zwischen Zins- und Dividendeneinkommen, denn es gilt

$$\tau_r^i = \tau_d^i = t^i$$

337 Vgl. für ein Modell mit endogenen Steuersystementscheidungen Peters/Tulkens (1995). Siehe auch die Ausführungen in Abschnitt 6.3.2.

für $i=A,B$. Die Strategiemengen der Regierungen sind Intervalle der reellen Linie:

$$\bar{S}^i = \left\{ t^i \middle| t^i \in [0,\bar{t}] \right\}.$$

Hinsichtlich der Haushalte unterstellen wir, daß sie in Land A wohnen, so daß die relevante Arbitragebedingung auf dem Kapitalmarkt lautet:[338]

$$\rho = (1-t^A)\cdot\left[F_K^A(K^A)-1\right] = (1-\tau^B)\cdot\left[F_K^B(K^B)-1\right], \tag{6.1}$$

wobei $\tau^B = \tau^B(t^A,t^B)$. Wir haben das Modell damit auf jene Struktur gebracht, die bisher alle Modelle des Steuerwettbewerbs haben, die unterschiedliche Verfahren der internationalen Besteuerung diskutieren.[339]

6.2 Aufkommensmaximierender Steuerwettbewerb

6.2.1 Die Steueraufkommen

Gemäß (4.2) und (4.8) ergeben sich die Steueraufkommen der Regierungen in den Ländern A und B als:

$$\begin{aligned} T^A(t^A,t^B) &= t^A\cdot\frac{\rho(t^A,t^B)}{1-t^A}\cdot K^A(t^A,t^B) + (\tau^B - t^B)\cdot\frac{\rho(t^A,t^B)}{1-\tau^B}\cdot K^B(t^B,t^A) \\ &= \rho(t^A,t^B)\cdot\left[\frac{t^A}{1-t^A}\cdot K^A(t^A,t^B) + \frac{\tau^B - t^B}{1-\tau^B}\cdot K^B(t^B,t^A)\right] \end{aligned} \tag{6.2}$$

und

338 Im Sinne unserer Definition in Abschnitt 2.6 ist das Steuersystem in beiden Ländern vom Typ [MF^1], so daß Bedingung (2.8) anzuwenden ist. Da aber keine anderweitige Besteuerung erfolgt, könnte ebenso Bedingung (2.7) verwendet werden. Jedes Unternehmen ist unabhängig von der Steuersatzhöhe indifferent zwischen jeder Art der Finanzierung, denn Eigen- und Fremdkapital werden steuerlich gleichbehandelt.

339 Vgl. Bond/Samuelson (1989), Gordon (1990), Razin/Sadka (1991), Mintz/Tulkens (1996) oder Janeba (1995). Hierbei umfaßt nur der Mintz/Tulkens-Aufsatz alle im vorliegenden Modell enthaltenen Verfahrensvarianten (allerdings ohne explizite Diskussion). Aufkommensmaximierung wird in keinem der Modelle diskutiert.

$$T^B(t^B,t^A) = t^B \cdot \frac{\rho(t^A,t^B)}{1-\tau^B} \cdot K^B(t^B,t^A)\,. \tag{6.3}$$

Das Aufkommen des Kapitalexportlandes A speist sich je nach internationalem Steuersystem aus in- und ausländischen Quellen, während das Kapitalimportland B nur die heimische Bemessungsgrundlage besteuern kann.

Die Steueraufkommen sind stetige Funktionen. Ebenfalls sind sie für alle Systeme der internationalen Besteuerung außer dem Anrechnungsverfahren (V3) über dem gesamten Strategieraum differenzierbar. Unter (V3) ist Differenzierbarkeit an allen Stellen außer jenen mit $t^A = t^B$ gegeben. Den Einfluß einer marginalen Erhöhung des heimischen Steuersatzes auf das inländische Steueraufkommen errechnet man als:

$$\begin{aligned}\frac{\partial T^A}{\partial t^A} = \frac{1}{1-t^A}\cdot\left[\frac{\rho\cdot K^A}{1-t^A} + \rho\cdot t^A\cdot \widetilde{K}^A_{t^A} + t^A\cdot\frac{\partial\rho}{\partial t^A}\cdot\left[K^A+\rho\cdot\widetilde{K}^A_\rho\right]\right]\\ + \rho\cdot K^B\cdot\frac{(1-t^B)\cdot\dfrac{\partial\tau^B}{\partial t^A}}{(1-\tau^B)^2} + \rho\cdot\widetilde{K}^B_{t^A}\cdot\frac{\tau^B-t^B}{1-\tau^B} + \frac{\tau^B-t^B}{1-\tau^B}\cdot\frac{\partial\rho}{\partial t^A}\cdot\left[K^B+\rho\cdot\widetilde{K}^B_\rho\right]\end{aligned} \tag{6.4}$$

$$\frac{\partial T^B}{\partial t^B} = \frac{1}{1-\tau^B}\left[\rho K^B\cdot\left(1+\frac{\partial\tau^B}{\partial t^B}\cdot\frac{t^B}{1-\tau^B}\right) + \rho\cdot t^B\widetilde{K}^B_{t^B} + t^B\cdot\frac{\partial\rho}{\partial t^B}\cdot\left[K^B+\rho\widetilde{K}^B_\rho\right]\right]. \tag{6.5}$$

Falls das Wohnsitzlandprinzip angewendet wird, ist t^B *a priori* gleich Null, so daß das Steueraufkommen in Land B konstant gleich Null ist.[340] Andernfalls gilt für $t^i = 0$ jeweils $\tau^B = t^j$ *(i,j=A,B)*. $\dfrac{\partial\tau^B}{\partial t^i}$ ist stets nicht-negativ. Damit erhält man:

$$\left.\frac{\partial T^i}{\partial t^i}\right|_{t^i=0} > 0 \tag{6.6}$$

für alle Fälle außer dem Wohnsitzlandprinzip. Ungleichung (6.6) verdeutlicht den trivialen Befund, daß ein aufkommensmaximierender Steuersatz positiv sein muß. Gleichzeitig wird aber damit ausgeschlossen, daß Steuerwettbewerb in dem Sinne ruinös ist, daß alle Steueraufkommen wegkonkurriert werden.

---

340 Für Land A gilt hingegen Ungleichung (6.6).

Zur Vereinfachung der Terme in (6.4) und (6.5) führen wir nun einige Elastizitätsausdrücke ein ($i, j=A,B$):

$\varepsilon_j^i := \tilde{K}_{t^j}^i \cdot \frac{t^j}{K^i}$ ist die (partielle) Elastizität der Kapitalnachfrage in Land i bezüglich des Steuersatzes in Land j ($i=j$ ist möglich);

$\varepsilon_\rho^i := \tilde{K}_\rho^i \cdot \frac{\rho}{K^i}$ ist die Elastizität der Kapitalnachfrage in Land i hinsichtlich der Nettoertragsrate im Kapitalmarktgleichgewicht;

$\varepsilon_i^\rho := \frac{\partial \rho}{\partial t^i} \cdot \frac{t^i}{\rho}$ ist die Elastizität der Nettorendite bezüglich des Steuersatzes t^i.

Die einzelnen komparativ-statischen Effekte sind nach Lemma 2.3 gegeben durch:

$$\tilde{K}_{t^A}^A = \frac{F_K^A - 1}{(1-t^A) \cdot F_{KK}^A} ,$$

$$\tilde{K}_\rho^A = \frac{1}{(1-t^A) \cdot F_{KK}^A} ,$$

$$\tilde{K}_{t^B}^A = 0 ,$$

$$\tilde{K}_{t^i}^B = \frac{\partial \tau^B}{\partial t^i} \cdot \frac{F_K^B - 1}{(1-\tau^B) \cdot F_{KK}^B} \quad (i=A,B),$$

$$\tilde{K}_\rho^B = \frac{1}{(1-\tau^B) \cdot F_{KK}^B} .$$

In Verbindung mit (6.1) ergibt sich damit:

$$\varepsilon_\rho^i = \tilde{K}_\rho^i \cdot \frac{\rho}{K^i} = \frac{F_K^i - 1}{K^i \cdot F_{KK}^i} \quad (i=A,B).$$

Bei der Elastizität des Kapitaleinsatzes in einem Land bezüglich der Nettoertragsrate handelt es sich um nichts anderes als die Faktorelastizität der Grenzproduktivität des Kapitals. ε_ρ^i bezeichnet damit eine rein technische Größe, zu deren

Bestimmung die Kenntnis des Kapitaleinsatzes und der Produktionsfunktion ausreicht. Sie ist in keiner Weise von der Struktur des Kapitalmarktes, den produktiven Eigenschaften des Auslandes oder des Steuersystems abhängig. In ihr taucht, obwohl die Verwendung des vom Steuervektor **t** abhängigen Subskriptes ρ in der Notation anderes vorspiegelt, kein Steuerparameter mehr auf. Weiterhin gilt für das Kapitalexportland A folgender Zusammenhang:

$$\varepsilon_A^A = \frac{\rho \cdot t^A}{(1-t^A)^2 \cdot F_{KK}^A \cdot K^A} = \frac{t^A}{1-t^A} \cdot \varepsilon_\rho^A. \tag{6.7a}$$

Analog erhält man für Land B:

$$\varepsilon_B^B = \frac{\partial \tau^B}{\partial t^B} \cdot \frac{\rho \cdot t^B}{(1-\tau^B)^2 \cdot F_{KK}^B \cdot K^B} = \frac{\partial \tau^B}{\partial t^B} \cdot \frac{t^B}{1-\tau^B} \cdot \varepsilon_\rho^B \tag{6.7b}$$

Aus (2.12) erinnert man, daß:

$$\varepsilon_x^\rho = \frac{x}{\rho} \cdot \frac{\partial \rho}{\partial x} = \frac{x}{\rho} \cdot \frac{\tilde{K}_x^A + \tilde{K}_x^B}{S' - \tilde{K}_\rho^A - \tilde{K}_\rho^B}.$$

Für $x = t^A$ erhält man damit:

$$\varepsilon_A^\rho = t^A \cdot \frac{\frac{1}{1-t^A} \cdot \tilde{K}_\rho^A + \frac{1}{1-\tau^B} \cdot \frac{\partial \tau^B}{\partial t^A} \cdot \tilde{K}_\rho^B}{S' - \tilde{K}_\rho^A - \tilde{K}_\rho^B}.$$

Für $x = t^B$ hingegen gilt:

$$\varepsilon_B^\rho = t^B \cdot \frac{\frac{1}{1-\tau^B} \cdot \frac{\partial \tau^B}{\partial t^B} \cdot \tilde{K}_\rho^B}{S' - \tilde{K}_\rho^A - \tilde{K}_\rho^B}.$$

Dies spiegelt die Tatsache wider, daß eine Steueränderung im Kapitalexportland A als direkten Effekt eine Reallokation des Kapitals in beiden Ländern nach sich zieht (es sei denn, daß $\frac{\partial \tau^B}{\partial t^A} = 0$), während eine Steuersatzänderung im Kapitalimportland B aufgrund von $\tilde{K}_{t^B}^A = 0$ nur den ortsansässigen Kapitalstock beeinflußt.[341] Die Größenordnungen der (nicht-positiven) Elastizitäten ε_i^ρ lassen sich nach unten wie folgt abschätzen:

$$\varepsilon_A^\rho \geq t^A \cdot \frac{\frac{1}{1-t^A} \cdot \tilde{K}_\rho^A + \frac{1}{1-\tau^B} \cdot \frac{\partial \tau^B}{\partial t^A} \cdot \tilde{K}_\rho^B}{-(\tilde{K}_\rho^A + \tilde{K}_\rho^B)} > -t^A \cdot \max\left\{\frac{1}{1-t^A}, \frac{1}{1-\tau^B} \cdot \frac{\partial \tau^B}{\partial t^A}\right\}, \quad (6.8a)$$

wobei die Überprüfung aller Steuersysteme (V1)-(V4) ergibt, daß:

$$-t^A \cdot \max\left\{\frac{1}{1-t^A}, \frac{1}{1-\tau^B} \cdot \frac{\partial \tau^B}{\partial t^A}\right\} = \begin{cases} -\frac{t^A}{1-t^A-t^B} & \text{im Fall (V4)} \\ -\frac{t^A}{1-t^A} & \text{sonst} \end{cases}$$

Für Land *B* errechnet man nahezu analog:

$$\varepsilon_B^\rho \geq -\frac{\partial \tau^B}{\partial t^B} \cdot \frac{t^B}{1-t^B}. \quad (6.8b)$$

Die partiellen Ableitungen (6.4) und (6.5) lassen sich damit schreiben als:

$$\frac{\partial T^A}{\partial t^A} = \frac{\rho \cdot K^A}{1-t^A} \cdot \left[\frac{1}{1-t^A} + \frac{t^A}{1-t^A} \cdot \varepsilon_\rho^A + \varepsilon_A^\rho \cdot \left[1+\varepsilon_\rho^A\right]\right]$$
$$+ \frac{\rho \cdot K^B}{1-\tau^B} \cdot \left[\frac{(1-t^B) \cdot \frac{\partial \tau^B}{\partial t^A}}{1-\tau^B} + \frac{\tau^B - t^B}{t^A} \cdot \varepsilon_A^B + \frac{\tau^B - t^B}{t^A} \cdot \varepsilon_A^\rho \cdot \left[1+\varepsilon_\rho^B\right]\right] \quad (6.9)$$

$$\frac{\partial T^B}{\partial t^B} = \frac{\rho \cdot K^B}{1-\tau^B} \cdot \left[\frac{1-\tau^B + \frac{\partial \tau^B}{\partial t^B} \cdot t^B}{1-\tau^B} + \frac{\partial \tau^B}{\partial t^B} \cdot \frac{t^B}{1-\tau^B} \cdot \varepsilon_\rho^B + \varepsilon_B^\rho \cdot \left[1+\varepsilon_\rho^B\right]\right]. \quad (6.10)$$

---

341 Dies bezieht sich *nur* auf die direkten Effekte. Über ihren Einfluß auf die gleichgewichtige Nettoertragsrate üben beide Regierungen mit ihren Steuerpolitiken auf die Kapitalvolumina in beiden Ländern Einfluß.

Die konkreten Ausprägungen dieser Terme variieren mit dem System der internationalen Besteuerung, d.h. mit den Ausprägungen der Funktionen $\tau^B(t^A, t^B)$.

6.2.2 Die Reaktionsabbildungen des Kapitalimportlandes *B*

Eine systemspezifische Analyse der Gleichung (6.10) ergibt für das Kapitalimportland *B*:

(V1a) Quellenlandprinzip: Es gilt: $\tau^B(t^A, t^B) = t^B$ und damit:

$$\frac{\partial T^B}{\partial t^B} = \frac{\rho \cdot K^B}{1-t^B} \cdot \left[\frac{1}{1-t^B} + \frac{t^B}{1-t^B} \varepsilon_\rho^B + \varepsilon_B^\rho \cdot \left[1 + \varepsilon_\rho^B\right]\right]. \tag{6.11}$$

(V1b) Wohnsitzlandprinzip: Es gilt für beliebiges $t^B \in [0, \bar{t}]$:

$$T^B = \frac{\partial T^B}{\partial t^B} \equiv 0. \tag{6.12}$$

(V2) Abzugsverfahren: Mit $1 - \tau^B = (1-t^A)(1-t^B)$ errechnet man:

$$\frac{\partial T^B}{\partial t^B} = \frac{\rho \cdot K^B}{(1-t^A)\cdot(1-t^B)} \cdot \left[\frac{1}{1-t^B} + \frac{t^B}{1-t^B} \varepsilon_\rho^B + \varepsilon_B^\rho \cdot \left[1 + \varepsilon_\rho^B\right]\right]. \tag{6.13}$$

(V3) Anrechnungsverfahren: Wegen $\tau^B = \max\{t^A, t^B\}$ gilt:

falls $t^B > t^A$: $$\frac{\partial T^B}{\partial t^B} = \frac{\rho \cdot K^B}{1-t^B} \cdot \left[\frac{1}{1-t^B} + \frac{t^B}{1-t^B} \varepsilon_\rho^B + \varepsilon_B^\rho \cdot \left[1 + \varepsilon_\rho^B\right]\right]; \tag{6.14a}$$

falls $t^B < t^A$: $$\frac{\partial T^B}{\partial t^B} = \frac{\rho \cdot K^B}{1-t^A} > 0. \tag{6.14b}$$

(V4) Doppelbesteuerung: Mit $\tau^B = t^A + t^B$ ist:

$$\frac{\partial T^B}{\partial t^B} = \frac{\rho \cdot K^B}{1-t^A-t^B} \cdot \left[\frac{1-t^A}{1-t^A-t^B} + \frac{t^B}{1-t^A-t^B} \varepsilon_\rho^B + \varepsilon_B^\rho \cdot \left[1+\varepsilon_\rho^B\right] \right]. \tag{6.15}$$

Aus diesen Ableitungen lassen sich die Reaktionsabbildungen $\phi^B(t^A)$ des Kapitalimportlandes ableiten. Ähnlich wie im Falle des Wettbewerbs mit Kapitalsteuern können auch hier ohne zusätzliche Annahmen keine allgemeinen Aussagen über das Aussehen der besten Antworten gemacht werden. Wir unterstellen daher im folgenden stets, daß das Problem gutartig im Sinne der folgenden Annahme ist:

ANNAHME (A.6): a) Die Reaktionsabbildungen beider Länder A und B sind einwertig.

b) Für alle $(t^A, t^B) \in \left]0, \bar{t}\right]^2$ und i=A,B gilt:

$$\frac{1+(1+\varepsilon_\rho^i)\cdot \varepsilon_i^\rho}{-\varepsilon_\rho^i + (1+\varepsilon_\rho^i)\cdot \varepsilon_i^\rho} < \bar{t}.$$

Obwohl wir uns zunächst mit Land B auseinandersetzen, wurde diese Annahme gleich für beide Länder formuliert. Für Land A werden wir später ähnliche technische Probleme aufzeigen können wie für Land B. Wir können keine ökonomische Beschreibung oder plausible Begründung für Annahme (A.6) geben. Allerdings kann man folgenden Hilfssatz zeigen:

LEMMA 6.1: Notwendig (jedoch nicht hinreichend) für das Erfülltsein von Teil b) der Annahme (A.6) ist die Bedingung

$$\varepsilon_\rho^i = \frac{F_K^i - 1}{K^i \cdot F_{KK}^i} < -1 \quad (i=A,B). \tag{6.16}$$

Beweis: Wir werden Lemma 6.1 für Land B beweisen. Wie sich im nächsten Abschnitt herausstellen wird, gilt dieser Beweis analog für Land A mit der einzigen Ausnahme, daß dort ein ähnlicher Fall wie der gleich unter a) behandelte *nicht* auftreten kann.

a) Es gelte System (V1b) und damit $\varepsilon_\rho^B \equiv 0$. Dann folgt (6.16) unmittelbar aus (A.6), Teil b).

b) Es gelte ein beliebiges anderes System. Dann gilt für $t^B = 0$, daß $\tau^B = t^A$. Ferner ist $\frac{\partial \tau^B}{\partial t^B}$ unabhängig von t^B. Man errechnet:

$$\varepsilon_B^\rho = \frac{t^B}{\rho} \cdot \frac{\frac{\partial \tau^B}{\partial t^B} \cdot \frac{F_K^B - 1}{(1-\tau^B)F_{KK}^B}}{S' - \frac{F_K^A - 1}{(1-t^A)F_{KK}^A} - \frac{F_K^B - 1}{(1-\tau^B)F_{KK}^B}}$$

und damit: $\lim_{t^B \downarrow 0} \varepsilon_B^\rho = 0$. Damit (A.6), Teil b) über dem angegebenen Bereich erfüllt sein kann, muß $\varepsilon_\rho^B < -\frac{1}{\bar{t}} < -1$ gelten.

•

Die Eigenschaft $\varepsilon_\rho < -1$ weisen z.B. alle Produktionsfunktionen der Form $F(K) = K + K^\alpha$ mit $\alpha \in]0,1[$ auf.[342] Im einzelnen erhält man unter (A.6) folgende Aussagen über die beste Antwort eines Kapitalimportlandes B:

System (V1a): Aus (6.6) weiß man, daß $\phi^B > 0$ für jedes $t^A \in [0,\bar{t}]$. Annahme (A.6), Teil b), impliziert, daß $\frac{\partial T^i}{\partial t^i}\Big|_{t^i=\bar{t}} < 0$ gilt, so daß mit (A.6), Teil a), genau eine innere Lösung des Optimierungsproblems existiert. Diese ist durch die Nullstelle von (6.11) charakterisiert:

$$\phi^B(t^A) = \tilde{\phi}^B(t^A) := \frac{1 + (1+\varepsilon_\rho^B) \cdot \varepsilon_B^\rho}{-\varepsilon_\rho^B + (1+\varepsilon_\rho^B) \cdot \varepsilon_B^\rho}. \tag{6.17}$$

---

342 Notwendig (allerdings wiederum nicht hinreichend) ist die Bedingung $F_{KKK} > 0$. Man beachte, daß die Bedingung $F_K > -K \cdot F_{KK}$ von einer Vielzahl gutartiger Ein-Faktor-Produktionsfunktionen erfüllt wird. In der Definition von ε_ρ taucht im Zähler noch die -1 auf, die aus der in unserem Modell stattfindenden Rückerstattung des eingelegten Kapitals resultiert. Ist die Bedingung $F_K > -K \cdot F_{KK}$ erfüllt, so kann nicht auf die Einhaltung der Bedingung $\varepsilon_\rho < -1$ geschlossen werden, nicht einmal an Stellen, für die $F_K > 1$ gilt. Betrachte z.B. die Produktionsfunktion $F(K) = K^\alpha$ mit $0 < \alpha < 1$. Dann erfordert $F_K > 1$, daß $\alpha K^{\alpha-1} > 1$. $\varepsilon_\rho < -1$ hingegen verlangt, daß $\alpha K^{\alpha-1} > \frac{1}{\alpha}$, eine strengere Bedingung also.

Hierbei wird die Schreibweise $\tilde{\phi}^B(t^A)$ aus Referenzgründen eingeführt, die später klar werden. Einige Bemerkungen zu (6.17):

a) An dieser Stelle wird der Sinn von Annahme (A.6) deutlich. Ohne (A.6) kann weder ausgeschlossen werden, daß es mehrere optimale Antworten gibt, noch daß die optimale Antwort des Landes B $\phi^B(t^A) = \bar{t}$ lautet. Letzteres wäre z.B. dann der Fall, wenn (6.11) keine Nullstelle im Intervall $[0,\bar{t}]$ hätte und folglich $\left.\frac{\partial T^i}{\partial t^i}\right|_{t^i=\bar{t}} > 0$ gelten würde.

b) Falls die Nettoertragsrate ρ konstant ist und damit $\varepsilon_i^\rho = 0$ gilt[343], so wird (6.17) zu:

$$t^B = -\frac{1}{\varepsilon_\rho^B}, \tag{6.18}$$

oder, über analoge Anwendung von (6.7):

$$t^B = 1 + \frac{1}{\varepsilon_B^B}. \tag{6.19}$$

Gemäß (6.18) verhält sich die optimale Antwort des Landes B umgekehrt proportional zur Weltmarktpreis-Elastizität des Kapitalstocks in diesem Land. Je elastischer die Kapitalnachfrage in Land B, desto niedriger ist der zu wählende Steuersatz. Ein ähnliches Ramsey-Resultat leiten Janeba (1995) und Mintz/Tulkens (1996) ab, was darauf hindeutet, daß die Regeln der optimalen Besteuerung (insbesondere die Inverse-Elastizitäten-Regel) auch im Steuerwettbewerb Gültigkeit behalten.

c) Ist die Nettoertragsrate ρ nicht konstant, gilt also $\varepsilon_i^\rho < 0$, so errechnet man aufgrund von (6.16) und (6.17), daß[344]

$$\phi^B(t^A) > -\frac{1}{\varepsilon_\rho^B}. \tag{6.20}$$

---

343 Diesen Ansatz wählen z.B. Mintz/Tulkens (1996) in ihrem Modell des Steuerwettbewerbs.

344 Nach (6.16) gilt $\varepsilon_\rho^B < -1$ und somit $c := (1+\varepsilon_\rho^B)\cdot\varepsilon_B^\rho > 0$. Dies impliziert $\frac{1+c}{c+\varepsilon_\rho^B} > \frac{1}{-\varepsilon_\rho^B}$.

C.p. ist also der Steuersatz bei endogener Ertragsrate höher als bei exogener. Hier bestätigt sich die schon im Rahmen des Kapitalstocksteuerwettbewerbs gemachte Beobachtung, daß sinkender Einfluß auf den Weltkapitalmärkten die Regierungen zu vorsichtigerem Steuersetzungsverhalten zwingt.[345]

System (V1b): Trivialerweise existiert unter dem Wohnsitzlandprinzip kein Besteuerungsproblem für Land *B*.

System (V2): (6.13) unterscheidet sich von (6.11) nur durch einen Faktor, so daß das Abzugsverfahren strategisch äquivalent zum Quellenlandprinzip ist und die besten Antworten durch (6.17) gegeben sind. Die Ausführungen zu System (V1a) gelten analog.

System (V3): Aus (6.14) ermittelt man die beste Antwort eines Kapitalimportlandes unter dem Anrechnungsverfahren als:

$$\phi^B(t^A) = \max\left\{t^A, \tilde{\phi}^B(t^A)\right\} \tag{6.20}$$

Ein Kapitalimportland steht vor der Entscheidung, ob es unter dem Steuersatz des anderen Landes bleibt oder diesen überbietet.[346] Bei einer Unterschreitung liegt das Aufkommensmaximum gemäß (6.14b) an der oberen Grenze $\phi^B = t^A$. Bei einer Überschreitung gilt *de facto* das Quellenlandprinzip (V1b) mit dem entsprechenden Aufkommensmaximum, wie es unter (V1a) durch (6.17) gegeben ist. Da das Steueraufkommen T^B insgesamt eine stetige Funktion ist (insbesondere an der Stelle $t^A = t^B$), reduziert sich die Frage, ob t^A unter- oder überschritten werden soll, darauf, ob der durch (6.17) gegebene Steuersatz größer ist als t^A. Dies führt zu (6.20).[347] Für den Fall, daß der Satz des Wohnsitzlandes überboten wird, gelten die Ausführungen zu System (V1.b) analog.

---

345 Bei der Interpretation dieses Ergebnisses gelten dieselben Warnungen, die oben im Zusammenhang mit Kapitalstocksteuern geäußert wurden.

346 Die Aussage, daß ein kapitalimportierendes Land unter dem Anrechnungsverfahren immer einen Anreiz hat, seinen Steuersatz dem des kapitalexportierenden Landes mindestens anzugleichen, findet sich bereits in Findlay (1986).

347 Vielleicht wird dies durch folgende tautologische Variante von (6.20) deutlicher:

$$\phi^B(t^A) = \begin{cases} t^A & \text{falls } t^A \geq \dfrac{1+(1+\varepsilon_\rho^B)\cdot\varepsilon_B^\rho}{-\varepsilon_\rho^B+(1+\varepsilon_\rho^B)\cdot\varepsilon_B^\rho} \\[2ex] \dfrac{1+(1+\varepsilon_\rho^B)\cdot\varepsilon_B^\rho}{-\varepsilon_\rho^B+(1+\varepsilon_\rho^B)\cdot\varepsilon_B^\rho} & \text{falls } t^A < \dfrac{1+(1+\varepsilon_\rho^B)\cdot\varepsilon_B^\rho}{-\varepsilon_\rho^B+(1+\varepsilon_\rho^B)\cdot\varepsilon_B^\rho} \end{cases}$$

System (V4): Aus (6.15) errechnet man für den Fall der Doppelbesteuerung als *best response* von Land *B* auf vorgegebenes t^A:

$$\phi^B(t^A) = (1-t^A)\cdot\frac{1+(1+\varepsilon_\rho^B)\cdot\varepsilon_B^\rho}{-\varepsilon_\rho^B+(1+\varepsilon_\rho^B)\cdot\varepsilon_B^\rho} < \tilde{\phi}^B(t^A). \tag{6.21}$$

Im Vergleich mit (6.17) und (6.21) stellt man fest, daß das Importland bei Doppelbesteuerung stets einen niedrigeren Steuersatz wählt als es ihn bei allen anderen Systemen wählen würde, in denen seine Steuerentscheidung relevant ist (also bei (V1a), (V2) und (V3)). Dies ist auch intuitiv plausibel: Der Abstand zwischen den Steuerbelastungen eines Kapitalengagements in Land *B* (d.i. $\tau^B = t^B + t^A$) und einem solchen in *A* (d.i. t^A) ist bei System (V4) größer als bei allen anderen Verfahren. Kapitalanlagen in *B* sind daher schon durch das Steuersystem benachteiligt. Um diese Benachteiligung nicht zu verstärken und so die eigene Steuerbasis zu vertrieben, verhält die Regierung von *B* sich bei der Festsetzung ihres Steuersatzes relativ zurückhaltend. In der Tat scheint die Regierung von *B* unter (V4) zu versuchen, die Abzugsmethode (V2) zu imitieren. Als effektive Steuerbelastung für aus *B* stammende Kapitaleinkünfte erhält man mit (6.21):

$$\tau^B = t^A + t^B = t^A + (1-t^A)\cdot\tilde{\phi}^B(t^A)$$

und damit denselben Ausdruck, der sich (für gegebenes t^A) als effektiver Steuersatz unter (V2) ergäbe.[348]

6.2.3 Die Reaktionsabbildungen des Kapitalexportlandes *A*

Schlüsselt man die für das Kapitalexportland *A* relevante Gleichung (6.9) für unterschiedliche Verfahren der internationalen Besteuerung auf, so erhält man folgende Zusammenhänge:

348 Allerdings spielt, wie sich später zeigen wird, die Regierung von Land *A* bei diesem Imitationsversuch nicht mit. Sie setzt bei (V2) und (V4) unterschiedliche Steuersätze (Vgl. unten (6.23) und (6.27)).

(V1a) Quellenlandprinzip: Es gilt $\tau^B(t^A,t^B) = t^B$ und damit:

$$\frac{\partial T^A}{\partial t^A} = \frac{\rho \cdot K^A}{1-t^A} \cdot \left[\frac{1}{1-t^A} + \frac{t^A}{1-t^A}\varepsilon^A_\rho + \varepsilon^\rho_A \cdot \left[1+\varepsilon^A_\rho\right]\right]. \qquad (6.22)$$

(V1b) Wohnsitzlandprinzip: Es gilt $\tau^B = t^A$ und $t^B = 0$. Dies impliziert

$$\varepsilon^B_A = \frac{t^A}{1-t^A} \cdot \varepsilon^B_\rho.$$

Unter Beachtung von $K^A + K^B = S$ erhält man sodann:

$$\frac{\partial T^A}{\partial t^A} = \frac{\rho}{(1-t^A)^2}\left[S + t^A \cdot \left[K^A \cdot \varepsilon^A_\rho + K^B \cdot \varepsilon^B_\rho\right] + (1-t^A) \cdot \varepsilon^\rho_A \cdot \left[S + K^A \cdot \varepsilon^A_\rho + K^B \cdot \varepsilon^B_\rho\right]\right].$$

Zur Vereinfachung der Notation setze nun:

$$\varepsilon^K_\rho := \frac{1}{K^A + K^B} \cdot \left[K^A \cdot \varepsilon^A_\rho + K^B \cdot \varepsilon^B_\rho\right] = \frac{\rho}{S} \cdot \left[\tilde{K}^A_\rho + \tilde{K}^B_\rho\right].$$

ε^K_ρ ist ein gewichteter Durchschnitt der Nachfrageelastizitäten des Kapitals in beiden Ländern.[349] Damit kann (6.9) unter (V1b) geschrieben werden als:

$$\frac{\partial T^A}{\partial t^A} = \frac{\rho \cdot S}{(1-t^A)^2} \cdot \left[1 - t^A \cdot \varepsilon^K_\rho + (1-t^A) \cdot \varepsilon^\rho_A \cdot \left[1 - \varepsilon^K_\rho\right]\right]. \qquad (6.23)$$

(V2) Abzugsmethode: Es gilt $1-\tau^B = (1-t^A)\cdot(1-t^B)$ und damit $\frac{\tau^B - t^B}{t^A} = 1 - t^B$. Ferner berechnet man:

---

349 Dies darf nicht verwechselt werden mit einer etwa durch $\varepsilon^S_\rho := S' \cdot \frac{\rho}{S}$ definierten Gesamtkapitalelastizität. Etwas vorschnell könnte man nämlich aus $S = K^A + K^B$ den Schluß ziehen, daß:

$$S' = \tilde{K}^A_\rho + \tilde{K}^B_\rho$$

und somit $\frac{1}{S}\left[K^A \cdot \varepsilon^A_\rho + K^B \cdot \varepsilon^B_\rho\right] = \frac{\rho}{S} \cdot \left[\tilde{K}^A_\rho + \tilde{K}^B_\rho\right] = \frac{\rho}{S} \cdot S' = \varepsilon^S_\rho$ gilt. Ein Blick auf den "wahren" Zusammenhang (2.14) klärt aber relativ schnell, daß hier unzulässigerweise Total- und Partialeffekte vermischt wurden. Während ε^S_ρ als Angebotselastizität eine ökonomisch interpretierbare Größe ist, dient ε^K_ρ lediglich der Vereinfachung der Notation.

$$\varepsilon_A^B = \frac{t^A}{K^B}\cdot(1-t^B)\cdot\frac{F_K^B-1}{(1-\tau^B)F_{KK}^B} = \frac{t^A}{K^B}\cdot(1-t^B)\cdot\frac{\rho}{(1-t^A)(1-t^B)}\cdot\tilde{K}_\rho^B = \frac{t^A}{(1-t^A)}\cdot\varepsilon_\rho^B.$$

Eingesetzt in (6.9) erhält man damit Bedingung (6.23).

(V3) Anrechnungsverfahren: Es ist $\tau^B = \max\{t^A, t^B\}$.

Sei $t^A < t^B$. Dann ergibt sich (6.22):

$$\frac{\partial T^A}{\partial t^A} = \frac{\rho\cdot K^A}{1-t^A}\cdot\left[\frac{1}{1-t^A}+\frac{t^A}{1-t^A}\varepsilon_\rho^A+\varepsilon_A^\rho\cdot\left[1+\varepsilon_\rho^A\right]\right]. \tag{6.24a}$$

Sei nun $t^A > t^B$. Dann ist $\varepsilon_A^B = \frac{t^A}{1-t^A}\cdot\varepsilon_\rho^B$ und somit:

$$\begin{aligned}\frac{\partial T^A}{\partial t^A} = \frac{\rho}{(1-t^A)^2}\cdot\Big[&K^A + t^A\cdot K^A\cdot\varepsilon_\rho^A + (1-t^A)\cdot K^A\cdot\varepsilon_A^\rho\cdot\left[1+\varepsilon_\rho^A\right] \\ &+K^B\cdot(1-t^B)+(t^A-t^B)\cdot\varepsilon_\rho^B\cdot K^B+\frac{(t^A-t^B)(1-t^A)}{t^A}\cdot\varepsilon_A^\rho\cdot K^B\cdot\left[1+\varepsilon_\rho^B\right]\Big]\end{aligned} \tag{6.24b}$$

(V4) Doppelbesteuerung: Mit $\tau^B = t^A + t^B$ erhält man $\varepsilon_A^B = \frac{t^A\cdot\varepsilon_\rho^B}{1-t^A-t^B}$.

Somit wird (6.9) zu:

$$\begin{aligned}\frac{\partial T^A}{\partial t^A} = &\frac{\rho\cdot K^A}{1-t^A}\cdot\left[\frac{1}{1-t^A}+\frac{t^A}{1-t^A}\cdot\varepsilon_\rho^A+\varepsilon_A^\rho\cdot\left[1+\varepsilon_\rho^A\right]\right] \\ &+\frac{\rho\cdot K^B}{1-t^A-t^B}\cdot\left[\frac{1-t^B}{1-t^A-t^B}+\frac{t^A}{1-t^A-t^B}\cdot\varepsilon_\rho^B+\varepsilon_A^\rho\cdot\left[1+\varepsilon_\rho^B\right]\right],\end{aligned} \tag{6.25}$$

was sich nicht weiter sinnvoll zusammenfassen läßt.

Hinsichtlich bester Antworten gilt für Land *A* prinzipiell das gleiche wie für Land *B*: Weder kann ihre Einwertigkeit sichergestellt werden, noch, daß sie im Inneren der Strategiemenge liegen. Die bereits eingeführte Annahme (A.6) schafft hier, wie schon im Fall von Land *B*, Abhilfe.

Aus Lemma 6.1 wissen wir, daß Teil b) von (A.6) $\varepsilon_\rho^i < -\frac{1}{\bar{t}} < -1$ impliziert. Damit erhalten wir wegen $\frac{1}{S} \cdot \left[K^A \cdot \varepsilon_\rho^A + K^B \cdot \varepsilon_\rho^B\right] < -\frac{1}{S \cdot \bar{t}} \cdot (K^A + K^B) = -\frac{1}{\bar{t}}$ folgendes

LEMMA 6.2: Unter Annahme (A.6), Teil b) gilt: $\varepsilon_\rho^K < -\frac{1}{\bar{t}}$.

Im einzelnen erhält man unter (A.6) folgende Aussagen für die beste Antwort $\phi^A(t^B)$ eines Kapitalexportlandes A:

System (V1a): Unter dem Quellenlandprinzip gilt aus (6.22) für Land A:

$$\phi^A(t^B) = \tilde{\phi}^A(t^B) := \frac{1 + (1 + \varepsilon_\rho^A) \cdot \varepsilon_A^\rho}{-\varepsilon_\rho^A + (1 + \varepsilon_\rho^A) \cdot \varepsilon_A^\rho} \in]0, \bar{t}[. \qquad (6.26)$$

Dies ist das Analogon zum Fall des Kapitalimportlandes (vgl. oben, (6.17)). Alle oben getroffenen Aussagen gelten entsprechend auch hier. Die Schreibweise $\tilde{\phi}^A(t^B)$ führen wir ein, da wir später auf diesen Steuersatz als Referenz zurückgreifen werden.

System (V1b): Beim Wohnsitzlandprinzip folgt aus (6.23) und Lemma 6.1:

$$\phi^A(t^B) = \hat{\phi}^A(t^B) := \frac{1 + (1 + \varepsilon_\rho^K) \cdot \varepsilon_A^\rho}{-\varepsilon_\rho^K + (1 + \varepsilon_\rho^K) \cdot \varepsilon_A^\rho} \in]0, \bar{t}[. \qquad (6.27)$$

System (V2): Die optimale Antwort $\phi^A(t^B)$ ist durch (6.27) gegeben, d.h. $\phi^A(t^B) = \hat{\phi}^A(t^B)$. Hierbei gilt:[350]

$$\hat{\phi}^A(t^B) \gtreqless \tilde{\phi}^A(t^B) \Leftrightarrow \varepsilon_\rho^K \lesseqgtr \varepsilon_\rho^A \Leftrightarrow \varepsilon_\rho^B \lesseqgtr \varepsilon_\rho^A, \qquad (6.28)$$

wobei die letzte Äquivalenz aus der Definition von ε_ρ^K folgt. Unter dem Anrechnungsverfahren wählt die Regierung eines Kapitalexportlandes also genau dann

350 Man beachte, daß unter (A.6) die Nenner von (6.26) und (6.27) positiv sind.

einen höheren Steuersatz als unter dem Quellenlandprinzip, wenn der heimische Kapitalstock stärker auf Renditeschwankungen reagiert als der ausländische.[351]

System (V3): Beim Anrechnungsverfahren setzt sich das Steueraufkommen additiv zusammen aus einem "heimischen" Anteil und einem "ausländischen", der allerdings nur im Falle $t^A > t^B$ entsteht. Wo das Maximum dieser Summe liegt, kann man allgemein nicht sagen. Im Vergleich von (6.24a) und (6.24b) sieht man aber, daß:

$$\lim_{t^A \downarrow t^B} \frac{\partial T^A}{\partial t^A} = \frac{K^B \cdot \rho}{1 - t^B} + \lim_{t^A \uparrow t^B} \frac{\partial T^A}{\partial t^A} > \lim_{t^A \uparrow t^B} \frac{\partial T^A}{\partial t^A} .$$

Damit kann aufgrund der Stetigkeit des Steueraufkommens die beste Antwort der Regierung von A nie $\phi^A(t^B) = t^B$ lauten, denn durch eine Abweichung nach oben oder unten wäre auf jeden Fall eine Aufkommenssteigerung erzielbar. Daher gilt:

$$\phi^A(t^B) \neq t^B \tag{6.29a}$$

Das Aufkommensmaximum kann nun den Zugriff auf aus dem Ausland stammende Einkünfte verlangen (was $\phi^A(t^B) > t^B$ impliziert, Fall 1), es ist aber auch denkbar (Fall 2), daß das Steuermaximum bei einem Steuersatz erreicht wird, der ausländische Einkünfte im Wohnsitzland freistellt (d.h. $\phi^A(t^B) < t^B$).

Für Fall 1 gilt, daß stets ein höherer Steuersatz gewählt wird als jener, der das heimische Aufkommen maximiert:[352]

$$\tilde{\phi}^A(t^B) \geq t^B \Rightarrow \phi^A(t^B) > \tilde{\phi}^A(t^B). \tag{6.29b}$$

In Fall 2 wählt Land A den Optimalsteuersatz unter dem Quellenlandprinzip:

---

351 Da dies natürlich auch für $t^B = 0$ zutrifft, gilt eine analoge Aussage auch für den Vergleich von Wohnsitzland- und Quellenlandprinzip (bei $t^B = 0$). Allerdings ist dieser Vergleich wertlos, da Land B, wenn es nicht dazu verpflichtet ist, nie einen Steuersatz von Null wählen würde (vgl. (5.6)).

352 **Beweis:** Sei $\tilde{\phi}^A(t^B) \geq t^B$. Dann ist aus (5.23):

$$\left.\frac{\partial T^A}{\partial t^A}\right|_{t^A = \tilde{\phi}^A} = \frac{\rho \cdot K^B}{(1-t^A)^2} \cdot \left[1 - t^B + (t^A - t^B) \cdot \varepsilon_\rho^B + \frac{(t^A - t^B)(1-t^A)}{t^A} \cdot \varepsilon_A^\rho \cdot \left[1 + \varepsilon_\rho^B\right]\right]$$

$$> \frac{\rho \cdot K^B}{(1-t^A)^2} \cdot \left[1 - t^B + (t^A - t^B) \cdot \varepsilon_\rho^B - (t^A - t^B) \cdot \left[1 + \varepsilon_\rho^B\right]\right] = \frac{\rho \cdot K^B}{(1-t^A)} > 0$$

Hierbei folgt die erste Ungleichung aus (5.8a).

$$\phi^A(t^B) < t^B \Rightarrow \phi^A(t^B) = \tilde{\phi}^A(t^B). \tag{6.29c}$$

Eine vollständige Charakterisierung der Reaktionsfunktion $\phi^A(t^B)$, die nicht stetig sein muß, kann nicht gegeben werden. Insgesamt folgt aber aus (6.29b) und (6.29c), daß Land A beim Anrechnungsverfahren nie einen niedrigeren Steuersatz wählt als beim Quellenlandprinzip:

$$\phi^A(t^B) \geq \tilde{\phi}^A(t^B). \tag{6.29d}$$

System (V4): Die *best response* des Wohnsitzlandes A bei Doppelbesteuerung ermittelt man als Nullstelle von (6.25). Dies läuft auf die Lösung einer quadratischen Gleichung hinaus.[353] Die explizite Darstellung von $\phi^A(t^B)$ verschließt sich der ökonomisch sinnvollen Interpretation. Relativ leicht läßt sich hingegen zeigen, daß:[354]

$$\phi^A(t^B) > \tilde{\phi}^A(t^B), \tag{6.30}$$

daß also ein Kapitalexportland bei Doppelbesteuerung immer mit einem höheren Steuersatz reagiert als bei gleichem t^B unter dem Quellenlandprinzip.[355]

---

353 Dies führt i.d.R. zu <u>zwei</u> Lösungen des Nullstellen-Problems. Man kann allerdings nach aufwendigen Umformungen und Fallunterscheidungen zeigen, daß eine dieser Lösungen aus dem Definitionsbereich für die Steuersätze herausfällt.

354 **<u>Beweis:</u>** Man verwende (6.25). Dann gilt:

$$\left.\frac{\partial T^A}{\partial t^A}\right|_{t^A=\tilde{\phi}^A} = \frac{\rho \cdot K^B}{(1-t^A-t^B)^2} \cdot \left[1-t^B+t^A \cdot \varepsilon_\rho^B + (1-t^A-t^B) \cdot \varepsilon_A^\rho \cdot \left[1+\varepsilon_\rho^B\right]\right]$$

$$> \frac{\rho \cdot K^B}{(1-t^A-t^B)^2} \cdot \left[1-t^B+t^A \cdot \varepsilon_\rho^B - t^A \cdot \left[1+\varepsilon_\rho^B\right]\right] = \frac{\rho \cdot K^B}{1-t^A-t^B} > 0,$$

wobei man die erste Ungleichung aus (6.8a) erhält.

355 Eine intuitive Erklärung hierfür liefert Anmerkung d) im nächsten Abschnitt.

6.2.4 Nash-Gleichgewichte im Steuerwettbewerb

Ein Nash-Gleichgewicht ist durch das Aufeinandertreffen wechselseitig bester Antworten charakterisiert. Faßt man die Ergebnisse der vorstehenden Abschnitte zusammen und stellt man die entsprechenden Paare systematisch gegenüber, so ergibt sich folgendes Bild:[356]

System	$\phi^A(t^B)$	$\phi^B(t^A)$
(V1a)	$\tilde{\phi}^A(t^B)$	$\tilde{\phi}^B(t^A)$
(V1b)	$\hat{\phi}^A(t^B)$	0
(V2)	$\hat{\phi}^A(t^B)$	$\tilde{\phi}^B(t^A)$
(V3)	$\geq \tilde{\phi}^A(t^B)$ *	$\max\{t^A, \tilde{\phi}^B(t^A)\}$
(V4)	$> \tilde{\phi}^A(t^B)$ *	$(1-t^A)\cdot\tilde{\phi}^B(t^A)$

*) größte untere Schranke

Tabelle 6.1: Reaktionsfunktionen

Einige Anmerkungen hierzu:

a) Insgesamt läßt sich das Optimalverhalten eines Kapitalexportlandes schwerer charakterisieren als das eines Kapitalimportlandes. Ursächlich hierfür ist, daß das Kapitalexportland als Wohnsitzland den Zugriff auf zwei Bemessungsgrundlagen hat: in- und ausländische Einkünfte seiner Bewohner. Dabei kommt eine Vielzahl gegenläufiger Effekte zum Tragen: direkte (über den Steuersatz) und indirekte (über die Ertragsrate ρ) Einflüsse auf die Kapitalallokation im In- und Ausland, Änderungen der Ertragsrate und direkte Aufkommenseffekte durch die Steuersatzvariation. Die Regierung eines Kapitalimportlandes hat es vergleichsweise einfacher: Sie muß im wesentlichen nur die Effekte auf den eigenen Kapitalstock im Auge behalten.

b) Die optimale Antwort beim Quellenlandprinzip $\tilde{\phi}^i(t^j)$ spielt auch unter den anderen Steuersystemen eine prominente Rolle: (i) Für Land B stimmt die optimale Antwort unter (V2) mit ihr überein und unter den weiteren interessanten Systemen (V3) und (V4) ist sie wesentlicher Bestandteil der Reaktionsfunktion. (ii) Die optimalen Steuersätze des Kapitalexportlandes können unter allen Systemen zum optimalen Quellensteuersatz in enge Beziehung gesetzt werden.

356 Vgl. für Land B (6.17), (6.20) und (6.21) und für Land A (6.26) bis (6.30).

c) Abzugsverfahren und Quellenlandprinzip sind für das Kapitalimportland strategisch äquivalent. In gleicher Manier kann das Wohnsitzlandprinzip aus Sicht des Kapitalexportlandes als Spezialfall des Abzugsverfahrens verstanden werden.

d) Interessant ist der Vergleich der Doppelbesteuerung (V4) mit dem Quellenlandprinzip (V1a): Während das Kapitalexportland unter (V4) härter besteuert als es dies unter (V1a) täte, hält sich Land *B* stärker zurück. Eine mögliche Intuition hinter dieser Beobachtung sieht wie folgt aus: (i) Bei der Doppelbesteuerung erhält Land *A* Zugriff auf in- und ausländische Einkünfte. Diese sind in der Summe weniger elastisch als unter dem Quellenlandprinzip heimische Kapitaleinkommen alleine, denn dort können Kapitalanleger ihre Kapitalerträge vor der Besteuerung durch Land *A* durch Kapitalflucht ins Ausland entziehen. Dieses Vorgehen bleibt bei Doppelbesteuerung wirkungslos. (ii) Für Land *B* stellt sich die Situation hingegen anders dar: Beim Quellenlandprinzip spielt das Steuersetzungsverhalten des Landes *A* für die Steuerverhaftung der Einkünfte aus *B* keine Rolle. Bei der Doppelbesteuerung hingegen ist angesichts der Tatsache, daß der Fiskus von *A* auch noch zugreift, ausländisches Engagement in *B* von vorneherein gegenüber der Anlage in *A* diskriminiert. Ein massiver fiskalischer Zugriff würde die Attraktivität von *B* weiter verschlechtern.

Über den funktionalen Verlauf der besten Antworten sind ohne weitere Annahmen keine allgemeinen Aussagen möglich. Solche Annahmen müßten sich, ähnlich wie im vorhergehenden Kapitel, auf die Vorzeichen der dritten Ableitungen der Produktionsfunktionen und der zweiten Ableitung der Sparfunktion sowie auf spezifische Verhältnisse zwischen diesen beziehen, was aber ökonomisch nicht mehr interpretierbar ist.[357] Insgesamt wird dadurch allerdings eine allgemeine Beschreibung eines Nash-Gleichgewichts recht schwierig. Immerhin können wir unter den getroffenen Vereinbarungen zumeist die Existenz eines Nash-Gleichgewichts sicherstellen:

---

357 Ein einfaches Beispiel möge dies verdeutlichen: Unterstellt man, daß die Nettoertragsrate ρ exogen gegeben und konstant ist, so gilt nach (6.17): $\tilde{\phi}^B(t^A) = -\frac{1}{\varepsilon_\rho^B} = -\frac{K^B F_{KK}^B}{F_K^B - 1}$.

Dies hat die Steigung:

$$\frac{\partial \tilde{\phi}^B}{\partial t^A} = -\frac{(F_K^B - 1)\cdot\left[F_{KK}^B + K^B \cdot F_{KKK}^B\right] - K^B \cdot (F_{KK}^B)^2}{(F_K^B - 1)^2} \cdot K_{t^A}^B .$$

Falls $F_{KKK}^B \leq 0$, so ist dieser Ausdruck negativ, andernfalls ist keine Aussage möglich. Gibt man jetzt noch die Konstanz von ρ auf, so wird die Steigung vollkommen unbestimmt.

AUSSAGE 6.3: Es gelte Annahme (A.6). Dann existiert unter (V1a), (V1b), (V2) und (V4) ein Nash-Gleichgewicht im aufkommensmaximierenden Steuerwettbewerb.

Beweis:
Die Reaktionsabbildungen $\phi^i(t^j)$: $[0,\bar{t}] \rightarrow [0,\bar{t}]$ $(i,j = A,B)$ sind stetige Funktionen. Die Abbildung $\phi\colon [0,\bar{t}]^2 \rightarrow [0,\bar{t}]^2$ mit $\phi = \phi^A \times \phi^B$ hat daher nach dem Brouwerschen Fixpunktsatz[358] einen Fixpunkt.

•

Zwei Anmerkungen zu diesem Ergebnis:

a) Für (V1b) ist Aussage 6.3 trivial. "Steuerwettbewerb" findet nur in degenerierter Form statt. Das Nash-Gleichgewicht ist gegeben durch $\hat{\mathbf{t}} = (\phi^A(0), 0)$.

b) Die Existenz eines Nash-Gleichgewichts hätte man auch ohne explizite Kenntnis der Reaktionsfunktionen aus Annahme (A.6) beweisen können, impliziert diese zusammen mit (6.6) doch, daß die stetigen Payoff-Funktionen $T^i(t^i, t^j)$ quasi-konkav in t^i sind, was nach dem Debreu-Fan-Glicksberg-Theorem[359] die Existenz eines Nash-Gleichgewichts garantiert. Für (V1a) folgt die Quasi-Konkavität der T^i unmittelbar aus den Annahmen, für (V2) und (V4) über die Umwege von Lemma 6.1 und (6.30).

Aussage 6.3 schließt das Anrechnungsverfahren (V3) bewußt aus. Dort kann nämlich für Land A weder die Stetigkeit der Reaktionsfunktion (und damit die Anwendbarkeit des Brouwerschen Fixpunktsatzes) noch die Quasi-Konkavität der Payoff-Funktion (und damit die Anwendbarkeit des Debreu-Fan-Glicksberg-Theorems) gewährleistet werden. Es gilt aber:

AUSSAGE 6.4: Angenommen, im aufkommensmaximierenden Steuerwettbewerb existiert unter (V3) ein Nash-Gleichgewicht. Dann gilt für die gleichgewichtigen Steuersätze:

$$\hat{t}^B = \tilde{\phi}^B(\hat{t}^A) > \tilde{\phi}^A(\hat{t}^B) = \hat{t}^A.$$

---

358 Vgl. Border (1985, Corollary 6.6).

359 Vgl. oben, Abschnitt 4.3.1.

Beweis:

Aus (6.20) ergibt sich unmittelbar, daß nur eine Situation mit $\hat{t}^B \geq \hat{t}^A$ ein Nash-Gleichgewicht sein kann. Dann folgt aber aus (6.29a), daß im Nash-Gleichgewicht $\hat{t}^A < \hat{t}^B$ gelten muß. Mit (6.29c) gilt damit $\hat{t}^A = \tilde{\phi}^A(t^B)$ und mit (6.20) erhält man $\hat{t}^B = \tilde{\phi}^B(t^A)$.

•

Das Anrechnungsverfahren reduziert sich also im Steuerwettbewerb zum Quellenlandprinzip. Das Kapitalimportland wählt dabei einen höheren Steuersatz als das Kapitalexportland. Die Intuition hierfür ist recht einfach: Ein aufkommensmaximierendes Kapitalimportland versucht entweder, das Exportland weitestgehend "auszubeuten", ohne dabei die Kapitalallokation zu beeinflussen, oder es ignoriert die Anrechenbarkeit seiner Steuern und handelt wie ein reines Quellenland. Im ersten dieser Fälle erhebt der Kapitalimporteur eine Art Pauschalsteuer, die vom ausländischen Fiskus (und nicht von den Unternehmen) getragen wird.[360] In keinem Fall erzielt das Kapitalexportland ein positives Aufkommen aus der Veranlagung ausländischer Einkünfte. Deshalb kann es auch wie ein reines Quellenland agieren, wodurch es sich zudem der Pauschalbesteuerung des Kapitalimporteurs entzieht.[361,362]

Als unmittelbare Konsequenz aus Aussage 6.4 erhält man:

---

360 Für Summers (1988, S. 150) ist dieses Phänomen ein Spezialfall der Inversen-Elastizitäten-Regel: "[The] observation is essentially that foreign governments are the best candidates for taxation. There is a very general principle that it is good to tax things that are in inelastic supply. The government of France is presumably in inelastic supply, though perhaps no current government is likely to remain in office forever."

361 Diesen Mechanismus erkennen auch Slemrod (1988, S. 131 f.) und Bond/Samuelson (1989). Allerdings hat er in letzterem Modell die fatale Konsequenz, grenzüberschreitende Kapitalströme gänzlich zu unterbinden, da der Kapitalimporteur die Steuersätze so hoch setzt, daß sich eine Direktinvestition in seinem Land nicht mehr lohnt. Ein derartiges Phänomen kann in unserem Modellrahmen nicht auftreten.

362 Es gibt in der Literatur eine Kontroverse darüber, ob im Falle des *tax crediting* der Steuersatz des Wohnsitzlandes für die Finanzierungs- und/oder Investitionsentscheidung im Ausland von Bedeutung ist. Hartman (1985) vertritt die These der Irrelevanz, was von Leechor/Mintz (1993) vehement bestritten wird. Vor dem Hintergrund von Aussage 6.3 läßt sich für den Fall des internationalen Steuerwettbewerbs feststellen, daß, da im Ergebnis ein echtes Anrechnungsverfahren gar nicht zustandekommt, der Steuersatz des Kapitalexportlandes in der Tat insofern irrelevant für die Entscheidungen im Kapitalimportland ist, als dort erwirtschaftete Kapitalerträge bei ihrer Repatriierung nicht mehr der Besteuerung unterliegen. Indirekt übt aber der Steuersatz des Kapitalexportlandes sehr wohl Einfluß auf Kapitalhöhe und -struktur im anderen Land aus, über die von ihm mitbestimmte gleichgewichtige Nettoertragsrate nämlich.

FOLGERUNG 6.5: Falls unter (V3) ein Nash-Gleichgewicht im aufkommensmaximierenden Steuerwettbewerb existiert, so ist dieses gleichzeitig ein Aufkommensgleichgewicht unter (V1a).

Es gibt damit auch unter (V1a) ein Aufkommensgleichgewicht, bei dem das Kapitalexportland einen niedrigeren Steuersatz wählt als das Kapitalimportland. Die Steuersatzkonstellationen im Nash-Gleichgewicht bei den anderen Verfahren sind hingegen ohne konkrete Annahmen über den Verlauf der Reaktionsfunktionen unbestimmt.

Hinsichtlich der Anzahl von Nash-Gleichgewichten läßt sich keine Aussage treffen, insbesondere kann (mit der trivialen Ausnahme von (V1b)) Eindeutigkeit nicht sichergestellt werden. Dies liegt wiederum daran, daß die Eigenschaften der Reaktionsfunktionen nicht bestimmbar sind.

6.2.5 Effizienzeigenschaften der Nash-Gleichgewichte

Es ist interessant, die Nash-Gleichgewichte unter den unterschiedlichen Besteuerungsverfahren mit den entsprechenden stark effizienten Lösungen zu vergleichen. Hier ergibt sich, wie das folgende Resultat feststellt, ein eher uneinheitliches Bild.

AUSSAGE 6.6: Es gelte Annahme (A.6). Wir betrachten ein Nash-Gleichgewicht im aufkommensmaximierenden Steuerwettbewerb.

a) Sei $\frac{\partial \rho}{\partial t^i} \neq 0$ für $i=A,B$. Unter (V1a) und (V3) ist der Steuersatz beider Länder im Vergleich zur stark effizienten Lösung zu niedrig.

b) Sei $\rho = \overline{\rho}$ konstant. Unter (V1a) und (V3) ist ein Aufkommensgleichgewicht stark effizient.

c) Unter (V2) und (V4) ist der Steuersatz des Kapitalexportlandes A im Vergleich zur stark effizienten

Lösung zu niedrig. Über den Steuersatz des Kapitalimportlandes B ist keine Aussage möglich.

Beweis:

Eine stark effiziente Lösung ist charakterisiert als die Lösung des folgenden Systems:

$$\frac{\partial(T^A+T^B)}{\partial t^A}=0 \text{ und } \frac{\partial(T^A+T^B)}{\partial t^B}=0.$$

In einem Nash-Gleichgewicht gilt: $\frac{\partial T^i}{\partial t^i}=0$ für i=A,B.[363]

(i) Betrachten wir zunächst den Steuersatz t^A des Kapitalexportlandes. Aus (6.3) errechnet man:

$$\frac{\partial T^B}{\partial t^A}=\frac{t^B\cdot\rho\cdot K^B}{1-\tau^B}\cdot\left[\frac{\partial\tau^B}{\partial t^A}\cdot\frac{1}{1-\tau^B}+\frac{\tilde{K}^B_{t^A}}{K^B}+\frac{\partial\rho}{\partial t^A}\cdot\frac{1}{\rho}\cdot\left[1+\varepsilon^B_\rho\right]\right]$$
$$=\frac{t^B\cdot\rho\cdot K^B}{1-\tau^B}\cdot\left[1+\varepsilon^B_\rho\right]\cdot\left[\frac{\partial\tau^B}{\partial t^A}\cdot\frac{1}{1-\tau^B}+\frac{\varepsilon^\rho_A}{t^A}\right],$$

wobei $\tilde{K}^B_{t^A}=\frac{\partial\tau^B}{\partial t^A}\cdot\frac{\tilde{K}^B_\rho}{\rho\cdot(1-\tau^B)}=\frac{\partial\tau^B}{\partial t^A}\cdot\frac{K^B}{(1-\tau^B)}\cdot\varepsilon^B_\rho$ verwendet wurde. Unter (A.6) gilt $\varepsilon^B_\rho<-1$.

(i-a) Unter (V1a) gilt für $\varepsilon^\rho_A<0$: $\frac{\partial T^B}{\partial t^A}=\frac{t^B\cdot\rho\cdot K^B}{1-t^B}\cdot\left[1+\varepsilon^B_\rho\right]\cdot\frac{\varepsilon^\rho_A}{t^A}>0.$

Für $\varepsilon^\rho_A=0$ gilt hingegen $\frac{\partial T^B}{\partial t^A}=0.$

363 Für das System (V3) unterstellen wir die Existenz eines Aufkommensgleichgewichts. Man beachte, daß dieses gemäß Aussage 6.4 ebenfalls durch $\frac{\partial T^i}{\partial t^i}=0$ für i=A,B gekennzeichnet ist.

(i-b) Unter (V2) gilt nach (6.8a): $\frac{\partial \tau^B}{\partial t^A} \cdot \frac{1}{1-\tau^B} + \frac{\varepsilon_A^\rho}{t^A} > \frac{1}{1-t^A} - \frac{1}{1-t^A} = 0$ und damit $\frac{\partial T^B}{\partial t^A} < 0$.

(i-c) Im Nash-Gleichgewicht unter (V3) resultiert das Quellenlandverfahren. Also gilt hier nach (i-a) für $\varepsilon_A^\rho < 0$, daß $\frac{\partial T^B}{\partial t^A} > 0$, und für $\varepsilon_A^\rho = 0$, daß $\frac{\partial T^A}{\partial t^B} = 0$.

(i-d) Unter (V4) gilt $\frac{\partial \tau^B}{\partial t^A} \cdot \frac{1}{1-\tau^B} + \frac{\varepsilon_A^\rho}{t^A} > \frac{1}{1-t^A-t^B} - \frac{1}{1-t^A-t^B} = 0$ (vgl. (6.8)) und somit gleichermaßen $\frac{\partial T^B}{\partial t^A} < 0$.

Sei $\varepsilon_A^\rho < 0$. Dann gilt im Nash-Gleichgewicht bei (V1a) und (V3), daß $\frac{\partial (T^A + T^B)}{\partial t^A} > 0$, und bei (V2) und (V4), daß $\frac{\partial (T^A + T^B)}{\partial t^A} < 0$. Dies bestätigt alle in Aussage 6.6, Teile a) und c) gemachten Äußerungen zu t^A.

(ii) Wir wenden uns nun dem Steuersatz t^B zu. Aus (6.2) errechnet man:

$$\frac{\partial T^A}{\partial t^B} = \frac{t^A \cdot \rho \cdot K^A}{1-t^A} \cdot \left[\frac{\partial \rho}{\partial t^B} \cdot \left[1 + \varepsilon_\rho^A\right] \right]$$
$$+ \frac{\rho \cdot K^B}{1-\tau^B} \cdot \left[\frac{1-t^B}{1-\tau^B} \cdot \frac{\partial \tau^B}{\partial t^B} - 1 + (\tau^B - t^B) \cdot \left[\frac{\partial \tau^B}{\partial t^B} \cdot \frac{1}{1-\tau^B} \cdot \varepsilon_\rho^B + \frac{\varepsilon_B^\rho}{t^B} \cdot \left[1 + \varepsilon_\rho^B\right] \right] \right],$$

wobei von $\tilde{K}_{t^B}^A = 0$ ebenso Gebrauch gemacht wurde wie von den geläufigen Elastizitätsdefinitionen. Unter (A.6) und für $\varepsilon_B^\rho < 0$ ist die erste Zeile dieses Ausdrucks wegen $\varepsilon_\rho^A < -1$ positiv. Für $\varepsilon_B^\rho = 0$ ist sie gleich Null.

(ii-a) Unter (V1a) gilt $t^B = \tau^B$ und die zweite Zeile ist gleich Null.

(ii-b) Unter (V2) zeigt man unter Verwendung der Abschätzung (6.8b), daß die zweite Zeile kleiner als $-\frac{t^A}{1-t^B}\cdot\rho\cdot K^B$ und damit negativ ist (Man beachte hierbei, daß wegen Annahme (A.6) $\varepsilon_\rho^B < -1$ gilt).

(ii-c) Unter (V3) gilt (ii-a) im Nash-Gleichgewicht analog.

(ii-d) Unter (V4) ist keine Aussage über das Vorzeichen des Terms der zweiten Zeile möglich.

Sei $\varepsilon_B^\rho < 0$. Damit gilt im Nash-Gleichgewicht unter (V1a) und (V3), daß $\frac{\partial(T^A+T^B)}{\partial t^B} > 0$. Unter (V2) und (V4) ist das Vorzeichen von $\frac{\partial(T^A+T^B)}{\partial t^B}$ im Nash-Gleichgewicht hingegen unbestimmt. Dies bestätigt alle in Aussage 6.6, Teile a) und c) gemachten Äußerungen bezüglich t^B.

(iii) Unter $\varepsilon_i^\rho = 0$ für $i=A,B$ gilt im Nash-Gleichgewicht unter (V1a) und (V3), daß $\frac{\partial(T^A+T^B)}{\partial t^A} = 0$ und $\frac{\partial(T^A+T^B)}{\partial t^B} = 0$. Dies bestätigt die in Teil b) behauptete starke Effizienz.

•

Einige Anmerkungen zu diesem Resultat:

a) Der Beweis zu Aussage 6.6 impliziert unmittelbar, daß für eine nicht-konstante Nettoertragsrate ρ Aufkommensgleichgewichte im Steuerwettbewerb unter den Systemen (V1a), (V2), (V3) und (V4) nicht stark effizient sind, da mindestens einer der Nash-Steuersätze von dem der stark effizienten Lösung abweicht. Unter (V1b) ist Steuerwettbewerb (so man denn davon sprechen mag) über dem gegebenen Strategienraum natürlich stark und damit auch schwach effizient.

b) Bei konstanter und exogener Nettorendite ρ führt aufkommensmaximierender Steuerwettbewerb unter (V1a) und (V3) zu einer stark effizienten Lösung. Die Ursache liegt darin, daß unter dem (*de facto*) Quellenlandprinzip bei invarianter Gleichgewichtsrendite einer Steuererhebung in einem Land keine externen Effekte auf das andere Land ausübt. Dies ist dieselbe Argumentation wie im Zusammenhang mit Aussage 5.2, Teil b). Auch dort führte dezentrale Aufkommensmaximierung mit der Kapitalsteuer (NB: auch eine reine Quellensteuer) unter der Annahme, daß $\rho = \text{const.}$, eine effiziente Lösung herbei. Analog zu den dort gemachten Aussagen liegt die Ursache für die Effizienz oder Ineffizienz eines Nash-Gleichgewichts auch bei (V1a) oder (V3) am Vorhandensein oder Nichtvorhandensein der durch variables ρ hervorgerufenen pekuniären Externalitäten.

c) Unter (V2) und (V4) sind Nash-Gleichgewichte auch für den Fall der konstanten und exogenen Nettorendite ρ ineffizient. Dies liegt daran, daß hier die nationalen Steuerpolitiken nicht isoliert voneinander gesehen werden können, sondern daß der effektive Steuersatz τ^B sich aus *beiden* Steuersätzen t^A und t^B zusammensetzt und somit auf jeden Fall externe Besteuerungseffekte auftreten.

d) In Aussage 6.6, Teil a), liegt die Richtung der Ineffizienz eindeutig fest: Die Steuersätze sind ineffizient niedrig. Dies scheint auf den ersten Blick in Einklang mit jener Interpretation zu liegen, die den empirisch zu beobachtenden Rückgang der Steuern auf Kapitaleinkommen in den OECD-Ländern als Ergebnis eines Steuerwettbewerbs zwischen den beteiligten Regierungen deutet.[364] Der Rest von Aussage 6.6 mahnt jedoch zur Vorsicht bei dieser Deutung: Unter (V2) und (V4) würde mindestens eine von mehreren Regierungen, die sich zu einem das gemeinsame Aufkommen maximierenden Steuerkartell zusammenschlössen, einen *niedrigeren* Steuersatz wählen als im Steuerwettbewerb. Aus der bloßen Beobachtung sinkender Steuersätze kann daher keine Verschärfung des Steuerwettbewerbs geschlossen werden; hier ist eine genaue Analyse unerläßlich.

6.3 Wohlfahrtsmaximierender Steuerwettbewerb

Wir wechseln nun die Zielsetzung und untersuchen die Auswirkungen des Steuerwettbewerbs, wenn die nationalen Regierungen nicht mehr ihre Steueraufkommen, sondern die Sozialprodukte ihrer Länder maximieren. Dies ändert für Länder, in denen keine Kapitalanleger wohnen, nichts im Vergleich zur Aufkommensmaximierung. Von Interesse ist daher genau wie in Kapitel 5 nur jener Fall, bei dem die Kapitalanleger an einem der Unternehmensstandorte (o.B.d.A. Land A) wohnen, an dem anderen (i.e. Land B) aber auch investieren.

---

364 Vgl. z.B. Edwards/Keen (1996).

6.3.1 Die Reaktionsfunktion des Kapitalexportlandes *A*

Gemäß (4.12) ergibt sich das Sozialprodukt von Land *A* als:

$$\begin{aligned} Y^A(\mathbf{t}) &= F^A(K^A) + K^B \cdot \left[1 + \rho \cdot \frac{1-t^B}{1-\tau^B}\right] \\ &= F^A(K^A) + K^B \cdot \left[1 + (1-t^B)\cdot\left[F_K^B - 1\right]\right], \end{aligned} \tag{6.31}$$

wobei (6.1) verwendet wurde. Das Sozialprodukt ist damit der heimische Output zuzüglich des nach Besteuerung in *B* den Anlegern verbleibenden Ertrags aus ihrer Auslandsinvestition.

Für die meisten Besteuerungsverfahren lassen sich die Ergebnisse des Steuerwettbewerbs unter diesem Szenario sehr leicht charakterisieren, nachdem das folgende Resultat bewiesen ist:

AUSSAGE 6.7: Es gelte $\varepsilon_\rho^B < -1$ und das internationale Steuersystem sei vom Typ (V1a), (V1b), (V2) oder (V3). Dann ist $t^A = 0$ für jeden Steuersatz $t^B \in [0, \bar{t}]$ ein das Sozialprodukt maximierender Steuersatz in Land *A*. Gilt $S' \not\equiv 0$ oder wird das Quellenlandprinzip angewendet, so ist $t^A = 0$ der einzige das Sozialprodukt maximierende Steuersatz in Land *A*.

Beweis:

(i) Zunächst ermittelt man, daß aufgrund von $D = S' - \tilde{K}_\rho^A - \tilde{K}_\rho^B > 0$:

$$\begin{aligned} K_{t^A}^A + K_{t^A}^B &= \tilde{K}_{t^A}^A + \tilde{K}_{t^A}^B + \frac{\partial \rho}{\partial t^A} \cdot \left[\tilde{K}_\rho^A + \tilde{K}_\rho^B\right] \\ &= \left[\tilde{K}_{t^A}^A + \tilde{K}_{t^A}^B\right] \cdot \left[1 + \frac{1}{D} \cdot \left[\tilde{K}_\rho^A + \tilde{K}_\rho^B\right]\right] = \left[\tilde{K}_{t^A}^A + \tilde{K}_{t^A}^B\right] \cdot \frac{S'}{D} \leq 0. \end{aligned} \tag{6.32}$$

(ii) Aus (6.31) errechnet man sodann:

$$\frac{\partial Y^A}{\partial t^A} = F_K^A \cdot K_{t^A}^A + K_{t^A}^B \cdot \left[1 + (1-t^B)\cdot\left[F_K^B - 1\right] + (1-t^B)\cdot K^B \cdot F_{KK}^B\right].$$

Ersetzt man $K_{t^A}^B$ gemäß (6.32) in obiger Gleichung, so ergibt sich:

$$\begin{aligned}\frac{\partial Y^A}{\partial t^A} &= K^A_{t^A}\cdot\left[F^A_K-1-(1-t^B)\cdot\left[F^B_K-1+K^B\cdot F^B_{KK}\right]\right]\\&+\left[\tilde{K}^A_{t^A}+\tilde{K}^B_{t^A}\right]\cdot\frac{S'}{D}\cdot\left[1+(1-t^B)\cdot\left[F^B_K-1+K^B\cdot F^B_{KK}\right]\right].\end{aligned}\tag{6.33}$$

Wir bestimmen nun das Vorzeichens von (6.33).

(iii) Es gilt: $\tilde{K}^A_{t^A}<0$, $\tilde{K}^B_{t^A}\leq 0$ sowie $S'\geq 0, D>0$. Als Implikation von $\varepsilon^B_\rho<-1$ erhält man $\left[F^B_K-1+K^B\cdot F^B_{KK}\right]>0$. Die zweite Zeile von (6.33) ist daher für $S'>0$ negativ und für $S'=0$ gleich Null.

(iv) Nach (2.14) ist:

$$\begin{aligned}K^A_{t^A}&=\tilde{K}^A_{t^A}+\tilde{K}^A_\rho\cdot\frac{\partial\rho}{\partial t^A}\\&=\frac{F^A_K-1}{(1-t^A)\cdot F^A_{KK}}+\frac{1}{(1-t^A)\cdot F^A_{KK}}\cdot\frac{1}{D}\cdot\left[\frac{F^A_K-1}{(1-t^A)\cdot F^A_{KK}}+\frac{\partial\tau^B}{\partial t^A}\cdot\frac{F^B_K-1}{(1-\tau^B)\cdot F^B_{KK}}\right].\end{aligned}$$

Ersetzt man $D=S'-\tilde{K}^A_\rho-\tilde{K}^B_\rho$, so ergibt sich:

$$K^A_{t^A}=\frac{F^A_K-1}{(1-t^A)\cdot F^A_{KK}}\cdot\left[1+\frac{\dfrac{1}{(1-t^A)\cdot F^A_{KK}}+\dfrac{\partial\tau^B}{\partial t^A}\cdot\dfrac{1-t^A}{(1-\tau^B)^2\cdot F^B_{KK}}}{S'-\dfrac{1}{(1-t^A)\cdot F^A_{KK}}-\dfrac{1}{(1-\tau^B)\cdot F^B_{KK}}}\right],\tag{6.34}$$

wobei die Gleichgewichtsbedingung (6.1): $(1-t^A)\cdot\left[F^A_K-1\right]=(1-\tau^B)\cdot\left[F^B_K-1\right]$ verwendet wurde. Bezeichnet man den Doppelbruch in der eckigen Klammer von (6.34) mit b, so gilt wegen $S'\geq 0$:

$$\begin{aligned}0>b&\geq-\frac{\dfrac{1}{(1-t^A)\cdot F^A_{KK}}+\dfrac{\partial\tau^B}{\partial t^A}\cdot\dfrac{1-t^A}{(1-\tau^B)^2\cdot F^B_{KK}}}{\dfrac{1}{(1-t^A)\cdot F^A_{KK}}+\dfrac{1}{(1-\tau^B)\cdot F^B_{KK}}}\\&=-\frac{\dfrac{\partial\tau^B}{\partial t^A}\cdot\dfrac{(1-t^A)^2}{1-\tau^B}\cdot F^A_{KK}+(1-\tau^B)\cdot F^B_{KK}}{(1-t^A)\cdot F^A_{KK}+(1-\tau^B)\cdot F^B_{KK}}\end{aligned}\tag{6.35}$$

Wir zeigen nun, daß für jedes Verfahren (V1a) bis (V3) $b \geq -1$ gilt:

System (V1a): Wegen $\tau^B = t^B$ gilt $\frac{\partial \tau^B}{\partial t^A} = 0$ und $b > -1$ folgt unmittelbar.

System (V1b): Für $\tau^B = t^A$ gilt $\frac{\partial \tau^B}{\partial t^A} \cdot \frac{(1-t^A)^2}{1-\tau^B} = 1 - t^A$ und somit $b \geq -1$.

System (V2): Wegen $1 - \tau^B = (1-t^A)\cdot(1-t^B)$ ist $\frac{\partial \tau^B}{\partial t^A} \cdot \frac{(1-t^A)^2}{1-\tau^B} = 1 - t^A$ und damit $b \geq -1$.

System (V3): Mit $\tau^B = \max\{t^A, t^B\}$ entspricht (V3) für $t^A \geq t^B$ dem Fall (V1b) und für $t^B > t^A$ dem Fall (V1a). Also gilt $b \geq -1$.

Man beachte, daß für $S' \neq 0$ stets die strikte Ungleichung $b > -1$ gilt. Der Fall, daß $b = -1$ ist, kann nur auftreten, wenn $S' = 0$ gilt und *de facto* nicht das Quellenlandprinzip (i.e. (V1a) oder (V3) mit $t^A > t^B$) angewendet wird. Damit gilt:

$K^A_{t^A} < 0$, falls $S' > 0$ oder (V1a) oder (V3) mit $t^A > t^B$ angewendet wird.

$K^A_{t^A} = 0$, falls $S' = 0$ und (V1b), (V2) oder (V3) mit $t^A \leq t^B$ angewendet wird.

(v) Mit:

$$\varphi := \left[F_K^A - 1 - (1-t^B)\cdot\left[F_K^B - 1 + K^B \cdot F_{KK}^B\right]\right] \tag{6.36}$$

bezeichnen wir die eckige Klammer in der ersten Zeile von (6.33). Wir zeigen, daß $\varphi > 0$. Hierzu treffen wir eine Fallunterscheidung nach den Systemen (V1a) bis (V3) und verwenden (6.1).

System (V1a): Es gilt:

$$\varphi > F_K^A - 1 - (1-t^B)\cdot\left[F_K^B - 1\right] > (1-t^A)\cdot\left[F_K^A - 1\right] - (1-t^B)\cdot\left[F_K^B - 1\right] = 0.$$

System (V1b): Mit $\tau^B = t^A$ gilt:

$$\varphi > F_K^A - 1 - (1-t^B)\cdot\left[F_K^B - 1\right] > F_K^A - 1 - \left[F_K^B - 1\right] = 0.$$

System (V2): Mit $1-\tau^B = (1-t^A)\cdot(1-t^B)$ gilt:

$$\varphi > F_K^A - 1 - (1-t^B)\cdot\left[F_K^B - 1\right] > (1-t^A)\cdot\left[\left[F_K^A - 1\right] - (1-t^B)\cdot\left[F_K^B - 1\right]\right] = 0.$$

System (V3): (V3) entspricht für $t^A \geq t^B$ dem System (V1b) und für $t^B > t^A$ dem System (V1a). Somit gilt also $\varphi > 0$.

(vi) Insgesamt gilt damit:

a) Falls $S' > 0$ oder (V1a) angewendet wird, so gilt: $\frac{\partial Y^A}{\partial t^A} < 0$ und der optimale Steuersatz liegt bei $t^A = 0$.

b) Falls $S' = 0$, so ist $\frac{\partial Y^A}{\partial t^A} \equiv 0$ möglich. Dann ist Land A indifferent zwischen allen Steuersätzen. $t^A = 0$ ist *ein* optimaler Steuersatz.

•

Einige Anmerkungen zu Aussage 6.7:

a) Das Sozialprodukt eines Kapitalexportlandes ist bei den Verfahren (V1a) bis (V3) eine nicht-wachsende Funktion des eigenen Steuersatzes. Die Erhöhung des Steuersatzes t^A löst in unserem Modellrahmen drei Effekte aus:

- Es kommt partiell zu einer Abwanderung des Kapitalstocks aus Land A ($\tilde{K}_{t^A}^A < 0$, direkter Effekt).
- Es kommt zu einem Rückgang der Nettorendite ρ.
- Hierdurch sinkt i.d.R. der Gesamtkapitalstock ($S' \geq 0$).

In der Summe führen diese Wirkungen dazu, daß (i) der Kapitalstock in Land A auch im Gesamteffekt bestenfalls konstant bleibt ($K_{t^A}^A \leq 0$), und daß (ii) die Rendite aus einer Investition im Ausland B zurückgeht. Dieser zweite Effekt kann durch eine Erhöhung von K^B teilweise wieder wettgemacht werden, allerdings verhindert das zurückgehende Kapitalangebot eine vollständige Kompensation.

b) Aussage 6.7 kann auch wie folgt formuliert werden: Für die wohlfahrtsmaximierende Regierung eines Kapitalexportlandes ist es bei den Verfahren (V1a) bis (V3) eine dominante Strategie, auf die Besteuerung von Kapitaleinkommen zu verzichten. Unter (V1a) oder für $S' > 0$ ist diese dominante Strategie eindeutig.

c) Beim Doppelbesteuerungsverfahren (V4) gilt Aussage 6.7 nicht. Hier gilt weder $b \geq -1$, noch $\varphi > 0$, noch $(1+b) \cdot \varphi \geq 0$. Da $b < -1$ denkbar ist, kann es bei (V4) im Unterschied zu den anderen Verfahren vorkommen, daß eine Erhöhung des Steuersatzes in Land A Kapital in dieses Land lockt, denn $K^A_{t^A} > 0$ ist möglich. Unter einer solchen Konstellation muß der negative direkte Effekt der Steuersatzvariation $\tilde{K}^A_{t^A}$ durch einen positiven indirekten Effekt $\tilde{K}^A_\rho \cdot \frac{\partial \rho}{\partial t^A}$ überkompensiert werden, es muß also der Einfluß einer Steuererhöhung in A auf die Nettorendite $\frac{\partial \rho}{\partial t^A}$ hinreichend stark sein.

d) Wie man leicht nachprüft, gilt unter (V4), daß

$$\lim_{t^A \downarrow 0} \frac{\partial Y^A(\mathbf{t})}{\partial t^A} < 0,$$

so daß für hinreichend kleine Steuersätze eine Erhöhung von t^A sozialproduktreduzierend wirkt. Es kann allerdings nicht ausgeschlossen werden, daß sich dieser Effekt für höhere Steuersätze wieder umkehrt. Hinreichend dafür, daß dies nicht passiert, daß also $\frac{\partial Y^A(\mathbf{t})}{\partial t^A} < 0$ für alle t^A gilt, sind die folgenden Bedingungen:

$$(1-t^A-t^B) \cdot F^B_{KK} \cdot S' \geq -t^B \tag{6.37a}$$

und

$$\frac{t^A \cdot t^B}{(1-t^A) \cdot (1-t^B)} \cdot (F^B_K - 1) + K^B \cdot F^B_{KK} \leq 0 \tag{6.37b}$$

für alle $(t^A, t^B) \in [0, \bar{t}]^2$. (6.37a) stellt sicher, daß $b \geq -1$ (vgl. (6.35)). Bedingung (6.37b) garantiert, daß $\varphi > 0$ (vgl. (6.36)). (6.37a) ist insbesondere bei unelastischem Kapitalangebot (also für $S' = 0$) erfüllt. (6.37b) erfordert eine hinreichend renditereagible Kapitalnachfrage in Land B, denn es muß $\varepsilon_\rho^B \leq -\frac{(1-t^A)\cdot(1-t^B)}{t^A \cdot t^B} < -1$ gelten.[365] Insgesamt ist es daher nicht unplausibel, daß der optimale Steuersatz eines sein Sozialprodukt maximierenden Kapitalexportlandes auch unter dem Doppelbesteuerungsverfahren bei Null liegt.

e) Beim Anrechnungsverfahren oder dem Wohnsitzlandprinzip ist das Sozialprodukt in Land A für konstantes Kapitalangebot unabhängig vom Steuersatz dieses Landes. Ist hingegen das Kapitalangebot endogen, so führt jede Steuererhöhung in Land A auch bei diesen Verfahren zu einem Sozialproduktsrückgang.

f) Wie der Beweis zeigt, ist für Aussage 6.7 die Annahme $\varepsilon_\rho^B < -1$ notwendig. Diese Annahme, die unter (A.6) stets erfüllt ist, bezieht sich auf das Kapitalnachfrageverhalten in Land B. Über die Kapitalreagibilität in Land A sind hingegen keine weiteren Annahmen erforderlich.

6.3.2 Die (Ir-)Relevanz des Besteuerungsverfahrens

Für das Nash-Gleichgewicht im Steuerwettbewerb zwischen wohlfahrtsmaximierenden Regierungen erhält man zunächst das folgende Theorem:

AUSSAGE 6.8: Es gelte Annahme (A.6) und es sei $S' > 0$.

a) Bei (V1a), (V2) und (V3) ist das eindeutige Wohlfahrtsgleichgewicht im Steuerwettbewerb gegeben durch $(\hat{t}^A, \hat{t}^B) = (0, \tilde{\phi}^B(0))$.

b) Gilt zusätzlich noch (6.37), so ist $(\hat{t}^A, \hat{t}^B) = (0, \tilde{\phi}^B(0))$ auch bei (V4) das eindeutige Wohlfahrtsgleichgewicht im Steuerwettbewerb.

c) Bei (V1b) gilt im Wohlfahrtsgleichgewicht $(\hat{t}^A, \hat{t}^B) = (0,0)$.

365 Dies ist durch Annahme (A.6) alleine nicht sichergestellt.

Beweis:
Annahme (A.6) impliziert nicht nur über $\varepsilon_\rho^B \leq -1$ die Gültigkeit von Aussage 6.6, sondern zudem, daß die besten Antworten des sein Steueraufkommen maximierenden Landes B über die rechte Spalte von Tabelle 6.1 eindeutig gegeben sind. Aussage 6.7 ergibt für $S' > 0$, daß unter (V1a), (V1b), (V2) und (V3) für alle $t^B \in [0, \bar{t}]$ $\phi^A(t^B) = \hat{t}^A = 0$ gilt. Gleiches gilt unter (6.37) für (V4). Land B reagiert darauf unter (V1a), (V2), (V3) und (V4) mit $\phi^B(\hat{t}^A) = \tilde{\phi}^B(0) > 0$. Unter (V1b) ist $t^B = 0$ für Land B vorgegeben.

●

Aussage 6.8 ist ein überraschendes Neutralitätstheorem: Die unterschiedlichen internationalen Besteuerungsverfahren sind irrelevant für die Ergebnisse des Steuerwettbewerbs zwischen wohlfahrtsmaximierenden Regierungen.[366] Sie bringen dieselben Steuersätze, dieselbe Kapitalallokation und dieselben Sozialprodukte bzw. Steueraufkommen hervor. Ursächlich hierfür ist die Tatsache, daß das Kapitalexportland A unter den getroffenen Annahmen eine dominante Strategie "Nicht-Besteuerung" hat, auf die das Kapitalimportland in jedem Steuersystem gleich reagiert.

Aussage 6.8 rechtfertigt zumindest partiell (und *ex post*) die Beschränkung der Analyse auf den Steuer*satz*wettbewerb und die Ausklammerung des Steuer*system*wettbewerbs. Eine etwaig dem Steuersatzwettbewerb vorgelagerte Spielstufe, in der die Regierungen das anzuwendende Besteuerungsverfahren festlegen, ist unter den getroffenen Annahmen unabhängig davon, ob diese Festlegung kooperativ oder nicht-kooperativ erfolgt, nicht erforderlich. Das Steuerpaar $(\hat{t}^A, \hat{t}^B) = (0, \tilde{\phi}^B(0))$ erbringt unter jedem Verfahren (V1a), (V2), (V3) oder (V4) die gleichen Payoffs für beide Regierungen.

Janeba (1995, Proposition 1) leitet in seinem Modellrahmen ein ähnliches Neutralitätsresultat her. Er zeigt, daß die Verfahren (V1a), (V2) und (V3) im Steuerwettbewerb allokationsäquivalent sind und das Kapitalexportland auf eine Steuererhebung verzichtet. Allerdings sind die zugrundeliegenden Annahmen von Aussage 6.8 und Proposition 1 in Janeba (1995) unterschiedlich: Janeba (1995) geht in seinem Ein-Perioden-Ansatz zum einen von einem fixen Gesamtkapitalstock ($K^A + K^B = \overline{S}$) aus und zum anderen davon, daß es nicht zu einer Repatriierung des im Ausland investierten Kapitals, sondern nur zu einem Renditetransfer kommt. Doppelbesteuerung wird in Janeba (1995) nicht erfaßt.

366 Im System (V1b) kann man nicht ernsthaft von Steuerwettbewerb sprechen.

Folgt man der Vorgehensweise von Janeba (1995) und unterstellt man ein konstantes Kapitalangebot, so ergibt sich dahingehend ein modifiziertes Bild, als $(\hat{t}^A, \hat{t}^B) = (0, \tilde{\phi}^B(0))$ nicht mehr das einzige Nash-Gleichgewicht sein muß:

AUSSAGE 6.9: Es gelte Annahme (A.6) und es sei $S' \equiv 0$.

a) Bei (V1a) ist $(\hat{t}^A, \hat{t}^B) = (0, \tilde{\phi}^B(0))$ das eindeutige Wohlfahrtsgleichgewicht im Steuerwettbewerb.

b) Bei (V1b) ist jedes Paar $(\hat{t}^A, \hat{t}^B) = (t^A, 0)$ mit $t^A \in [0, \bar{t}]$ ein Wohlfahrtsgleichgewicht.

c) Unter (V2) ist jedes Paar $(t^A, \tilde{\phi}^B(t^A))$ mit $t^A \in [0, \bar{t}]$ ein Wohlfahrtsgleichgewicht. Insbesondere gilt dies für $(\hat{t}^A, \hat{t}^B) = (0, \tilde{\phi}^B(0))$.

d) Bei (V3) ist $(\hat{t}^A, \hat{t}^B) = (0, \tilde{\phi}^B(0))$ ein Wohlfahrtsgleichgewicht. Zudem sind alle Paare $(t^A, \tilde{\phi}^B(t^A))$, für die $t^A = \tilde{\phi}^B(t^A)$ gilt, Wohlfahrtsgleichgewichte.

e) Gilt unter (V4) zusätzlich noch (6.37b), so ist $(\hat{t}^A, \hat{t}^B) = (0, \tilde{\phi}^B(0))$ bei (V4) das eindeutige Wohlfahrtsgleichgewicht im Steuerwettbewerb.

Beweis:
Im Unterschied zu Aussage 6.8 gilt für $S' \equiv 0$ gemäß Aussage 6.7, daß Land A unter (V1b), (V2) und, falls $t^A \leq t^B$, auch unter (V3) indifferent zwischen allen Steuersätzen ist. Im einzelnen bedeutet dies:

a) Im Vergleich zu Aussage 6.8 hat sich bei (V1a) nichts geändert, da Land A nach wie vor die dominante Strategie $t^A = 0$ hat.

b), c) Diese Fälle sind trivial.

d) Gemäß Tabelle 6.1 gilt bei (V3) $\phi^B = \max\{t^A, \tilde{\phi}^B(t^A)\} \geq t^A$, so daß sich im Vergleich zu Aussage 6.8 nur dann etwas ändern kann, wenn der Fall

$t^A = \tilde{\phi}^B(t^A)$ eintritt.[367] Eine solche Kombination bildet ein Nash-Gleichgewicht.

e) Für $S' \equiv 0$ ist (6.37a) stets erfüllt. (6.37b) alleine ist damit schon hinreichend dafür, daß $\frac{\partial Y^A(\mathbf{t})}{\partial t^A} < 0$ für alle t^A gilt.

•

Im Fall multipler Gleichgewichte sind die Ergebnisse des Steuerwettbewerbs bei unterschiedlichen Besteuerungsverfahren nicht mehr ohne weiteres vergleichbar. Insbesondere kann von einer Äquivalenz der Besteuerungsverfahren nicht mehr die Rede sein. Da $S' \equiv 0$ der Fall ist, der dem Neutralitätsresultat von Janeba (1995) zugrundeliegt, zeigt dies, daß der Frage, ob eine Rückgewähr des investierten Kapitals an die Eigner stattfindet (oder nur eine Verzinsung), für die Beurteilung des Kapitalsteuerwettbewerbs bei fixem Kapitalstock entscheidende Bedeutung zukommt.

Das Verfahren der Doppelbesteuerung (V4) wurde bisher nur unter der (nicht allzu unplausiblen) Annahme (6.37) diskutiert, daß sich Kapitalexportland auch hier der Besteuerung enthält. Gibt man diese Annahme auf, so gelten die entsprechenden Teile der Aussagen 6.7 und 6.8 nicht mehr. Es kommt (sofern man die Existenz eines Nash-Gleichgewichts einmal unterstellt) zu positiven Steuersätzen beider am Steuerwettbewerb beteiligten Länder. Ein Vergleich mit den übrigen Verfahren ist nicht mehr möglich.

Unsere Aussagen (6.8) und (6.9) (und das Resultat von Janeba (1995)) stehen im Widerspruch zu einem Ergebnis, das Oakland/Xu (1995) in ihrem Modell des Steuerwettbewerbs bei fixem Gesamtkapitalbestand ableiten. Die Autoren zeigen, daß im Wohlfahrtsgleichgewicht der Steuersatz des Kapitalexportlandes umso höher und der des Kapitalimportlandes umso niedriger ist, je höher der Anteil der im Kapitalimportland gezahlten Steuern ist, der bei Repatriierung der Einkünfte im Kapitalexportland (Wohnsitzland) angerechnet und bei der dortigen Steuerverhaftung abzugsfähig ist.[368] In unserem Modell sind diese Effekte alle identisch Null: Der Kapitalexporteur hat in jedem Szenario die gleiche dominante Strategie, auf die der Importeur auch jeweils gleich reagiert. Die Ursache für

---

367 Solche Fälle treten bei stetigen Funktionen $\tilde{\phi}^B(t^A)$ unter Annahme (A.6) (wesentlich hierbei insbesondere: $\tilde{\phi}^B(t^A) < \bar{t}$) mindestens einmal auf.

368 Bei einem Anteil von 0 entspricht dies dem Doppelbesteuerungsverfahren (V4), bei einem Anteil von 1 der Abzugsmethode (V2).

diese Diskrepanz ist, daß das Oakland/Xu-Modell (genau wie jenes von Bond/Samuelson (1989)) im Wohnsitzland eine steuerliche Diskriminierung nach der Herkunft der Kapitaleinkommen unterstellt: Ausländische Einkünfte unterliegen einem höheren Steuersatz als inländische. Je größer nun der Anrechnungssatz für ausländische Steuern ist, desto geringer ist (c.p.) das Steueraufkommen und damit das Sozialprodukt im Wohnsitzland. Um diesen Effekt zu kompensieren, wählt die Regierung daher mit steigender Anrechnung einen höheren Steuersatz. Da das Modell fallende Reaktionsfunktionen annimmt, reagiert das Kapitalimportland darauf mit sinkenden Steuersätzen. Insgesamt kommt es mit steigender Anrechnung zu geringeren internationalen Kapitalbewegungen und zu einer Verringerung des Weltsozialprodukts. Bond/Samuelson (1989) zeigen eine ähnliche Tendenz für den Vergleich von Anrechnungs- und Abzugsmethode. Beide Ansätze sind schöne Beispiele dafür, daß Steuerwettbewerb den wohlgemeinten Abbau von Kapitalverkehrshindernissen (hier: das Ausmaß der Doppelbesteuerung) wieder zunichte machen kann, wenn die nationalen Steuersysteme ihrerseits zu stark zwischen in- und ausländischen Einkünften diskriminieren. In unserem Modell ist das Ergebnis des Steuerwettbewerbs robust gegen Änderungen des internationalen Steuersystems. Hält man dies für eine wünschenswerte Neutralitätsforderung an die Besteuerung von Kapitaleinkommen, so legt der Vergleich des hier erzielten Resultats mit denen von Oakland/Xu (1995) und Bond/Samuelson (1989) nahe, daß die nationalen Steuersysteme nicht nach der Herkunft der zu versteuernden Einkünfte unterscheiden sollten.

6.3.3 Effizienzaussagen und Stackelberg-Lösung

Zwischen dem im vorigen Kapitel diskutierten Steuerwettbewerb mit der Kapitalstocksteuer t_K^i und dem hier diskutierten Kapitaleinkommensteuerwettbewerb bestehen einige Parallelen: Bei aufkommensmaximierenden Regierungen kommt es (unter den jeweiligen Annahmen) im Nash-Gleichgewicht zu einer positiven Besteuerung in beiden Ländern, während im Wohlfahrtsgleichgewicht die Regierung des Kapitalexportlandes auf eine Besteuerung verzichtet. Die Existenz einer dominanten Strategie für das Kapitalexportland erlaubt es hier wie dort, einfache Verbindungen zwischen den Nash-Gleichgewichten und den Gleichgewichten der anderen Lösungskonzepte des Steuerwettbewerbs herzustellen:[369]

---

369 Vgl. Aussage 5.8.

AUSSAGE 6.10:

a) Unter den Annahmen der Aussage 6.8 sind Wohlfahrtsgleichgewichte im Steuerwettbewerb bei den Verfahren (V1a), (V2), (V3) und (V4) weder stark noch schwach effizient. Bei (V1b) wird unter den Voraussetzungen der Aussage 6.8 hingegen eine stark effiziente Lösung erreicht.

b) Unter den Annahmen der Aussage 6.9 sind Wohlfahrtsgleichgewichte im Steuerwettbewerb bei den Verfahren (V1a), (V2) und (V4) weder stark noch schwach effizient. Bei (V1b) wird unter den Voraussetzungen von Aussage 6.9 hingegen eine stark effiziente Lösung erreicht. Bei (V3) können stark effiziente Wohlfahrtsgleichgewichte existieren.

c) Unter den Annahmen von Aussage 6.8 fällt das Wohlfahrtsgleichgewicht im Steuerwettbewerb mit dem Stackelberg-Gleichgewicht zusammen, unabhängig davon, welcher Spieler Stackelberg-Führer und welcher Stakkelberg-Folger ist.

Beweis:

a) Eine stark effiziente Lösung verlangt im Fall der Wohlfahrtsmaximierung gemäß Aussage 3.2 bei $S' > 0$, daß $t^A = t^B = 0$ gilt.

(i) Dies wird in Aussage 6.8 bei (V1b) erreicht. Bei $S' \equiv 0$ kann jedoch $t^A > 0$ nicht ausgeschlossen werden.

(ii) Im Nash-Gleichgewicht bei den anderen Verfahren gilt hingegen $t^B = \tilde{\phi}^B(\hat{t}^A) > 0 \quad \forall\, \hat{t}^A$, so daß starke Effizienz verfehlt wird.

(iii) Schwach effiziente Lösungen erhält man aus dem Kuhn-Tucker-Ansatz $L(t^A, t^B, \lambda) = Y^A(t^A, t^B) - \lambda \cdot \left[T^B(t^A, t^B) - \overline{T}\right]$. Insbesondere muß damit gelten:

$$\frac{\partial L}{\partial t^B} = \frac{\partial Y^A}{\partial t^B} - \lambda \cdot \frac{\partial T^B}{\partial t^B} \leq 0 \quad \text{und} \quad t^B \cdot \frac{\partial L}{\partial t^B} = 0.$$

Im Nash-Gleichgewicht gilt $t^B > 0$ und $\frac{\partial T^B}{\partial t^B} = 0$, so daß zusätzlich $\frac{\partial Y^A}{\partial t^B} = 0$ erforderlich ist. Nach (6.31) errechnet man:

$$\frac{\partial Y^A}{\partial t^B} = F_K^A \cdot K_{t^B}^A + K_{t^B}^B \cdot \left[1 + (1-t^B) \cdot \left[F_K^B - 1 + K^B \cdot F_{KK}^B\right]\right] - K^B \cdot (F_K^B - 1). \quad (6.38)$$

Dieser Ausdruck ist im allgemeinen ungleich Null.

b) (i) Für $S' \equiv 0$ erfordert starke Effizienz nach Aussage 3.3 i.V.m. (6.1), daß $\tau^B = t^A$. Dies gilt bei (V1b) stets, bei (V1a), (V2) und (V4) wegen $t^B > 0$ im Nash-Gleichgewicht hingegen nie. Bei (V3) sind solche Nash-Gleichgewichte denkbar, aber nicht sicher.

(ii) Hinsichtlich der Verfehlung schwacher Effizienz bei (V1a), (V2) und (V4) betrachte man erneut Schritt (iii) des Beweises zu Teil a). In (6.38) ergibt sich auch für $K_{t^A}^A + K_{t^B}^B = 0$ kein Hinweis darauf, daß dieser Ausdruck gleich Null sein müßte.

c) Land A hat eine dominante Strategie.

•

Effizienz wird also im Steuerwettbewerb typischerweise verfehlt. Ursächlich hierfür sind wie in den vorigen Kapiteln externe Effekte, die jedes Land dem anderen durch seine Besteuerung auferlegt. Sie kommen z.B. dadurch zum Ausdruck, daß in (6.38) $\frac{\partial Y^A}{\partial t^B} \neq 0$ gilt. Da die kooperative Lösung bei Wohlfahrtsmaximierung gleichzeitig international allokationseffizient ist, ist der Weltoutput im Steuerwettbewerb kleiner als bei unbesteuertem Kapitalverkehr.

Ein sequentielles Spiel zwischen den nationalen Regierungen bringt, sofern die Nash-Lösung eindeutig ist, dieselbe Lösung hervor wie simultane Entscheidungen über die Steuersätze. Bei multiplen Nash-Gleichgewichten ist bezüglich der Stackelberg-Lösung keine Aussage mehr möglich.

6.4 Zusammenfassung und Schlußfolgerungen

Das zentrale Ergebnis dieses Kapitels ist die in Aussage 6.8 nachgewiesene Irrelevanz internationaler Besteuerungsverfahren für die Ergebnisse des Steuerwettbewerbs zwischen wohlfahrtsmaximierenden Regierungen.

- Dieses Resultat zeigt, daß bei elastischem Kapitalangebot die Vorgabe eines Verfahrens zur Besteuerung grenzüberschreitender Einkünfte ohne Wirkung auf die fiskalischen und allokativen Ergebnisse autonomen Steuersetzungsverhaltens bleiben wird. Doppelbesteuerungsabkommen sind daher überflüssig.

- Eine etwas vereinfachende Intuition für dieses Resultat lautet wie folgt: Wenn ein Kapitalimportland Kapitaleinkommen besteuert, versucht ein wohlfahrtsmaximierendes Kapitalexportland, möglichst viel Kapital im eigenen Land zu halten und möglichst wenig Kapital ins Ausland abwandern zu lassen. Dies treibt den optimalen Steuersatz des Kapitalexporteurs auf Null herunter. Dann wird aber das internationale Besteuerungsverfahren unerheblich.

- Bei unelastischem Kapitalangebot gilt das Neutralitätsresultat nicht mehr allgemein. Insbesondere können die mitunter multiplen Nash-Gleichgewichte nicht mehr sinnvoll miteinander verglichen werden. Allerdings bleiben für jedes Besteuerungsverfahren die gleichgewichtigen Steuersätze, die sich bei elastischem Gesamtkapital einstellen, auch ein Nash-Gleichgewicht für den Fall des konstanten Kapitalstocks.

- Steuerwettbewerb zwischen aufkommensmaximierenden Regierungen bringt keine so eindeutigen Ergebnisse hervor wie der zwischen Wohlfahrtsmaximierern. Insbesondere kann hier nicht von einer Irrelevanz des Besteuerungsverfahrens die Rede sein. Es bestehen aber enge Verbindungen zwischen den Systemen (z.B. die Äquivalenz von Quellenland- und Anrechnungsverfahren).

- Gemeinsam ist beiden Formen des Steuerwettbewerbs die Ineffizienz der Ergebnisse. Wiederum bietet dies aber keine Rechtfertigung für eine Steuervereinheitlichung: In keinem der diskutierten Szenarien gibt es Hinweise darauf, daß zur Erreichung einer effizienten Lösung harmonisierte Steuersätze erforderlich wären. Diese Beobachtung liegt auf einer Linie mit den bisherigen Resultaten aus der Theorie des Kapitalsteuerwettbewerbs bei unterschiedlichen Besteuerungsregeln: Sowohl Mintz/Tulkens (1996) als auch Janeba (1995) machen deutlich, daß die Preisgabe fiskalischer Souveränität zugunsten einer uniformen Steuerpolitik weder notwendig noch hinreichend für eine Verbesserung der im Steuerwettbewerb erzielten Ergebnisse ist.

Kapitel 7: Steuerwettbewerb und Finanzierungsverhalten unter dem Wohnsitzlandprinzip

7.1 Motivation und Grundsätzliches

In Abschnitt 3.2.1 wurde das Wohnsitzlandprinzip als eines jener internationalen Besteuerungsverfahren gekennzeichnet, bei dem die Kapitalstruktur der in einem Kapitalimportland ansässigen Unternehmen nicht schon allein durch das Steuersystem eindeutig festgelegt wird. Bestimmte Konstellationen der Steuersätze führen dazu, daß diese Unternehmen eigenfinanziert sind, andere Konstellationen veranlassen die Unternehmen hingegen zu einer Mischfinanzierung (vgl. Aussage 3.3). Es scheint vor diesem Hintergrund lohnenswert, in einem solchen Szenario mit variablem Finanzierungsverhalten die Ergebnisse und Auswirkungen fiskalischen Wettbewerbs zu untersuchen.

Dies gilt umso mehr, als dem Wohnsitzlandprinzip nach wie vor starke Aufmerksamkeit zuteil wird: Die OECD-Musterabkommen zur Vermeidung der Doppelbesteuerung favorisieren dieses Verfahren, da es die vornehmlich kapitalexportierenden OECD-Mitgliedsstaaten vor fiskalischen Verlusten schützt.[370] Darüberhinaus existiert eine Reihe von Vorschlägen, in der EU bei der Besteuerung grenzüberschreitender Einkünfte das Wohnsitzlandprinzip anzuwenden.[371] Alworth (1988) zeigt, daß das Wohnsitzlandprinzip die Anreize für eine internationale Steuerarbitrage stark reduziert. Giovannini/Hines (1991) plädieren für die Einführung einer Kapitaleinkommensbesteuerung in der EU nach dem Wohnsitzlandprinzip auf der Anlegerebene. Sie glauben, dadurch die Probleme der Kapitalflucht (sprich: der internationalen Steuerarbitrage) und des Steuerwettbewerbs gleichzeitig abmildern zu können.[372] Das mit der Ausarbeitung von Reformvor-

---

370 Dies gilt sowohl für die älteren Musterabkommen von 1963 und 1977 als auch für das neue aus dem Jahre 1992. Vgl. Schaumburg (1993, S. 556).

371 Auch das von McLure (1989) für die Europäische Gemeinschaft nach US-amerikanischem Vorbild in die Diskussion gebrachte System der *unitary taxation* enthält deutliche Bestandteile des Wohnsitzlandverfahrens. Bei der *unitary tax* bemißt sich die von einem Unternehmen in einem Land bzw. (US-)Staat zu zahlende Steuer nicht nach dem in diesem Land erwirtschafteten Gewinn, sondern gemäß einer *apportionment formula* nach dem weltweiten Gesamtgewinn des Unternehmens. Für Details vgl. Lischer (1992).

372 Giovannini/Hines (1991) beschäftigen sich nur mit der Besteuerung von Dividendeneinkommen. Wie Alworth (1991) zurecht anmahnt, muß die Argumentation analog auf andere Kapitaleinkünfte ausgedehnt werden.

schlägen für eine europäische Kapitalbesteuerung beauftragte Ruding-Komitee empfiehlt der EG-Kommission, Quellensteuern auf Dividenden, Zinsen und Lizenzen weitgehend zu reduzieren bzw. abzuschaffen und so die Besteuerung solcher Einkünfte dem Wohnsitzland alleine zu überlassen.[373]

Argumente *gegen* die Anwendung des Wohnsitzlandprinzips kommen zum einen aus den kapitalimportierenden Entwicklungs- und Schwellenländern, die ihre Steuersouveränität ausgehebelt sehen.[374] Zum anderen wird gewarnt, daß eine stringente Anwendung des Wohnsitzlandprinzips mit beträchtlichen Erhebungs- und Kontrollkosten einhergeht, da für die Steuerpflichtigen ein hoher Anreiz und gute Chancen bestehen, ihre Kapitaleinkünfte zu verschleiern.[375]

In diesem Kapitel untersuchen wir die Effekte des Steuerwettbewerbs, wenn (i) international das Wohnsitzlandverfahren angewandt wird und (ii) die Steuersysteme nicht von vorneherein das Finanzierungsverhalten der Unternehmen determinieren. Es wird sich herausstellen, daß die Effekte des Steuerwettbewerbs in einem solchen Szenario alles andere als klar sind. Da sich dieses zentrale Phänomen schon an simplen Strukturen aufzeigen läßt, bereinigen wir das Grundmodell wiederum um einige hier nicht relevante Tatbestände.

Wir unterstellen, daß die Haushalte in Land A ansässig sind, so daß dieses Land ein Kapitalexportland, das andere Land B hingegen ein Kapitalimportland ist. Reingewinn- und Kapitalstocksteuern stehen den Regierungen als Instrumente nicht zur Verfügung, d.h. $t_K^i = t_G^i = 0$ $(i=A, B)$.

In einem Kapitalexportland sind die Unternehmen im Rahmen zulässiger Steuersysteme damit stets mischfinanziert (vgl. Aussage 3.2). Diese Mischfinanzierung ist, wie in Abschnitt 3.2.2 erörtert wurde, auf die Finanzierungsrestriktion $B^A \leq \sigma^A \cdot K^A$ mit $\sigma^A \in]0,1]$ zurückzuführen: Das Steuersystem begünstigt im Inland die Fremd- gegenüber der Eigenfinanzierung und ohne Finanzierungsbeschränkung wären die Unternehmen rein kreditfinanziert. Im folgenden verzichten wir in Land A auf die Finanzierungsrestriktion und setzen

$$\sigma^A = 1.$$

---

373 Vgl. hierzu Förster (1992, S. 70).

374 Vgl. Schaumburg (1993, S. 556). Aus diesem Grund sieht das UN-Musterabkommen zur Vermeidung der Doppelbesteuerung das Quellenlandprinzip vor.

375 Vgl. hierzu Koop (1993, S. 118).

Ferner sei das Steuersystem in Land A gekennzeichnet durch:

$$t_d^A \equiv 0, \quad t_U^A = \bar{t}, \quad t_r^A \in [0, \bar{t}].$$

Es findet also keine Dividendenbesteuerung statt und die Körperschaftsteuer ist auf ihren höchsten zulässigen Wert festgeschrieben. Dies hat den Effekt, daß die Unternehmen in Land A zu 100% fremdfinanziert sind. In unserer Begriffsbildung aus Abschnitt 2.8.1 ist das Steuersystem in Land A damit vom Typ (S2).

Das einzige fiskalische Instrument der Regierung in A ist der Steuersatz t_r^A auf Zinseinkommen, der unter dem Wohnsitzlandprinzip sowohl für in- als auch für ausländische Einkünfte gilt.

Dem Kapitalimportland B bleibt unter dem Wohnsitzlandprinzip als einziges Steuerinstrument nur der Körperschaftsteuersatz $t_U^B \in [0, \bar{t}]$. In B existiert eine "echte" Kapitalstrukturrestriktion $B^B \leq \sigma^B \cdot K^B$ mit $\sigma^B \in]0,1[$, so daß dort operierende Unternehmen folgendes Finanzierungskalkül verfolgen:

- Gilt $t_r^A > t_U^B$, so zeichnet im Portfoliogleichgewicht kein Anleger Bonds einer Unternehmung in B, so daß diese rein eigenfinanziert ist: $K^B = E^B$.

- Ist hingegen $t_r^A \leq t_U^B$, so ist Eigenfinanzierung teurer als Fremdfinanzierung. Lediglich die Finanzierungsrestriktion zwingt die Unternehmen in B dazu, einen Anteil von $(1-\sigma^B)$ ihres Kapitals durch Aktienemission zu decken.[376]

Indem wir $t_d^A = 0$ gesetzt haben, unterliegt jede Finanzierungsalternative nur einer Steuer: Zinseinkommen (gleich welcher Herkunft) der Besteuerung in Land A und Dividendenausschüttungen der Besteuerung in Land B. Die relevante Arbitragebedingung auf dem Kapitalmarkt lautet:

$$\rho = (1-t_r^A)\cdot\left[F_K^A - 1\right] = \frac{F_K^B - 1}{\dfrac{\overline{\sigma}^B}{1-t_r^A} + \dfrac{1-\overline{\sigma}^B}{1-t_U^B}}, \tag{7.1}$$

wobei

---

376 An der Grenze $t_r^A = t_U^B$ ist die Unternehmung indifferent zwischen beiden Finanzierungsvarianten. Unserer Konvention aus Kapitel 2 folgend, unterstellen wir aber, daß auch hier eine Aufteilung des Kapitals zu Anteilen von σ^B bzw. $1-\sigma^B$ auf Bonds bzw. Aktien erfolgt. Keine unsere Aussagen hängt aber von dieser konkreten Aufteilung ab.

$$\overline{\sigma}^B = \begin{cases} \sigma^B & \text{falls } t_r^A \le t_U^B \\ 0 & \text{falls } t_r^A > t_U^B \end{cases} \tag{7.2}$$

die optimale Kapitalstruktur der Unternehmung in B charakterisiert. Die Gleichungen (7.1) legen (zusammen mit der Bedingung eines geräumten Kapitalmarktes $S(\rho(t_r^A, t_U^B)) = K^A(t_r^A, t_U^B) + K^B(t_r^A, t_U^B)$) die gleichgewichtigen Werte von ρ, K^A und K^B (jeweils in Abhängigkeit von den Steuersätzen (t_r^A, t_U^B)) fest. Man beachte hierbei, daß im Unterschied zu allen vorher diskutierten Ansätzen die Funktionen ρ, K^A und K^B zwar stetig, an allen Stellen $t_r^A = t_U^B$ aber nicht differenzierbar sind. So gilt beispielsweise:[377]

$$\lim_{t_U^B \downarrow t_r^A} \frac{\partial \widetilde{K}^B}{\partial t_U^B} = \lim_{t_U^B \downarrow t_r^A} \left[\left[\frac{\dfrac{1-\sigma^B}{(1-t_U^B)^2}}{\dfrac{\sigma^B}{1-t_r^A} + \dfrac{1-\sigma^B}{1-t_U^B}} \right] \cdot \frac{F_K^B - 1}{F_{KK}^B} \right] = \frac{1-\sigma^B}{1-t_r^A} \cdot \frac{F_K^B - 1}{F_{KK}^B}$$
$$> \frac{F_K^B - 1}{(1-t_r^A) \cdot F_{KK}^B} = \lim_{t_U^B \uparrow t_r^A} \frac{\partial \widetilde{K}^B}{\partial t_U^B} \tag{7.3a}$$

und

$$\lim_{t_r^A \downarrow t_U^B} \frac{\partial \widetilde{K}^B}{\partial t_r^A} = 0 > \frac{\sigma^B}{1-t_U^B} \cdot \frac{F_K^B - 1}{F_{KK}^B} = \lim_{t_r^A \uparrow t_U^B} \frac{\partial \widetilde{K}^B}{\partial t_r^A}. \tag{7.3b}$$

Ursächlich für diese Nicht-Differenzierbarkeiten ist die bei $t_r^A = t_U^B$ auftretende Unstetigkeit im Finanzierungsverhalten der Unternehmen in Land B (vgl. (7.2)). (7.3a) verdeutlicht, daß Effekte einer Änderung des Steuersatzes t_U^B und damit eine Veränderung des Preises für Eigenkapital oberhalb von t_r^A absolut gesehen geringer sind als unterhalb von t_r^A, denn sie betreffen dort nur einen Anteil $1-\sigma^B$ des eingesetzten Kapitals, während sie sich ansonsten auf das gesamte Kapital niederschlagen. (7.3b) zeigt umgekehrt, daß eine Verteuerung des Fremdkapitals in Form einer Erhöhung von t_r^A oberhalb von t_U^B wirkungslos in Land B bleibt (denn es werden ja keine Bonds emittiert), unterhalb von t_U^B aber den fremdfinanzierten Anteil von K^B tangieren.[378]

---

377 Vgl. hierzu auch Lemma 2.3.

378 Diese Aussagen betreffen nur die unmittelbaren Effekte einer Steuersatzänderung und gelten damit nur bei als konstant unterstelltem ρ. Der Gesamteffekt einer Erhöhung von t_r^A auf K^B unter Einbeziehung der indirekten Preiseffekte ist unterhalb von t_U^B natürlich nicht gleich Null, sondern errechnet sich nach (2.14) und (2.12) als:

Der Strategienraum ist durch $\bar{S} = \{(t_r^A, t_U^B) | t_r^A, t_U^B \in [0,\bar{t}]\} = [0,\bar{t}]^2$ gegeben.[379] Zur Vereinfachung der Notation vereinbaren wir:

$$\overline{\Phi} := \frac{\overline{\sigma}^B}{1-t_r^A} + \frac{1-\overline{\sigma}^B}{1-t_U^B}$$

und:

$$\beta := \frac{1}{\overline{\Phi}} \cdot \frac{\overline{\sigma}^B}{1-t_r^A}.$$

Falls $t_r^A > t_U^B$, so gilt: $\overline{\Phi} = \frac{1}{1-t_U^B}$ und $\beta = 0$. Für $t_r^A \leq t_U^B$ gilt $0 < \beta < 1$. Den Einfluß einer Variation der Steuersätze oder der Ertragsrate ρ auf die Kapitalallokation erhält man dann durch Anwendung von Lemma 2.3 bzw. durch implizites Differenzieren als (wir unterstellen jeweils $t_r^A \neq t_U^B$):

$$\tilde{K}_\rho^A = \frac{1}{(1-t_r^A) \cdot F_{KK}^A} \; ; \tag{7.4a}$$

$$\tilde{K}_\rho^B = \frac{\overline{\Phi}}{F_{KK}^B} \; ; \tag{7.4b}$$

$$\tilde{K}_{t_r^A}^A = \frac{F_K^A - 1}{(1-t_r^A) \cdot F_{KK}^A} = \frac{\rho}{1-t_r^A} \cdot \tilde{K}_\rho^A \; ; \tag{7.4c}$$

$$\tilde{K}_{t_r^A}^B = \frac{1}{\overline{\Phi}} \cdot \frac{F_K^B - 1}{(1-t_r^A) \cdot F_{KK}^B} \cdot \frac{\sigma^B}{1-t_r^A} = \frac{\rho}{1-t_r^A} \cdot \frac{\sigma^B}{1-t_r^A} \cdot \frac{1}{F_{KK}^B} = \frac{\rho}{1-t_r^A} \cdot \beta \cdot \tilde{K}_\rho^B \; ; \tag{7.4d}$$

$$\tilde{K}_{t_U^B}^A = 0 \; ; \tag{7.4e}$$

$$K_{t_r^A}^B = \tilde{K}_{t_r^A}^B + \frac{\partial \rho}{\partial t_r^A} \cdot \tilde{K}_\rho^B = \frac{\tilde{K}_\rho^B \cdot \tilde{K}_{t_r^A}^A}{D} > 0.$$

379 Man beachte, daß die Regierungen der Länder A und B im Steuerwettbewerb unterschiedliche Strategievariable einsetzen: Land A operiert mit der Zinseinkommensteuer, Land B mit der Körperschaftsteuer. Derartige Modelle des asymmetrischen fiskalischen Wettbewerbs gibt es bisher in der Literatur nicht. Dort wurden bislang lediglich Asymmetrien hinsichtlich der Spielstruktur (Stackelberg-Ansätze) oder der Ländergröße (vgl. z.B. Wilson (1987), Bucovetsky (1991) oder Kanbur/Keen (1993)) diskutiert.

$$\tilde{K}^B_{t^B_U} = \frac{1}{\overline{\Phi}} \cdot \frac{F^B_K - 1}{(1-t^B_U)\cdot F^B_{KK}} \cdot \frac{1-\overline{\sigma}^B}{1-t^B_U} = \frac{\rho}{1-t^B_U} \cdot \frac{1-\overline{\sigma}^B}{1-t^B_U} \cdot \frac{1}{F^B_{KK}} = \frac{\rho}{1-t^B_U} \cdot (1-\beta) \cdot \tilde{K}^B_\rho . \quad (7.4f)$$

Alle Effekte sind nicht-positiv.

7.2 Steuerwettbewerb bei Aufkommensmaximierung

7.2.1 Allgemeines

Das Steueraufkommen des Kapitalimportlandes *B* stammt aus den Dividendenausschüttungen der dort ansässigen Unternehmung und ergibt sich nach (4.2) als

$$T^B(t^A_r, t^B_U) = \frac{t^B_U}{1-t^B_U} \cdot \rho \cdot (1-\overline{\sigma}^B) \cdot K^B(t^A_r, t^B_U) . \quad (7.5)$$

Das Steueraufkommen des Landes *A* bemißt sich nach den Zinseinkünften seiner Bewohner, die aus Land *B* natürlich nur dann zufließen, falls die Unternehmen dort teilweise fremdfinanziert sind:

$$T^A(t^A_r, t^B_U) = \frac{t^A_r}{1-t^A_r} \cdot \rho \cdot \left[K^A(t^A_r, t^B_U) + \overline{\sigma}^B \cdot K^B(t^A_r, t^B_U)\right] \quad (7.6)$$

Beide Aufkommensfunktionen T^A und T^B sind an allen Stellen $t^A_r = t^B_U$ unstetig. Dies liegt daran, daß sich der Wert von $\overline{\sigma}^B$ an diesen Stellen diskontinuierlich verändert, da das Finanzierungsverhalten der Unternehmen in *B* von einer reinen Eigen- zu einer Mischfinanzierung umspringt. Dies hat folgende Konsequenzen:

Wählt die Regierung des Kapitalimportlandes *B* einen niedrigeren Steuersatz als die des Kapitalexportlandes *A*, gilt also $t^A_r > t^B_U$, so greift sie mit ihrer Besteuerung auf den vollen in ihrem Land erwirtschafteten Kapitalertrag $\frac{\rho}{1-t^B_U} \cdot K^B$ zu, während der Regierung von *A* eine Ausnutzung dieser Steuerquelle versagt bleibt. Gilt hingegen $t^A_r \leq t^B_U$, so teilen sich beide Länder die Steuern aus dem in *B* erwirtschafteten Kapitalertrag. Hierbei entsprechen die jeweiligen Anteile am Aufkommen den Anteilen von Bonds bzw. Aktien am Kapital der Unternehmung.

Etwas anders formuliert: Das Steueraufkommen jeden Landes setzt sich aus einem sicheren Teil (*inside option*) und einem "umstrittenen" Teil (*outside option*[380]) zusammen. Die *inside option* für Land A ist sein Aufkommen aus der heimischen Bemessungsgrundlage $\frac{1}{1-t_r^A}\cdot\rho\cdot K^A(t_r^A,t_U^B)$, die des Landes B besteht im Anteil $(1-\sigma^B)$ der dortigen Bemessungsgrundlage $\frac{1}{1-t_U^B}\cdot\rho\cdot K^B(t_r^A,t_U^B)$. Diese Steueraufkommen sind in dem Sinne sicher, als sie den Regierungen von der jeweils anderen Regierung nicht streitig gemacht werden können.[381,382] Der umstrittene Teil des Aufkommens bemißt sich auf der Grundlage des Anteils σ^B der Kapitalerträge in Land B, jenem Anteil also, dessen Finanzierungsquelle (Aktien oder Bonds) durch die Konstellation der Steuersätze beeinflußt wird. Dieser Teil ist "mobil" zwischen den Ländern: Für $t_r^A > t_U^B$ fällt er Land B zu, für $t_r^A \le t_U^B$ hingegen gewinnt Land A diesen Teil. An der Grenze, d.h. bei $t_r^A = t_U^B$, fällt der mobile Teil des Steueraufkommens einem anderen Land zu, was zu Unstetigkeiten in beiden Steueraufkommensfunktionen führt.

Im Steuerwettbewerb wägt jede Regierung nun ab, ob sie sich auf ihre *inside option* zurückzieht oder ob sie der anderen Regierung den mobilen Teil abzunehmen versucht: Für gegebenes t_U^B überlegt die Regierung in A, ob eine Ausbeutung der heimischen Bemessungsgrundlage durch einen Steuersatz $t_r^A > t_U^B$ einer Zwei-Quellen-Finanzierung aus der Besteuerung in- und ausländischer Einkünfte seiner Bewohner durch einen niedrigeren Satz $t_r^A \le t_U^B$ vorzuziehen ist oder nicht. Der Kontrahent in B überlegt seinerseits für gegebenes t_r^A, ob er das Aufkommen aus der heimischen Basis bei niedrigem Steuersatz $t_U^B < t_r^A$ für sich alleine haben oder bei höherem Steuersatz $t_U^B \ge t_r^A$ mit der Regierung von A teilen will. Im wesentlichen reduziert sich die strategische Überlegung jeder Regierung darauf, ob die andere Regierung unter- oder überboten werden soll. Welche Strategie hier jeweils vorteilhaft ist, läßt sich von vorneherein nicht sagen.

Die geschilderte Situation ähnelt der in Janeba/Peters (1995). Dort hat jede der beiden Regierungen eine *inside option* R^i $(i=A,B)$. Die Steuerkonkurrenz gilt

---

380 Vgl. Schulze/Koch (1994) oder Janeba/Peters (1995) für die Verwendung dieses Begriffes in Modellen des fiskalischen Wettbewerbs.

381 Die Höhe des Aufkommens aus der *inside option* hängt natürlich vom Steuersetzungsverhalten des anderen Landes ab. Dies ändert aber nichts am prinzipiellen Verbleib dieses Aufkommens im jeweiligen Land.

382 Daß sich jedes Land seine *inside option* sichern und bei positivem Steuersatz ein positives Aufkommen erzielen kann, verhindert, daß Steuerwettbewerb die ruinöse Form des Bertrand-Wettbewerbs annimmt, bei dem beide Länder sich die Steuersätze auf Null herunterkonkurrieren. Vgl. Schulze/Koch (1994) für ein derartiges Modell.

einem Aufkommen R^m aus einer mobilen Steuerbasis. Die R^i hängen nur von den zugehörigen Steuersätzen t^i ab (d.h. $R^i = R^i(t^i)$ für i=A,B), wobei ein eingipfliger Aufkommensverlauf angenommen wird. Das mobile Steueraufkommen fällt jenem Land zu, das den niedrigeren Steuersatz wählt und berechnet sich auf ähnlich eingipflige Weise als Funktion des Steuersatzes $t^m := \min\{t^A, t^B\}$ als $R^m = R^m(t^m)$.[383] Das gesamte Aufkommen eines Landes ergibt sich damit als:

$$T^i(t^i, t^j) = \begin{cases} R^i(t^i) & \text{falls} \quad t^i > t^j \\ R^i(t^i) + \dfrac{R^m(t^i)}{2} & \text{falls} \quad t^i = t^j \\ R^i(t^i) + R^m(t^i) & \text{falls} \quad t^i < t^j \end{cases} \tag{7.7}$$

mit $i, j = A, B;\ i \neq j$. Für diese fiskalische Wettbewerbssituation weisen die Autoren nach, daß Nash-Gleichgewichte im Steuerwettbewerb (sofern sie existieren) stets schwach effizient und unter bestimmten, nicht allzu unplausiblen Bedingungen sogar stark effizient sind.[384] Die Ergebnisse des Steuerwettbewerbs können damit durch eine Kooperation der Fisci nicht verbessert werden. Ursächlich für dieses überraschende Resultat sind zwei Aspekte im Modell von Janeba/Peters (1995): Zum einen hat mindestens eine der Regierungen eine dominante Strategie, unter Umständen gilt dies für beide Regierungen. Zum anderen sind die Payoffs der Regierungen (insbesondere deren Maximalwerte) im wesentlichen unabhängig von den Strategievariablen des anderen Spielers, was darauf zurückzuführen ist, daß die Funktionen R^i bzw. R^m nur von jeweils *einem* Steuersatz abhängen (vgl. (7.7)).[385]

Ein Blick auf die Ausdrücke in (7.5) und (7.6) zeigt, daß dies in unserem Modellrahmen *nicht* der Fall ist, denn sowohl die Kapitalvolumina K^i als auch die Ertragsrate ρ hängen von den Steuersätzen beider Länder ab. Diese Interdependenzen erschweren die Analyse erheblich und machen allgemeine Aussagen unmöglich. Insbesondere kann das Effizienzresultat von Janeba/Peters (1995) in unserem Modellrahmen nicht etabliert werden.[386]

---

383 Das Herkunft der Aufkommensfunktionen R^i bzw. R^m bleibt im Modell von Janeba/Peters (1995) ungeklärt, ihr eingipfliger Verlauf und ihre Abhängigkeit von bloß einem Steuersatz werden schlichtweg unterstellt.

384 Vgl. Janeba/Peters (1995, Proposition 1).

385 Daß die Existenz dominanter Strategien alleine nicht ausreichend für die Effizienz des Gleichgewichts ist, wird am Beispiel des Gefangenendilemmas gut deutlich.

386 Vgl. unten, Aussage 6.7

Im folgenden werden wir zunächst in allgemeiner Form die Probleme, die Steuerwettbewerb im dargestellten Szenario hervorbringt, diskutieren, bevor ein Beispiel die Grundbotschaft dieses Abschnitts illustriert, daß nämlich im aufkommensmaximierenden Steuerwettbewerb so gut wie alles möglich ist.

7.2.2 Existenz, Lage und Art von Nash-Gleichgewichten

Da im vorliegenden Fall die Payoff-Funktionen beider Spieler weder stetig noch quasi-konkav sind, kann die Existenz von Nash-Gleichgewichten in reinen Strategien nicht sichergestellt werden.[387] Man beachte folgende Zusammenhänge:

$$\lim_{t_r^A \downarrow t_U^B} T^A(t_r^A, t_U^B) = \frac{t_r^A}{1-t_r^A} \cdot \rho \cdot K^A < \frac{t_r^A}{1-t_r^A} \cdot \rho \cdot \left[K^A + \sigma^B \cdot K^B\right] = T^A(t_r^A, t_U^B)\Big|_{t_r^A = t_U^B} \quad (7.8a)$$

$$\lim_{t_U^B \uparrow t_r^A} T^B(t_r^A, t_U^B) = \frac{t_U^B}{1-t_U^B} \cdot \rho \cdot K^B > (1-\sigma^B) \cdot \frac{t_U^B}{1-t_U^B} \cdot \rho \cdot K^B = T^B(t_r^A, t_U^B)\Big|_{t_U^B = t_r^A} . \quad (7.8b)$$

Inhaltlich bedeutet dies: Falls $t_r^A = t_U^B$ gilt, wir uns also an einer Unstetigkeitsstelle der Payoff-Funktionen befinden, so ist es für die Regierung des Kapitalexportlandes A besser, den Steuersatz beizubehalten als ihn zu erhöhen. Für Land B ist hingegen eine Senkung des Steuersatzes dem Verharren in der Situation vorzuziehen. Für die technische Frage der Existenz von Nash-Gleichgewichten hat (7.8) vier interessante Implikationen:

a) Die Funktion T^A ist nicht oberhalb halbstetig. Damit ist die Anwendung des Dasgupta/Maskin (1986)-Theorems zum Nachweis von Nash-Gleichgewichten nicht möglich.[388] Eine Annahme der Quasi-Konkavität der

---

[387] Unstetigkeit oder fehlende Quasi-Konkavität der Payoff-Funktionen sind Hauptursachen für die Nichtexistenz von Nash-Gleichgewichten in Spielen mit kompakten und beschränkten Strategienmengen. Vgl. hierzu auch die in Abschnitt 4.3.1 wiedergegebenen Existenztheoreme, die mindestens eine der beiden Anforderungen als notwendige Voraussetzung nennen. Existenzprobleme ähnlichen Zuschnitts wie in unserem Modell stellen sich auch im oben vorgestellten Modell von Janeba/Peters (1995). Dort zeigen die Autoren heuristisch, daß die Existenz von Nash-Gleichgewichten im Steuerwettbewerb umso wahrscheinlicher ist, je heterogener die beiden Spieler bzw. ihre Länder sind. Überlegungen dieser Art sind unserem Modell nicht sinnvoll.

[388] Vgl. oben, Abschnitt 4.3.1.

Payoff-Funktionen, die in den vorhergehenden Kapiteln die Existenz von Nash-Gleichgewichten gewährleisten konnte, ist in diesem Rahmen unzulässig.

b) Die Funktionen T^A und T^B sind schwach unterhalb halbstetig in t_r^A bzw. in t_U^B.[389] Ferner ist die Summe der Payoffs $T^A + T^B$ stetig und folglich auch oberhalb halbstetig. Damit sind alle Voraussetzungen des Theorems 5 von Dasgupta/Maskin (1986) erfüllt[390] und es existiert somit ein Aufkommensgleichgewicht in *gemischten Strategien.* Für die Suche nach reinen Nash-Gleichgewichten hilft dieses Resultat allerdings nicht weiter.

c) Eine Situation mit $t_r^A = t_U^B$ kann kein Nash-Gleichgewicht sein. Dies folgt aus (7.8b): Für die Regierung in *B* ist es nie eine beste Antwort, den Steuersatz des Landes *A* zu übernehmen; durch eine Senkung (und damit durch einen Rückzug auf die *inside option*) könnte sie nämlich ihr Aufkommen steigern.[391]

d) Haben beide Länder identische Produktionsfunktionen, so können Aufkommensgleichgewichte bestenfalls mit $t_r^A < t_U^B$ auftreten. In diesem symmetrischen Szenario würden beide Länder, wenn sie jeweils den vollen steuerlichen

---

389 Sei $T^i(t^i, t^j)$ eine reellwertige Funktion. Für gegebenes t^i definiere man:

$$D^i(t^i) := \left\{ t^j \middle| T^i \text{ ist unstetig an der Stelle } (t^i, t^j) \right\}.$$

Dann ist T^i *schwach unterhalb halbstetig* an der Stelle t^i, falls eine Zahl $\lambda^i \in [0,1]$ existiert, so daß für alle $t^j \in D^i(t^i)$ gilt:

$$\lambda^i \cdot \liminf_{\hat{t}^i \uparrow t^i} T^i(\hat{t}^i, t^j) + (1-\lambda^i) \cdot \liminf_{\hat{t}^i \downarrow t^i} T^i(\hat{t}^i, t^j) \geq T^i(t^i, t^j).$$

Vgl. Fudenberg/Tirole (1992, S. 488). Auf unser Modell überträgt man dies wie folgt:

a) Für $T^A(t_r^A, t_U^B)$ gilt $D^A(t_r^A) = \{t_r^A\}$ und T^A ist schwach unterhalb halbstetig mit $\lambda^A = 1$, denn es gilt: $\liminf_{\hat{t}_r^A \uparrow t_r^A} T^A(\hat{t}_r^A, t_U^B) = T^A(t_r^A, t_U^B)$.

b) Für $T^B(t_r^A, t_U^B)$ gilt $D^B(t_U^B) = \{t_U^B\}$ und T^B ist schwach unterhalb halbstetig mit $\lambda^B = 1$.

390 Die weiteren, hier erfüllten Voraussetzungen des Existenztheorems sind für den Zwei-Spieler-Fall: (i) Die Strategiemengen sind abgeschlossene Intervalle. (ii) Die Payoffs T^i (i=*A*, *B*) sind jeweils lediglich auf einer Menge $D_i^* = \{(t^i, t^j) | t^j = \xi^j(t^i)\}$ unstetig, wobei die $\xi^j : \Re \to \Re$ eineindeutige, stetige Funktionen sind. Diese Mengen sind dann vom (Lebesgue-)Maß Null. (In unserem Modell gilt: $\xi^j(t^i) = t^i$). (iii) Die Payoffs sind beschränkt. (Da $t_r^A, t_U^B \in [0, \bar{t}]$, sind $\frac{t_r^A}{1-t_r^A}$ bzw. $\frac{t_U^B}{1-t_U^B}$ in (7.3) bzw. (7.4) beschränkt.)

391 Dies impliziert nebenbei, daß internationale Allokationseffizienz des Kapitals im Steuerwettbewerb stets verfehlt wird. Der erforderliche Ausgleich der Grenzproduktivitäten des Kapitals in beiden Ländern ist gemäß (7.1) nur bei gleichen Steuersätzen möglich.

Zugriff auf die nationalen Kapitalerträge haben, die gleichen Quellensteuersätze wählen. Gemäß Punkt c) kann dies aber kein Nash-Gleichgewicht sein.

Betrachten wir nun die partiellen Ableitungen der nationalen Steueraufkommen nach den eigenen Strategievariablen. (Um Differenzierbarkeit zu gewährleisten, unterstellen wir jeweils $t_r^A \neq t_U^B$.) Für Land A erhält man:

$$\begin{aligned}\frac{\partial T^A}{\partial t_r^A} &= \frac{\rho}{1-t_r^A}\cdot\left[K^A+\overline{\sigma}^B K^B\right]\cdot\left[\frac{1}{1-t_r^A}+\frac{t_r^A}{\rho}\cdot\frac{\partial\rho}{\partial t_r^A}+t_r^A\cdot\frac{K_{t_r^A}^A+\overline{\sigma}^B K_{t_r^A}^B}{K^A+\overline{\sigma}^B K^B}\right]\\ &= \frac{\rho}{1-t_r^A}\cdot\left[K^A+\overline{\sigma}^B K^B\right]\cdot\left[\frac{1}{1-t_r^A}+\varepsilon_A^\rho\cdot\left[1+\rho\cdot\frac{\widetilde{K}_\rho^A+\overline{\sigma}^B\widetilde{K}_\rho^B}{K^A+\overline{\sigma}^B K^B}\right]\right.\\ &\qquad\left.+\frac{t_r^A}{1-t_r^A}\cdot\rho\cdot\frac{\widetilde{K}_\rho^A+\overline{\sigma}^B\cdot\beta\cdot\widetilde{K}_\rho^B}{K^A+\overline{\sigma}^B K^B}\right],\end{aligned}\tag{7.9}$$

wobei von (7.4) Gebrauch gemacht wurde und wie oben $\varepsilon_A^\rho := \frac{t_r^A}{\rho}\cdot\frac{\partial\rho}{\partial t_r^A}$ definiert wurde. Für $t_r^A > t_U^B$ wird (7.9) mit $\varepsilon_\rho^i := \frac{\rho}{K^i}\cdot\widetilde{K}_\rho^i$ zu:[392]

$$\frac{\partial T^A}{\partial t_r^A} = \frac{\rho\cdot K^A}{1-t_r^A}\cdot\left[\frac{1}{1-t_r^A}+\varepsilon_A^\rho\cdot\left[1+\varepsilon_\rho^A\right]+\frac{t_r^A}{1-t_r^A}\cdot\varepsilon_\rho^A\right].\tag{7.10}$$

Dies entspricht genau dem Ausdruck (6.22), den wir im letzten Kapitel für den marginalen Einfluß einer Steuersatzänderung bei Anwendung des Quellenlandprinzips ermittelt haben. Dies sollte nicht überraschen, ist doch für $t_r^A > t_U^B$ das Quellenlandverfahren in dem Sinne in Anwendung, daß jeder Kapitalertrag nur am Ort seiner Entstehung besteuert wird. Kommt tatsächlich das Wohnsitzlandprinzip zum Tragen, gilt also $t_r^A < t_U^B$, so berechnet sich der Effekt einer Steuersatzerhöhung in A nach dem unzugänglichen Ausdruck in (7.9).

---

392 Man beachte, daß $\varepsilon_\rho^i = \frac{F_K^i - 1}{K^i\cdot F_{KK}^i}$ ($i=A,B$) wie in den vorstehenden Kapiteln auch hier eine rein technische Größe ist, in die keine Steuerparameter Eingang finden.

Für das Verhalten des Steueraufkommens in Land *B* im eigenen Steuersatz erhält man nach analogen Umformungen wie in (7.9) und unter Verwendung von $\varepsilon_B^\rho := \frac{t_U^B}{\rho} \cdot \frac{\partial \rho}{\partial t_U^B}$ folgenden Term:

$$\begin{aligned}\frac{\partial T^B}{\partial t_U^B} &= \frac{\rho \cdot K^B \cdot (1-\overline{\sigma}^B)}{1-t_U^B} \cdot \left[\frac{1}{1-t_U^B} + \varepsilon_B^\rho + \frac{t_U^B}{K^B} \cdot \left[\tilde{K}_{t_U^B}^B + \frac{\partial \rho}{\partial t_U^B} \cdot \tilde{K}_\rho^B \right] \right] \\ &= \frac{\rho \cdot K^B \cdot (1-\overline{\sigma}^B)}{1-t_U^B} \cdot \left[\frac{1}{1-t_U^B} + \varepsilon_B^\rho \cdot \left[1+\varepsilon_\rho^B\right] + \frac{t_U^B}{1-t_U^B} \cdot \varepsilon_\rho^B \cdot (1-\beta) \right]\end{aligned} \tag{7.11}$$

Wie schon bei Land *A* ist dieser Ausdruck für das "Quellenlandprinzip" $t_r^A > t_U^B$ (d.h. mit $\overline{\sigma}^B = \beta = 0$) identisch zum entsprechenden Ausdruck (6.11) des vorigen Kapitels:

$$\frac{\partial T^B}{\partial t_U^B} = \frac{\rho \cdot K^B}{1-t_U^B} \cdot \left[\frac{1}{1-t_U^B} + \varepsilon_B^\rho \cdot \left[1+\varepsilon_\rho^B\right] + \frac{t_U^B}{1-t_U^B} \cdot \varepsilon_\rho^B \right]. \tag{7.12}$$

Ein Nash-Gleichgewicht im Steuerwettbewerb hat zwei mögliche Ausprägungen:

a) Die Regierung von *A* zieht sich auf ihre *inside option* zurück und überläßt ihrer fiskalischen Kontrahentin in *B* den mobilen Teil des Steueraufkommens. Unterstellt man die Existenz einer inneren Lösung, so muß dann gelten:

$$\phi^A(\phi^B) = \tilde{\phi}^A(\tilde{\phi}^B) > \phi^B(\phi^A) = \tilde{\phi}^B(\tilde{\phi}^A), \tag{7.13}$$

wobei die Funktionen

$$\tilde{\phi}^j(t_x^j) = \frac{1+(1+\varepsilon_\rho^j)\cdot \varepsilon_i^\rho}{-\varepsilon_\rho^j + (1+\varepsilon_\rho^j)\cdot \varepsilon_i^\rho}$$

jeweils für gegebenen Steuersatz t_x^j des anderen Landes implizit die Nullstelle von (7.10) bzw. (7.12) kennzeichnen und mit den aufkommensmaximierenden Quellensteuersätzen des vorherigen Kapitels übereinstimmen. Wir nennen im folgenden ein Nash-Gleichgewicht mit der Eigenschaft (7.13) ein *Gleichgewicht vom Typ [EF^B]*, denn es führt ein Steuersystem herbei, das die Unternehmen in Land *B* zu einer reinen Eigenfinanzierung veranlaßt.

b) Die Regierung von B zieht sich auf ihre *inside option* zurück und überläßt ihrer Kontrahentin in A den mobilen Teil des Steueraufkommens. Dann muß

$$\phi^A(\phi^B) < \phi^B(\phi^A) \tag{7.14}$$

gelten. In einer inneren Lösung gilt aus (7.11) für Land B:

$$\phi^B(\phi^A) = \frac{1+(1+\varepsilon_\rho^B)\cdot\varepsilon_B^\rho}{-(1-\beta)\cdot\varepsilon_\rho^B+(1+\varepsilon_\rho^B)\cdot\varepsilon_B^\rho} > \tilde{\phi}^B(\phi^A),$$

so daß das Kapitalimportland mit einem höheren Steuersatz reagiert als unter der Variante a). Für Land A ergibt sich ϕ^A aus der Nullstelle von (7.9). Ein Aufkommensgleichgewicht mit der Eigenschaft (7.14) läßt in Land B mischfinanzierte Unternehmen entstehen, weshalb wir es im folgenden als *Gleichgewicht vom Typ [MF^B]* bezeichnen wollen.

Es gibt keine Indizien dafür, wie die Reaktionsabbildungen der Regierungen aussehen.[393] Damit können Aussagen darüber, ob, in welcher Form und in welcher Anzahl Nash-Gleichgewichte existieren, nicht getroffen werden.

7.2.3 Ein numerisches Beispiel

Wir weisen nun anhand eines Beispiels nach, daß in der Tat keine allgemeinen Aussagen über die Ergebnisse des Steuerwettbewerbs gemacht werden können.

Wir nehmen an, daß die Nettoertragsrate ρ exogen gegeben und konstant ist. Die Unternehmen in den beiden Ländern haben folgende Produktionsfunktionen:

$$F^A(K^A) = a\cdot K^A - (K^A)^2$$

393 Insbesondere kann die Einwertigkeit der Reaktionsabbildungen nicht nachgewiesen werden. So ist es beispielsweise denkbar, daß eine Regierung genau indifferent zwischen einer Unter- und einer Überbietung ihrer Kontrahentin ist. Ein ähnliches Phänomen tritt in einem Modell des Umsatzsteuerwettbewerbs unter dem Ursprungslandprinzip von Mintz/Tulkens (1988, Proposition 5) auf, wo es (allerdings zwangsläufig) Situationen gibt, in denen eine Regierung indifferent dazwischen ist, bei einem höheren Steuersatz eine von mehreren Steuerbasen zu verlieren oder bei einem niedrigeren Steuersatz aus allen Steuerquellen zu schöpfen.

$$F^B(K^B) = b \cdot K^B - (K^B)^2,$$

wobei $a,b \geq 1$ sei. Diese Funktionen sind streng monoton steigend und streng konkav, sofern $K^A < \frac{a}{2}$ bzw. $K^B < \frac{b}{2}$ gilt, was auch im folgenden stets erfüllt sein wird. Die Funktionen verletzen allerdings die Anforderung, daß $\lim_{K^i \downarrow 0} F_K^i(K^i) = +\infty$. Diese Anforderung wurde von uns in der allgemeinen Modellformulierung des Abschnitts 2.3 gestellt, um in jedem Land eine positive Kapitalnachfrage in jeder denkbaren Konstellation zu gewährleisten. Diese Eigenschaft kann auch in allen folgenden Beispielsituationen sichergestellt werden, so daß an dieser Stelle ein Verzicht auf die genannte Anforderung toleriert werden kann.

Mit (7.1) errechnet man aus den F^i die folgenden Kapitalnachfragefunktionen:

$$K^A(t_r^A) = \frac{1}{2} \cdot \left[a - \frac{\rho}{1 - t_r^A} \right]$$

und

$$K^B(t_r^A, t_U^B) = \begin{cases} \frac{1}{2} \cdot \left[b - \frac{\rho}{1 - t_U^B} \right] =: K_1^B(t_U^B) & \text{falls } t_r^A > t_U^B \\ \frac{b}{2} - \frac{\rho \cdot \left[1 - \sigma^B \cdot t_U^B - (1 - \sigma^B) \cdot t_r^A \right]}{2 \cdot (1 - t_r^A) \cdot (1 - t_U^B)} =: K_2^B(t_r^A, t_U^B) & \text{falls } t_r^A \leq t_U^B \end{cases}$$

Man beachte, daß die Kapitalnachfrage in A aufgrund der Exogenität von ρ nur vom heimischen Steuersatz t_r^A abhängt. Analoges gilt für Land B, falls $t_r^A > t_U^B$. Wir definieren nun:

$$T_1^A(t_r^A) := \frac{t_r^A}{1 - t_r^A} \cdot \rho \cdot K^A(t_r^A)$$

$$T_1^B(t_U^B) := \frac{t_U^B}{1 - t_U^B} \cdot \rho \cdot K_1^B(t_U^B)$$

$$T_2^A(t_r^A, t_U^B) := \frac{t_r^A}{1 - t_r^A} \cdot \rho \cdot \left[K^A(t_r^A) + \sigma^B \cdot K_2^B(t_r^A, t_U^B) \right]$$

$$T_2^B(t_r^A, t_U^B) := \frac{t_U^B}{1 - t_U^B} \cdot \rho \cdot (1 - \sigma^B) \cdot K_2^B(t_r^A, t_U^B)$$

Nash-Gleichgewichte im Aufkommenswettbewerb sind gekennzeichnet durch:

(i) Typ [EF^B]:
$$\frac{\partial T_1^A}{\partial t_r^A} = \frac{\partial T_1^B}{\partial t_U^B} = 0 \quad \wedge \quad t_r^A > t_U^B$$

(ii) Typ [MF^B]:
$$\frac{\partial T_2^A}{\partial t_r^A} = \frac{\partial T_2^B}{\partial t_U^B} = 0 \quad \wedge \quad t_r^A < t_U^B.$$

Mittels der zugehörigen Reaktionsfunktionen berechnet man diese als Lösungen der folgenden Systeme:

(i) Typ [EF^B]:
$$t_r^A = \frac{a - \rho}{a + \rho} \quad \wedge \quad t_U^B = \frac{b - \rho}{b + \rho} \quad \wedge \quad t_r^A > t_U^B$$

bzw.:

(ii) Typ [MF^B]:
$$t_r^A(t_U^B) = \frac{(a - \rho + \sigma^B \cdot b) \cdot (1 - t_U^B) - \rho \cdot \sigma^B \cdot (1 - \sigma^B \cdot t_U^B)}{(a + \rho + \sigma^B \cdot b) \cdot (1 - t_U^B) - \rho \cdot \sigma^B \cdot (1 - 2 \cdot \sigma^B + \rho \cdot t_U^B)}$$

$$\wedge \quad t_U^B(t_r^A) = \frac{(b - \rho) \cdot (1 - t_r^A) - \rho \cdot \sigma^B \cdot t_r^A}{(b + \rho) \cdot (1 - t_r^A) + \rho \cdot \sigma^B \cdot t_r^A - 2 \cdot \rho \cdot \sigma^B}$$

$$\wedge \quad t_r^A < t_U^B.$$

Im Fall der Gleichgewichte vom Typ [EF^B] hat jedes Land eine dominante Strategie. Dies ist eine Konsequenz der konstanten Ertragsrate, die die Besteuerung jeweils zu einem rein binnenwirtschaftlichen Problem reduziert, bei dem das Steuersetzungsverhalten des anderen Landes irrelevant ist.

Im folgenden gelte $\sigma^B = 0.75$ und $\rho = 0.5$. Man betrachte nun die nachstehenden vier Fälle, die sich (nur) durch die Parameterwerte für a und b unterscheiden:

Fall I: $a = b = 1$

Es existiert *ein* Nash-Gleichgewicht mit $t_r^A = 0.326$ und $t_U^B = 0.560$. Dieses Gleichgewicht ist vom Typ [MF^B]. Das System [EF^B] hat keine Lösung.[394]

Fall II: $a = 2$ und $b = 1$

Es existiert *ein* Nash-Gleichgewicht mit $t_r^A = 3/5$ und $t_U^B = 1/3$. Dieses Aufkommensgleichgewicht ist vom Typ [EF^B]. Das System [MF^B] hat keine Lösung.

Fall III: $a = 1$ und $b = 3$

Es existiert *kein* Nash-Gleichgewicht, da weder das System [EF^B] noch das System [MF^B] eine Lösung aufweist.

Fall IV: $a = 1.25$ und $b = 1$

Es existieren *zwei* Nash-Gleichgewichte, eines vom Typ [EF^B] mit $t_r^A = 3/7$ und $t_U^B = 1/3$ sowie eines vom Typ [MF^B] mit $t_r^A = 0.397$ und $t_U^B = 0.502$.

Diese vier Fälle sind derart konstruiert, daß jeweils eine andere Konstellation von Lage und Art der Aufkommensgleichgewichte resultiert. Sie bezeugen die Vielfalt der möglichen Ergebnisse des Steuerwettbewerbs und damit gleichzeitig die Unmöglichkeit, allgemeine Resultate abzuleiten.

7.2.4 Effizienzeigenschaften von Nash-Gleichgewichten

Auch wenn über Anzahl und Lage von Nash-Gleichgewichten im betrachteten Szenario keine befriedigenden Aussagen bewiesen werden können, lassen sich - Existenz sei einmal unterstellt - über ihre Effizienzeigenschaften einige interessante konditionale Aussagen machen. Probleme bereitet dabei allerdings die Cha-

394 Dies steht in Einklang mit der im Zusammenhang mit den Gleichungen (7.8) getroffenen Aussage, daß bei identischen Produktionsfunktionen beider Länder ein Aufkommensgleichgewicht bestenfalls in der Form [MF^B] auftreten kann.

rakterisierung einer stark effizienten Lösung.[395] Diese maximiert die Summe der Steueraufkommen:

$$T^A + T^B = \rho \cdot \left[t_r^A \cdot (K^A + \overline{\sigma}^B \cdot K^B) + t_U^B \cdot (1 - \overline{\sigma}^B) \cdot K^B \right].$$

Hierbei kann *a priori* nicht bestimmt werden, wie eine effiziente Lösung aussieht, d.h., ob sie $t_r^A \leq t_U^B$ oder $t_r^A > t_U^B$ verlangt.

Die Ineffizienzen eines Nash-Gleichgewichts können zweifacher Natur sein: Es kann zum einen die im Vergleich zur - einmal als eindeutig angenommenen - effizienten Lösung falsche Größenkonstellation der Steuersätze auftreten (d.h. $sgn(t_r^A - t_U^B)$ nimmt den falschen Wert an) und zum anderen kann selbst bei richtiger Größenkonstellation die konkrete Höhe der Steuersätze mit der der effizienten Lösung auseinanderfallen.

- Ineffizienz der ersten Art liegt dann vor, wenn das Nash-Gleichgewicht $t_r^A < t_U^B$ liefert, gemeinsame Aufkommensmaximierung aber nach $t_r^A > t_U^B$ verlangt oder umgekehrt. In diesem Falle würde bei den Unternehmen in *B* in dem Sinne das "falsche" Finanzierungsmuster induziert, als eine Kooperation der Regierungen eine andere Kapitalstruktur bei den Privaten entstehen ließe. $t_r^A < t_U^B$ erzeugt in Land *B* ein Steuersystem vom Typ [MF^B], $t_r^A > t_U^B$ hingegen eines vom Typ [EF^B]. Erfordert Effizienz einen anderen Systemtyp als den des Nash-Gleichgewichts, so handelt es sich um eines der wenigen Beispiele[396], in denen Steuerwettbewerb Verzerrungen der Kapitalstruktur und damit des gesamten Kapitalmarktes hervorruft.

- Ineffizienz der zweiten Art ist das "übliche" Scheitern, im Nash-Wettbewerb innerhalb eines steuerlichen Rahmens die bestmöglichen Steuersätze zu erreichen. Letztlich ist natürlich auch das Effizienzversagen der ersten Art "nur" ein Verfehlen der effizienten Steuersätze, so daß die Unterscheidung im Grunde artifiziell ist. Sie dient nur zur Verdeutlichung, daß fiskalischer Wettbewerb das Verhalten der privaten Wirtschaftssubjekte auf unterschiedliche Weise beeinflussen kann.

---

395 Wir beschränken die Untersuchung hier auf stark effiziente Lösungen, weil sinnvolle Aussagen über schwach effiziente Lösungen nicht gewonnen werden konnten.

396 Vgl. hierzu die Aussagen 3.2 und 3.3, die im wesentlichen zeigen, daß die Kapitalstruktur nicht vom Steuerwettbewerb beeinflußt wird.

Relativ allgemeine Aussagen bezüglich der Effizienz oder Ineffizienz des Steuerwettbewerbs im vorliegenden Szenario faßt folgendes Resultat zusammen:

<u>**AUSSAGE 7.1:**</u> Angenommen, es existiere eine eindeutige innere stark effiziente Lösung $(\hat{t}_r^A, \hat{t}_U^B) \in]0,\bar{t}[^2$ mit $\hat{t}_r^A \neq \hat{t}_U^B$.

a) Sei $\frac{\partial \rho}{\partial x} \not\equiv 0$ für $x = t_r^A, t_U^B$. Dann sind Aufkommensgleichgewichte im Steuerwettbewerb im allgemeinen nicht stark effizient.

b) Sei $\frac{\partial \rho}{\partial x} \equiv 0$ für $x = t_r^A, t_U^B$ und $(\phi^A, \phi^B) \in]0,\bar{t}[^2$ das eindeutige Nash-Gleichgewicht im Steuerwettbewerb.

b1) Falls $\hat{t}_r^A > \hat{t}_U^B$ und $\phi^A > \phi^B$, so gilt: $(\phi^A, \phi^B) = (\hat{t}_r^A, \hat{t}_U^B)$.

b2) Falls $\hat{t}_r^A < \hat{t}_U^B$ und $\phi^A < \phi^B$, so gilt: $(\phi^A, \phi^B) > (\hat{t}_r^A, \hat{t}_U^B)$.

<u>**Beweis:**</u>
Das annahmegemäß eindeutige effiziente Steuersatzpaar $(\hat{t}_r^A, \hat{t}_U^B)$ löst

$$\frac{\partial(T^A + T^B)}{\partial t_r^A} = \frac{\partial(T^A + T^B)}{\partial t_U^B} = 0,$$

wobei sich die einzelnen Steueraufkommen nach (7.5) und (7.6) berechnen und beim Differenzieren $t_r^A \neq t_U^B$ unterstellt wurde. Es gilt:

$$\frac{\partial T^A}{\partial t_U^B} = (K^A + \bar{\sigma}^B K^B) \cdot \frac{\rho \cdot t_r^A}{1 - t_r^A} \cdot \left[\left[\frac{1}{\rho} + \frac{\widetilde{K}_\rho^A + \bar{\sigma}^B \widetilde{K}_\rho^B}{K^A + \bar{\sigma}^B K^B} \right] \cdot \frac{\partial \rho}{\partial t_U^B} + \frac{\bar{\sigma}^B \widetilde{K}_{t_U^B}^B}{K^A + \bar{\sigma}^B K^B} \right] \tag{7.15a}$$

und

$$\frac{\partial T^B}{\partial t_r^A} = K^B \cdot (1-\overline{\sigma}^B) \cdot \frac{\rho \cdot t_U^B}{1-t_U^B} \cdot \left[\frac{1}{\rho} \cdot \frac{\partial \rho}{\partial t_r^A} + \frac{\widetilde{K}_\rho^B}{K^B} \cdot \frac{\partial \rho}{\partial t_r^A} + \frac{\widetilde{K}_{t_r^A}^B}{K^B} \right]$$
$$= K^B \cdot (1-\overline{\sigma}^B) \cdot \frac{\rho \cdot t_U^B}{1-t_U^B} \cdot \left[\left[\frac{\varepsilon_A^\rho}{t_r^A} + \frac{\beta}{1-t_r^A} \right] \cdot \varepsilon_\rho^B + \frac{\varepsilon_A^\rho}{t_r^A} \right], \qquad (7.15b)$$

wobei (7.4) berücksichtigt wurde.

a) Falls $sgn\left[\phi^A - \phi^B\right] \neq sgn\left[\hat{t}_r^A - \hat{t}_U^B\right]$ gilt, so sind Nash-Gleichgewichte auf jeden Fall ineffizient.[397] Angenommen, es gelte $sgn\left[\phi^A - \phi^B\right] = sgn\left[\hat{t}_r^A - \hat{t}_U^B\right] \neq 0$. Im Nash-Gleichgewicht gilt: $\frac{\partial T^A}{\partial t_r^A} = \frac{\partial T^B}{\partial t_U^B} = 0$. Wäre dies eine effiziente Lösung, so müßte zusätzlich noch $\frac{\partial T^A}{\partial t_U^B} = \frac{\partial T^B}{\partial t_r^A} = 0$ gelten. In (7.15) gibt es hierfür mit $\frac{\partial \rho}{\partial x} \not\equiv 0$ $(x = t_r^A, t_U^B)$ keine Indizien.

b) Sei nun $\frac{\partial \rho}{\partial x} \equiv 0$ für $x = t_r^A, t_U^B$.

b1) Für $sgn\left[\phi^A - \phi^B\right] = sgn\left[\hat{t}_r^A - \hat{t}_U^B\right] = 1$ gilt $\overline{\sigma}^B = \beta = 0$ und damit in (7.15) $\frac{\partial T^A}{\partial t_U^B} = \frac{\partial T^B}{\partial t_r^A} = 0$, so daß ein Nash-Gleichgewicht stark effizient ist. Eindeutigkeit liefert dann $(\phi^A, \phi^B) = (\hat{t}_r^A, \hat{t}_U^B)$.

b2) Für $sgn\left[\phi^A - \phi^B\right] = sgn\left[\hat{t}_r^A - \hat{t}_U^B\right] = -1$ ergibt sich $\overline{\sigma}^B = \sigma^B \in]0,1[$ und $0 < \beta < 1$. In (7.15) errechnet man:

$$\frac{\partial T^A}{\partial t_U^B} = \rho \cdot \frac{t_r^A}{1-t_r^A} \cdot \sigma^B \cdot \widetilde{K}_{t_U^B}^B < 0$$

sowie:

$$\frac{\partial T^B}{\partial t_r^A} = \rho \cdot K^B \cdot (1-\sigma^B) \cdot \frac{t_U^B}{1-t_U^B} \cdot \frac{\beta}{1-t_r^A} \cdot \varepsilon_\rho^B < 0.$$

Damit gilt im Nash-Gleichgewicht:

---

397 Dies ist das o.g. Versagen "erster Art".

$$\frac{\partial(T^A + T^B)}{\partial t_r^A} < 0 \qquad \text{und} \qquad \frac{\partial(T^A + T^B)}{\partial t_U^B} < 0,$$

was bei Eindeutigkeit der effizienten Lösung $(\phi^A, \phi^B) > (\hat{t}_r^A, \hat{t}_U^B)$ impliziert.

•

Einige Anmerkungen zu diesem Resultat:

a) Aussage 7.1 unterstellt durchweg, daß die effiziente Lösung durch $\hat{t}_r^A \neq \hat{t}_U^B$ gekennzeichnet ist. Dies muß nicht der Fall sein: In den Fällen I und III des oben präsentierten numerischen Beispiels gilt für die kooperativen Lösungen jeweils $\hat{t}_r^A = \hat{t}_U^B$. In Fall I gilt $\hat{t}_r^A = \hat{t}_U^B = 1/3$, im asymmetrischen Fall III $\hat{t}_r^A = \hat{t}_U^B = 3/5$. In den Fällen II und IV wird die Aufkommenssumme jeweils durch die Nash-Gleichgewichte vom Typ [EF^B] maximiert, was nebenbei eine gute Illustration für Teil b1) der Aussage 7.1 liefert.

b) Die durch Teil a) von Aussage 7.1 nachgewiesene grundsätzliche Ineffizienz von Nash-Gleichgewichten ist zwar *per se* nicht allzu überraschend, steht aber in schönem Gegensatz zum Effizienzresultat, das Janeba/Peters (1995) in dem oben kurz referierten, ähnlich strukturierten Modell erzielen. Deren positives Ergebnis ist darauf zurückzuführen, daß die Steuerquellen in dem Sinne unabhängig voneinander sind, daß für die Aufkommen aus der *inside option* und der *outside option* jeweils immer einer der beiden Steuersätze irrelevant ist. Dies ist in unserem Modell nicht gegeben, denn das Aufkommen aus jeder Steuerquelle hängt jeweils von allen Steuersätzen ab. Hierdurch verursacht jede Steueränderung im anderen Land externe Effekte, die im Nash-Gleichgewicht nicht internalisiert sind.

c) Die Richtung der Ineffizienz des Teils a) hängt von den Vorzeichen der Ausdrücke in (7.15) ab: Ein positives Vorzeichen bedeutet, daß der jeweilige Nash-Steuersatz im Vergleich zum Effizienzsteuersatz zu niedrig, ein negatives, daß er zu hoch gesetzt ist. Allgemeine Aussagen sind nicht möglich. Das einzige, was man nachweisen kann, ist, daß unter der schon mehrfach verwendeten Annahme, daß $\varepsilon_p^i < -1$ für *i=A, B,* im Falle $sgn\left[\phi^A - \phi^B\right] = sgn\left[\hat{t}_r^A - \hat{t}_U^B\right] = 1$ die Nash-Steuersätze beider Länder unterhalb der effizienten Steuersätze liegen, daß also: $(\phi^A, \phi^B) > (\hat{t}_r^A, \hat{t}_U^B)$.[398] Dies ist aber nichts anderes als eine Wiederholung

398 **Beweis:** Für $sgn\left[\phi^A - \phi^B\right] = sgn\left[\hat{t}_r^A - \hat{t}_U^B\right] = 1$ gilt in (7.14a) wegen $\overline{\sigma}^B = \beta = 0$:

von Aussage 5.5, Teil a), da *de facto* das Quellenlandprinzip (V1a) gilt. Für den Fall $sgn\left[\phi^A - \phi^B\right] = sgn\left[\hat{t}_r^A - \hat{t}_U^B\right] = -1$ kann keine Aussage darüber gemacht weden, ob die Nash-Steuersätze ineffizient hoch oder niedrig sind. Gleiches gilt für $sgn\left[\phi^A - \phi^B\right] \neq sgn\left[\hat{t}_r^A - \hat{t}_U^B\right]$.

d) Teil b) von Aussage 7.1 schaltet mit der Annahme, daß die Nettoertragsrate exogen ist (daß also $\rho = \overline{\rho}$ gilt), die Hauptursache für die Ineffizienz des Steuerwettbewerbs unter dem Quellenlandprinzip aus, nämlich die Erzeugung pekuniärer Externaliäten beim anderen Land. Konsequenterweise und in Übereinstimmung mit den schon in den vorigen Kapiteln diskutierten Ergebnissen führt dann auch, sofern effiziente Lösung und Nash-Gleichgewicht sich tatsächlich auf eine reine Quellenbesteuerung beschränken, Steuerwettbewerb eine effiziente Lösung herbei (Teil b1)). Dies ist jedoch, wie Teil b2) zeigt, nicht mehr der Fall, wenn beide Länder auf die in Land *B* entstehenden Kapitalerträge zugreifen: Hier wird im Steuerwettbewerb Effizienz verfehlt. Ursache hierfür ist, daß der effektive Steuersatz auf Kapitalerträge $1-\left[\frac{\sigma^B}{1-t_r^A}+\frac{1-\sigma^B}{1-t_U^B}\right]^{-1}$ sich aus den Steuersätzen beider Länder zusammensetzt und somit die Steuersatzvariation eines Landes die Steuerbasis und damit das Aufkommen des anderen Landes tangiert, auch ohne daß sich die Nettoertragsrate ρ ändern muß. Auch dies korrespondiert mit vorher erzielten Resultaten wie Aussage 6.5, wo für jene Besteuerungsverfahren, in denen mehr als ein Steuersatz die effektive Steuerbelastung beeinflußt, auch bei konstantem ρ Effizienz nicht dezentral erzielt werden konnte.

e) Interessant ist die in Teil b2) beobachtete Richtung der Ineffizienz: Beide Länder wählen im Steuerwettbewerb zu *hohe* Steuersätze. Dieses Resultat gilt für die betrachtete Spielkonstellation (nämlich, daß effiziente Lösung und Nash-Gleichgewicht gleichermaßen ein Steuersystem vom Typ [MF^B] erzeugen) für beide Länder[399] und allgemein und kann damit nicht als abnormer Spezialfall desavouiert werden. Es gibt hinreichend Anlaß, die schon im letzten Kapitel ge-

---

$$\frac{\partial T^A}{\partial t_U^B} = \frac{t_r^A}{1-t_r^A} \cdot \frac{\partial \rho}{\partial t_U^B} \cdot \left[K^A + \rho \cdot \tilde{K}_\rho^A\right] > 0.$$

In (7.14b) erhält man: $$\frac{\partial T^B}{\partial t_r^A} = \rho \cdot K^B \cdot \frac{t_U^B}{1-t_U^B} \cdot (1+\varepsilon_\rho^B) \cdot \frac{\varepsilon_A^\rho}{t_r^A} > 0.$$

399 Dies unterscheidet das hiesige Szenario von dem des vorigen Kapitels, wo unter den Steuerverfahren (V3) und (V4) bloß eines der beiden Länder in einer kooperativen Lösung seinen Steuersatz im Vergleich zur Wettbewerbssituation reduzieren müßte.

äußerte Warnung zu verschärfen, den empirisch zu beobachtenden Rückgang der Steuersätze nicht unreflektiert als Ergebnis von Steuerwettbewerb zu interpretieren. Diese Deutung kann aus zwei Gründen in die Irre führen: Zum einen bedeuten sinkende Steuersätze nicht zwangsläufig einen Rückgang im Steueraufkommen, was aber den hier relevanten Indikator für die Schärfe der fiskalischen Konkurrenz darstellt. Zum anderen können sinkende Steuersätze wie gezeigt auch das Ergebnis eines Steuerkartellierungsprozesses zwischen den Regierungen sein.[400]

7.3 Wohlfahrtsmaximierender Steuerwettbewerb

Wohlfahrtsmaximierender Steuerwettbewerb hat im aktuellen Szenario dieselbe Form wie in allen vorhergehenden Kapiteln: Das zu maximierende Sozialprodukt des Kapitalimportlandes *B* ist gleich seinem Steueraufkommen und damit durch (7.5) definiert. Das Sozialprodukt des Kapitalexport- und Wohnsitzlandes *A* ergibt sich hingegen nach Maßgabe von (4.12). Da im betrachteten Szenario $\tau_r^B = t_r^A$ sowie $t_r^B = t_d^B = \tau_d^B = 0$ gilt, vereinfacht sich (4.12) zu:

$$Y^A(t_r^A, t_U^B) = F^A(K^A) + K^B \cdot \left[1 + \rho \cdot \left[\frac{\overline{\sigma}^B}{1 - t_r^A} + (1 - \overline{\sigma}^B)\right]\right]. \qquad (7.16)$$

Das Sozialprodukt in *A* setzt sich zusammen aus dem heimischen Output und dem Ertrag (incl. Kapitalrückerstattung), der den Bewohnern von *A* aus ihrem Engagement in Land *B* zufließt. Die in *A* zufließende Rendite beträgt ρ, falls die Unternehmen in *B* rein eigenfinanziert sind und daher $\overline{\sigma}^B = 0$ gilt. In diesem Fall greift der Fiskus in *B* auf die vollen Kapitalerträge zu, die in seinem Land entstehen. Sind die Unternehmen in *B* hingegen mischfinanziert, gilt also $\overline{\sigma}^B = \sigma^B$, so kann der dortige Fiskus nur den "eigenfinanzierten Anteil" $(1 - \sigma^B)$ der Erträge besteuern; der Rest kommt unversteuert in Land *A* an. Aus diesem Grund ist die Nettorendite ρ um den Steuereffekt aus der Zinsbesteuerung in Land *A* wieder zu bereinigen, so daß die relevante Rendite sich als $\rho/(1 - t_r^A) = r^B$ und damit als

400 Diesen Punkt verkennt auch das Ruding-Komitee (vgl. EG-Kommission (1992, Chapter 7)) bei seiner Analyse der Entwicklungen auf dem Gebiet der Kapitaleinkommensbesteuerung, wenn es aus dem Sinken der (Spitzen-)Steuersätze auf einen verschärften Steuerwettbewerb schließt. Zumindest erkennt es aber, daß die relevante Maßgröße für die Schärfe der fiskalischen Konkurrenz nicht die Steuersätze, sondern die Steueraufkommen sind. Für eine gute Zusammenfassung siehe Koop (1993, S. 36ff.).

dem Bruttozins in B ergibt. Insgesamt erzielt Land A in diesem Fall einen höheren Ertrag aus dem Engagement seiner Bevölkerung in B als im [EF^B]-Szenario.[401] Obwohl K^A, K^B und ρ stetige Funktionen der Steuersätze sind, ist Y^A an allen Stellen (t_r^A, t_U^B) mit $t_r^A = t_U^B$ unstetig (und damit natürlich auch nicht differenzierbar). Ursache ist der Sprung im Wert von $\overline{\sigma}^B$ an diesen Stellen. Es gilt:

$$\begin{aligned}\lim_{t_r^A \downarrow t_U^B} Y^A(t_r^A, t_U^B) &= F^A\left[K^A(t_U^B, t_U^B)\right] + \left[1 + \rho(t_U^B, t_U^B)\right] \cdot K^B(t_U^B, t_U^B) \\ &< F^A\left[K^A(t_U^B, t_U^B)\right] + \left[1 + \rho(t_U^B, t_U^B)\left[1 + \frac{\sigma^B \cdot t_U^B}{1 - t_U^B}\right]\right] \cdot K^B(t_U^B, t_U^B) \qquad (7.17) \\ &= Y^A(t_r^A, t_U^B)\Big|_{t_r^A = t_U^B},\end{aligned}$$

was nichts anderes besagt, als daß das Sozialprodukt von A nach oben springt, sobald Land B die *outside option* verliert.[402]

In allen bisher analysierten Szenarien war es für das Kapitalexportland eine dominante Strategie, auf eine Besteuerung von Kapitaleinkünften zu verzichten. Hierdurch hatten Nash- und Stackelberg-Gleichgewichte im wohlfahrtsmaximierenden Steuerwettbewerb eine recht einfache Struktur.[403] Dies gilt nun nicht mehr.

Um dies zu belegen, analysieren wir zunächst die Reaktion des Sozialproduktes in A auf eine Änderung des Zinssteuersatzes. Um Differenzierbarkeit zu gewährleisten, unterstellen wir bei den folgenden Berechnungen stets $t_r^A \neq t_U^B$. Dann gilt:

$$\frac{\partial Y^A}{\partial t_r^A} = F_K^A \cdot K_{t_r^A}^A + K_{t_r^A}^B \cdot \left[1 + \rho \cdot \left[1 + \frac{t_r^A \cdot \overline{\sigma}^B}{1 - t_r^A}\right]\right] + K^B \cdot \left[\frac{\rho \cdot \overline{\sigma}^B}{(1 - t_r^A)^2} + \frac{\partial \rho}{\partial t_r^A} \cdot \left[1 + \frac{t_r^A \cdot \overline{\sigma}^B}{1 - t_r^A}\right]\right].$$

Nun ist:

---

401 Es gilt: $\frac{\sigma^B}{1 - t_r^A} + (1 - \sigma^B) > 1$. Der in Land A ankommende Ertrag aus B ist noch auf Regierung und Kapitalanleger zu verteilen, was aber für die Berechnung des Sozialproduktes unerheblich ist.

402 Analog fällt natürlich das Steueraufkommen des Landes B an diesen Stellen sprunghaft. Vgl. Gleichung (7.8b).

403 Vgl. Folgerung 5.6 und Aussage 6.7.

$$K^A_{t^A_r} + K^B_{t^A_r} = S' \cdot \frac{\partial \rho}{\partial t^A_r},$$

so daß sich die obige Ableitung wie folgt schreiben läßt:

$$\begin{aligned}\frac{\partial Y^A}{\partial t^A_r} &= \left[F^A_K - 1 - \rho \cdot \left[1 + \frac{t^A_r \cdot \overline{\sigma}^B}{1 - t^A_r} \right] \right] \cdot K^A_{t^A_r} + S' \cdot \frac{\partial \rho}{\partial t^A_r} \cdot \left[1 + \rho \cdot \left[1 + \frac{t^A_r \cdot \overline{\sigma}^B}{1 - t^A_r} \right] \right] \\ &+ K^B \cdot \left[\frac{\rho \cdot \overline{\sigma}^B}{(1 - t^A_r)^2} + \frac{\partial \rho}{\partial t^A_r} \cdot \left[1 + \frac{t^A_r \cdot \overline{\sigma}^B}{1 - t^A_r} \right] \right].\end{aligned} \tag{7.18}$$

Für die erste eckige Klammer der rechten Seite von (7.18) errechnet man mit der Arbitragebedingung (7.1), daß:

$$\begin{aligned}F^A_K - 1 - \rho \cdot \left[1 + \frac{t^A_r \cdot \overline{\sigma}^B}{1 - t^A_r} \right] &= \frac{1}{1 - t^A_r} \left[(1 - t^A_r) \cdot (F^A_K - 1) - \rho \cdot \left[1 - t^A_r + t^A_r \cdot \overline{\sigma}^B \right] \right] \\ &= \frac{\rho \cdot (1 - \overline{\sigma}^B) \cdot t^A_r}{1 - t^A_r} \geq 0.\end{aligned}$$

Desweiteren erhält man aus (7.4) und wegen $0 \leq \beta < 1$ und $S' \geq 0$, daß:

$$0 \geq \frac{\partial \rho}{\partial t^A_r} = \frac{\tilde{K}^A_{t^A_r} + \tilde{K}^B_{t^A_r}}{S' - \tilde{K}^A_\rho - \tilde{K}^B_\rho} = \frac{\rho}{1 - t^A_r} \cdot \frac{\tilde{K}^A_\rho + \beta \cdot \tilde{K}^B_\rho}{S' - \tilde{K}^A_\rho - \tilde{K}^B_\rho} > -\frac{\rho}{1 - t^A_r}. \tag{7.19}$$

Damit ist:

$$K^A_{t^A_r} = \tilde{K}^A_{t^A_r} + \tilde{K}^A_\rho \cdot \frac{\partial \rho}{\partial t^A_r} = \tilde{K}^A_\rho \cdot \left[\frac{\rho}{1 - t^A_r} + \frac{\partial \rho}{\partial t^A_r} \right] < 0.$$

Insgesamt ist damit die erste Zeile der rechten Seite von (7.18) nicht-positiv: Der erste Term der rechten Seite bezeichnet die auf eine Steuererhöhung folgende Einbuße im Weltoutput, während der zweite den Angebotseffekt einer zurückgehenden Ersparnis beschreibt. Beide Effekte wirken sozialproduktsmindernd.

Betrachten wir nun die zweite Zeile von (7.18). Diese beschreibt den Effekt, den eine Steuersatzänderung in A bei gegebener Kapitalallokation auf die Rendite eines Engagements in Land B für Land A (d.h., für Regierung und Anleger zusammen) hat. Für $\overline{\sigma}^B = 0$, d.h. im Falle von $t^A_r > t^B_U$, sind diese Terme negativ, da eine Steuersatzänderung nur einen negativen Nettorendite-Effekt $\frac{\partial \rho}{\partial t_r^A} < 0$ auslöst. Hingegen ist für den Fall $\overline{\sigma}^B = \sigma^B > 0$ keine Aussage möglich. Hier verliert der Steuereffekt auf ρ für den fremdfinanzierten Kapitalanteil, der ohne Besteuerung in B wieder nach A zurückfließt, seine Bedeutung. Relevant ist hier nur der Bruttozins r^B. Am einfachsten stellt man sich diesen Wirkungsmechanismus für den Fall einer exogen gegebenen Nettorendite $\rho = \overline{\rho}$ (d.h. für $\frac{\partial \rho}{\partial t_r^A} \equiv 0$) vor. Erhöht Land A seinen Steuersatz, so müssen die Unternehmen in B, da sie den Kapitalanlegern nachwievor die gleiche Nach-Steuer-Rendite $\overline{\rho}$ auf ihre Bonds bieten müssen, einen höheren Bruttozins r^B zahlen, insgesamt (bei fixem K^B und fixer Aufteilung auf Aktien und Bonds) also einen größeren Betrag nach A überweisen. Ist ρ steuerreagibel, so wird dieser Effekt für Land B zumindest teilweise dadurch abgemildert, daß nach der Steuererhöhung in A alle Kapitalanlagen wegen $\frac{\partial \rho}{\partial t_r^A} < 0$ mit geringeren Erträgen rentieren. Allgemein gilt, daß die Steuererhöhung in A für die Unternehmen in B umso teurer und für das Sozialprodukt in A umso vorteilhafter wird, je kleiner $\left|\frac{\partial \rho}{\partial t_r^A}\right|$ ist, je schwächer also die gleichgewichtige Nettorendite auf Steuersatzänderungen in Land A reagiert.[404] Es kann somit die scheinbar paradoxe Situation entstehen, daß unter dem Wohnsitzlandprinzip einem Land, dessen Regierung die Steuersätze erhöht, aus dem Ausland höhere Erträge aus Kapitalanlagen zufließen, die im Inland eben diesem Steuersatz unterliegen: Die *soziale* Rendite, verstanden als der Ertrag, den eine Volkswirtschaft als ganze aus dem ausländischen Engagement ihrer Bevölkerung erzielt, kann mit dem in dieser Volkswirtschaft auf das Auslandsengagement erhobenen Steuersatz steigen.[405] Dies gibt Land A dann die geschilderte Möglichkeit einer *beggar-thy-neighbour*-Politik.

---

404 Wie man anhand von (7.17) leicht überprüft, erhöht sich die Land A aus B zufließende Rendite genau dann, wenn $\left|\frac{\partial \rho}{\partial t_r^A}\right| < \frac{\rho \cdot \sigma^B}{(1-t_r^A)\cdot(1-t_r^A\cdot(1-\sigma^B))}$.

405 Ein ähnliches Phänomen tritt im Modell von Nöhrbaß/Raab (1990) auf, wo untersucht wird, wie sich die Einführung einer von der persönlichen Einkommensteuer abzugsfähigen Quellensteuer auf inländische Zinserträge auswirkt, wenn die Investoren sich der Einkommensbesteuerung durch das Verschweigen von Zinseinkünften entziehen können (und damit nur der Quellenbesteuerung auf inländische Zinstitel unterliegen). Hierbei kann sich das Renditeverhältnis zwischen (den zu versteuernden) inländischen und den (steuerfreien) ausländischen Papieren nach Einführung der Steuer *zugunsten* der inländischen Wertpapiere verändern.

Insgesamt bleibt damit das Vorzeichen von (7.18) für $\overline{\sigma}^B = \sigma^B$ unbestimmt: Bei schwach steuerelastischer Preisbildung auf den Kapitalmärkten ist es durchaus denkbar, daß die nicht-positive erste Zeile in (7.18) durch den positiven Term der zweiten überkompensiert wird und somit $\frac{\partial Y^A}{\partial t_r^A} > 0$ gilt. Dies ist insbesondere an der Stelle $t_r^A = 0$ denkbar, so daß eine wohlfahrtsmaximierende Regierung in *A* einen positiven Steuersatz t_r^A erheben würde. Die hieraus entstehende Einbuße in heimischem Output und gesamtem Kapitalangebot wird dann durch den erhöhten Zufluß an Erträgen aus *B* wieder wettgemacht.

Man beachte: Selbst wenn $t_r^A = 0$ für ein bestimmtes t_U^B die beste Antwort der Regierung von *A* sein sollte, so kann aus (7.18) nicht geschlossen werden, daß dies eine dominante Strategie ist, die dann auch für jeden anderen Steuersatz t_U^B eine optimale Reaktion ist. Damit werden Aussagen über Gleichgewichte im wohlfahrtsmaximierenden Steuerwettbewerb schwieriger als in den vorherigen Kapiteln, wo Land *A* eine dominante Strategie hatte.

<u>**AUSSAGE 7.2:**</u>

a) In einem Nash-Gleichgewicht im wohlfahrtsmaximierenden Steuerwettbewerb gilt:

$$0 \leq t_r^A < t_U^B. \tag{7.20}$$

b) Nash-Gleichgewichte im wohlfahrtsmaximierenden Steuerwettbewerb sind nicht stark effizient.

<u>**Beweis:**</u>

a) Angenommen, es sei $t_r^A > t_U^B$. Dann ist $\overline{\sigma}^B = 0$ und in (7.18) gilt: $\frac{\partial Y^A}{\partial t_r^A} < 0$. Daher gilt mit (7.17):

$$Y^A(t_r^A, t_U^B)\Big|_{t_r^A = t_U^B} > \max_{t_r^A > t_U^B} Y^A(t_r^A, t_U^B),$$

so daß für die beste Antwort des Landes *A* auf gegebenes t_U^B stets $\phi^A(t_U^B) \leq t_U^B$ gilt. Aus (7.8b) weiß man, daß eine Situation mit $0 > t_r^A = t_U^B$ kein Nash-Gleichgewicht sein kann, da es für die aufkommensmaximierende Regierung von *B* besser wäre, t_r^A zu unterbieten. Eine Situation mit $t_r^A = t_U^B = 0$ kann auch kein Gleichgewicht sein, da nach (7.5) für alle $t_U^B > 0$ gilt:

$$T^B(0,0) = 0 < \frac{t_U^B}{1-t_U^B} \cdot \rho \cdot (1-\sigma^B) \cdot K^B(0,t_U^B).$$

Damit muß aber in einem Gleichgewicht $0 \le t_r^A < t_U^B$ sein.

b) Da im Gleichgewicht auf jeden Fall $t_U^B > 0$ gilt, wird die stark effiziente Lösung $(\hat{t}_r^A, \hat{t}_U^B) = (0,0)$ stets verfehlt.

•

Einige Anmerkungen zu diesem Resultat:

a) Wohlfahrtsmaximierender Steuerwettbewerb erzeugt im Gleichgewicht ein Steuersystem vom Typ [MF^B]. Die Unternehmen in *B* werden zu einer Mischfinanzierung veranlaßt. Für das Kapitalexportland ist es auf keinen Fall optimal, dem anderen Land den vollen fiskalischen Zugriff auf die dort entstehenden Kapitalerträge zu belassen. Hier ist es besser, durch einen niedrigeren Steuersatz zumindest einen Teil der Erträge unversteuert zu repatriieren (zumal ja etwaige Aufkommenseinbußen durch einen niedrigeren Steuersatz irrelevant für die Höhe des Sozialprodukts sind).

b) Im Unterschied zum aufkommensmaximierenden Wettbewerb ist die Größenrelation der beiden Steuersätze bei Wohlfahrtsmaximierung eindeutig festgelegt. Der *trade-off*, der bei Aufkommensmaximierung für Land *A* zwischen niedrigerem Steuersatz und höherer Steuerbasis bestand und der unterschiedliche Gleichgewichtsstrukutren entstehen lassen konnte, existiert hier nicht mehr.

c) Aussage 7.2 behauptet nicht, *daß* ein Nash-Gleichgewicht im wohlfahrtsmaximierenden Steuerwettbewerb existiert, sondern macht lediglich klar, wie ein solches aussieht, *wenn* es existieren sollte. Weder die Existenz noch die Eindeutigkeit eines Gleichgewichts können im betrachteten Szenario sichergestellt werden, was u.a. an der fehlenden Stetigkeit der Payoff-Funktion von Land *B* liegt.

d) Aussage 7.2 schließt den Fall, daß im Nash-Gleichgewicht $t_r^A = 0$ gilt, natürlich nicht aus. Er tritt insbesondere dann ein, wenn die Nettoertragsrate ρ stark auf Steuersatzveränderungen reagiert und die zweite Zeile von (7.18) negativ ist. Der Unterschied zu allen bisherigen Resultaten im wohlfahrtsmaximierenden Steuerwettbewerb, in denen $t_r^A = 0$ galt, liegt darin, daß nun auch $t_r^A > 0$ möglich ist. Die Ursache für mögliche positive, wohlfahrtsmaximierende Steuersätze kann dabei nicht alleine in der Anwendung des Wohnsitzlandprinzips zu suchen sein, denn ansonsten hätte Resultat 6.6, das unter dem Wohnsitzlandverfahren (V1b) für das Kapitalexportland die Strategie des Besteuerungsverzichts als optimal kennzeichnet, in dieser Form nicht entstehen dürfen. Entscheidend ist vielmehr, daß im hiesigen Szenario der in Land *B* erwirtschaftete Sozialproduktsanteil von *A* mit wachsendem Steuersatz t_r^A steigen kann. Dies ist möglich, weil sich beide Länder die in *B* erwirtschafteten Erträge teilen müssen.

e) Im wohlfahrtsmaximierenden Steuerwettbewerb wird die stark effiziente Lösung auf jeden Fall verfehlt: Mindestens eines der beiden Länder setzt im Wettbewerb einen zu hohen Steuersatz. Dies gilt insbesondere im Fall der exogenen Nettorendite $\rho = \overline{\rho}$, wo es im aufkommensmaximierenden Wettbewerb ja durchaus zu effizienten Ergebnissen kommen konnte.

f) Ob Steuerwettbewerb die Finanzierungsmuster der Unternehmen verzerrt, kann nicht geklärt werden. In einer stark effizienten Lösung findet keine Besteuerung statt, so daß die Unternehmen indifferent zwischen allen möglichen Kapitalstrukturen und Finanzierungsvarianten sind. Die sich im Nash-Gleichgewicht des Steuerwettbewerbs ergebende Kapitalstruktur gehört natürlich zur Menge aller möglichen Kapitalstrukturen. Eine "Verzerrung" findet also allenfalls insofern statt, als die Unternehmungen aus ihrer ursprünglichen Indifferenz jetzt eindeutig auf ein bestimmtes Finanzierungsmuster hingelenkt werden.

g) Wie in (2.21) belegt wurde, führt jede Steuersatzerhöhung zu einem Rückgang der gleichgewichtigen Nettorendite ρ. Indem die wohlfahrtsmaximierende Regierung eines Kapitalexportlandes auf eine Besteuerung verzichtet, leistet sie alles in ihrer Macht stehende dafür, daß sich die Anlageentscheidungen ihrer Bewohner möglichst hoch rentieren.[406] Dies war in den bisherigen Modellvarianten der Beweggrund für den Steuerverzicht und führte z.B. im vorigen Kapitel zu Aussage 6.7. In der aktuellen Modellvariante ist nun nicht mehr gewährleistet, daß Wohlfahrts- und Renditemaximierung komplementäre Zielvorstellungen sind, die zu gleichgerichteten Wünschen bezüglich des Steuersatzes führen.

406 Vgl. für diesen Zusammenhang auch Folgerung 4.4.

7.4 Zusammenfassung und Schlußfolgerungen

Die Ausführungen dieses Kapitels sind vor allem dadurch geprägt, daß allgemeine Aussagen über die Ergebnisse des Steuerwettbewerbs nicht abgeleitet werden können. Dies trifft insbesondere für den aufkommensmaximierenden Steuerwettbewerb zu, aber auch der wohlfahrtsmaximierende Steuerwettbewerb erfährt im Vergleich zu bisherigen Szenarien die Erschwernis, daß das Kapitalexportland nun nicht mehr unbedingt die dominante Strategie hat, auf eine Steuererhebung zu verzichten. Neu an der soeben diskutierten Modellvariante ist, daß ein ganzer Steuer*block* unter den im Steuerwettbewerb aktiven Ländern umstritten ist. Marginale Steuersatzänderungen haben dadurch mitunter gravierende Auswirkungen auf Finanzierungsmuster, Steueraufkommen und Sozialprodukte. Dies führt der Intuition zuwiderlaufende Ergebnisse herbei: Steuerwettbewerb resultiert unter Umständen in ineffizient *hohen* Steuersätzen, und durch eine Besteuerung kann es zu unerwarteten Renditeeffekten kommen.

Insgesamt entsteht ein ziemlich diffuses Bild von den Auswirkungen des Steuerwettbewerbs, was für die politische Diskussion um das Für und Wider fiskalischer Konkurrenz eine einzelfallbezogene Betrachtungsweise unerläßlich macht. Die grundsätzliche Ineffizienz der Wettbewerbsergebnisse zeigt, daß durch eine Koordination der Steuerpolitiken eine Pareto-Verbesserung möglich ist.[407] Allerdings gilt für den Fall der Aufkommensmaximierung, daß nicht einmal eine allgemeine Charakterisierung der optimalen Politik möglich ist.

---

407 Es macht wenig Sinn, für das vorliegende Szenario eine Steuer*harmonisierung* zu diskutieren, da Land A mit einer Zinseinkommensteuer, Land B hingegen mit einer Körperschaftsteuer operiert.

Kapitel 8: Nationale Einkommensteuersysteme im Wettbewerb

8.1 Motivation und Grundsätzliches

Unser Modell gestattet, wie in Abschnitt 2.8.1 dargestellt, die Diskussion unterschiedlicher *nationaler* Systeme der Kapitaleinkommensbesteuerung. Hierbei geht es um das Ausmaß, in dem unterschiedliche Arten von Kapitaleinkommen steuerlich diskriminiert werden. Wir unterscheiden Systeme vom Typ (S1), die Zins- und Dividendeneinkünfte auf der Anlegerseite gleich behandeln ($t_r^i = t_d^i$), und solche vom Typ (S2) mit einer Ungleichbehandlung von Zinsen und Dividenden ($t_r^i \neq t_d^i$). (S1)-Systeme können noch danach unterteilt werden, ob sie Gewinnausschüttungen bei den Unternehmen steuerlich freistellen ($t_U^i \equiv 0$) oder belasten ($t_U^i \geq 0$). In allen bisher vorgestellten Varianten des Steuerwettbewerbs war diese Typisierung irrelevant, da entweder nicht sämtliche Steuern erhoben wurden oder aber nicht alle Finanzierungs- und Anlagealternativen zur Verfügung standen.

In diesem Kapitel untersuchen wir nun, ob und wie unterschiedliche Kapitaleinkommen steuerlich behandelt werden, wenn die Regierungen sich in einer fiskalischen Wettbewerbssituation befinden und sowohl mit der Abwanderung von Kapital als auch mit den fiskalischen Reaktionen der Regierung ihres Nachbarlandes rechnen müssen.[408] Insbesondere geht es darum, welches Kapitalsteuersystem sich in einem unkoordinierten Spiel zwischen eigennützigen Regierungen einstellen wird. Damit bewegen wir uns vom Steuer*satz*wettbewerb in Richtung auf einen Steuer*system*wettbewerb.

Um die Implikationen des Steuerwettbewerbs für die nationalen Kapitalsteuersysteme isolieren zu können, nehmen wir zwei Vereinfachungen des Modells vor:

- Als internationales Besteuerungsverfahren wird das Quellenlandprinzip angewandt. Dies hat drei wesentliche Konsequenzen: Erstens sind im Rahmen zulässiger Steuersysteme die Unternehmen in beiden Produkti-

408 Eine solche Untersuchung liegt m.W. bisher in der Literatur nicht vor.

onsstandorten mischfinanziert[409], so daß tatsächlich alle Finanzierungsalternativen von Investoren und Anlegern genutzt werden und damit den Fisci zur Besteuerung zur Verfügung stehen. Zweitens befreien wir das Modell von allen internationalen Doppelbesteuerungseffekten, die durch den Zugriff zweier Fisci auf dieselbe Bemessungsgrundlage entstehen können. Drittens entbindet die Annahme von der Notwendigkeit, für den Fall des aufkommensmaximierenden Steuerwettbewerbs den Wohnsitz der Haushalte festzulegen; alle Aussagen gelten unabhängig vom Herkunftsland des investierten Kapitals.

- Wir unterstellen, daß Kapitalstock- und Reingewinnsteuer nicht als fiskalische Instrumente zur Verfügung stehen. Um den Notationsaufwand möglichst knapp zu halten, nehmen wir an, daß in beiden Ländern

$$t_K^i = t_G^i \equiv 0$$

gilt, wobei alle im folgenden abgeleiteten Aussagen auch dann ihre Gültigkeit behalten, wenn die jeweiligen Steuersätze auf positivem und/oder uneinheitlichem Niveau festgeschrieben sind, d.h. wenn $t_x^i = \bar{t}_x^i \geq 0$ für $x = K, G$ und $i = A, B$ gilt. Diese Vereinfachung erscheint sinnvoll, da die Steuersätze t_K^i und t_G^i für das Kapitaleinkommensteuersystem der Länder und damit für das Finanzierungsverhalten der Unternehmen irrelevant sind.

Unter diesen Annahmen ergeben sich die Strategiemengen der Regierungen in den beiden Ländern $i=A,B$ als

$$\bar{S}^i = \left\{ (t_r^i, t_d^i, t_U^i) \in [0, \bar{t}]^3 \middle| 1 - t_r^i \geq (1 - t_U^i) \cdot (1 - t_d^i) \right\},$$

wobei wir die Beschränkung auf zulässige Steuersysteme im Sinne der Definition (2.19) schon in die Formulierung eingebaut haben. Im Unterschied zu allen bisherigen Modellvarianten haben die Regierungen jetzt mehrere Besteuerungsinstrumente als Strategievariable zur Verfügung.[410] Man beachte, daß die Strate-

409 Vgl. Aussagen 3.2 und 3.3. Im Unterschied zum vorigen Kapitel unterstellen wir, daß in jedem der beiden Länder eine "echte" Finanzierungsrestriktion $\sigma^i \in]0,1[$ einzuhalten ist, so daß beide Unternehmungen tatsächlich mischfinanziert sind.

410 Modelle des fiskalischen Wettbewerbs, in denen die Regierungen mit mehreren Strategievariablen agieren, sind relativ selten. In den meisten Modellen, in denen mehrere Strategievariablen auftauchen, sind diese über irgendwelche Beziehungen aneinander

giemengen $\overline{S}^i$ der Spieler *nicht* konvex sind,[411] was im folgenden erhebliche technische Komplikationen verursachen wird.

Im aktuellen Szenario lautet die Arbitragebedingung auf dem Kapitalmarkt:

$$\rho = \frac{F_K^i - 1}{\dfrac{\sigma^i}{1-t_r^i} + \dfrac{1-\sigma^i}{(1-t_U^i)\cdot(1-t_d^i)}} \qquad \text{für } i=A,B \tag{8.1}$$

oder, unter Verwendung der schon im Zusammenhang mit Lemma 2.3 eingeführten Schreibweise $\Phi^i := \dfrac{\sigma^i}{1-t_r^i} + \dfrac{1-\sigma^i}{(1-t_U^i)\cdot(1-t_d^i)}$:

$$\rho = \frac{1}{\Phi^A}\cdot\left[F_K^A - 1\right] = \frac{1}{\Phi^B}\cdot\left[F_K^B - 1\right]. \tag{8.1'}$$

(8.1) bzw. (8.1') gelten für jene Steuersatzkonstellationen, die beide Unternehmen zu einer Mischfinanzierung veranlassen, und damit auf $\overline{S}^A \times \overline{S}^B$. Durch implizites Differenzieren erhält man aus (8.1'):[412]

$$\tilde{K}_\rho^i = \frac{\Phi^i}{F_{KK}^i} < 0 \tag{8.2a}$$

$$\tilde{K}_{t_r^j}^i = \tilde{K}_{t_d^j}^i = \tilde{K}_{t_U^j}^i \equiv 0. \tag{8.2b}$$

(8.2b) besagt, daß ausländische Kapitalsteuersätze auf die inländische Kapitalallokation keinen direkten Effekt haben. Dies ist Ausdruck des Quellenlandprinzips.[413] Setze nun:

---

geknüpft; der Standardfall ist hier der Wettbewerb mit Steuern und öffentlichen Gütern, die über eine staatliche Budgetrestriktion gekoppelt sind. (Vgl. Wildasin (1988) als Beispiel und gleichzeitig als Nachweis, daß sich die Ergebnisse des Steuerwettbewerbs unterscheiden können, wenn man die Rollen von Strategievariable und Residualgröße tauscht.) Ausnahmen, in denen die Regierungen tatsächlich mit mehreren Variablen agieren, sind die Modelle von Oates/Schwab (1988), Bucovetsky/Wilson (1991) oder Arachi (1995). In keinem dieser Ansätze wird jedoch mit mehreren Kapitaleinkommensteuern gearbeitet.

411 Man betrachte z.B. folgende Steuervektoren: $\mathbf{t}_1^i = (0.5, 0.5, 0)$ und $\mathbf{t}_2^i = (0.5, 0, 0.5)$. Dann gilt: $\mathbf{t}_1^i, \mathbf{t}_2^i \in \overline{S}^i$. Die Konvexkombination $\frac{1}{2}\cdot\left[\mathbf{t}_1^i + \mathbf{t}_2^i\right]$ hingegen liegt nicht in $\overline{S}^i$, denn es gilt $0.5 < 0.5625 = 0.75^2$. Damit ist $\overline{S}^i$ nicht konvex.

412 Vgl. auch Lemma 2.3.

$$\beta^i := \frac{\sigma^i}{1-t_r^i} \cdot \frac{1}{\Phi^i}. \tag{8.3}$$

Da $\sigma^i \in]0,1[$, gilt auch $\beta^i \in]0,1[$, sobald mindestens einer der Steuersätze in Land i positiv ist. Man beachte, daß:

$$1-\beta^i = \frac{1-\sigma^i}{(1-t_U^i)\cdot(1-t_d^i)} \cdot \frac{1}{\Phi^i}.$$

Die direkten Effekte von Steuersatzänderungen auf die heimische Kapitalallokation sind durch die folgenden, durchweg negativen Ausdrücke gegeben (i=A,B):

$$\begin{aligned} \tilde{K}^i_{t^i_r} &= \frac{F^i_K - 1}{F^i_{KK}} \cdot \frac{1}{\Phi^i} \cdot \frac{\sigma^i}{(1-t^i_r)^2} = \frac{\rho}{F^i_{KK}} \cdot \frac{\sigma^i}{(1-t^i_r)^2} \\ &= \frac{\rho}{1-t^i_r} \cdot \frac{1}{\Phi^i} \cdot \frac{\sigma^i}{1-t^i_r} \cdot \tilde{K}^i_\rho = \frac{\rho}{1-t^i_r} \cdot \beta^i \cdot \tilde{K}^i_\rho, \end{aligned} \tag{8.4a}$$

$$\begin{aligned} \tilde{K}^i_{t^i_d} &= \frac{F^i_K - 1}{F^i_{KK}} \cdot \frac{1}{\Phi^i} \cdot \frac{1-\sigma^i}{(1-t^i_d)^2 \cdot (1-t^i_U)} = \frac{\rho}{F^i_{KK}} \cdot \frac{1-\sigma^i}{(1-t^i_d)^2 \cdot (1-t^i_U)} \\ &= \frac{\rho}{1-t^i_d} \cdot \frac{1}{\Phi^i} \cdot \frac{1-\sigma^i}{(1-t^i_d)\cdot(1-t^i_U)} \cdot \tilde{K}^i_\rho = \frac{\rho}{1-t^i_d} \cdot (1-\beta^i) \cdot \tilde{K}^i_\rho, \end{aligned} \tag{8.4b}$$

$$\begin{aligned} \tilde{K}^i_{t^i_U} &= \frac{F^i_K - 1}{F^i_{KK}} \cdot \frac{1}{\Phi^i} \cdot \frac{1-\sigma^i}{(1-t^i_d)\cdot(1-t^i_U)^2} = \frac{\rho}{F^i_{KK}} \cdot \frac{1-\sigma^i}{(1-t^i_d)\cdot(1-t^i_U)^2} \\ &= \frac{\rho}{1-t^i_U} \cdot \frac{1}{\Phi^i} \cdot \frac{1-\sigma^i}{(1-t^i_d)\cdot(1-t^i_U)} \cdot \tilde{K}^i_\rho = \frac{\rho}{1-t^i_U} \cdot (1-\beta^i) \cdot \tilde{K}^i_\rho. \end{aligned} \tag{8.4c}$$

(8.4) erleichtert die Analyse dahingehend, als jetzt durchgängig mit der partiellen Ableitung $\tilde{K}^i_\rho$ gearbeitet werden kann, in der sich alle anderen Effekte ausdrükken lassen. Dies schlägt auch durch auf die Auswirkungen, die Steuersatzänderungen auf die gleichgewichtige Nettorendite ρ haben. Unter Verwendung von (8.2b) und (8.4) erhält man nämlich:

---

413 Der Gesamteffekt einer Änderung eines Steuersatzes t^i_x (x=r,d,U) auf den Kapitalstock im anderen Land j ergibt sich mit (2.14) als $K^j_{t^i_x} = \tilde{K}^j_{t^i_x} + \tilde{K}^j_\rho \cdot \frac{\partial \rho}{\partial t^i_x}$ und ist, wie sich später in (8.5) ergeben wir, nicht-negativ. Eine Steuersatzerhöhung in Land i führt damit zu einer Zunahme des Investitionsvolumens im anderen Land j.

$$\frac{\partial \rho}{\partial t_r^i} = \frac{\tilde{K}_{t_r^i}^i}{D} = e^i \cdot \beta^i \cdot \frac{\rho}{1-t_r^i} \tag{8.5a}$$

$$\frac{\partial \rho}{\partial t_d^i} = \frac{\tilde{K}_{t_d^i}^i}{D} = e^i \cdot (1-\beta^i) \cdot \frac{\rho}{1-t_d^i} \tag{8.5b}$$

$$\frac{\partial \rho}{\partial t_U^i} = \frac{\tilde{K}_{t_U^i}^i}{D} = e^i \cdot (1-\beta^i) \cdot \frac{\rho}{1-t_U^i}, \tag{8.5c}$$

wobei

$$e^i := \frac{\tilde{K}_\rho^i}{D} \in [-1,0]$$

gesetzt wurde. Alle Effekte sind nicht-positiv. Man beachte, daß die Koeffizienten von e^i in (8.5) mit den entsprechenden von $\tilde{K}_\rho^i$ in (8.4) übereinstimmen.

8.2 Aufkommensmaximierender Steuerwettbewerb

8.2.1 Die Steueraufkommen und ihre Eigenschaften

Unter dem Quellenlandverfahren haben die Steueraufkommen beider fiskalisch aktiven Länder die gleiche Form.[414] Aus (4.2) bzw. (4.8) errechnen sich die Steuereinnahmen der Regierung von Land i als:

$$T^i(\mathbf{t}) = \left[\frac{1-\sigma^i}{1-t_d^i} \cdot \left[\frac{t_U^i}{1-t_U^i} + t_d^i \right] + \sigma^i \cdot \frac{t_r^i}{1-t_r^i} \right] \cdot \rho \cdot K^i, \tag{8.6}$$

wobei $\mathbf{t} = (t_r^A, t_d^A, t_U^A, t_r^B, t_d^B, t_U^B) \in \bar{S}^A \times \bar{S}^B$. Das Steueraufkommen ergibt sich aus den Steuern auf ausgeschüttete Gewinne, die einen Anteil von $(1-\sigma^i)$ der in Land i entstehenden Kapitalerträge $\rho \cdot K^i$ ausmachen, plus den Steuern auf Zinseinkommen als dem verbleibenden Anteil von σ^i der Kapitalerträge. Die Besteuerung der Dividendenausschüttung ihrerseits besteht aus der Unternehmenssteuer mit Satz t_U^i (Körperschaftsteuer) und der Anlegersteuer t_d^i (Dividendensteuer). Die Asymmetrie in (8.6) entsteht dadurch, daß die Dividen-

---

414 Dies gilt unabhängig vom Wohnort der Haushalte und damit insbesondere auch, wenn diese in einem Drittland C leben.

densteuer auf eine bereits durch die Körperschaftsteuer verminderte Bemessungsgrundlage trifft (vgl. Abschnitt 2.4): Die Körperschaftsteuer wird auf den nach Rückgewähr des Eigenkapitals verbleibenden Ausschüttungsbetrag erhoben und hat als Bemessungsgrundlage damit $(\Pi^i - E^i)$. Die Dividendensteuer wird auf den derart versteuerten Betrag $(1-t_U^i)\cdot(\Pi^i - E^i)$ erhoben, auf jenen Betrag also, der den Anlegern effektiv zugutekommt.

Zur Vereinfachung der Notation führen wir folgende Schreibweisen ein:

$$z^i := \frac{1-\sigma^i}{1-t_d^i}\cdot\left[\frac{t_U^i}{1-t_U^i}+t_d^i\right]+\sigma^i\cdot\frac{t_r^i}{1-t_r^i}$$

und, bereits vertraut:

$$\varepsilon_\rho^i := \frac{\partial \tilde{K}^i}{\partial \rho}\cdot\frac{\rho}{K^i} = \frac{F_K^i - 1}{K^i \cdot F_{KK}^i}.$$

Die Funktionen $T^i(\mathbf{t})$ sind auf $\overline{S}^A \times \overline{S}^B$ stetig und differenzierbar in $\mathbf{t}$. Unter Verwendung von (8.3) bis (8.5) erhält man folgende partielle Aufkommenseffekte von marginalen Steuersatzänderungen:

$$\begin{aligned}\frac{\partial T^i}{\partial t_r^i} &= z^i\cdot\left[\frac{\partial\rho}{\partial t_r^i}\cdot K^i+\rho\cdot\left[\tilde{K}_\rho^i\cdot\frac{\partial\rho}{\partial t_r^i}+\tilde{K}_{t_r^i}^i\right]\right]+\rho\cdot K^i\cdot\frac{\sigma^i}{(1-t_r^i)^2}\\ &= \rho\cdot K^i\cdot\left[z^i\cdot\left[\frac{\partial\rho}{\partial t_r^i}\cdot\frac{1}{\rho}+\frac{\tilde{K}_\rho^i}{K^i}\cdot\left[\frac{\partial\rho}{\partial t_r^i}+\rho\cdot\frac{\beta^i}{1-t_r^i}\right]\right]+\frac{\sigma^i}{(1-t_r^i)^2}\right] \qquad \text{(8.7a)}\\ &= \frac{\rho\cdot K^i\cdot\beta^i}{1-t_r^i}\cdot\left[z^i\cdot\left[e^i\cdot(1+\varepsilon_\rho^i)+\varepsilon_\rho^i\right]+\Phi^i\right]\end{aligned}$$

$$\begin{aligned}\frac{\partial T^i}{\partial t_d^i} &= z^i\cdot\left[\frac{\partial\rho}{\partial t_d^i}\cdot K^i+\rho\cdot\left[\tilde{K}_\rho^i\cdot\frac{\partial\rho}{\partial t_d^i}+\tilde{K}_{t_d^i}^i\right]\right]+\rho\cdot K^i\cdot\frac{t_U^i\cdot(1-\sigma^i)}{(1-t_d^i)^2\cdot(1-t_U^i)}\\ &= \rho\cdot K^i\cdot\left[z^i\cdot\left[\frac{\partial\rho}{\partial t_d^i}\cdot\frac{1}{\rho}+\frac{\tilde{K}_\rho^i}{K^i}\cdot\left[\frac{\partial\rho}{\partial t_U^i}+\rho\cdot\frac{1-\beta^i}{1-t_d^i}\right]\right]+\frac{t_U^i\cdot(1-\sigma^i)}{(1-t_d^i)^2\cdot(1-t_U^i)}\right] \qquad \text{(8.7b)}\\ &= \frac{\rho\cdot K^i\cdot(1-\beta^i)}{1-t_d^i}\cdot\left[z^i\cdot\left[e^i\cdot(1+\varepsilon_\rho^i)+\varepsilon_\rho^i\right]+t_U^i\cdot\Phi^i\right]\end{aligned}$$

$$\frac{\partial T^i}{\partial t_U^i} = z^i \cdot \left[\frac{\partial \rho}{\partial t_U^i} \cdot K^i + \rho \cdot \left[\widetilde{K}_\rho^i \cdot \frac{\partial \rho}{\partial t_U^i} + \widetilde{K}_{t_U^i}^i \right] \right] + \rho \cdot K^i \cdot \frac{(1-\sigma^i)}{(1-t_d^i)\cdot(1-t_U^i)^2}$$

$$= \rho \cdot K^i \cdot \left[z^i \cdot \left[\frac{\partial \rho}{\partial t_U^i} \cdot \frac{1}{\rho} + \frac{\widetilde{K}_\rho^i}{K^i} \cdot \left[\frac{\partial \rho}{\partial t_U^i} + \rho \cdot \frac{1-\beta^i}{1-t_U^i} \right] \right] + \frac{(1-\sigma^i)}{(1-t_d^i)\cdot(1-t_U^i)^2} \right] \quad (8.7c)$$

$$= \frac{\rho \cdot K^i \cdot (1-\beta^i)}{1-t_U^i} \cdot \left[z^i \cdot \left[e^i \cdot (1+\varepsilon_\rho^i) + \varepsilon_\rho^i \right] + \Phi^i \right]$$

Einige Anmerkungen zu diesen Termen:

a) Vergleicht man (8.7a) bis (8.7c) untereinander, so erkennt man, daß zwischen den partiellen Effekten große Strukturähnlichkeiten bestehen. Insbesondere unterscheiden sich $\frac{\partial T^i}{\partial t_r^i}$ und $\frac{\partial T^i}{\partial t_U^i}$ nur um einen positiven Faktor:[415]

$$\frac{\partial T^i}{\partial t_r^i} = \frac{\partial T^i}{\partial t_U^i} \cdot \frac{\beta^i \cdot (1-t_U^i)}{(1-\beta^i)\cdot(1-t_r^i)}. \quad (8.8)$$

Im folgenden werden wir den Vorzeichen von (8.7) verstärkte Aufmerksamkeit zuwenden müssen. Für $t_U^i > 0$ erkennt man dabei, daß:

$$\frac{\partial T^i}{\partial t_U^i} \leq 0 \Rightarrow \frac{\partial T^i}{\partial t_d^i} < 0, \quad (8.9)$$

wobei wegen (8.8) $\frac{\partial T^i}{\partial t_U^i}$ gegen $\frac{\partial T^i}{\partial t_r^i}$ ausgetauscht werden kann. Erwirtschaftet also eine Erhöhung der Dividendensteuer einen Aufkommenszuwachs, so gilt dies ebenfalls für Zinsertrag- und Körperschaftsteuer. Die Umkehrung gilt nicht.

b) Da in (8.7) nur jeweils der Index *i* auftritt, könnte der Eindruck entstehen, daß das Verhalten des jeweils anderen Landes *j* keinen Einfluß ausübt. Dies ist aber nicht der Fall, denn in (8.7) hängen K^i und ρ - und damit auch e^i und ε_ρ^i von den t_x^j ab. Hierbei ist die Größe e^i, die ein Maß für die Reagibilität der gleichgewichtigen Nettorendite ρ auf Steuersatzänderungen darstellt, von entscheidender Bedeutung. Sie spiegelt die pekuniären Externalitäten wider, die die Regierungen sich wechselseitig durch ihre Steuererhebung auferlegen. Bei exo-

415 Über die Größenordnung dieses Faktors ist keine allgemeine Aussage möglich, diese hängt von der jeweiligen Konstellation der Steuersätze ab.

gener und konstanter Nettorendite, d.h. für $\rho = \overline{\rho}$ und damit $e^i = 0$, liegt *keine* strategische Situation, da nunmehr alle Größen in (8.7) nur noch von den eigenen Steuersätzen abhängen, nicht mehr jedoch von den Steuersätzen des anderen Landes.

8.2.2 Charakterisierung von Nash-Gleichgewichten

Wie schon in den vorherigen Kapiteln können wir über den Verlauf der Steueraufkommensfunktionenen (Monotonieverhalten, Krümmung etc.) keine Aussagen machen. Um dennoch Ergebnisse ableiten zu können, müßten wiederum zusätzliche Annahmen getroffen werden. Erschwert wird die Analyse jedoch insbesondere durch die Nicht-Konvexität der Strategiemengen. Dies verhindert, daß die in Abschnitt 4.3.1 angegebenen Existenztheoreme für Nash-Gleichgewichte angewendet werden können.[416] Über einen "Umweg" erhalten wir allerdings einige interessante Resultate.

Hierzu konvexifizieren wir zunächst die Strategiemengen und dehnen den Definitionsbereich der Payoffs auf diese erweiterten Strategiemengen aus (Schritt 1). Unter der Annahme, daß die Payoffs auf den erweiterten Strategiemengen quasi-konkav sind, können wir die Existenz eines Nash-Gleichgewichts für das modifizierte Spiel sicherstellen (Schritt 2). Anschließend charakterisieren wir die gleichgewichtigen Nash-Steuersätze des erweiterten Spiels, wobei sich herausstellen wird, daß diese (i) Elemente des ursprünglichen, nicht-konvexen Strategieraumes sind und (ii) nicht auf dessen "nicht-konvexen" Rand liegen (Schritt 3). Diese Nash-Gleichgewichte sind damit ebenfalls Nash-Gleichgewichte des ursprünglichen Spiels (Schritt 4).

Schritt 1: Erweiterung des Spiels

Setze für $i=A,B$:

$$\widetilde{S}^i := \left\{ (t_r^i, t_d^i, t_U^i) \in \left[0, \overline{t}\right]^3 \middle| t_r^i \leq t_d^i + t_U^i \right\}$$

416 Dort wird die Konvexität der Strategiemengen schon deshalb gefordert, weil die verlangte Quasi-Konkavität der Payoff-Funktionen nur über konvexen Strategiemengen sinnvoll definiert ist.

als die konvexe Hülle von $\overline{S}^i$ (i=A,B). Analog sei $\tilde{S} := \tilde{S}^A \times \tilde{S}^B$. Es gilt: $\tilde{S} \supset \overline{S} = \overline{S}^A \times \overline{S}^B$. Sei nun $\mathbf{t} \in \tilde{S}$. Dann bezeichnen wir mit $(k^A(\mathbf{t}), k^B(\mathbf{t}), \tilde{\rho}(\mathbf{t}))$ die Lösung des folgenden Systems:

$$\tilde{\rho}(\mathbf{t}) = \frac{F_K^A(k^A(\mathbf{t}))-1}{\dfrac{\sigma^A}{1-t_r^A} + \dfrac{1-\sigma^A}{(1-t_U^A)\cdot(1-t_d^A)}} = \frac{F_K^B(k^B(\mathbf{t}))-1}{\dfrac{\sigma^B}{1-t_r^B} + \dfrac{1-\sigma^B}{(1-t_U^B)\cdot(1-t_d^B)}},$$

wobei

$$k^A(\mathbf{t}) + k^B(\mathbf{t}) = S(\tilde{\rho}(\mathbf{t})).$$

Für $\mathbf{t} \in \overline{S}$ gilt: $(k^A(\mathbf{t}), k^B(\mathbf{t}), \tilde{\rho}(\mathbf{t})) = (K^A(\mathbf{t}), K^B(\mathbf{t}), \rho(\mathbf{t}))$. Für $\mathbf{t} \in \tilde{S} \setminus \overline{S}$ definieren $(k^A(\mathbf{t}), k^B(\mathbf{t}), \tilde{\rho}(\mathbf{t}))$ Kapitalnachfragen und Nettorendite unter der Fiktion, daß die Unternehmen beider Länder eine Mischfinanzierung wählen, obwohl das Steuersystem aus Sicht mindestens einer der Unternehmungen vom Typ [EF^i] ist. Am besten stellt man sich $(k^A(\mathbf{t}), k^B(\mathbf{t}), \tilde{\rho}(\mathbf{t}))$ als ein rein mathematisches Konstrukt vor, das für $\mathbf{t} \in \overline{S}$ zufällig mit den gleichgewichtigen Kapitalmarktgrößen bei mischfinanzierten Unternehmungen übereinstimmt. Definiere nun für $\mathbf{t} \in \tilde{S}$ und für i=A,B:

$$\tilde{T}^i(\mathbf{t}) = \left[\frac{1-\sigma^i}{1-t_d^i}\cdot\left[\frac{t_U^i}{1-t_U^i} + t_d^i\right] + \sigma^i \cdot \frac{t_r^i}{1-t_r^i}\right]\cdot\tilde{\rho}(\mathbf{t})\cdot k^i(\mathbf{t}). \qquad (8.10)$$

Für $\mathbf{t} \in \overline{S}$ stimmt $\tilde{T}^i(\mathbf{t})$ mit dem durch (8.6) definierten Steueraufkommen $T^i(\mathbf{t})$ des Landes i überein, ansonsten (d.h. für $\mathbf{t} \in \tilde{S} \setminus \overline{S}$) stellt $\tilde{T}^i(\mathbf{t})$ irgendeine mathematische Funktion dar. Gemäß ihrer Konstruktion gelten für die $\tilde{T}^i(\mathbf{t})$ die partiellen Ableitungen (8.7) entsprechend, wenn man K^i gegen k^i und ρ gegen $\tilde{\rho}$ austauscht. Insbesondere gelten (8.8) und (8.9) auch für die $\tilde{T}^i(\mathbf{t})$.

Wir können nun ein Spiel formulieren, bei dem die Strategienmengen der beiden Spieler i=A,B durch die konvexen Mengen $\tilde{S}^i$ gegeben sind und die Funktionen $\tilde{T}^i(\mathbf{t})$ die zu maximierenden Payoffs der Spieler darstellen. Wir nennen dieses Spiel im folgenden kurz das "erweiterte Spiel".

Schritt 2: Existenz eines Nash-Gleichgewichts im erweiterten Spiel

Genauso wenig, wie Aussagen über Krümmung und Monotonieverhalten der Steueraufkommensfunktionen T^i aus dem Modell heraus ableitbar sind, funktioniert dies für die Funktionen $\tilde{T}^i$. Um dennoch ökonomisch interessante Ergebnisse gewinnen zu können, behelfen wir uns mit der folgenden

ANNAHME (A.8): Die Funktionen $\tilde{T}^i(\mathbf{t})$ (i=A,B) sind über $\tilde{S}^i$ quasi-konkav in (t_r^i, t_d^i, t_U^i).

Diese Annahme impliziert, daß die Steueraufkommen T^i über jeder konvexen Teilmenge des ursprünglichen Strategiemenge $\overline{S}^i$ quasi-konkav in (t_r^i, t_d^i, t_U^i) sind. Damit ist eine Vielzahl möglicher Aufkommensverläufe zugelassen. Insbesondere ist monotones Anwachsen des Steueraufkommens bei steigenden Steuersätzen mit (A5) ebenso vereinbar wie ein Laffer-Kurven-Verlauf. (A5) ist dennoch eine relativ strenge Annahme, denn wir können keine ökonomische Begründung oder Rechtfertigung für sie geben. Sie erfüllt zwei Zwecke, die später noch klarer werden: Sie stellt zum einen die Existenz von Nash-Gleichgewichten im erweiterten Spiel sicher und erlaubt zum anderen, daß bei der Ableitung der Reaktionskorrespondenzen im erweiterten Spiel die Kuhn-Tucker-Bedingungen verwendet werden können. Inhaltlich bedeutet Annahme (A.8), daß die Steueraufkommen in den eigenen Steuersätzen eingipflig verlaufen, was ein monotones Anwachsen ebenso einschließt wie einen Laffer-Kurvenverlauf.

Mithilfe von Annahme (A.8) können wir das Existenzproblem von Nash-Gleichgewichten im erweiterten Spiel lösen. Es gilt nämlich:

LEMMA 8.1: Unter (A.8) hat das durch die Strategiemengen $\tilde{S}^i$ und die Payoff-Funktionen $\tilde{T}^i$ definierte Spiel ein Nash-Gleichgewicht.

Beweis:
Wir wenden das Debreu-Fan-Glicksberg-Theorem an.[417] Die Payoff-Funktionen beider Spieler sind stetig in allen Variablen und per Annahme quasi-konkav in den "eigenen" Strategievariablen. Die Strategiemengen $\tilde{S}^i \subset [0,1]^3 \subset \Re^3$ sind nicht-leer, kompakt und konvex. Damit existiert ein Nash-Gleichgewicht.

•

417 Vgl. Abschnitt 4.3.1.

Schritt 3: Charakterisierung der Gleichgewichte im erweiterten Spiel

In einem Nash-Gleichgewicht maximiert jeder Spieler über seiner Strategiemenge und für als gegeben hingenommenes Verhalten seines Gegenspielers seine Payoff-Funktion. Im erweiterten Spiel lautet das Kalkül für Spieler i daher:

$$\max_{t_r^i, t_d^i, t_U^i \in \Re_+^3} \tilde{T}^i(\mathbf{t})$$

unter den Nebenbedingungen: (8.11)

$$t_d^i + t_U^i - t_r^i \geq 0 \,,$$

$$\bar{t} \geq t_x^i \quad \text{für } x = r, d, U.$$

Die Lösungen dieses Optimierungsproblems kennzeichnet

LEMMA 8.2: Sei (t_r^i, t_d^i, t_U^i) eine Optimallösung des Problems (8.11). Dann gilt für die Steuersätze eine der drei folgenden Konstellationen:

a) $0 = t_d^i = t_r^i < t_U^i$

b) $0 = t_d^i < t_r^i \leq t_U^i$

c) $t_r^i = t_U^i = \bar{t}\,,\ t_d^i \in [0, \bar{t}]$.

Beweis:

Unter Annahme (A.8) ist die Zielfunktion in (8.11) quasi-konkav. Jede der Nebenbedingungen läßt sich in der Form $g(t_r^i, t_d^i, t_U^i) \geq 0$ schreiben, wobei g jeweils eine (quasi-)konkave und differenzierbare Funktion der Steuersätze ist. Damit sind notwendige Bedingungen für eine Lösung des Problems (8.11) durch die Kuhn-Tucker-Ungleichungen des folgenden Lagrange-Ansatzes gegeben:[418]

$$L^i = \tilde{T}^i(\mathbf{t}) + \lambda^i \cdot \left[t_d^i + t_U^i - t_r^i\right] + \sum_{x=r,d,U} \mu_x^i \cdot \left[\bar{t} - t_x^i\right]. \tag{8.12}$$

418 Vgl. Takayama (1985, Theorem 1.E.3).

Für die Zwecke dieses Beweises setzen wir: $\tilde{T}_x^i := \dfrac{\partial \tilde{T}^i}{\partial t_x^i}$ für $x = r, d, U$. Die zu (8.12) gehörigen Kuhn-Tucker-Bedingungen lauten:

$$\frac{\partial L^i}{\partial t_r^i} = \tilde{T}_r^i - \lambda^i - \mu_r^i \le 0 \quad \text{und} \quad t_r^i \cdot \frac{\partial L^i}{\partial t_r^i} = 0 \tag{8.13a}$$

$$\frac{\partial L^i}{\partial t_d^i} = \tilde{T}_d^i + \lambda^i - \mu_d^i \le 0 \quad \text{und} \quad t_d^i \cdot \frac{\partial L^i}{\partial t_d^i} = 0 \tag{8.13b}$$

$$\frac{\partial L^i}{\partial t_U^i} = \tilde{T}_U^i + \lambda^i - \mu_U^i \le 0 \quad \text{und} \quad t_U^i \cdot \frac{\partial L^i}{\partial t_U^i} = 0 \tag{8.13c}$$

$$\frac{\partial L^i}{\partial \mu_x^i} = \bar{t} - t_x^i \ge 0 \quad \text{und} \quad \mu_x^i \cdot \frac{\partial L^i}{\partial \mu_x^i} = 0 \quad (x = r, d, U) \tag{8.13d}$$

$$\frac{\partial L^i}{\partial \lambda^i} = t_d^i + t_U^i - t_r^i \ge 0 \quad \text{und} \quad \lambda^i \cdot \frac{\partial L^i}{\partial \lambda^i} = 0 \tag{8.13e}$$

$$t_r^i, t_d^i, t_U^i, \lambda^i, \mu_r^i, \mu_d^i, \mu_U^i \ge 0 \, . \tag{8.13f}$$

Wir unterscheiden drei Fälle, wobei im folgenden alle Variablen (potentielle) Optimallösungen für Problem (8.11) beschreiben.

<u>Fall a):</u> Angenommen, es sei $t_r^i = 0$. Dann gilt aus (8.13d), daß $\mu_r^i = 0$.

(a1) Sei nun ebenfalls $t_U^i = 0$ und damit $\mu_U^i = 0$.

(a1-1) Der Fall $t_d^i = 0$ würde zu $\tilde{T}^i = 0$ führen und kann keine Lösung mit maximalem Aufkommen sein.

(a1-2) Sei nun $t_d^i \in]0, \bar{t}]$. Dann ist aus (8.13b) $\tilde{T}_d^i - \mu_d^i + \lambda^i = 0$. Da aber aus (8.13e) $\lambda^i = 0$ folgt und $\mu_d^i \ge 0$ gelten muß, kann dies nur zutreffen, falls $\tilde{T}_d^i \ge 0$. Aus (8.13a) ergibt sich aber wegen $\lambda^i = 0$, daß $\tilde{T}_r^i \le 0$, was seinerseits über (8.9) $\tilde{T}_d^i < 0$ impliziert. Dies ist ein Widerspruch.

(a2) Sei nun $t_U^i \in]0,\bar{t}]$ und damit aus (8.13e) $\lambda^i = 0$. Aufgrund von (8.13c) bedingt dies einerseits, daß $\tilde{T}_U^i - \mu_U^i = 0$ und damit $\tilde{T}_U^i \geq 0$. Andererseits impliziert dies aus (8.13a), daß $\tilde{T}_r^i \leq 0$. Beides ist aufgrund von (8.8) nur vereinbar, wenn $\tilde{T}_r^i = \tilde{T}_U^i = 0$ gilt. Dies führt über (8.9) aber zu $\tilde{T}_d^i < 0$, was wegen $\lambda^i = 0 \leq \mu_d^i$ aus (8.13c) unmittelbar $t_d^i = 0$ bedingt.

Damit ist Fall a) nur in folgender Form denkbar:

$$0 = t_d^i = t_r^i < t_U^i \qquad (8.14)$$

<u>**Fall b):**</u> Angenommen, es sei $0 < t_r^i < \bar{t}$. Dann gilt aus (8.13d), daß $\mu_r^i = 0$. Aus (8.13a) erhält man damit, daß $\lambda^i = \tilde{T}_r^i \geq 0$.

(b1) Sei zusätzlich $t_U^i = 0$ und damit $\mu_U^i = 0$. Dies erfordert aus (8.13e), daß $t_d^i > 0$. Gleichzeitig gilt aber aus (8.13c), daß $\tilde{T}_U^i \leq 0$, was über (8.8) $\lambda^i = \tilde{T}_r^i = \tilde{T}_U^i = 0$ und über (8.9) $\tilde{T}_d^i < 0$ impliziert. Da $\mu_d^i \geq 0$ sein muß, erfordert dies aus (8.13b), daß $t_d^i = 0$. Dies ist ein Widerspruch.

(b2) Sei nun $0 < t_U^i < \bar{t}$ und damit wiederum $\mu_U^i = 0$.

(b2-1) Falls $t_U^i < t_r^i$, so wäre $t_d^i > 0$. Über die identische Kette wie in (b1) zeigt man, daß dies zum Widerspruch führt.

(b2-2) Falls $t_U^i \geq t_r^i$, so ist dies wegen $\tilde{T}_U^i \leq 0$ nur möglich, wenn $\lambda^i = \tilde{T}_r^i = \tilde{T}_U^i = 0$ gilt. Dies impliziert aber wie schon oben, daß $t_d^i = 0$ sein muß.

(b3) Sei nun $t_U^i = \bar{t}$. Dann ist $\lambda^i = \tilde{T}_r^i = \tilde{T}_U^i = 0$ (wg. (8.13e) und (8.8)) und damit $\tilde{T}_d^i < 0$. Dies führt wiederum zu $t_d^i = 0$.

Insgesamt ist Fall b) damit nur in folgender Konstellation denkbar:

$$0 = t_d^i < t_r^i \leq t_U^i \qquad (8.15)$$

<u>**Fall c):**</u> Angenommen, es sei $t_r^i = \bar{t}$. Da $\mu_r^i \geq 0$ und $\lambda^i \geq 0$ sein müssen, gilt damit $\tilde{T}_r^i \geq 0$. Über (8.8) ist damit auch $\tilde{T}_U^i \geq 0$.

(c1) Angenommen, es sei zudem $t_U^i = 0$. Da somit $\mu_U^i = 0$ ist, erfordert dies über (8.13b), daß $\tilde{T}_U^i = \lambda^i = 0$ ist, was seinerseits über (8.9) $\tilde{T}_d^i < 0$ impliziert. Gleichzeitig muß aber über (8.13e) $t_d^i = \bar{t} > 0$ gelten, was in (8.13b) wegen $\mu_d^i \geq 0$ aber $\tilde{T}_d^i \geq 0$ erfordert. Dies ist ein Widerspruch.

(c2) Nehmen wir nun $0 < t_U^i < \bar{t}$ an. Damit ist $\mu_U^i = 0$ und über (8.13c) $\tilde{T}_U^i \leq 0$. Dies ist aber nur möglich, wenn $\tilde{T}_r^i = \tilde{T}_U^i = \lambda^i = 0$ und damit $\tilde{T}_d^i < 0$ gilt. Gleichzeitig muß, um (8.13e) zu erfüllen, $t_d^i > 0$ gelten. Dies bedingt aber in (8.13b), daß $\tilde{T}_d^i \geq 0$ gilt. Dies ist ein Widerspruch.

(c3) Angenommen, es gilt $t_U^i = \bar{t}$. Dies ist, wie man schnell überprüft, mit beliebigen Werten für $t_d^i \in [0, \bar{t}]$ prinzipiell vereinbar.[419]

Insgesamt kann daher Fall c) nur in folgender Konstellation auftreten:

$$t_U^i = t_r^i = \bar{t} \text{ und } t_d^i \in [0, \bar{t}] \tag{8.16}$$

(8.14) bis (8.16) zusammen liefern die Behauptung.[420]

•

Auch wenn dies nicht unmittelbar ersichtlich ist, so kennzeichnet Lemma 8.2 die *besten Antworten* des Landes *i=A,B* auf vorgegebene Steuerstrategien des jeweils anderen Landes.[421] Lemma 8.2 gilt für beliebige Steuersätze des jeweils anderen Spielers und schließt sowohl aus, daß beste Antworten des Spielers *i* im Inneren seiner Strategienmenge liegen, als auch, daß sie aus $\tilde{S}^i \setminus \bar{S}^i$ stammen. Zudem ist die Beschränkung auf zulässige Steuersysteme, d.h. die Restriktion (2.19):

$$t_r^i \leq t_U^i + t_d^i - t_U^i \cdot t_d^i$$

---

419 Falls $t_d^i > 0$ ist, gilt hierbei $\tilde{T}_U^i > 0$. Falls $t_d^i = 0$ ist, so gilt $\tilde{T}_d^i < 0$.

420 Die in Lemma 8.2 angegebenen notwendigen Bedingungen für eine Lösung des Problems (8.11) sind gleichzeitig hinreichend. Dies ergibt sich aus dem sog. Arrow-Enthoven-Theorem (vgl. Takayama (1985, Theroem 1.E.2)), denn es gilt in allen möglichen Optimumkonstellationen $\tilde{T}_x^i \neq 0$ für mindestens ein $x = r, d, U$ (Vgl. hierzu auch die vorige Fußnote). Damit impliziert die Erfüllung der Bedingungen (8.13), daß es sich um eine Maximallösung des Problems (8.11) handelt.

421 Die besten Antworten sind mehrwertig. Man betrachte hierzu etwa den Fall (b2-2) des obigen Beweises, in dem $t_d^i = 0 < t_r^i < t_U^i < \bar{t}$ gilt. In diesem Fall ist (außer der Nicht-Negativitätsbeschränkung) keine der Restriktionen aus (8.11) bindend. Er ergibt sich damit als Lösung des Gleichungssystems $t_d^i = 0 = \tilde{T}_r^i = \tilde{T}_U^i$. Hierbei sind die letzten beiden Gleichungen, wie (8.8) zeigt, nicht unabhängig. Damit ist aber die Lösung für t_r^i und t_U^i in der Regel nicht eindeutig.

in aller Regel nicht bindend. Die einzige Konstellation, wo diese Restriktion bindend ist, ist jene der Fälle b) und c) im obigen Beweis, wo $t_r^i = t_U^i$ und $t_d^i = 0$ gilt. Aber selbst diese Konstellationen sind von daher gutartig, als sie nicht auf dem "nicht-konvexen" Rand der ursprünglichen Strategienmenge $\overline{S}^i$ liegen.

Da Nash-Gleichgewichte durch das Aufeinandertreffen bester Antworten definiert sind, ergibt sich als Konsequenz der Lemmata 8.1 und 8.2 unmittelbar

FOLGERUNG 8.3: Die Nash-Gleichgewichte des erweiterten Spiels liegen in $\overline{S}$.

Wir wählen in dieser Formulierung den Plural, da wir die Eindeutigkeit von Nash-Gleichgewichten im erweiterten Spiel nicht sicherstellen können.

Schritt 4: Übertragung auf das ursprüngliche Spiel

Angenommen, $\hat{\mathbf{t}} = (\hat{t}_r^A, \hat{t}_d^A, \hat{t}_U^A, \hat{t}_r^B, \hat{t}_d^B, \hat{t}_U^B)$ sei ein Nash-Gleichgewicht des erweiterten Spiels. Dann gilt für $i=A,B$:

$$\begin{aligned} T^i(\hat{\mathbf{t}}) &= \max\left\{T^i(t_r^i, t_d^i, t_U^i, \hat{t}_r^j, \hat{t}_d^j, \hat{t}_U^j) \,\middle|\, (t_r^i, t_d^i, t_U^i) \in \tilde{S}^i\right\} \\ &= \max\left\{T^i(t_r^i, t_d^i, t_U^i, \hat{t}_r^j, \hat{t}_d^j, \hat{t}_U^j) \,\middle|\, (t_r^i, t_d^i, t_U^i) \in \overline{S}^i\right\}, \end{aligned}$$

wobei die letzte Gleichung aus $\hat{\mathbf{t}} \in \overline{S}^i$ und aus $\overline{S}^i \subset \tilde{S}^i$ folgt. Damit ist aber $\hat{\mathbf{t}}$ ebenfalls ein Nash-Gleichgewicht des ursprünglichen Spiels und damit ein Aufkommensgleichgewicht im Steuerwettbewerb.

Man beachte ferner, daß ein Vektor $(t_r^A, t_d^A, t_U^A, t_r^B, t_d^B, t_U^B)$, der nicht die in Lemma 8.2 angegebenen Bedingungen erfüllt, kein Nash-Gleichgewicht im Steuerwettbewerb sein kann, denn es existiert für mindestens einen der Spieler eine Verbesserungsmöglichkeit aus seiner Strategienmenge $\overline{S}^i$. Dies impliziert unmittelbar

LEMMA 8.4: Ein Nash-Gleichgewicht des erweiterten Spiels ist gleichzeitig ein Nash-Gleichgewicht im aufkommensmaximierenden Steuerwettbewerb und umgekehrt.

Faßt man die Ergebnisse der Schritte 1 bis 4 zusammen, so erhält man folgende

AUSSAGE 8.5: Es gelte Annahme (A.8).[422] Dann existiert ein Nash-Gleichgewicht im aufkommensmaximierenden Steuerwettbewerb, in dem gleichgewichtigen Steuersätze für jedes $i=A,B$ eine der Konstellationen des Lemmas 8.2 annehmen.

Steuerwettbewerb mit differenzierten Kapitaleinkommensteuersätzen führt unter dem Quellenlandprinzip in beiden Ländern zu einem Steuersystem vom Typ (S2), welches also auf der Anlegerseite zwischen Zins- und Dividendeneinkünften diskriminiert. Diese Diskriminierung ist, sofern die Regierungen nicht auf ihre Maximalsteuersätze $\bar{t}$ zurückgreifen, extrem in dem Sinne, als eine Besteuerung von Dividendeneinkommen auf der Anlegerebene unterbleibt ($t_d^i = 0$). Einhergehend mit dem Verzicht auf Dividendenbesteuerung bei den Anlegern werden Gewinnausschüttungen auf der Unternehmensebene im Steuerwettbewerb höher besteuert als Zinseinkünfte bei den Anlegern. Insgesamt ergibt sich in jedem Land ein Steuersystem, das Einkünfte, die aus der Fremdfinanzierung der Unternehmung resultieren, (nur) auf der Anlegerseite, solche hingegen, die aus der Eigenfinanzierung entstehen, (nur) auf der Unternehmensseite besteuert.[423]

Eine Intuition für dieses Ergebnis könnte wie folgt aussehen: Durch die Beschränkung auf zulässige Steuersysteme im Sinne von (2.19) ist es von vorneherein ausgeschlossen, daß Zinsen steuerlich höher belastet werden als Dividenden. Berücksichtigt man ferner, daß in einem solchen Szenario Aktien von den Unternehmungen ohnehin nur emittiert werden, weil sie die Finanzierungsrestriktion einhalten müssen, so sind Dividenden als die steuerunelastischere Einkommensart der natürliche Kandidat für eine hohe Besteuerung. Daß auf eine Besteuerung von Dividenden beim Anleger verzichtet wird, liegt daran, daß aufgrund von (8.9) durch die Veränderung des Zins- oder Körperschaftsteuersatzes immer ein höherer Aufkommenszuwachs erzielt werden kann als durch eine gleich große Erhöhung der Dividendensteuer. Ursächlich hierfür wiederum ist, daß die Dividendensteuer auf eine niedrigere Bemessungsgrundlage trifft als die Körperschaftsteuer.

---

422 Annahme (A.8) bezieht sich auf das erweiterte Spiel. Um sie auf das Originalspiel zu übertragen, könnte man sie wie folgt formulieren: Die Funktionen $T^i(\mathbf{t})$ ($i=A,B$) sind über jeder konvexen Teilmenge von $\bar{S}^i$ quasi-konkav in (t_r^i, t_d^i, t_U^i).

423 Hieraus irgendwelche Inzidenzüberlegungen abzuleiten, ist von daher gewagt, als in unserem einfachen Modell ohnehin alle Steuern von den Haushalten zu tragen sind.

Einige Anmerkungen zu Aussage 8.5:

a) Alle Nash-Gleichgewichte liegen auf dem Rand des Strategienraums, sei es, weil auf ein Steuerinstrument verzichtet wird, sei es, daß die steuerliche Obergrenze bindend wird. In allen vorhergehenden Erörterungen haben wir diesen letzteren Fall per Annahme ausgeschlossen. Wiederholt man dieses Vorgehen hier und schließt man aus, daß irgendein Steuersatz den maximal zulässigen Wert $\bar{t}$ annimmt, so ist ein Nash-Gleichgewicht gekennzeichnet durch

$$0 = t_d^i \leq t_r^i \leq t_U^i < \bar{t} \text{ für } i=A,B.$$

b) Im ganzen bleibt die Wettbewerbskomponente in der Herleitung zu Aussage 8.5 ziemlich verborgen. Explizite Reaktionsabbildungen, in denen die Steuersätze des anderen Landes als unabhängige Variable auftreten, kommen bei der Bestimmung von Nash-Gleichgewichten ebensowenig vor wie irgendwelche Größen des anderen Landes in der Ableitung der optimalen Steuersätze in Lemma 8.2. Gleichwohl handelt es sich aber um eine Wettbewerbssituation: Der Einfluß des jeweils anderen Landes tritt in den Variablen $e^i = \frac{\tilde{K}_\rho^i}{S' - \tilde{K}_\rho^A - \tilde{K}_\rho^B}$ zutage, die die pekuniären Externalitäten zwischen den Regierungen (d.h. den Einfluß der nationalen Besteuerung auf die gleichgewichtige Kapitalmarktrendite) erfassen.

c) Die in Aussage 8.5 beschriebene Struktur des Steuervektors stellt sich gleichfalls ein, wenn die Regierungen in einem Steuerwettbewerb agieren, bei dem keine Externalitäten zwischen ihnen existieren bzw. diese von den Regierungen ignoriert werden.[424] In einer solchen Situation gilt für $i=A,B$ und $x=r,d,U$ $\frac{\partial \rho}{\partial t_x^i} \equiv 0$ und damit $e^i \equiv 0$. Setzt man dies in (8.7) ein, so gelangt man gleichwohl zu (8.8) und (8.9). Diese beiden Bedingungen aber sind die treibende Kraft hinter Lemma 8.2, das seinerseits wiederum zu Aussage 8.5 führt. Aussage 8.5 gilt damit bei international mobilem Kapital auch für preisnehmende, kleine Länder.

d) In der Mehrzahl der Fälle des aktuellen Szenarios verzichten die Regierungen auf eine Besteuerung von Dividenden bei den Haushalten. Dies ist auf den ersten Blick ziemlich überraschend, da es sich schließlich um aufkommens-

424 Hier hat fiskalischer Wettbewerb den Zuschnitt einer vollkommenen Konkurrenz zwischen preisnehmenden Akteuren. Diesen Ansatz wählen beispielsweise Oates/ Schwab (1988) oder Razin/Sadka (1991).

maximierende Fisci handelt, von denen man erwarten könnte, daß sie keine Steuerquelle ungenutzt lassen werden. Auf den zweiten Blick aber ist dieses Resultat sehr plausibel: Bei der Dividendensteuer hat der Fiskus zur Lösung *eines* Problems (Maximierung der Einnahmen) *zwei* Aktionsvariable (Steuern auf Anleger- und Unternehmensseite) zur Verfügung. In einer solchen Situation entscheidet man sich für jenes Politikinstrument, das den höheren marginalen Zielbeitrag liefert.[425] Dies ist aber, wie (8.9) belegt, stets die Körperschaftsteuer.

e) Falls die Nettorendite ρ nicht exogen ist, sind Nash-Gleichgewichte im aufkommensmaximierenden Steuerwettbewerb im allgemeinen nicht stark effizient. Die folgende Überlegung möge einen formalen Beweis dieser zum jetzigen Zeitpunkt nicht mehr überraschenden Behauptung ersetzen:[426] Eine stark effiziente Lösung maximiert $T^A + T^B$, wobei dieselben Nebenbedingungen einzuhalten sind wie in (8.11). Betrachten wir nun ein "typisches" Nash-Gleichgewicht mit $0 = t_d^i < t_r^i \leq t_U^i < \bar{t}$ für irgendein $i \in \{A, B\}$. In dieser Situation ist keine der Nebenbedingungen aus (8.11) bindend. Wäre dies eine effiziente Lösung, so müßte demnach $\frac{\partial T^A}{\partial t_U^i} + \frac{\partial T^B}{\partial t_U^i} = 0$ gelten. Da aber in der geschilderten Situation schon $\frac{\partial T^i}{\partial t_U^i} = 0$ gilt,[427] muß auch $\frac{\partial T^j}{\partial t_U^i} = 0$ sein. Wie man leicht errechnet, gilt aus (8.6):

$$\frac{\partial T^j}{\partial t_x^i} = z^j \cdot \frac{\partial \rho}{\partial t_x^i} \cdot \left[K^j + \tilde{K}_\rho^j\right]$$

für $x = r, d, U$. Dafür, daß dieser Ausdruck gleich Null ist, gibt es für $\frac{\partial \rho}{\partial t_x^i} \neq 0$ keinerlei Indizien. Gleichfalls gibt es keine Hinweise darauf, daß die kooperative Lösung nach einer Steuerharmonisierung verlangt.

f) Angesichts der Vielzahl denkbarer Gleichgewichtsstrukturen im aufkommensmaximierenden Steuerwettbewerb ist außer der generellen Vermutung der Ineffizienz der Gleichgewichtssituationen keine weitere Aussage möglich, ob die Nash-Steuersätze im Vergleich zur kooperativen Lösung zu hoch oder zu niedrig gewählt werden. Hier kann lediglich auf Aussage 6.5, Teil a) verwiesen werden, in der für ein System vom Typ (S1) ohne Körperschaftsteuer nachgewie-

---

425 Dixit (1985, S. 314) nennt dies das "Principle of Targeting".

426 Analoge Überlegungen wurde schon in den Beweisen zu den Aussagen 6.5 und 7.1 angestellt, weshalb auf eine ausführliche Darstellung verzichtet wird.

427 Vgl. Fälle (a2) und (b2-2) bzw. (b3) im Beweis von Lemma 8.2.

sen wurde, daß miteinander konkurrierende Regierungen niedrigere Quellensteuersätze wählen als miteinander kooperierende. Ob dies auf ein System mit nach Einkommensarten differenzierten Steuersätzen durchschlägt, kann weder nachgewiesen noch widerlegt werden.

g) Bei aufkommensmaximierenden Regierungen ist die Beschränkung $t_d^i + t_U^i - t_U^i \cdot t_d^i \geq t_r^i$ in aller Regel nicht bindend. Daraus könnte man schließen, daß das gleiche Resultat wie Aussage 8.5 auch dann herauskäme, wenn man diese Restriktion wegließe. Hier ist jedoch eine deutliche Warnung angebracht: Implizit ist diese Restriktion bei Besteuerung nach dem Quellenlandprinzip schon dadurch im Modell enthalten, daß wir mischfinanzierte Unternehmungen unterstellt haben. Bei einem Verzicht auf die Restriktion müßten unterschiedliche Finanzierungsmuster der Unternehmung und damit ab Gleichung (8.1) unterschiedliche Gleichgewichtsbedingungen und Partialeffekte diskutiert werden. Es ist dabei nicht ausgeschlossen, daß ein derart "unbeschränkter" Steuerwettbewerb im Aufkommensgleichgewicht zu einem anderen Steuersystem in einem der Länder und damit zu einem anderen Finanzierungsmuster bei mindestens einer der Unternehmungen führt. Allerdings sind allgemeine Aussagen hier nicht möglich.[428]

h) Aussage 8.5 identifiziert die Konstellation $0 = t_d^i = t_r^i < t_U^i$ ($i=A,B$) als ein mögliches Aufkommensgleichgewicht. In diesem Steuersystem vom Typ (S1) kommt es nur zu einer Besteuerung der Dividenden, während Kapitaleinkünfte beim Kapitalgeber freigesellt werden. Damit entspricht das gleichgewichtige Steuersystem den sog. Cash-Flow-Systemen der *S-Base-Tax* und der *R-Base-Tax*, die in den späten 70er Jahren in Großbritannien vorgeschlagen wurden.[429] Diese Vorschläge wurden, obwohl ihnen eine ganze Reihe positiver Eigenschaften zugeschrieben werden kann[430], aufgrund ihrer Radikalität nie realisiert. Vor diesem Hintergrund ist es interessant, daß Steuerwettbewerb zwischen aufkommensmaximierenden Regierungen ein Mechanismus sein kann, der zu einer Nash-Implementierung dieser Steuersysteme führt.[431] Fiskalischer Wettbewerbsdruck

---

428 Das vorige Kapitel zeigt, wenngleich es dem Wohnsitzlandprinzip gewidmet war, daß im Steuerwettbewerb alle Finanzierungsmuster denkbar sind. Gleiches ist auch im vorliegenden Szenario zu erwarten, wenn man alle Steuersysteme zuläßt und damit insbesondere (2.19) außer Acht läßt.

429 Beide Vorschläge fallen in unserem Modell, das keine einbehaltenen Gewinne kennt, zusammen. Vgl. hierzu auch die Ausführungen im Zusammenhang mit Aussage3.4.

430 Vgl. hierzu die Übersicht in H.-W. Sinn (1987, S. 368).

431 Der Begriff der (Nash-)Implementierung wird für gewöhnlich dann gebraucht, wenn man durch die Ausgestaltung bestimmter "Spielregeln" die mit privaten Informationen ausgestatteten, eigennützigen Entscheidungsträger in einem dezentralisierten Entschei-

kann damit dazu beitragen, daß sich Steuerlösungen durchsetzen, die ohne diesen Druck trotz ihrer Qualitäten an politischen Widerständen scheitern würden.[432]

8.2.3 Aufkommensmaximierender Steuerwettbewerb mit Systemen des Typs (S1)

In allen OECD-Ländern sind *de lege* Steuersysteme vom Typ (S1) in Anwendung, die auf der Haushaltsebene nicht zwischen Dividenden und Zinseinkommen diskriminieren, sondern einen einheitlichen Satz der persönlichen Einkommensteuer auf alle Einkunftsarten erheben.[433] Der Strategienraum, mit dem OECD-Länder einen Steuerwettbewerb austragen könnten, ist, sofern diese Eigenschaft der Nichtdiskriminierung nicht zur Disposition steht, kleiner als der des soeben diskutierten Ansatzes. Dieser Abschnitt untersucht nun, welche Ergebnisse sich im Kapitalsteuerwettbewerb einstellen, wenn er innerhalb der OECD-typischen Systeme (S1) stattfindet. Da wir als internationales Steuersystem das in der OECD nicht allzu weit verbreitetete Quellenlandprinzip beibehalten, ist der Ansatz jedoch immer noch weit davon entfernt, ein wirklichkeitsgetreues Abbild für fiskalische Konkurrenz zwischen den großen Industrienationen zu liefern.[434]

Wir können Steuerwettbewerb mit Systemen vom Typ (S1) als Spezialfall des oben vorgestellten Ansatzes auffassen. Wir bezeichnen mit

$$t^i := t^i_r = t^i_d \tag{8.17}$$

den einheitlichen Steuersatz auf Dividenden und Zinseinkünfte in Land i ($i=A$, B) und werden diesen im folgenden kurz "Einkommensteuersatz" nennen. Die Strategiemenge der Regierung von Land i ($i=A,B$) ergibt sich damit als $\tilde{\tilde{S}}^i = [0,\bar{t}]^2$. Diese Mengen sind konvex, so daß ähnliche technische Probleme wie die des

dungsprozeß dazu verleiten kann, eine kollektiv wünschenswerte Lösung (in unserem Fall: die *S-Base-Tax*) herbeizuführen. Vgl. hierzu etwa Hurwicz (1994, S. 8 f.).

432 In diesem Sinne ist fiskalischer Wettbewerb ein "Entdeckungsverfahren" im v. Hayek'schen Sinne. Für eine Ausarbeitung dieses Gedankens (allerdings ohne Bezug zu Kapitalsteuern) vgl. Vihanto (1992).

433 Vgl. die Übersicht in OECD (1991, S. 260).

434 Immerhin kann er z.B. Steuerwettbewerb zwischen Frankreich und den Niederlanden abbilden, die beide das Quellenlandprinzip anwenden.

vorigen Abschnitts nicht auftreten werden. Die relevante Arbitragebedingung für den Kapitalmarkt lautet nun:

$$\rho = \frac{1}{\tilde{\Phi}^A} \cdot \left[F_K^A - 1\right] = \frac{1}{\tilde{\Phi}^B} \cdot \left[F_K^B - 1\right], \tag{8.18}$$

wobei $\tilde{\Phi}^i := \frac{\sigma^i}{1-t^i} + \frac{1-\sigma^i}{(1-t_U^i)\cdot(1-t^i)}$ der oben definierten Variable Φ^i für den Fall $t_r^i = t_d^i = t^i$ entspricht. Analog zu (8.2) gilt immer damit noch:

$$\tilde{K}_\rho^i = \frac{\tilde{\Phi}^i}{F_{KK}^i} < 0 \tag{8.19a}$$

$$\tilde{K}_{t^J}^i = \tilde{K}_{t_U^J}^i \equiv 0. \tag{8.19b}$$

Zur Vereinfachung der Notation vereinbaren wir (i=A,B):

$$\tilde{\beta}^i := \frac{\sigma^i}{1-t^i} \cdot \frac{1}{\tilde{\Phi}^i} = \frac{\sigma^i}{\sigma^i + \frac{1-\sigma^i}{1-t_U^i}},$$

wobei $\tilde{\beta}^i \in]0,1[$ für $t_U^i > 0$. Mithilfe von (8.4) und (8.5) erhält man (i=A,B):

$$\tilde{K}_{t^i}^i = \left[\tilde{K}_{t_r^i}^i + \tilde{K}_{t_d^i}^i\right]_{t_r^i = t_d^i = t^i} = \frac{\rho}{1-t^i} \cdot \tilde{K}_\rho^i \tag{8.20a}$$

$$\tilde{K}_{t_U^i}^i = \frac{\rho}{1-t_U^i} \cdot (1-\tilde{\beta}^i) \cdot \tilde{K}_\rho^i \tag{8.20b}$$

$$\frac{\partial \rho}{\partial t^i} = \left[\frac{\partial \rho}{\partial t_r^i} + \frac{\partial \rho}{\partial t_d^i}\right]_{t_r^i = t_d^i = t^i} = e^i \cdot \frac{\rho}{1-t^i} \tag{8.20c}$$

$$\frac{\partial \rho}{\partial t_U^i} = e^i \cdot (1-\tilde{\beta}^i) \cdot \frac{\rho}{1-t_U^i}. \tag{8.20d}$$

Alle Effekte sind negativ. Unterstellt man vorübergehend eine Situation mit gleichen Steuersätzen $t^i = t_U^i$, so zeigt (8.20), daß die Effekte einer marginalen Änderung der Körperschaftsteuer auf die Kapitalallokation (absolut) kleiner sind als die einer gleichartigen Änderung des Einkommensteuersatzes. In diesem Sinne kann man davon sprechen, daß die Körperschaftsteuer auf eine unelastischere Steuerbasis trifft als die Einkommensteuer.

Das Steueraufkommen in Land i errechnet sich nach (8.6), indem man (8.17) berücksichtigt. Wir bezeichnen dieses Aufkommen mit

$$\tilde{T}^i(t^i, t_U^i, t^j, t_U^j) := T^i(t^i, t^i, t_U^i, t^j, t^j, t_U^j).$$

Marginale Steuersatzänderungen haben damit nach (8.7) folgende Partialeffekte:

$$\begin{aligned} \frac{\partial \tilde{T}^i}{\partial t^i} &= \left[\frac{\partial T^i}{\partial t_r^i} + \frac{\partial T^i}{\partial t_d^i}\right]_{t_r^i = t_d^i = t^i} \\ &= \frac{\rho \cdot K^i}{1-t^i} \cdot \left[\tilde{z}^i \cdot \left[e^i \cdot (1+\varepsilon_\rho^i) + \varepsilon_\rho^i\right] + \tilde{\Phi}^i \cdot \left[\tilde{\beta}^i + t_U^i \cdot (1-\tilde{\beta}^i)\right]\right] \end{aligned} \tag{8.21a}$$

$$\frac{\partial \tilde{T}^i}{\partial t_U^i} = \frac{\rho \cdot K^i \cdot (1-\tilde{\beta}^i)}{1-t_U^i} \cdot \left[\tilde{z}^i \cdot \left[e^i \cdot (1+\varepsilon_\rho^i) + \varepsilon_\rho^i\right] + \tilde{\Phi}^i\right], \tag{8.21b}$$

wobei $\tilde{z}^i := \frac{t^i}{1-t^i} + \frac{(1-\sigma^i) \cdot t_U^i}{(1-t^i) \cdot (1-t_U^i)}$ das Analogon zum obigen z^i bildet. Aus dem Vergleich von (8.21a) und (8.21b) erkennt man, daß

$$\frac{\partial \tilde{T}^i}{\partial t_U^i} \leq 0 \Rightarrow \frac{\partial \tilde{T}^i}{\partial t^i} < 0, \tag{8.22}$$

daß also, falls eine marginale Erhöhung der Einkommensteuer zu einem Aufkommenszuwachs führt, gleiches für die Körperschaftsteuer zutrifft. Dies ist natürlich eine Konsequenz der in Zusammenhang mit (8.20) erörterten schwächeren Reagibilität der Kapitalallokation auf Körperschaftsteuervariationen. (8.22) korrespondiert mit (8.9).

Damit können wir die Ergebnisse des aufkommensmaximierenden Steuerwettbewerbs mit Systemen des Typs (S1) charakterisieren:

<u>AUSSAGE 8.6:</u> Angenommen, die Funktionen $\tilde{T}^i$ sind über $\tilde{\tilde{S}}^i$ quasikonkav in (t^i, t_U^i) $(i=A,B)$. Dann existiert ein Nash-Gleichgewicht im aufkommensmaximierenden Steuerwettbewerb, in dem für jedes $i \in \{A, B\}$ einer der beiden folgenden Fälle gilt:

a) $t^i = 0$ und $0 < t_U^i < \bar{t}$;

b) $t_U^i = \bar{t}$ und $t^i \in [0, \bar{t}]$.

Beweis:

(i) Ein Nash-Gleichgewicht existiert, da unter den getroffenen Annahmen alle Voraussetzungen des Debreu-Fan-Glicksberg-Theorems erfüllt sind.

(ii) Die besten Antworten der Regierungen auf gegebene Steuersätze der anderen Regierung erfüllen die folgenden Kuhn-Tucker-Bedingungen:[435]

$$\tilde{T}^i_{t^i} - \mu^i_t \leq 0 \quad \text{und} \quad t^i \cdot \left[\tilde{T}^i_{t^i} - \mu^i_t\right] = 0;$$

$$\tilde{T}^i_{t^i_U} - \mu^i_U \leq 0 \quad \text{und} \quad t^i_U \cdot \left[\tilde{T}^i_{t^i_U} - \mu^i_U\right] = 0;$$

$$\bar{t} - t^i \geq 0 \quad \text{und} \quad \mu^i_t \cdot \left[\bar{t} - t^i\right] = 0;$$

$$\bar{t} - t^i_U \geq 0 \quad \text{und} \quad \mu^i_U \cdot \left[\bar{t} - t^i_U\right] = 0;$$

$$t^i, t^i_U, \mu^i_t, \mu^i_U \geq 0.$$

Es müssen drei Fälle unterschieden werden:

(ii-a) Sei $0 < t^i_U < \bar{t}$. Dann gilt wegen $\mu^i_U = 0$, daß $\tilde{T}^i_{t^i_U} \leq 0$. Damit muß wegen (8.22) $\tilde{T}^i_{t^i} < 0$ sein. Dies impliziert, daß $t^i = 0$ ist.

(ii-b) Sei $t^i_U = \bar{t}$. Dann gilt wegen $\mu^i_U \geq 0$, daß $\tilde{T}^i_{t^i_U} \geq 0$. Dies ist prinzipiell mit jeder Konstellation $t^i \in [0, \bar{t}]$ kompatibel.

---

435 Diese Bedingungen sind notwendig für ein beschränktes Aufkommensmaximum, da die Zielfunktion per Annahme quasi-konkav ist und die Optimierung über einer konvexen Menge stattfindet.

(ii-c) Sei nun $t_U^i = 0$ und damit wie unter (ii-a) $\mu_U^i = 0$, $\tilde{T}^i_{t_U^i} \leq 0$ und $\tilde{T}^i_{t^i} < 0$, so daß wiederum $t^i = 0$ gelten muß. Dann ist aber $\tilde{T}^i(0,0) = 0$, was keine Maximallösung sein kann.

Insgesamt sind damit nur die Fälle (ii-a) und (ii-b) möglich.

(iii) Bei wechselseitig besten Antworten muß im Nash-Gleichgewicht für jedes *i* eine der unter (ii) abgeleiteten Konstellationen gelten.

•

Aussage 8.6 stellt fest, daß aufkommensmaximierende Regierungen bestenfalls dann auf die Einkommensteuer zugreifen, wenn sie mit der Körperschaftsteuer schon an der oberen Steuergrenze angelangt sind. Ansonsten erwirtschaften sie ihre gesamten Einkünfte ausschließlich mit der Körperschaftsteuer. Die Intuition hinter diesem Ergebnis sieht wie folgt aus: Jeder Regierung stehen zur Erzielung von Steuereinnahmen *zwei* Instrumente zur Verfügung: Körperschaft- und Einkommensteuer. Hiervon leistet erstere stets einen höheren marginalen Zielbeitrag als letztere. Deshalb wird sie ausschließlich eingesetzt.

Einige Anmerkungen zu diesem Resultat:

a) Ausgehend von Aussage 8.5 war Aussage 8.6 in dieser Form nicht vorhersehbar. Dort besaßen Körperschaft- und Zinseinkommensteuer im wesentlichen gleichartige Partialeffekte auf das Steueraufkommen, die jeweils höher waren als die der Dividendensteuer (siehe (8.8) und (8.9)). Deshalb verzichteten die aufkommensmaximierenden Regierungen in der Regel auf die Erhebung letzterer. Das Szenario dieses Abschnitts entstand, indem Zins- und Dividendensteuer zu einer allgemeinen Einkommensteuer zusammengefaßt wurden. Bei dieser Zusammenfassung war *a priori* nicht klar, daß auch die allgemeine Einkommensteuer geringere Partialeffekte auslöst als die Körperschaftsteuer, denn schließlich werden die Effekte beider Einzelsteuern einfach addiert (vgl. (8.20) und (8.21a)).

b) Die Anmerkungen b), c), e) und f) aus Abschnitt 8.2.2 gelten hier analog.

c) Die Annahme der Quasi-Konkavität der Payoffs erfüllt genau wie im vorigen Abschnitt auch hier eine Doppelfunktion: Sie stellt zum einen die Existenz eines Nash-Gleichgewichts sicher und ermöglicht zum anderen bei der Ableitung der Reaktionsfunktionen die Argumentation über die Kuhn-Tucker-Bedingungen.

d) Aufkommensmaximierender Steuerwettbewerb unter dem Quellenlandprinzip Nash-implementiert, sofern keines der Länder die obere Besteuerungsgrenze $\bar{t}$ für die Körperschaftsteuer ausschöpft, in beiden Ländern die sog. *S-Base-Tax* (bzw. die *R-Base-Tax*) und befreit damit Kapitaleinkommen bei den Haushalten von der Besteuerung. Dieses Ergebnis des Steuerwettbewerbs war zwar auch im Szenario des vorigen Abschnitts möglich (vgl. die dortige Anmerkung h)), beschränkt man aber die Steuersysteme von vorneherein auf solche vom Typ (S1), so wird es zum Regelfall.

e) Aussagen 8.5 und 8.6 sagen voraus, daß im Vergleich aller Steuerarten die Körperschaftsteuer als Steuer mit dem höchsten Steuersatz aus dem Steuerwettbewerb hervorgehen wird und daß die persönlichen Einkommensteuersätze (insbesondere in Systemen vom Typ (S1)) ziemlich niedrig ausfallen werden. Betrachtet man die aktuelle Situation und die jüngste Entwicklung auf diesem Gebiet, so findet man dieses theoretische Resultat empirisch bislang (noch) nicht bestätigt: Vergleicht man die Körperschaftsteuersätze auf ausgeschüttete Gewinne in den OECD-Staaten mit den jeweiligen durchschnittlichen Grenzsteuersätzen der persönlichen Einkommensteuer, so stellt man zwar fest, daß in den meisten Ländern erstere durchweg höher sind als letztere, aber auch, daß es eine Reihe nicht unbedeutender Länder (darunter Deutschland, Frankreich, Kanada und die Schweiz) gibt, in denen es sich genau umgekehrt verhält.[436] Auch fielen die Kapitalsteuersenkungen, die in den letzten Jahren stattgefunden haben, bei der Körperschaftsteuer (auf Ausschüttungen) stärker aus als bei der persönlichen Einkommensteuer: Für die EG-Staaten betrug der durchschnittliche Rückgang der Körperschaftsteuersätze zwischen 1981 und 1991 4,8%, während beim durchschnittlichen Grenzsteuersatz der Einkommensteuer lediglich ein mittlerer Rückgang von 1,31% zu verzeichnen war.[437] Dies spricht eher für ein Herunterkonkurrieren der Körperschaftsteuer als für einen Steuerwettbewerb mit der Einkommensteuer.

---

436 Das Datenmaterial findet sich in OECD (1991, S. 220 u. S. 222). Vergleicht man Körperschaftsteuersätze mit den Spitzengrenzsteuersätzen der persönlichen Einkommensteuer, so ist Belgien das einzige OECD-Land, bei dem der Körperschaftsteuersatz (39%) höher als der maximale Einkommensteuersatz (25%) ist.

437 Die Zahlen beziehen sich auf die EG von 1993 ohne Portugal. Sie stammen aus Genser/Schaden/Steinhart (1993, S. 62 und S. 66f.). Das Bild ändert sich, wenn man für die Einkommensteuer den Spitzensteuersatz zugrundelegt: Hier lag der durchschnittliche Rückgang zwischen 1981 und 1991 bei 11,16% und damit deutlich höher als bei der Körperschaftsteuer.

8.3 Wohlfahrtsmaximierender Steuerwettbewerb

Betrachten wir nun die Ergebnisse des Steuerwettbewerbs mit verschiedenen Kapitaleinkommensteuern, wenn er unter der Zielsetzung der Sozialprodukts-maximierung stattfindet. Damit dieses Szenario sich von dem des Aufkommens-wettbewerbs unterscheidet, nehmen wir an, daß die Haushalte an einem der beiden Unternehmensstandorte (o.B.d.A. in Land A) wohnen. Ferner wählen wir wieder den ursprünglichen (nicht-konvexen) Strategienraum mit den drei Steuerinstrumenten Zins-, Dividenden- und Körperschaftsteuer für jedes Land:

$$\overline{S}^i = \left\{(t_r^i, t_d^i, t_U^i) \in [0,\bar{t}]^3 \middle| 1 - t_r^i \geq (1 - t_U^i)\cdot(1 - t_d^i)\right\} \text{ für } i=A,B.$$

Das Sozialprodukt des Landes B ist gleich seinem Steueraufkommen (8.6):

$$Y^B(\mathbf{t}) = T^B(\mathbf{t}),$$

wobei $\mathbf{t} \in \overline{S}^A \times \overline{S}^B$. Für Land A erhält man das Sozialprodukt aus (3.12):[438]

$$Y^A(\mathbf{t}) = F^A(K^A) + K^B \cdot (1+\rho). \tag{8.23}$$

Es setzt sich aus dem heimischen Output und dem mit der Nettorendite auf dem Weltmarkt verzinsten repatriierten Auslandskapital zusammen.

Die Struktur von Nash-Gleichgewichten bestimmt sich in diesem Szenario recht einfach. Sie unterscheidet sich auch prinzipiell nicht von der in (fast) allen anderen bisher diskutierten Varianten des wohlfahrtsmaximierenden Steuerwettbewerbs. Es gilt nämlich wiederum, daß Land A die dominante Strategie hat, auf eine Besteuerung gänzlich zu verzichten:

AUSSAGE 8.7: Für alle $(t_r^B, t_d^B, t_U^B) \in \overline{S}^B$ gilt: $\arg \max_{(t_r^A, t_d^A, t_U^A) \in \overline{S}^A} Y^A(\mathbf{t}) = (0,0,0)$.

Beweis:

Für $x = r, d, U$ gilt:

$$\frac{\partial Y^A}{\partial t_x^A} = F_K^A \cdot K_{t_x^A}^A + (1+\rho)\cdot K_{t_x^A}^B + K^B \cdot \frac{\partial \rho}{\partial t_x^A}. \tag{8.24}$$

---

438 Es gilt das Quellenlandprinzip und damit $\tau_x^B = t_x^B$ für $x = r, d$. Ferner ist $\overline{\sigma}^B = \sigma^B$.

Für $x=r$ ergibt sich hierbei aus (8.4a) und (8.5a):

$$K^A_{t^A_r} = \tilde{K}^A_{t^A_r} + \tilde{K}^A_\rho \cdot \frac{\partial \rho}{\partial t^A_r} = \frac{\rho}{1-t^A_r} \cdot \beta^A \cdot \tilde{K}^A_\rho \cdot \left[1+e^A\right].$$

Ganz analog errechnet man für $x = d, U$:

$$K^A_{t^A_r} = \frac{\rho}{1-t^A_x} \cdot (1-\beta^A) \cdot \tilde{K}^A_\rho \cdot \left[1+e^A\right] < 0.$$

Aus (8.2) ergibt sich

$$K^B_{t^A_r} = \tilde{K}^B_\rho \cdot \frac{\partial \rho}{\partial t^A_r} = e^A \cdot \beta^A \cdot \frac{\rho}{1-t^A_r} \cdot \tilde{K}^B_\rho \geq 0$$

und für $x = d, U$:

$$K^B_{t^A_x} = \tilde{K}^B_\rho \cdot \frac{\partial \rho}{\partial t^A_x} = e^A \cdot (1-\beta^A) \cdot \frac{\rho}{1-t^A_x} \cdot \tilde{K}^B_\rho \geq 0.$$

Eingesetzt in (8.25) erhält man:

$$\frac{\partial Y^A}{\partial t^A_r} = \beta^A \cdot \frac{\rho}{1-t^A_r} \cdot \left[\tilde{K}^A_\rho \cdot (1+e^A) \cdot F^A_K + e^A \cdot \left[(1+\rho) \cdot \tilde{K}^B_\rho + K^B\right]\right]$$

und für $x = d, U$:

$$\frac{\partial Y^A}{\partial t^A_x} = (1-\beta^A) \cdot \frac{\rho}{1-t^A_x} \cdot \left[\tilde{K}^A_\rho \cdot (1+e^A) \cdot F^A_K + e^A \cdot \left[(1+\rho) \cdot \tilde{K}^B_\rho + K^B\right]\right].$$

Wir zeigen nun, daß die große eckige Klammer in diesen Ausdrücken negativ ist. Hierzu beachte man zunächst, daß sich aus (8.1)

$$F^A_K = 1 + \rho \cdot \Phi^A \geq 1 + \rho$$

ergibt. Wegen $\tilde{K}^i_\rho < 0$ und $e^A \in \left[-1, 0\right]$ gilt damit:

$$\widetilde{K}_\rho^A \cdot (1+e^A) \cdot F_K^A + e^A \cdot \left[(1+\rho) \cdot \widetilde{K}_\rho^B + K^B\right] \leq (1+\rho) \cdot \left[\widetilde{K}_\rho^A (1+e^A) + e^A \widetilde{K}_\rho^B\right] + e^A K^B$$

$$\underset{(*)}{\leq} (1+\rho) \cdot \left[\widetilde{K}_\rho^A (1+e^A) + e^A \widetilde{K}_\rho^B\right]$$

$$= \frac{1+\rho}{D} \cdot \left[\widetilde{K}_\rho^A \cdot (S' - \widetilde{K}_\rho^B) + \widetilde{K}_\rho^A \cdot \widetilde{K}_\rho^B\right]$$

$$= \frac{1+\rho}{D} \cdot S' \cdot \widetilde{K}_\rho^A \underset{(**)}{\leq} 0.$$

Man beachte nun, daß $S' = 0$ impliziert, daß $e^A < 0$ ist, so daß an (mindestens) einer der mit (*) und (**) gekennzeichneten Stellen der obigen Kette ein echtes Ungleichheitszeichen steht.[439] Damit gilt aber $(x = r, d, U)$:

$$\frac{\partial Y^A}{\partial t_x^A} < 0 \text{ falls } (t_r^A, t_d^A, t_U^A) \neq (0,0,0).$$ [440]

Die Behauptung folgt unmittelbar.

•

Bei der Erhöhung eines Steuersatzes t_x^A wirken, wie (8.25) demonstriert, drei Effekte auf das Sozialprodukt in A:

(i) Kapital wandert aus Land A ab ($K_{t_x^A}^A < 0$), so daß dort nur noch ein geringerer Output hergestellt werden kann;

(ii) die Nettorendite ρ sinkt ($\frac{\partial \rho}{\partial t_x^A} \leq 0$), so daß bei konstantem Investitionsvolumen in B mit geringeren Rückflüssen zu rechnen ist; und

(iii) Kapital fließt in Land B zu ($K_{t_x^A}^B \geq 0$), so daß bei konstanter Rendite erhöhte Rückflüsse nach A kommen.

Hierbei treten die letzten beiden Effekte nur auf, wenn die Nettorendite nicht exogen gegeben und konstant ist. Der dritte der Effekte wirkt sich positiv auf das

---

439 Im Normalfall (d.h. sowohl ρ als auch S sind nicht konstant) steht an jeder dieser Stellen ein "<"-Zeichen.

440 An der Stelle $(0,0,0)$ gilt $\beta^A = 1$ und damit $\frac{\partial Y^A}{\partial t_x^A} = 0$ für $x=d, U$.

Sozialprodukt in A aus, wird aber, wie der Beweis zeigt, von den anderen beiden (negativen) Effekten stets überkompensiert.

Aussage 8.7 ist nahe verwandt mit dem Teil von Aussage 6.6, der das Quellenlandprinzip (V1a) betrifft. Hier wie dort wurde gezeigt, daß es für die wohlfahrtsmaximierende Regierung eines Kapitalexportlandes optimal ist, alle Kapitaleinkommen von einer Besteuerung zu befreien, gleichgültig wie das andere Land sich verhält. Während Aussage 6.6 nur gilt, wenn als Besteuerungsinstrument lediglich eine einheitliche persönliche Einkommensteuer zur Disposition steht, verallgemeinert Aussage 8.7 dies für alle Arten nationaler Kapitaleinkommensteuersysteme.

Die Ergebnisse wohlfahrtsmaximierenden Steuerwettbewerbs im aktuellen Szenario charakterisiert

<u>AUSSAGE 8.8:</u> Die Funktion $T^B(\mathbf{t})$ sei über jeder konvexen Teilmenge von $\overline{S}^B$ quasi-konkav in (t_r^B, t_d^B, t_U^B).

a) Dann existiert ein Nash-Gleichgewicht im wohlfahrtsmaximierenden Steuerwettbewerb. In diesem gilt:

(i) $t_r^A = t_d^A = t_U^A = 0$

(ii) (t_r^B, t_d^B, t_U^B) erfüllt eine der in Lemma 8.2 angegebenen Konstellationen.

b) Nash-Gleichgewichte im wohlfahrtsmaximierenden Steuerwettbewerb sind nicht stark effizient.

c) Nash-Gleichgewichte im wohlfahrtsmaximierenden Steuerwettbewerb sind gleichzeitig Stackelberg-Gleichgewichte dieses Spiels, gleichgültig welcher Spieler Stackelberg-Führer oder -Folger ist.

Auf einen formalen **Beweis** dieser Aussage verzichten wir. Die Existenz eines Nash-Gleichgewichtes ist klar, da die Reaktionsabbildungen des Landes B wohldefiniert sind. Die Struktur des Nash-Gleichgewichts ergibt sich unmittelbar aus den besten Antworten beider Länder. Starke Effizienz bei Wohlfahrtsmaximierung erfordert, daß *alle* Steuersätze gleich Null sind (vgl. Aussage 4.2); Land B wählt aber mindestens einen seiner Steuersätze positiv. Da Land A eine dominante Strategie hat, ist Teil c) offensichtlich.

Die Beschränkung des Strategienraums auf Systeme vom Typ (S1) bringt ein ähnliches Ergebnis wie Aussage 8.8 hervor. Hierzu müssen wir, ausgehend von (8.23) bzw. (8.6), die Zielfunktionen der Regierungen geeignet umformulieren:

$$\tilde{T}^B(t^A, t_U^A, t^B, t_U^B) := T^B(t^A, t^A, t_U^A, t^B, t^B, t_U^B)$$

$$\tilde{Y}^A(t^A, t_U^A, t^B, t_U^B) := Y^A(t^A, t^A, t_U^A, t^B, t^B, t_U^B).$$

Dann gilt

<u>**AUSSAGE 8.9:**</u> Angenommen, die Funktion $\tilde{T}^B$ sei über $[0,\bar{t}]^2$ quasikonkav in (t^B, t_U^B).

a) Dann existiert ein Nash-Gleichgewicht im wohlfahrtsmaximierenden Steuerwettbewerb mit Steuersystemen des Typs (S1). In diesem gilt:

(i) $t^A = t_U^A = 0$

(ii) (t^B, t_U^B) erfüllt eine der in Aussage 8.6 angegebenen Konstellationen.

b) Nash-Gleichgewichte im wohlfahrtsmaximierenden Steuerwettbewerb mit Systemen vom Typ (S1) sind nicht stark effizient.

c) Nash-Gleichgewichte im wohlfahrtsmaximierenden Steuerwettbewerb mit Systemen vom Typ (S1) sind gleichzeitig Stackelberg-Gleichgewichte dieses Spiels, gleichgültig welcher Spieler Stackelberg-Führer oder -Folger ist.

Für den **Beweis**, von dessen ausführlicher Darlegung abgesehen wird, macht man sich klar, daß aufgrund von Aussage 8.7 für alle $(t^A, t_U^A) \neq (0,0)$

$$\frac{\partial \tilde{Y}^A}{\partial t^A} = \left[\frac{\partial Y^A}{\partial t_r^A} + \frac{\partial Y^A}{\partial t_d^A}\right]_{t_r^A = t_d^A = t^A} < 0$$

und

$$\frac{\partial \tilde{Y}^A}{\partial t_U^A} = \left[\frac{\partial Y^A}{\partial t_U^A}\right]_{t_r^A = t_d^A = t^A} < 0$$

gilt. Damit verzichtet Land A wiederum auf jegliche Besteuerung. Anschließend laufen die gleichen Mechanismen ab wie im Fall von Aussage 8.8.

Wie in der Mehrzahl bereits diskutierter Szenarien nimmt ein wohlfahrtsmaximierendes Kapitalexportland von einer Besteuerung Abstand, während ein Kapitalimportland Steuersätze größer als Null wählt. Das Kalkül hinter dieser Struktur ist klar: Dem Kapitalexportland geht es darum, aus dem investierten Kapital, dessen Erträge ja seinen Bürgern zustehen, eine möglichst hohe Nettorendite herauszuholen und damit Kapitalbildung und -allokation bestmöglich zu gestalten. Dies wird durch einen Verzicht auf die Besteuerung am ehesten erreicht. Dem Kapitalimportland geht es darum, auch etwas "vom Kuchen abzubekommen" und nicht alle Kapitalerträge nach A abfließen zu lassen. Hierbei gilt es folgenden Trade-off auszugleichen: Auf der einen Seite verbleibt bei einer hohen Quellenbesteuerung der Kapitalerträge natürlich ein hoher Anteil derselben im Land, andererseits geht eine hohe Besteuerung mit einem insgesamt nur niedrigen Investitionsvolumen einher. Ein Steuerverzicht kann aber in einer solchen Situation nicht optimal sein.

8.4 Zusammenfassung und Schlußfolgerungen

Die zentralen Ergebnisse dieses Kapitels sind sicherlich die Aussagen 8.5 und 8.6: Aufkommensmaximierende Regierungen verzichten im Steuerwettbewerb auf eine Besteuerung von Dividenden bei den Anlegern und wählen den Körperschaftsteuersatz nie niedriger als den persönlichen Einkommensteuersatz auf Zinseinkünfte. Sehen die nationalen Steuersysteme eine Gleichbehandlung von Zins- und Dividendeneinkünften vor, so verzichten beide Regierungen auf diese einheitliche Steuer und bestreiten ihr Aufkommen allein aus der Körperschaftsteuer.

- Dieses Verhalten zeige auch wohlfahrtsmaximierende Kapitalimportländer. Kapitalexportländer stellen hingegen bei Wohlfahrtsmaximierung alle Einkünfte von der Steuer frei.

- Aufkommensmaximierender Steuerwettbewerb mit (S1)-Systemen implementiert eine Cash-Flow-Besteuerung. Bei Steuerwettbewerb ohne Festlegung auf (S1)-Systeme kann sich dieses Resultat zwar auch einstellen, allerdings sind hier Systeme vom Typ (S2) der Regelfall, so daß bei den Kapitalanlegern eine steuerliche Diskriminierung zwischen Zinsen und Dividenden erfolgt.

- Gleichgewichte im Steuerwettbewerb (gleich welcher Art) sind typischerweise ineffizient. Allerdings gibt es keine Hinweise darauf, daß eine Steuerharmonisierung eine Verbesserung herbeiführt.

- Unterstellt man, daß die in den letzten Jahren in den OECD-Ländern zu beobachtenden Steuersenkungen bei Kapitaleinkommensteuern Ausdruck eines Steuerwettbewerbs zwischen den zugehörigen Regierungen sind, so scheint dieser entweder noch nicht in seinem Endpunkt angelangt zu sein oder aber nach einem anderen Kalkül ausgetragen zu werden als nach dem in unserem Modell entworfenen. Hierfür sind die Diskrepanzen zwischen empirischen Beobachtungen und Modellvorhersagen ein deutliches Indiz.

Schlußbetrachtung

Diese Arbeit ist mit dem Anspruch angetreten, eine theoretische Analyse des internationalen Kapitalsteuerwettbewerbs auf der Grundlage eines halbwegs realistischen Modells durchzuführen. Das in dieser Arbeit konstruierte internationale Kapitalmarktmodell ist dabei durchaus in der Lage, eine Reihe von empirisch relevanten Aspekten der Besteuerung von Kapitaleinkünften abzubilden, die in der bisherigen Literatur zum Steuerwettbewerb keine angemessene Berücksichtigung fanden. Als vereinfachende Abbildung hat aber natürlich auch das hier eingesetzte Modell Defizite im Hinblick auf die Realitätstreue. Zu den gravierenden Inkompatibilitäten zwischen Modell und Realität zählen hierbei die folgenden vier Aspekte, deren Erfassung vielleicht Aufgabe zukünftiger Forschung sein kann:

- Steuern auf einbehaltene Gewinne werden nicht modelliert. Im Rahmen des hier benutzten Zwei-Zeitpunkt-Modells ist eine Selbstfinanzierung der Unternehmen aus einbehaltenen Gewinnen nicht darzustellen. Damit kann im Modell die Besteuerung auch hier nicht ansetzen. In der Realität werden die hohen internationalen Steuerbelastungsunterschiede bei Thesaurierungen als wichtige Quelle von Allokationsverzerrungen angesehen. Zudem ist gerade auf diesem Gebiet die fiskalische Wettbewerbsaktivität sehr hoch (vgl. z.B. das Beispiel in Abschnitt 1.2.5). Um dies theoretisch analysieren zu können, ist aber ein Modellansatz mit mindestens drei Zeitpunkten erforderlich.[441]

- Internationale Kapitalströme fließen nur in eine Richtung. Das von uns benutzte Ein-Konsumenten-Modell führt zwangsläufig dazu, daß die Rollen der Länder als Kapitalimporteur bzw. -exporteur klar umrissen sind. In Wirklichkeit ist natürlich kein Land ein reiner Ex- oder Importeur von Kapital, sondern hier sind allenfalls unterschiedlich hohe Nettopositionen zu beobachten. Um derartige Effekte abzubilden, muß man in einer Mehr-Konsumenten-Ökonomie zusätzlich noch eine Marktunvollkommenheit einbauen, die einen beiderseitigen Kapitalverkehr erklärt.[442]

- Die Bemessungsgrundlagen der Steuern sind in beiden Ländern identisch. In der Realität existiert zur Zeit eine Vielzahl unterschiedlicher nationaler Rech-

441 Es existiert m.W. keine theoretische Analyse des Steuerwettbewerbs mit Steuern auf thesaurierte Gewinne.

442 Modelle diesen Zuschnitts sind Mintz/Tulkens (1996) oder Peters/Tulkens (1995).

nungslegungsvorschriften, die selbst bei einer Harmonisierung aller Steuertarife und bei Vermeidung jeglicher Doppelbesteuerungseffekte zu erheblichen Belastungsunterschieden führen.[443] Prinzipiell sind auch Rechnungslegungssysteme als Strategievariable im internationalen Steuerwettbewerb einsetzbar.

- Die modellierten Steuerregelungen sind viel zu einfach. Progressive und degressive Tarife, Freibeträge und -grenzen, Absetzbeträge, Steuerstundungen, Gewinn- und Verlustvorträge, Progressionsvorbehalte, Abschreibungsmodalitäten und viele andere Feinheiten der Steuergesetzgebung werden von unserem Modell nicht erfaßt.[444] Diese sind es aber, die internationale Steuerbelastungsvergleiche so schwierig und damit eine Einschätzung der wahren Auswirkungen des Steuerwettbewerbs nahezu unmöglich machen.

Zusätzlich zu den genannten Defiziten des verwendeten Modells muß man der vorliegenden Arbeit anlasten, daß sie nicht alle innerhalb ihres Modellrahmens denkbaren Szenarien behandelt, sondern eine eher willkürliche Selektion vornimmt. Insgesamt kann so nur ein lückenhaftes Bild des Steuerwettbewerbs entworfen werden und die gewonnenen formalen Aussagen über die Auswirkungen des Steuerwettbewerbs eignen sich sicherlich nur bei größter Vorsicht als Prognosen für *realiter* zu erwartende Konsequenzen fiskalischer Konkurrenz. Durchgängig ist im Verlauf der Arbeit zu beobachten, daß allgemeine Aussagen nicht oder nur sehr begrenzt zu erhalten sind. Trotz des speziellen Modellrahmens sind in vielen Szenarien Zusatzannahmen erforderlich, um überhaupt zu konkreten Resultaten zu kommen. Das Phänomen des internationalen Kapitalsteuerwettbewerbs bewältigt man nicht mit pauschalen Plausibilitätsüberlegungen, sondern es bedarf hierzu in jedem Einzelfall einer detaillierten Analyse, zumeist unter Berücksichtigung empirischer Gegebenheiten.

Was bleibt? Mit etwas Mut zur vereinfachenden Abstraktion lassen sich aus einer Zusammenschau der analytischen Ergebnisse über alle Szenarien hinweg die folgenden fünf allgemeinen Grundthesen zum Kapitalsteuerwettbewerb formulieren:

---

443 Vgl. Rost (1991, S. 55 ff.) für eine Klassifikation.

444 Um zu erkennen, welche Schwierigkeiten es bereitet, allein das bundesdeutsche Steuersystem modellmäßig in den Griff zu bekommen, vgl. den Ansatz von Jochum (1991).

These 1: *Kapitalsteuerwettbewerb ist allokationsneutral.*

Ursächlich für Verzerrungen der internationalen Kapitalallokation ist nicht die strategische Komponente im Steuersetzungsverhalten der Regierungen, sondern der Tatbestand der Steuererhebung *per se*. Wesentliche Eigenschaften der internationalen und intertemporalen Kapitalallokation sowie des Finanzierungsverhaltens werden allein durch das Steuer*system*, nicht aber durch die Höhe der Steuersätze bestimmt.[445]

These 2: *Kapitalsteuerwettbewerb ist keine ruinöse Steuerkonkurrenz.*

Die Befürchtung, fiskalische Konkurrenz entarte zwangsläufig zu einem Steuersenkungswettlauf, ist haltlos. Zwar gibt es im aufkommensmaximierenden Steuerwettbewerb Fälle mit ineffizient niedrigen Steuersätzen,[446] dem stehen aber andere Szenarien gegenüber, in denen Steuerwettbewerb höhere Steuersätze herbeiführt oder herbeiführen kann als ein Steuerkartell der Regierungen.[447] In ein fiskalisches Debakel im Sinne eines Bertrand-Ergebnisses mündete keiner der von uns analysierten Wettbewerbsprozesse. Eine negative Beurteilung niedriger Steuersätze ist überdies Ausdruck einer reinen Aufkommensperspektive; unter Wohlfahrtsgesichtspunkten können niedrige Steuersätze durchaus vorziehenswürdig erscheinen.[448]

These 3: *Kapitalsteuerwettbewerb ist zwischen großen Ländern ineffizient, zwischen kleinen Ländern hingegen oft effizient.*

In allen diskutierten Szenarien scheitert Steuerwettbewerb aus Effizienzgesichtspunkten deshalb, weil pekuniäre Externalitäten, verursacht durch Preisbildungsmacht auf dem Weltkapitalmarkt, nicht internalisiert werden.[449] Haben die Regierungen keine Preisbildungsmacht oder ignorieren sie ihren Einfluß, so kommen im Steuerwettbewerb zumindest schwach pareto-effiziente Lösungen zu-

---

445 Vgl. hierzu im einzelnen die Aussagen 3.1 bis 3.6.
446 Vgl. Aussagen 5.3 und 6.5, Teil a).
447 Vgl. Aussagen 6.5, Teil c) und 7.1, Teil b).
448 Vgl. Aussage 4.2.
449 Vgl. Aussagen 5.2, Teil a); 5.8, Teil a); 6.5, Teil a); 6.9; 7.1, Teil a); 7.2 und 8.9.

stande.[450] Koordinierungsbedarf der Steuerpolitik besteht daher eher bei großen als bei kleinen Staaten.

These 4: *Auf dem Gebiet der internationalen Kapitaleinkommensbesteuerung gibt es kein Indiz dafür, daß Steuerharmonisierung besser ist als Steuerwettbewerb.*

Zwar bringt Steuerwettbewerb in der Regel Ergebnisse hervor, die durch eine koordinierte Steuerpolitik verbessert werden können (siehe These 3), nimmt diese Politikkoordination aber die Form der Steuerharmonisierung an, so kann hierdurch keine Verbesserung der Situation gewährleistet werden. Es gibt in keinem der von uns diskutierten Szenarien irgendwelche Hinweise darauf, daß man die Steuersätze harmonisieren sollte. Im allgemeinen verlangen effiziente Lösungen sogar nach nicht-identischen Steuersätzen der Länder.[451]

These 5: *Steuerwettbewerb kann systembildend wirken.*

Aussage 6.7 behauptet, daß wohlfahrtsmaximierender Steuerwettbewerb *de facto* stets ein Quellenlandverfahren implementiert, bei dem eines der Länder zudem noch auf eine Steuererhebung verzichtet. Die Aussagen 8.5 und 8.6 zeigen, daß sich bei aufkommensmaximierendem Steuerwettbewerb im Ergebnis oft ein Cash-Flow-System einstellt. In beiden Fällen ergibt sich das Besteuerungsverfahren modellendogen, es muß nicht vorgegeben werden. Steuersatzwettbewerb ist daher mitunter ein Mechanismus von systembildender Qualität.

Diese fünf Thesen sind lediglich Tendenzaussagen, es gibt immer Szenarien, die zu entgegengesetzten Ergebnissen führen. Allgemeingültige Resultate kann man wohl zum Kapitalsteuerwettbewerb nicht ableiten. Dies macht eine politische Bewertung des Steuerwettbewerbs schwierig, die theoretische Analyse aber ungemein spannend.

---

450 Vgl. Aussagen 5.2., Teil b); 5.4; 6.5, Teil b) und 7.1, Teil b1). Ausnahmen sind die Aussagen 6.5, Teil c) und 7.2, wo auch ohne Preisbildungsmacht der Länder externe Effekte ausgelöst werden, und zwar über das Steuersystem.

451 Vgl. die Beweise der in den beiden vorstehenden Fußnoten erwähnten Resultate.

Literaturverzeichnis

Alworth, J.S. (1988): **The Finance, Investment and Taxation Decisions of Multinationals**. Basil Blackwell, Oxford.

Alworth, J.S. (1991): "Discussion" von Giovannini, A./Hines J.R. (1991): Capital Flight and Tax Competition: Are There Viable Solutions to Both Problems? In: Giovannini, A./Mayer, C. (Hrsg.): **European Financial Integration**. Cambridge University Press, Cambridge u.a.O., S. 211-217.

Amacher, G.S./Brazee, R.J. (1995): Fiscal Competition and Coordination in Natural Resource Markets. **Discussion Paper**, University of Illinois, Urbana.

Arachi, G. (1995): An Integrated Treatment of Capital and Commodity Taxation in a Tax Competition Model. **Discussion Paper,** Linacre College Oxford.

Argimon, I./Roldan, J.M. (1994): Saving, Investment and International Capital Mobility in EC Countries. **European Economic Review 38**, S. 59-67.

Atkinson, A.B./Stiglitz, J.E. (1980): **Lectures on Public Economics**. McGraw-Hill, London u.a.O.

Auerbach, A.J. (1983): **The Taxation of Income from Capital**. MIT Press, Cambridge.

Austrup, J. (1994): **Zinsbesteuerung**. Peter Lang Verlag, Frankfurt/M. u.a.O.

Barrett, S. (1994): Strategic Environmental Policy and International Trade. **Journal of Public Economics 54**, S. 325-338.

Bayoumi, T. (1990): Saving-Investment Correlations. Immobile Capital, Government Policy, or Endogenous Behaviour? **IMF Staff Papers 37**, S. 360-387.

Bewley, T.F. (1981): A Critique of Tiebout's Theory of Local Public Expenditures. **Econometrica 49**, S. 307-330.

Bird, R.M. (1987): Corporate-Personal Tax Integration. In: Cnossen, S. (Hrsg.): **Tax Coordination in the European Community**. Kluwer, Deventer u.a.O. S. 227-251.

Bjerksund, P./Schjelderup, G. (1995): Capital Controls and Capital Flight. **Finanzarchiv N.F. 52**, S. 33-42.

Boadway, R./Bruce, N. (1984): **Welfare Economics**. Basil Blackwell, Oxford.

Boadway, R./Flatters, F. (1982): Efficiency and Equalization Payments in a Federal System of Government. **Canadian Journal of Economics 15**, S. 613-633.

Bond, E.W./Samuelson, L. (1986): Tax Holidays as Signals. **American Ecomomic Review 76**, S. 820-826.

Bond, E.W./Samuelson, L. (1989): Strategic Behaviour and the Rules for International Taxation of Capital. **The Economic Journal 99**, S. 1099-1111.

Border, K.C. (1985): **Fixed Point Theorems with Applications to Economics and Game Theory**. Cambridge University Press, Cambridge u.a.O.

Bovenberg, A.L. (1989): The Effects of Capital Income Taxation on International Competitiveness and Trade Flows. **American Economic Review 79**, S. 1045-1064.

Bradford, D.F./Stuart, C. (1986): Issues in the Measurement and Interpretation of Effective Tax Rates. **National Tax Journal 39**, S. 306-321.

Brealey, R.A./Myers, S.C. (1988): **Principles of Corporate Finance**. 3. Auflage. McGraw-Hill, New York u.a.O.

Brennan, G./Buchanan, J.M. (1980): **The Power to Tax: Analytical Foundations of a Fiscal Constitution**. Cambridge University Press, Cambridge.

Bronstein, I.N./Semendjajew, K.A. (1979): **Taschenbuch der Mathematik. Ergänzende Kapitel**. 19. Auflage, Verlag Harri Deutsch, Thun/Frankfurt.

Brueckner, J.K. (1983): Property Value Maximization and Public Sector Efficiency. **Journal of Urban Economics 14**, S. 1-15.

Brueckner, J.K./Joo, M.-S. (1991): Voting with Capitalization. **Regional Science and Urban Economics 21**, S. 453-467.

Buchholz, W./Wiegard, W. (1991): Einfache Wahrheiten über intertemporal neutrale Besteuerung. In: Wahl, J. (Hrsg.): **Steuerpolitik vor neuen Aufgaben**. Transfer-Verlag, Regensburg. S. 11-48.

Bucovetsky, S. (1991): Asymmetric Tax Competition. **Journal of Urban Economics 30**, S. 167-181.

Bucovetsky, S./Wilson, J.D. (1991): Tax Competition with Two Tax Instruments. **Regional Science and Urban Economics 21**, S. 333-350.

Bulow, J.I./Geanakoplos, J.D./Klemperer, P.D. (1985): Multimarket Oligopoly: Strategic Substitutes and Complements. **Journal of Political Economy 93**, S. 488-511.

Burbidge, J.B./Myers, G.M. (1992): Population Mobility and Capital Tax Competition. **Working Paper 9210**, University of Waterloo.

Bureau, D./Champsaur, P. (1992): Fiscal Federalism and European Economic Unification. **American Economic Review, Papers & Proceedings 82**, S. 88-92.

Busch, A. et al. (1994): GeldOasen. Geheime Adressen in der Provinz. **Capital 8/94**, S. 38-63.

Chamley, Ch. (1981): The Welfare Cost of Capital Income Taxation in a Growing Economy. **Journal of Political Economy 89**, S. 468-496.

Cnossen, S. (1990): On the Direction of Tax Harmonization in the European Community. In: Siebert, H. (Hrsg.): **Reforming Capital Income Taxation**. Verlag J.C.B.Mohr, Tübingen, S. 209-227.

Conrad, K./Seitz, H. (1994): Strategic Competition with Infrastructure Services. **Discussion Paper No. 491-94**, Universität Mannheim.

Copeland, Th.E./Weston, J.F. (1983): **Financial Theory and Corporate Policy**. 2. Auflage, Addison-Wesley, Reading.

Dasgupta, P./Maskin, E. (1986): The Existence of Equilibrium in Discontinuous Economic Games, I: Theory. **Review of Economic Studies 53**, S. 1-26.

DePater, J.A./Myers, G. (1992): Strategic Capital Tax Competition. A Pecuniary Externality and a Corrective Device. **Working Paper 9221**, University of Waterloo.

Deutsche Bundesbank (1994): Aufkommen und ökonomische Wirkungen des steuerlichen Zinsabschlags. **Monatsbericht Januar 1994**, S. 45-58.

Devereux, M. (1992): The Impact of Taxation on International Business: Evidence from the Ruding Committee Survey. **EC Tax Review 2/1992**, S. 105-117.

Diamond, P.A./Mirrlees, J.A. (1971): Optimal Taxation and Public Production, I: Production Efficiency. **American Economic Review 61**, S. 8-27.

Dixit, A. (1985): Tax Policy in Open Economies. In: Auerbach, A.J./Feldstein, M. (Hrsg.): **Handbook of Public Economics, Vol. I**. North Holland, Amsterdam. S. 314-374.

Dixit, A. (1986): Comparative Statics for Oligopoly. **International Economic Review 27**, S. 107-122.

Edwards, J./Keen, M. (1996): Tax Competition and Leviathan. **European Economic Review 40**, S. 113-134.

EG-Kommission [Commission of the European Communities] (1992): **Report of the Committee of Independent Experts on Company Taxation**. Office for Official Publications of the European Communities, Brüssel/Luxemburg.

Feldstein, M. (1985): The Second Best Theory of Differential Capital Taxation. **Oxford Economic Papers, N.S. 42**, S. 256-267.

Feldstein, M./Hartman, D. (1979): The Optimal Taxation of Foreign Source Investment Income. **Quarterly Journal of Economics 93**, S. 613-629.

Feldstein, M./Horioka, C. (1980): Domestic Saving and International Capital Flows. **The Economic Journal 90**, S. 314-329.

Findlay, C.C. (1986): Optimal Taxation of International Capital Flows. **Economic Record 62**, S. 208-214.

Fitz Gerald, J./Johnston, J./Williams, J. (1995): Indirect Tax Distortions in a Europe of Shopkeepers. **ESRI Working Paper 56**, Dublin.

Förster, J. (1992): Reaktion der EG-Kommission auf den Ruding-Bericht. **Internationale Wirtschaftsbriefe**, Fach 11, Gruppe 2 (IWB Nr. 15 vom 10.8.1992), S. 69-74.

Frank, M. (1991): Introduction of a Common System of Interest Taxation in the EC Member States. **Public Finance 46**, S. 42-65.

Frenkel, J.A./Razin, A./Sadka, E. (1991): **International Taxation in an Integrated World**. MIT Press, Cambridge.

Friedman, J.W. (1977): **Oligopoly and the Theory of Games**. North Holland, Amsterdam.

Fudenberg, D./Tirole, J. (1992): **Game Theory**. MIT Press, Cambridge.

Funke, M./Willenbockel, D. (1993): Die Auswirkungen des "Standortsicherungsgesetzes" auf die Kapitalakkumulation. **CES Working Paper No. 29**, München.

Gabszewicz, J.J./van Ypersele, T. (1996): Social Protection and Political Competition. **Journal of Public Economics 61**, S. 193-208.

Gal-Or, E. (1985): First Mover and Second Mover Advantages. **International Economic Review 26**, S: 649-653.

Gassner, W./Lang, M./Lechner, E. (1994): **Aktuelle Entwicklungen im Internationalen Steuerrecht. Das neue Musterabkommen der OECD**. Linde-Verlag Wien.

Genser, B. (1992): Tax Competition and Harmonization in Federal Economies. In: Vosgerau, H.J. (Hrsg.): **European Integration in the World Economy**. Springer-Verlag Berlin u.a.O., S. 200-237.

Genser, B./Schaden, B./Steinhart, M. (1993): **Körperschaftsbesteuerung im Europäischen Binnenmarkt: Anmerkungen zu den Vorschlägen des Ruding Komitees**. Vorträge, Reden und Berichte des Europa-Instituts an der Universität des Saarlandes Nr. 19, Saarbrücken.

Giovannini, A. (1990a): Reforming Capital Income Taxation in the Open Economy: Theoretical Issues. In: Siebert, H. (Hrsg.): **Reforming Capital Income Taxation**. Verlag J.C.B.Mohr, Tübingen, S. 3-18.

Giovannini, A. (1990b): International Capital Mobility and Capital-Income Taxation: Theory and Policy. **European Economic Review 34**, S. 480-488.

Giovannini, A./Hines J.R. (1991): Capital Flight and Tax Competition: Are There Viable Solutions to Both Problems? In: Giovannini, A./Mayer, C. (Hrsg.): **European Financial Integration**. Cambrige University Press, Cambridge u.a.O., S. 172-210.

Goode, R. (1984): **Government Finance in Developing Countries**. The Brookings Institution, Washington.

Gordon R.H. (1983): An Optimal Taxation Approach to Fiscal Federalism. **Quarterly Journal of Economics 98**, S. 567-586.

Gordon, R.H. (1986): Taxation of Investment and Savings in a World Economy. **American Economic Review 76**, S. 1086-1102.

Gordon, R.H. (1992): Can Capital Income Taxes Survive in Open Economies? **Journal of Finance 47**, S. 1159-1180.

Green, E. (1984): Continuum and Finite Player Non Cooperative Models of Competition. **Econometrica 52**, S. 886-895.

Gutting, B. (1987): Der Einfluß der Gemeindesteuern auf die Finanzierungs- und die Investitionsentscheidungen von Unternehmen. **Finanzarchiv N.F. 45**, S. 25-44.

Hamada, K. (1966): Strategic Aspects of Taxation on Foreign Investment Income. **Quarterly Journal of Economics 80**, S. 361-375.

Hartman, D. (1985): Tax Policy and Foreign Direct Investment. **Journal of Public Economics 26**, S. 107-121.

Hatta, T. (1993): Four Basic Rules of Optimal Commodity Taxation. In: El-Agraa, A.M. (Hrsg.): **Public and International Economics. Essays in Honour of Professor Hirofumi Shibata**. St. Martin's Press, New York. S. 124-147.

Henderson, J.M./Quandt, R.E. (1983): **Mikroökonomische Theorie. Eine Mathematische Darstellung**. 5., überarbeitete Auflage. Verlag Franz Vahlen, München.

Henzler, H. (1993): Kritische Würdigung der Debatte um den Wirtschaftsstandort Deutschland. **Zeitschrift für Betriebswirtschaft 63**, S. 5-21.

Hodder, J.E./Senbet, L.W. (1990): International Capital Structure Equilibrium. **Journal of Finance 45**, S. 1495-1516.

Holler, M.J./Illing, G. (1993): **Einführung in die Spieltheorie**. 2., verbesserte und erweiterte Auflage. Springer-Verlag, Berlin u.a.O.

Holzheu, F. (1995): Standortwettbewerb, institutionelle Infrastruktur und strukturelle Arbeitslosigkeit. **Finanzarchiv N.F. 52**, S. 43-69.

Hornbach, H. (1987): **Besteuerung, Inflation und Kapitalallokation. Intersektorale und internationale Aspekte**. Peter Lang Verlag, Frankfurt/Main u.a.O.

Horst, T. (1980): A Note on the Optimal Taxation of International Investment Income. **Quarterly Journal of Economics 94**, S. 793-798.

Hoyt, W.H. (1991): Competitive Jurisdictions, Congestion, and the Henry George Theorem. **Regional Science and Urban Economics 21**, S. 351-370.

Huber, B. (1991/92): Besteuerung, intertemporale Neutralität und zeitliche Inkonsistenz. **Finanzarchiv, N.F. 49**, S. 423-456.

Hurwicz, L. (1994): Economic Design, Adjustment Processes, Mechanisms and Institutions. **Economic Design 1**, S. 1-14.

Jacobs, O.H./Spengel, C. (1995): Besteuerung deutscher Kapitalgesellschaften im internationalen Vergleich. **Die Betriebswirtschaft 55**, S. 431-451.

Jaffee, D./Stiglitz, J.E. (1990): Credit Rationing. In: Friedman, B.M./Hahn, F.H. (Hrsg.): **Handbook of Monetary Economics, Vol. II**. North Holland, Amsterdam. S. 873-887.

Janeba, E. (1995): Corporate Income Tax Competition, Double Taxation Treaties, and Foreign Direct Investment. **Journal of Public Economics 56**, S. 311-325.

Janeba, E./Peters, W. (1995): Efficient Tax Competition and the Gains from Non-Discrimination: The Case of Interest Taxation in Europe. **Discussion Paper A-433**, Universität Bonn.

Jensen, M.C./Meckling, W.H. (1976): Theory of the Firm: Managerial Behaviour, Agency Costs, and Ownership Structure. **Journal of Financial Economics 3**, S. 305-360.

Jensen, R./Toma, E.F. (1991): Debt in a Model of Tax Competition. **Regional Science and Urban Economics 21**, S. 371-392.

Jochum, D. (1991): **Steuern und Kapitalbildung: Systeme zur Besteuerung von Kapitalerträgen und deren allokative Wirkung**. Peter Lang Verlag, Frankfurt/Main u.a.O.

Jorgenson, D.W. (1967): The Theory of Investment Behaviour. In: Ferber, R. (Hrsg.): **Determinants of Investment Behaviour**. Columbia University Press, New York. S. 129-156.

Jorgenson, D.W./Landau, R. (1993) (Hrsg.): **Tax Reform and the Cost of Capital. An International Comparison**. The Brookings Institution, Washington.

Kanbur, R./Keen, M. (1993): Jeux Sans Frontiéres: Tax Competition and Tax Coordination when Countries Differ in Size. **American Economic Review 83**, S. 877-892.

Kanniainen, V./Södersten, J. (1995): The Importance of Reporting Conventions for the Theory of Corporate Taxation. **Journal of Public Economics 57**, S. 417-430.

Kay, J.A./King, M.A. (1978): **The British Tax System.** Oxford University Press, Oxford.

Keen, M.J. (1989): Pareto-Improving Indirect Tax Harmonisation. **European Economic Review 33**, S. 1-12.

Kehoe, P.J. (1989): Policy Cooperation Among Benevolent Governments May Be Undesirable. **Review of Economic Studies 56**, S. 289-296.

Kemp, M.C. (1962a): Foreign Investment and the National Advantage. **Economic Record 38**, S. 56-62.

Kemp, M.C. (1962b): The Benefits and Costs of Private Investment from Abroad: Comment. **Economic Record 38**, S. 108-110.

Killinger, S. (1994): Strategic Aspects of Taxation on Foreign Investment Income. **Diskussionspapier**, Universität Konstanz.

Kim, Y.-C. (1992): **Probleme bei der Besteuerung der Kapitaleinkommen aus ost-westlichen Gemeinschaftsunternehmen**. Peter Lang Verlag, Frankfurt/Main u.a.O.

King, M.A. (1980): Savings and Taxation. In: Heal, G.M./Hughes, G.A. (Hrsg.): **Public Policy and the Tax System**. Allen & Unwin, London u.a.O., S. 1-35.

King, M.A./Fullerton, D. (1984): **The Taxation of Income from Capital. A Comparative Study of the United States, the United Kingdom, Sweden, and West Germany**. The University of Chicago Press, Chicago u. London.

Kitterer, W. (1990): Comment on Giovannini: "Reforming Capital Income Taxation in the Open Economy: Theoretical Issues." In: Siebert, H. (Hrsg.): **Reforming Capital Income Taxation**. Verlag J.C.B.Mohr, Tübingen, S. 19-21.

Kolstad, C.D./Wolak, F.A. (1983): Competition in Interregional Taxation: The Case of Western Coal. **Journal of Political Economy 91**, S. 443-460.

Koop, M.J. (1993): **Zur Gewinnbesteuerung von Körperschaften in der Europäischen Gemeinschaft**. Kieler Studien, Band 259. Verlag J.C.B. Mohr, Tübingen.

Krelove, R. (1992): Competitive Tax Theory in Open Economies. Constrained Inefficiency and a Pigovian Remedy. **Journal of Public Economics 48**, S. 361-375.

Leechor, C./Mintz, J. (1993): On the Taxation of Multinational Corporate Investment when the Deferral Method is Used by the Capital Exporting Country. **Journal of Public Economics 51**, S. 75-96.

Levaggi, R./Smith, P. (1994): On the Intergovernmental Fiscal Game. **Public Finance 49**, S. 72-86.

Lischer, H.J. (1992): Income Taxation by the States of the United States: Unitary Apportionment of the Income of Multijurisdictional Businesses. In: In: Vosgerau, H.J. (Hrsg.): **European Integration in the World Economy**. Springer-Verlag Berlin u.a.O., S. 143-175.

Lockwood, B. (1993): Commodity Tax Competition under Destination and Origin Principles. **Journal of Public Economics 52**, S. 141-162.

Lucke, B. (1993): Ein Bertrand-Gleichgewicht im kommunalen Finanzausgleich. **Diskussionspapier 01/93**, Institut für Statistik und Ökonometrie, FU Berlin.

Martin, J.D. (1988): **The Theory of Finance**. The Dryden Press, New York.

Mas-Colell, A./Whinston, M.D./Green, J.R. (1995): **Microeconomic Theory**. Oxford University Press, New York u. Oxford.

McLure, C.E. (1989): Economic Integration and European Taxation of Corporate Income at Source: Some Lessons from the U.S. Experience. **European Taxation 29**, S. 243-250.

Meade-Committee (1978): **The Structure and Reform of Direct Taxation. Report of a Committee Chaired by Professor J.E. Meade**. Allen & Unwin, London u.a.O.

Miller, M.H. (1977): Debt and Taxes. **Journal of Finance 32**, S. 261-275.

Mintz, J./Tulkens, H. (1986): Commodity Tax Competition between Member States of a Federation: Equilibrium and Efficiency. **Journal of Public Economics 29**, S. 133-172.

Mintz, J./Tulkens, H. (1996): Optimality Properties of Alternative Systems of Taxation of Foreign Capital Income. **Journal of Public Economics 60**, S. 373-399.

Modigliani, F./Miller, M.H. (1958): The Cost of Capital, Corporation Finance, and the Theory of Investment. **American Economic Review 48**, S. 261-297.

Modigliani, F./Miller, M.H. (1963): Corporate Income Taxes and the Cost of Capital. **American Economic Review 53**, S. 433-443.

Moussis, N. (1995): **Access to European Union. Institutions and Policies**. 5., überarbeitete Auflage, Verlag EDIT-EUR, Rixensart.

Musgrave, P.B. (1972): International Tax Division Base and the Multinational Corporation. **Public Finance 27**, S. 394-413.

Nachtkamp, H.H. (1986): Allokationswirkungen der Bestandsbesteuerung. **Finanzarchiv N.F. 44**, S. 185-223.

Nöhrbaß, K.-H./Raab, M. (1990): Quellensteuer und Kapitalmarkt. Eine theoretische und empirische Untersuchung. **Finanzarchiv N.F. 48**, S. 179-193.

Novshek, W./Sonnenschein, H. (1983): Walrasian Equilibria as Limits of Noncooperative Equilibria. Part II: Pure Strategies. **Journal of Economic Theory 30**, S. 171-187.

Oakland, W.H./Xu, Y. (1995): Double Taxation and Tax Deduction: A Comparison. **Discussion Paper**, Tulane University, Houston.

Oates, W.E. (1972): **Fiscal Federalism**. Hartcourt Brace Jovanovich, New York.

Oates, W.E. (1990): Decentralization of the Public Sector: An Overview. In: Bennett, R. (Hrsg.): **Decentralization, Local Governments, and Markets**. Oxford University Press, Oxford. S. 43-58.

Oates, W.E./Schwab, R.M. (1988): Economic Competition among Jurisdictions: Efficiency Enhancing or Distortion Inducing? **Journal of Public Economics 35**, S. 333-354.

OECD (1991): **Taxing Profits in a Global Economy. Domestic and International Issues.** OECD Publications Service, Paris.

OECD (1995): **Taxation and Foreign Direct Investment. The experience of the Ecomomies in Transition.** OECD Publications Service, Paris.

o.V. (1971): Steuerflucht: Boom der Angst. **Der Spiegel 25, Nr.1/2** (04.01.1971), S. 36-45.

o.V. (1994): Zinsbesteuerung: Luxemburg beharrt auf einer OECD-weiten Regelung. **Handelsblatt v. 20.06.1994**, S. 4.

Peffekoven, R. (1984): Anrechnung versus Freistellung - Zur ökonomischen Analyse internationaler Besteuerungsprinzipien. **Außenwirtschaft 39**, S. 137-150.

Peters, W./Tulkens, H. (1995): Efficient Double Taxation Conventions When Taxing Foreign Capital Income. **CORE Discussion Paper**, Université Catholique de Louvain, Louvain-la-Neuve.

Raff, H./Wilson, J.D. (1995): Income Redistribution with Well-informed Local Governments. **Discussion Paper**, Indiana University, Bloomington.

Razin, A./Sadka, E. (1991): International Tax Competition and Gains from Tax Harmonization. **Economics Letters 37**, S. 69-76.

Razin, A./Sadka, E. (1995): The Status of Capital Income Taxation in the Open Economy. **Finanzarchiv N.F. 52**, S. 21-32.

Richter, W.F. (1992): Kommunale Unternehmensbesteuerung. Grundsätzliche Anmerkungen zur Verwirklichung eines effizienten Systems. **Zeitschrift für Wirtschafts- und Sozialwissenschaften 112**, S. 567-586.

Richter, W.F./Wellisch, D. (1993): Allokative Theorie eines interregionalen Finanzausgleichs bei unvollständiger Landrentenabsorption. **Finanzarchiv N.F. 50**, S. 433-457.

Rogoff, K. (1985): Can International Monetary Policy Cooperation Be Counterproductive? **Journal of International Economics 18**, S. 199-217.

Roloff, O. (1991): Fiskalföderalismus oder Fiskalzentrismus im Europäischen Binnenmarkt. In: Wahl, J. (Hrsg.): **Steuerpolitik vor neuen Aufgaben.** Transfer-Verlag, Regensburg. S. 49-66.

Roloff, O./Brander, S./Barens, I./Wesselbaum, C. (1994): **Direktinvestitionen und internationale Steuerkonkurrenz.** Peter Lang Verlag, Frankfurt/M. u.a.O.

Rose, G. (1992): **Internationales Steuerrecht. Betrieb und Steuern, 5. Buch.** 2., überarbeitete Auflage, Gabler Verlag Wiesbaden.

Rose, G. (1993): **Die Substanzsteuern. Betrieb und Steuern, 3. Buch**. 9., vollständig überarbeitete Auflage, Gabler Verlag, Wiesbaden.

Rose, G. (1994): **Die Ertragsteuern. Betrieb und Steuern, 1. Buch**. 13., vollständig überarbeitete Auflage, Gabler Verlag, Wiesbaden.

Rose, M. (1987): Optimal Tax Perspective on Tax Coordination. In: Cnossen, S. (Hrsg.): **Tax Coordination in the European Community**. Kluwer, Deventer u.a.O., S. 113-138.

Rose-Ackerman, S. (1983): Beyond Tiebout: Modeling the Political Economy of Local Government. In: Zodrow, G.R. (Hrsg.): **Local Provision of Public Services: The Tiebout Model After Twenty-Five Years**. Academic Press, New York u.a.O., S. 55-83.

Rost, P. (1991): **Der internationale Harmonisierungsprozeß der Rechnungslegung: Theorie, Praxis, Perspektiven**. Peter Lang Verlag, Frankfurt/M. u.a.o.

Rudolph, B. (1983): Zur Bedeutung der kapitaltheoretischen Separationstheoreme für die Investitionsplanung. **Zeitschrift für Betriebswirtschaft 53**, S. 261-287.

Sachverständigenrat zur Begutachtung der gesamtwirtschaftlichen Entwicklung (1994): **Den Aufschwung sichern - Arbeitsplätze schaffen**. Jahresgutachten 1994/95, Stuttgart.

Samuelson, P.A. (1954): The Pure Theory of Public Expenditure. **Review of Economics and Statistics 36**, S. 387-389.

Sandmo, A. (1985): The Effects of Taxation on Savings and Risk Taking. In: Auerbach, A.J./Feldstein, M. (Hrsg.): **Handbook of Public Economics, Vol. I**. North Holland, Amsterdam. S. 265-311.

Saß, G. (1991): Steuerprobleme im liberalisierten EG-Kapitalverkehr. **Internationale Wirtschaftsbriefe**, Fach 11, Gruppe 2 (IWB Nr. 6 vom 25.3.1991), S. 45-56.

Sass, G. (1993): Harmonisation of Corporation Tax Systems in the EC. **EC Tax Review 2/1993**, S. 77-79.

Sato, M./Bird, R.M. (1975): International Aspects of the Taxation of Corporations and Shareholders. **IMF Staff Papers 22**, S. 384-455.

Schaumburg, H. (1993): **Internationales Steuerrecht: Außensteuerrecht, Doppelbesteuerung**. Verlag Dr. Otto Schmidt, Köln.

Schneider, D. (1988): Wider leichtfertige Steuerbelastungsvergleiche. **Wirtschaftsprüfung 41**, S. 281-291.

Schneider, D. (1991): Zwei Gutachten zur Reform der Unternehmensbesteuerung. **Steuer und Wirtschaft 4/1991**, S. 354-365.

Schneider, D. (1992): **Investition, Finanzierung und Besteuerung**. 7., vollständig überarbeitete und erweiterte Auflage, Gabler Verlag, Wiesbaden.

Schulze, G.G./Koch, K.J. (1994): Tax Competition in a Bertrand Model. **Journal of Economics 59**, S. 193-215.

Seitz, H. (1994): Infrastruktur und interkommunaler Wettbewerb: Eine Theoretische und empirische Untersuchung. **Diskussionspapier**, Universität Mannheim.

Selten, R. (1965): Spieltheoretische Behandlung eines Oligopolmodells mit Nachfrageträgheit. **Zeitschrift für die gesamte Staatswissenschaft 12**, S. 301-324.

Siebert, H. (1994): **Außenwirtschaft**. 6., völlig überarbeitete Auflage. Gustav Fischer Verlag, Stuttgart, Jena.

Siebert, H./Koop, M.J. (1990): Institutional Competition. A Concept for Europe? **Außenwirtschaft 45**, S. 439-462.

Sievert, O./Naust, H./Jochum, D./Peglow, M./Glumann, T. (1989): **Steuern und Investitionen**. 2 Bände. Peter Lang Verlag, Frankfurt/Main u.a.O.

Sinn, H.-W. (1984a): Systeme der Kapitaleinkommensbesteuerung: Ein allokationstheoretischer Vergleich. In: Bös, D./Rose, M./Seidl, Ch. (Hrsg.): **Beiträge zur neueren Steuertheorie**. Springer-Verlag, Berlin, Heidelberg. S. 209-238.

Sinn, H.-W. (1984b): Die Bedeutung des Accelerated Cost Recovery Systems für den internationalen Kapitalverkehr. **Kyklos 37**, S. 542-576.

Sinn, H.-W. (1987): **Capital Income Taxation and Resource Allocation**. North Holland, Amsterdam.

Sinn, H.-W. (1990): Tax Harmonization and Tax Competition in Europe. **European Economic Review 34**, S. 489-504.

Sinn, H.-W. (1993): Do Firms Maximize their Cost of Finance. **Finanzarchiv N.F. 50**, S. 21-35.

Sinn, H.-W. (1994): How Much Europe? Subsidiarity, Centralization and Fiscal Competition. **Scottish Journal of Political Economy 41**, S. 85-107.

Sinn, S. (1992a): The Taming of Leviathan: Competition among Governments. **Constitutional Political Economy 3**, S. 177-196.

Sinn, S. (1992b): Saving-Investment Correlations and Capital Mobility: On the Evidence from Annual Data. **The Economic Journal 102**, S. 1162-1170.

Sinn, S. (1993): **Competition for Capital. On the Role of Governments in an Integrated World Economy**. Kieler Studien, Band 253. Verlag J.C.B. Mohr, Tübingen.

Slemrod, J. (1988): Effects of Taxation with International Capital Mobility. In: Aaron, H./Galper, H./Pechman, J.A. (Hrsg.): **Uneasy Compromise**. The Brookings Institution, Washington. S. 115-148.

Smekal, Ch./Sendlhofer, R. (1995): Kapitaleinkommensbesteuerung in offenen Volkswirtschaften. **Das Wirtschaftsstudium 2/95**, S. 153-159.

Sørensen, P.B. (1994a): Some Old and New Issues in the Theory of Corporate Income Taxation. **Finanzarchiv N.F. 51**, S. 425-456.

Sørensen, P.B. (1994b): From the Global Income Tax to the Dual Income Tax: Recent Tax Reforms in the Nordic Countries. **International Tax and Public Finance 1**, S.57-80.

Stiglitz, J.E./Dasgupta, P. (1971): Differential Taxation, Public Goods, and Economic Efficiency. **Review of Economic Studies 38**, S. 151-174.

Stiglitz, J.E./Weiss, A. (1981): Credit Rationing in a Market with Imperfect Information. **American Economic Review 71**, S. 393-410.

Stützel, W. (1983): Die Eigenkapitalknappheit in der Wirtschaft. **Zeitschrift für das gesamte Kreditwesen 36**, S. 1087-1094.

Summers, L.H. (1987): Should Tax Reforms Level the Playing Field? **NBER Working Paper No. 2132**. Cambridge.

Summers, L.H. (1988): "Comments" über Slemrod, J. (1988): Effect of Taxation with International Capital Mobility. In: Aaron, H./ Galper, H./Pechman, J.A. (Hrsg.): **Uneasy Compromise**. The Brookings Institution, Washington. S. 148-155.

Sun, J.-M./Pelkmans, J. (1995): Regulatory Competition in the Single Market. **Journal of Common Market Studies 33**, S. 67-89.

Tabaksblat, M. (1993): Harmonisation of Corporation Tax in the EC; the Views of a Multinational. **Intertax 1/1993**, S. 16-19.

Takayama, A. (1985): **Mathematical Economics**. 2. Auflage, Cambridge University Press, Cambridge u.a.O.

Takayama, A. (1993): Investment Demand: A Survey. In: El-Agraa, A.M. (Hrsg.): **Public and International Economics. Essays in Honour of Professor Hirofumi Shibata**. St. Martin's Press, New York. S. 242-266.

Tiebout, C.M. (1956): A Pure Theory of Local Expenditures. **Journal of Political Economy 64**, S. 416-424.

Vanistendael, F. (1992): Comments on the Ruding Committee Report. **EC Tax Review 1/1992**, S. 3-21.

Varian, H.R. (1992): **Microeconomic Analysis**. 3. Auflage, W.W. Norton & Company, New York.

Vihanto, M. (1992): Competition between Local Governments as a Discovery Procedure. **Journal of Institutional and Theoretical Economics 148**, S. 411-436.

Wagner, F.W./Dirrigl, H. (1980): **Die Steuerplanung der Unternehmung**. Gustav Fischer Verlag, Stuttgart u. New York.

Wellisch, D. (1992): Dezentrale Umweltpolitik, Mobilität von Kapital, Haushalten und Firmen und grenzüberschreitende Schäden. **Zeitschrift für Umweltrecht und Umweltpolitik 4/92**, S. 433-458.

Wellisch, D./Wildasin, D.E. (1994): Asylum Policy with a Common Labour Market. **Discussion Paper**, Vanderbilt University, Nashville.

Wellisch, D./Wildasin, D.E. (1996): Decentralized Income Redistribution and Immigration. **European Economic Review 40**, S. 187-217.

Wildasin, D.E. (1979): Local Public Goods, Property Values, and Local Public Choice. **Journal of Urban Economics 6**, S. 521-534.

Wildasin, D.E. (1986): **Urban Public Finance**. Harwood Academic Publishers, Chur u.a.O.

Wildasin, D.E. (1987): Theoretical Analysis of Local Public Economics. In: Mills, E.S. (Hrsg.): **Handbook of Regional and Urban Economics, Vol. II**. Elsevier North Holland, Amsterdam. S. 1131-1178.

Wildasin, D.E. (1988): Nash-Equilibria in Models of Fiscal Competition. **Journal of Public Economics 35**, S. 229-240.

Wildasin, D.E. (1989): Interjurisdictional Capital Mobility: Fiscal Externality and a Corrective Subsidy. **Journal of Urban Economics 25**, S. 193-212.

Wildasin, D.E. (1991a): Income Redistribution in a Common Labour Market. **American Economic Review 81**, S. 757-774.

Wildasin, D.E. (1991b): Some Rudimentary 'Duopolity' Theory. **Regional Science and Urban Economics 21**, S. 393-421.

Wildasin, D.E. (1994): Income Redistribution and Migration. **Canadian Journal of Economics 27**, S. 637-656.

Wilson, J.D. (1987): Trade, Capital Mobility, and Tax Competition. **Journal of Political Economy 95**, S. 835-856.

Wöhe, G. (1993): **Einführung in die Allgemeine Betriebswirtschaftslehre.** 18., überarbeitete und erweiterte Auflage, Verlag Franz Vahlen, München.

Woll, A. (1993): **Allgemeine Volkswirtschaftslehre.** 11. Auflage, Verlag Franz Vahlen, München.

Wooders, M.H. (1989): A Tiebout Theorem. **Mathematical Social Sciences 16,** S. 33-55.

Zimmermann, H./Henke, K.-D. (1994): **Einführung in die Finanzwissenschaft.** 7. Auflage, Verlag Franz Vahlen, München.

Zodrow, G.R./Mieszkowski, P. (1983): The Incidence of the Property Tax: The Benefit View Versus the New View. In: Zodrow, G.R. (Hrsg.): **Local Provision of Public Services: The Tiebout Model After Twenty-Five Years.** Academic Press, New York, S. 109-129.

Zodrow, G.R./Mieszkowski, P. (1986): Pigou, Tiebout, Property Taxation and the Underprovision of Local Public Goods. **Journal of Urban Economics 19,** S. 356-370.

Wirtschaftswissenschaftliche Beiträge

Band 97: U. Schiller, Vertikale Unternehmensbeziehungen, 1994, ISBN 3-7908-0774-5

Band 98: S. Huschens, Zur Modellierung der Erwartungsbildung in makroökonomischen Modellen, 1994, ISBN 3-7908-0776-1

Band 99: T. Gerhards, Theorie und Empirie flexibler Wechselkurse, 1994, ISBN 3-7908-0780-X

Band 100: K. Morasch, Strategische Allianzen, 1994, ISBN 3-7908-0783-4

Band 101: N. Lamar, Makroökonomische Konvergenz und Währungssystem, 1994, ISBN 3-7908-0784-2

Band 102: G.M. Winkler, Entscheidungen und Präferenzen, 1994, ISBN 3-7908-0786-9

Band 104: C. Fantapié Altobelli, Kompensationsgeschäfte im internationalen Marketing, 1994, ISBN 3-7908-0801-6

Band 105: R. Wagner, Die Grenzen der Unternehmung, 1994, ISBN 3-7908-0812-1

Band 106: H. Richter, Marktorientierte Neugestaltung des Einkommensteuersystems, 1995, ISBN 3-7908-0819-9

Band 107: M. Graff, Bildung und technischer Fortschritt als Determinanten wirtschaftlicher Entwicklung, 1995, ISBN 3-7908-0820-2

Band 109: T. Kuhn, Theorie des kommunalen Finanzausgleichs, 1995, ISBN 3-7908-0828-8

Band 110: B. Schaden, Effektive Kapitalsteuerbelastung in Europa, 1995, ISBN 3-7908-0831-8

Band 111: G. Georgi, Job Shop Scheduling in der Produktion, 1995, ISBN 3-7908-0833-4

Band 112: V. Kaltefleiter, Die Entwicklungshilfe der Europäischen Union, 1995, ISBN 3-7908-0838-5

Band 113: B. Wieland, Telekommunikation und vertikale Integration, 1995, ISBN 3-7908-0849-0

Band 114: D. Lucke, Monetäre Strategien zur Stabilisierung der Weltwirtschaft, 1995, ISBN 3-7908-0856-3

Band 115: F. Merz, DAX-Future-Arbitrage, 1995, ISBN 3-7908-0859-8

Band 116: T. Köpke, Die Optionsbewertung an der Deutschen Terminbörse, 1995, ISBN 3-7908-0870-9

Band 117: F. Heinemann, Rationalisierbare Erwartungen, 1995, ISBN 3-7908-0888-1

Band 118: J. Windsperger, Transaktionskostenansatz der Entstehung der Unternehmensorganisation, 1996, ISBN 3-7908-0891-1

Band 119: M. Carlberg, Deutsche Vereinigung, Kapitalbildung und Beschäftigung, 1996, ISBN 3-7908-0896-2

Band 120: U. Rolf, Fiskalpolitik in der Europäischen Währungsunion, 1996, ISBN 3-7908-0898-9

Band 121: M. Pfaffermayr, Direktinvestitionen im Ausland, 1996, ISBN 3-7908-0908-X

Band 122: A. Lindner, Ausbildungsinvestitionen in einfachen gesamtwirtschaftlichen Modellen, 1996, ISBN 3-7908-0912-8

Band 123: H. Behrendt, Wirkungsanalyse von Technologie- und Gründerzentren in Westdeutschland, 1996, ISBN 3-7908-0918-7

Band 124: R. Neck (Hrsg.) Wirtschaftswissenschaftliche Forschung für die neunziger Jahre, 1996, ISBN 3-7908-0919-5

Band 125: G. Bol, G. Nakhaeizadeh/K.-H. Vollmer (Hrsg.) Finanzmarktanalyse und -prognose mit innovativen quantitativen Verfahren, 1996, ISBN 3-7908-0925-X

Band 126: R. Eisenberger, Ein Kapitalmarktmodell unter Ambiguität, 1996, ISBN 3-7908-0937-3

Band 127: M.J. Theurillat, Der Schweizer Aktienmarkt, 1996, ISBN 3-7908-0941-1

Band 128: T. Lauer, Die Dynamik von Konsumgütermärkten, 1996, ISBN 3-7908-0948-9

Band 129: M. Wendel, Spieler oder Spekulanten, 1996, ISBN 3-7908-0950-0

Band 130: R. Olliges, Abbildung von Diffusionsprozessen, 1996, ISBN 3-7908-0954-3

Band 131: B. Wilmes, Deutschland und Japan im globalen Wettbewerb, 1996, ISBN 3-7908-0961-6

Band 132: A. Sell, Finanzwirtschaftliche Aspekte der Inflation, 1997, ISBN 3-790-0973-X

Band 133: M. Streich, Internationale Werbeplanung, 1997, ISBN-3-7908-0980-2

Band 134: K. Edel, K.-A. Schäffer, W. Stier (Hrsg.) Analyse saisonaler Zeitreihen, 1997, ISBN 3-7908-0981-0

Band 135: B. Heer, Umwelt, Bevölkerungsdruck und Wirtschaftswachstum in den Entwicklungsländern, 1997, ISBN 3-7908-0987-X

Band 136: Th. Christiaans, Learning by Doing in offenen Volkswirtschaften, 1997, ISBN 3-7908-0990-X

GPSR Compliance

The European Union's (EU) General Product Safety Regulation (GPSR) is a set of rules that requires consumer products to be safe and our obligations to ensure this.

If you have any concerns about our products, you can contact us on ProductSafety@springernature.com

In case Publisher is established outside the EU, the EU authorized representative is:

Springer Nature Customer Service Center GmbH
Europaplatz 3
69115 Heidelberg, Germany

Batch number: 10815974

Printed by Printforce, the Netherlands